संपूर्ण नाटक–4

वाणी प्रकाशन
नयी दिल्ली-110002
फोन : 3273167, 3275710 • फैक्स : 3275710
e-mail : vani_prakashan@yahoo.com
vani_prakashan@mantraonline.com

संपूर्ण नाटक

4

डॉ. चरणदास सिद्धू

ISBN 81-7055-943-X

वाणी प्रकाशन
21-ए, दरियागंज, नयी दिल्ली-110002
द्वारा प्रकाशित

प्रथम संस्करण : 2002

मूल्य : 500.00

शुभम ऑफसेट, दिल्ली-110032
में मुद्रित

SAMPOORN NAATAK-4
by Dr. Charan Dass Sidhu

अनुक्रमणिका

नाटक 'बात फत्तू कहार की' का एक दृश्य

नाटक 'बात फत्तू कहार की' का एक दृश्य

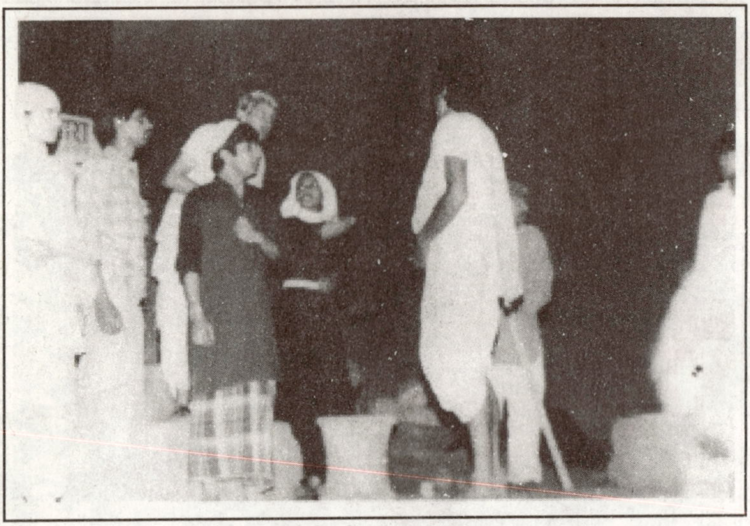

'मस्त मेचोवालिया' का एक दृश्य

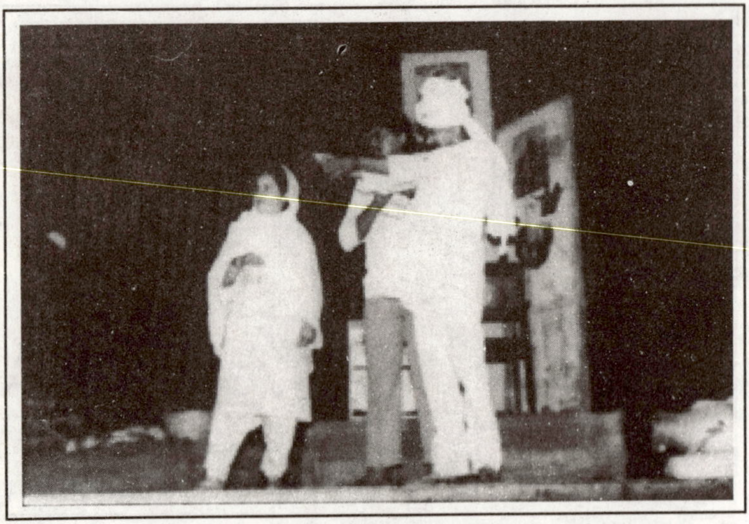

'मस्त मेचोवालिया' का एक दृश्य

'भाइया हाकिम सिंह' की एक झांकी

नाटक 'भाइया हाकिम सिंह' का एक दृश्य

'श्री पद-रेखा ग्रंथ' का एक दृश्य

नाटक 'श्री पद-रेखा ग्रंथ' की आखिरी झांकी

'शेक्सपीयर की बेटी' का एक दृश्य

'शेक्सपीयर की बेटी' का एक क्षण

'अमानत की लाठी' का एक दृश्य

'अमानत की लाठी' की एक झांकी

'जीता फांसी लगेगा' का एक दृश्य

'जीता फांसी लगेगा' की एक झांकी

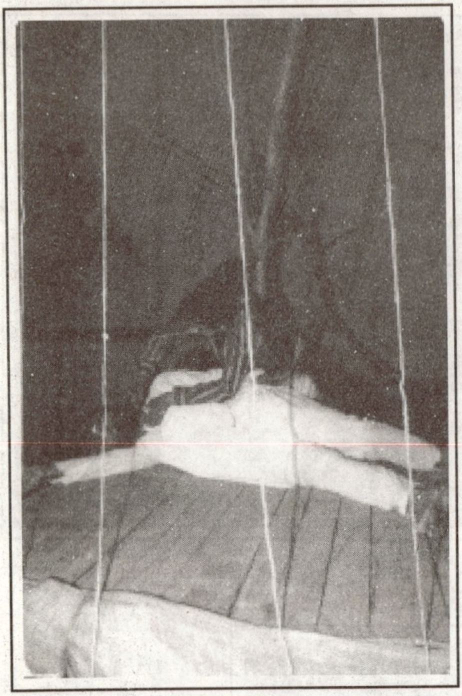

नाटक 'जीता फांसी लगेगा' का एक दृश्य

मानववादी रचना मंच, पंजाब, डॉ. चरण दास सिद्धू को सम्मानित करते हुए

25

भाग्यवान पोता

(भगत सिंह शहीद : भाग 1)

सारंग माथुर
सुहानी गोयल
सलोनी तनेजा
और
आने वाली पीढ़ियों
के लिए

लेखक की तरफ से

भगत सिंह शहीद के बारे में नाटक लिखने पर मैंने 26 साल लगाए हैं। 1970 में जब मैं अपना पहला नाटक 'इन्दुमति सत्यदेव' लिखने लगा, मैं, अपने मन से, भगत सिंह जैसे नायक का सृजन कर रहा था। मेरे सत्यदेव और भगत सिंह के बीच में बहुत कुछ एक जैसा है। मगर सत्यदेव ऐतिहासिक की बजाय मिथिक पात्र बनकर रह गया।

भगत सिंह के चरित्र-चित्रण की तरफ मैंने तीन चार कोशिशें और कीं। 'बाबा बंतू' का बिहारी, 'अंबियों को तरसेगी' का काबल, 'मस्त मेघोवालिया' का कैला, 'जीता फाँसी लगेगा' का जीता, 'किरपा बुनकर' की पागल बेटी पालो का पति भगता—ये नौजवान एक तरह से ऐतिहासिक शहीद की तस्वीर के ख़ाके हैं, रूप- रेखा हैं।

फिर 1989 में मैंने ये तीन नाटक लिखे—भगत सिंह के लड़कपन के बारे में 'भाग्यवान् पोता', राजनीतिक विचारों के बारे में 'इनकलाबी पुत्र', मज़हबी ख़्यालों के बारे में 'नास्तिक शहीद'। छः सात सालों के बाद इन आलेखों को सुधारा और मंच पर पेश किया।

इतने बरस क्यों लग गए मुझे भगत सिंह का जीवन खोजने में? समझने के लिए? कलम करने पर?

मेरी राह में पहली मुश्किल जो आई वह थी भगत सिंह की ज़िन्दगी का 'लम्बी' होना। साढ़े तेईस बरसों के अन्दर यह नवयुवक इतना कुछ कर गया जो करोड़ों व्यक्ति सौ बरस जी कर नहीं कर सकते। भगत सिंह कभी एक स्थान पर ज़्यादा देर नहीं खड़ा हुआ। अपनी सियासी, सामाजिक और धार्मिक विचारधारा में भगत सिंह ने वे छलाँग लगाई—जिनको किसी एक दो-घंटे के नाटक में समेटना नामुमकिन था। हर वक्त सोच-विचार में मग्न रहने वाला यह लड़का, हर समय किताबें पढ़ने में व्यस्त यह फिलॉसफर, एक छोटे नाटक में सम्भालना मुश्किल था। घटनाओं से भरी तेईस बरसीय भगत सिंह की ज़िन्दगी की झलक केवल एक महाकाविक नाटक—तिकड़ी के अन्दर दिखाई जा सकती थी। इसलिए, मैंने इन तीनों कृतियों में, क्रमशः, भगत सिंह का विद्यार्थी जीवन, क्रान्तिकारी दर्शन तथा धार्मिक चिन्तन पेश करने की कोशिश की।

दूसरी बड़ी समस्या मेरे सामने थी—ऐतिहासिक सामग्री को समझ के मुताबिक

छाँटना, झूठ को सच से अलग करना, मिथ्या को तथ्य से जुदा रखना। भगत सिंह को गुज़रे अभी मुश्किल से 65 बरस हुए हैं। लेकिन अभी से जीवनीकार, इतिहासकार तथ्यों और उनके अर्थों के झगड़ों में सींग फँसाए भिड़ रहे हैं। यह भगत सिंह की बदकिस्मती है। जिस मानवतावाद के वास्ते, उदारता के वास्ते, उसने अपना जीवन कुरबान कर दिया, उस विशालता को भुलाकर, मज़हबी जनूनी, तंगदिल कट्टरपन्थी उसको अपनी-अपनी तरफ घसीट रहे हैं। ज़िन्दगी के आख़िरी दिनों तक यह महान चिन्तक, यह स्वच्छ आत्मा, ज़ात-पात से, धार्मिक वहमों से, भ्रमों से, कोसों ऊपर उठ चुका था। इसलिए मेरी नाटक-तिकड़ी का मुख्य लक्ष्य बन गया : भगत सिंह को 'हिन्दू' और 'सिख' बेईमानों से छुड़ाकर, उसका सही स्वरूप प्रस्तुत करना। और इस तलाश पर मुझे चोखी मेहनत और सोच खर्च करनी पड़ी।

इतने बरसों की खोज के दौरान मैंने अनगिनत दोस्तों, किताबों और पुस्तकालयों से सहायता प्राप्त की। मेरे परिवार ने, दिल्ली विश्वविद्यालय, खासकर हंसराज कालेज, के साथियों ने, मेरे वास्ते, भगत सिंह के वास्ते, हर प्रकार की तकलीफें उठाईं। मैं सबका कर्ज़दार हूँ। शुक्रगुज़ार हूँ।

इला अपार्टमेंट्स (104-ए)
बी-7, वसुंधरा ऐनक्लेव,
दिल्ली-110096

चरणदास सिद्धू

निर्देशक की ओर से

जब डॉ. सिद्धू ने बताया, उन्होंने शहीद भगत सिंह के बारे में तीन नाटक लिखे हैं, सुनकर हैरानी हुई। भगत सिंह? भगत सिंह के बारे में नया क्या लिखना? उस शहीद के जीवन का कौन-सा हिस्सा रह गया जो लिखा या खेला न गया हो? हर व्यक्ति इस महापुरुष को जानता है। तो फिर नया क्या?

मगर जिस दिन 'भगत सिंह' सुना, दिमाग़ के ख़ाने खुल गए। भगत सिंह के विचार, उसकी तीखी सोच, ऐसे सच्चे रूप में नाटक या फिल्म में नहीं आए थे। इस महान चिन्तक ने सात दशक पहले, आज के हिन्दोस्तान की मज़हबी कट्टरपन्थियों के हाथों होने वाली मन्दी हालत देख ली थी। और उन जनूनियों से देश को आज़ाद कराने के वास्ते सोच की तलवार विज्ञान की सान पर घिसा ली थी।

उस दिन से भगत सिंह हर पल मेरे साथ-साथ रहा। उसको ढूँढ़ने निकला तो वह मुझे डॉ. सिद्धू के हर नाटक के अन्दर मिला। चाहे वह अपने अधिकारों के लिए लड़ता हुआ आदिवासी 'सत्यदेव' हो, पूँजीपतियों से जूझता हुआ 'मस्त मेघोवालिया' हो, आमों के पालक खुशिये को वहमों से, भ्रमों से, छुड़ाता हुआ काबल हो, या कट्टरपन्थियों से टक्कर लेता हुआ 'पंडित कालू कुम्हार' हो। हर ड्रामे के अन्दर, मुझे लगा, डॉ. सिद्धू भगत सिंह को मंच पर ज़िन्दा खड़ा करने की कोशिश कर रहे हैं।

'भगत सिंह शहीद' नाटक-तिकड़ी खेलते वक्त, मैंने फैसला किया : भगत सिंह की सोच को रोशन किया जाए। ज़ोर शब्द पर हो, मंचीय तामझाम पर नहीं। हमने सादगी बरती। सेट का बोझ नहीं। कपड़े और मेकअप सिर्फ सांकेतिक। ज़्यादा ख़र्च, बखेड़ा नहीं। हाँ, ऐतिहासिक पात्रों को उनके असली रूप के समीप रखने का ज़रूर प्रयत्न किया।

इन तीनों नाटकों में ऐतिहासिक तथ्यों को सही-सही पेश किया गया है। सत्य दिखाना हमारी प्रथम चेष्टा रही। डॉ. सिद्धू ने बरसों तक कई पुस्तकालयों से मदद ली। मैंने खुद भगत सिंह की कई जीवनियाँ पढ़ीं। और इतिहास की दूसरी पुस्तकों को बाँचा।

यह प्रस्तुती सलाम है हमारी टोली की तरफ से भगत सिंह और उसकी महान

टोली के क्रान्तिकारियों को—जिन्होंने अपने इनकलाबी विचारों से, अपनी जान पर खेलकर, सोए हुए हिन्दोस्तान को जगाया।

अंत में : मैं ऋणी हूँ अपनी टोली का, ख़ासकर अपनी बेटी सलोनी का, जिन्होंने महान शहीद का दर्शन दर्शकों तक पहुँचाने में मेरी सहायता की। काश शहीदे आज़म का अद्वितीय उदाहरण हिन्दोस्तानियों को हमेशा झकझोरता रहे :

अपना पेट तो पशु सरीखा,
हर कोई हर दम भरता।
धन्य जीना उस महापुरुष का,
दूसरों के लिए मरता।।

—रवि तनेजा

पहला मंचन

'भाग्यवान् पोता' पहली बार अक्टूबर 20 व 21, 1995 को कालेजिएट ड्रामा सोसाइटी, दिल्ली, द्वारा श्रीराम सेंटर (तलघर), नई दिल्ली में मंचित किया गया। कलाकार थे—

भगत सिंह	:	अश्वनी चड्ढा
बाबा	:	प्रो. सुभाष सहगल
पिता	:	अमित दत्त
दादी	:	ज्ञान कौर सिद्धू
माँ	:	डॉ. नीरा सहगल
चाची	:	वीणा सिद्धू तनेजा
बहन	:	सलोनी सिद्धू तनेजा
सुरजन सिंह	:	गुरदीप सेहरा
महात्मा हंसराज	:	सतीश भल्ला
भाई परमानन्द	:	डॉ. चरणदास सिद्धू
जयदेव गुप्ता	:	सुमित कुमार
भगवती चरण वोहरा	:	जितेन्द्र शर्मा
हसनुल्दीन	:	मुकेश राणा
पुलिसिया	:	रणजीत बहादुर
संगीत	:	वीणा सिद्धू तनेजा
टोली	:	सलोनी सिद्धू तनेजा, ज्ञान कौर सिद्धू, गुरदीप सेहरा, नूपुर सिद्धू माथुर, नव सिंगल (ढोलकी), रबिन्द्र माथुर

परदे के पीछे

प्रकाश	:	गिरिधारी लाल
मंच	:	राजकुमार साहनी, डॉ. अचल भगत
वस्त्र	:	प्रमिला सिद्धू साहनी, आशा सिद्धू भगत
रूप सज्जा	:	रवि तनेजा, गुरदीप सेहरा
फोटोग्राफी	:	एम. सफल, अमित दत्त
निर्देशन	:	रवि तनेजा

नोट : 'भाग्यवान पोता' के पहले मंचन के लिए संस्कृति और कला विभाग, भारत सरकार, ने कुछ आर्थिक सहायता दी।

पात्र

भगत सिंह	उम्र 12 से 17 साल
बाबा अर्जुन सिंह संधू	
पिता किशन सिंह	
दादी जय कौर	
माँ विद्यावती	
चाची हरनाम कौर	
बहन अमर कौर	
सुरजन सिंह संधू	बाबा का भाई
महात्मा हंसराज भल्ला	डी. ए. वी. कमेटी का प्रधान
भाई परमानन्द	नेशनल कॉलेज का प्राध्यापक
जयदेव गुप्ता	भगत सिंह का दोस्त
भगवती चरण वोहरा	भगत सिंह का दोस्त
हसनुलदीन	भगत सिंह का दोस्त
पुलिस का सिपाही	

× × ×

स्थान : लाहौर और बंगा, ज़िला—लायलपुर

समय : 1919 से 1924

× × ×

गवैये

आओ, सिमरो भगत सिंह सूरमा, लो शीश उसकी सोच पे झुका।
रोज़ जनमें न भगत शहीद जैसे, देते देश आज़ाद करा।
ज़िंदाबाद सदा नारा इनकलाब का, दिया घर-घर हिन्द में पहुँचा।
भाई व पुजारी मुल्लां मक्कार, रहे हउओं से लोगों को डरा।
तर्कों की तेग़ तीखी पकड़ के, वहमों को किया था फ़ना।
नित्य नया खंडा बरते विज्ञान का, सोच सान पर लिया जो घिसा।
आओ, सिमरो भगत सिंह सूरमा, लो शीश उसकी सोच पे झुका।

दृश्य-1

(भगत सिंह का घर। नवांकोट, लाहौर)

दादी : मेरा भाग्यवान् ला दो मुझे।

बाबा : शान्ति रख ज़रा, जय कौर। भगत सिंह बच्चा तो नहीं? बारह बरस का होने वाला है। उसको भी पता है, गड़बड़ के दिन हैं। घर पहुँचना चाहिए सीधा।

दादी : मेरा जी नहीं ठहरता। मेरे पोते को कुछ हो गया लगता है। जाओ आप भी। ढूँढ़ कर लाओ कहीं से।

बाबा : भली मानस, सारा परिवार भगत सिंह को ढूँढ़ने ही गया है। आता ही होगा।

दादी : वाहेगुरु ने मेरे कैसे लेख लिखे। विधाता मेरा परिवार टुकड़े-टुकड़े करने को कमर बाँधे बैठा है। मेरा पहिलौठी का पोता छठी में पढ़ रहा था अभी, जब बीमारी ने ले लिया। स्वर्ण सिंह को अंग्रेज़ों की जेलों ने खा लिया। मेरा अजीत सिंह देसों परदेसों के अन्दर धक्के खा रहा है। जाने ज़िन्दा है भी कि नहीं। या मौत या जेल! या मौत या जेल! एक दिहाड़ा तो नहीं जो वाहेगुरु ने सुख का दिया हो।

बाबा : दुःख तकलीफें अकेले हमारे परिवार के सिर तो नहीं आतीं? धन्यवाद कर तू प्रभु का। परिवार तेरा अपनी साँसों को किसी चंगे कर्म तो लगावे। चोरी चकारी करके जेल तो नहीं काटते तेरे पुत्र? मुल्क के वास्ते कर रहे जो कर रहे। ग़रीबों की भलाई ख़ातिर अत्याचार झेल रहे।

(माँ आती है)

दादी : मिला नहीं कहीं पर?

माँ : नहीं, तीन-चार लड़कों से पूछा। सुरजीत और विरकों का सुच्चा और खत्रियों का दरशन। तीनों कहते हैं, हमने तो आज स्कूल

में भी नहीं देखा।

बाबा : पहले तो घर को इन लड़कों के साथ ही लौटा करता था। आज क्या वजह हुई?

दादी : हाय मेरा भाग्यवान् ढूँढ़ कर ला दो मुझे।

माँ : यह भी चाचाओं पर गया। रात को रोटी भी नहीं खाई। रोता रहा आधी रात तक। सिरहाने में मुँह देकर।

बाबा : रोता रहा? क्यों?

दादी : चाचा अजीत सिंह को याद करता रहे नित्य।

माँ : रात तो, मुझे लगे, अमृतसर का सुनकर रो रहा था।

बाबा : जलियाँवाला बाग का कत्ले आम ?

माँ : हाँ, बापू जी।

दादी : अच्छा, अच्छा! जब वकील आपको सुना रहा था रात को—

बाबा : असहाक़ अली?

दादी : हाँ! आपको और किशन सिंह को बताया उसने—भतीजा उसका मुश्किल से बचकर आया। दो हज़ार बंदे गोरों ने गोलियों से भून दिये। भगत सिंह चुपचाप दीवार से टेक लगाए बैठा सुनता रहा।

बाबा : बैठा तो था। हमने ध्यान नहीं दिया।

माँ : मैंने कहा, रोटी खा ले। बोला, नहीं खाऊँगा।—रोता हुआ खाट पे चला गया।

दादी : सवेरे घर से तो मदरसे गया। बस्ता उठाए। पराँठे पकड़ाए मैंने डिब्बे में डालकर! रोज़ लिजावे जैसे।

माँ : मनमति लड़का है। बाप की तरह, मनमरज़ी करे। सुनता नहीं किसी की।

बाबा : सब्र कर, बिटिया! सातवीं में पढ़ता है। सयानों से बड़ा दिमाग़ है मेरे भगत सिंह का। सोच समझ कर रुका होगा कहीं। आ जाएगा आप ही। फिक्र न करो।

(चाची आती है)

माँ : हरनाम कौर, मिला बेटा?

चाची : नहीं, बीबी। न मोचियों के मुहल्ले गया, न बालमीकियों के।

दादी : कबड्डी खेलने जाया करे संध्या को, उन लड़कों संग।

चाची : घरों को ताले लगे हैं। बूढ़े बुढ़िया बैठे दो एक। बच्चे उठाए गोद में।

बाबा : गेहूँ की कटाई पे गए होंगे सब। दिहाड़ी लगाने।

माँ : औरतें सिला बीनने गई होंगी।

बाबा : गया तो किधर गया ? चिन्ता लग गई।

दादी : त्राहि त्राहि जान काँपे हर वेला। फिरंगी ने मार काट लगा रखी है चार चुफेरा।

माँ : मनमानी करे। बता कर तो जावे, कहाँ चला हूँ।

दादी : अपने चित्त से तो पढ़ने गया।

चाची : पता नहीं मन में क्या था। सवेरे मेरे निकट आया। आँखें आँसुओं से भरी थीं। पूछे मुझसे, "चाची, जब मैं दो साल का था, क्या चाचा अजीत सिंह मेरे से सचमुच बहुत प्यार किया करते थे?" मेरा रोना निकल गया। मैंने कहा, "हाँ, पुत्र! तू और तेरा चाचा छुपन छुपाई खेला करते थे।" मेरे आँसू पगड़ी के पल्लू से पोंछ कर, बोला, "चाची, फिक्र न कर तू। मैं स्वर्ण सिंह चाचा की मौत का बदला लूँगा अंग्रेज़ से। चाचा अजीत सिंह को वापस बुलाऊँगा तेरे पास, हिन्दोस्तान आज़ाद करा के।"

दादी : देखो! दूध के दाँत हैं अभी। आज से बाप दादा की रीस करने लगा। चाचाओं की भाँति, देस निकाले की सोचे।

बाबा : विचार बड़े ऊँचे हैं मेरे बच्चे के।

माँ : अभिमन्यु की तरह, पेट में से चक्रव्यूह तोड़ने की स्कीमें सीख कर आया है।

(बहन अमरो आती है)

चाची : अमरो, मुहम्मद के घर भी नहीं मिला?

अमरो : उनके तो गया ही नहीं।

बाबा : मुहम्मद कौन ?

माँ : मिरासियों का लड़का।

दादी : सब के बारे में बोले, मेरे दोस्त हैं। जिसके साथ देखता है ज़िन्दगी भर की गाँठें बाँध लेता है। क्या हिन्दू क्या मुसलमान। चूहड़ा हो या चमार। दरज़ी हो चाहे नाई। कहे, सब भगत सिंह संधू के मित्र हैं।

बाबा : मिरासियों से क्या लेना है उसने?

अमरो : लो, बापू, क्या समझते हो तुम? पाताल से आकाश तक की बातें निकाले वीरा। नाटक-नक़ल खेलें मुहम्मद के ताये चाचे। वीरा कहे, मैं भी नक़ल खेलनी सीखूँगा।

दादी : यह छोकरा नहीं समझ में आया मेरी।

चाची : मुझे बता रहा था। बोला, "चाची, मैं मिरासियों के संग मिलकर,

भेस बदलने की विद्या सीखूँगा। जैसे अजीत चाचा मिरज़ा हसन खाँ बनकर, मुसलमानी बाना पहनकर, देश से निकल गये, फिरंगी की आँखों में मिर्चें डालकर, वैसे ही, मैं भी बहुरूपिया बनने के करतब सीखूँगा। मुहम्मद के घर वालों से।''

माँ : ननिहाल गया जब मेरे साथ, मोरांवाली, जाड़ों में—सिंगड़ीवालों से नकल-नाटक खेलवाया इसके मामाओं ने। दूसरे दिन, दुल्ला भट्टी बन गया। ऊँचा ऊँचा गावे। कहे, ''मुग़ल दरबार की ईंट से ईंट बजाएँगे हम भट्टी कबीले के इनकलाबी।''

अमरो : मुहम्मद संग तो दाँत-तोड़ी रोटी का साझा है। जब दाँव लगे, उनके साथ नाचता गाता है।

दादी : गया तो कहाँ गया मेरा लाडला? दिल धक् धक् करे।

अमरो : यों मुहम्मद मिरासी मुझे खुद घर पर नहीं मिला। वो तो ढोल लेकर गया है। महमान टोली गई नवें कोट से सैंखरियाँ, गेहूँ काटने। उनके साथ गया ढोलिया।

माँ : बेटा कहीं टोली संग तो नहीं चला गया?

चाची : नहीं, बीबी। किताबें पास थीं जब गया सवेरे।

दादी : यहाँ से तो सीधा स्कूल को चला था। रास्ते में बुरा भला हो गया हो तो रब जाने।

(सुरजन सिंह आता है)

सुरजन : सत श्री अकाल, जय कौर।

माँ : सतश्री अकाल, ताया जी।

चाची : पाय लागूं, बापू जी।

सुरजन : वाहे गुरु भला करे।—अर्जुन सिंह, कैसे बैठे हो? चुपचाप से? सुख तो है?

दादी : मेरा भाग्यवान् नहीं लौटा पढ़के। संध्या हो गई।

सुरजन : मास्टर हंसराज होशियारपुरी ने कहीं अंड-बंड धन्धे में लगा रखा होगा। आर्य समाज मन्दिर में घी जला रहा होगा। गायत्री मंत्र बुड़बुड़ा रहा होगा।—देखो, गुरु के सिंह होकर, तुम्हारे कुनबे ने क्या उलटी चाल पकड़ रखी है। बाबा आप तो बिगड़ा हुआ था ही। पोते को भी अंडबंड शिक्षा दिला रहा है। बनने चला 'आड़िया' समाजी महाशय! यों पूरा बकरा निगल जावे। हंसराज की भाँति।

बाबा : जो अक्ल तेरी खोपड़ी के अन्दर नहीं घुसती, उसे रहने दे तू लोगों के पल्ले। मैं तेरे जैसा दकियानूस तंगदिल 'सिखड़ा' नहीं।

दुनिया कहीं की कहीं पहुँच चुकी। तू ढोरों वाले वहम भ्रम खोपड़ी के ऊपर बाँधे फिरे।

सुरजन : तू तो सारी उम्र अक्ल का दुश्मन बना रहा। संस्कृत सीखे! संधू जाट होकर, बाहमन बने! साथ देवे हिन्दुओं का!—जय कौर, तू ही मान मेरी। विद्या कौर, बेटी, तू समझा किशन सिंह को। अभी वक्त है। इस स्कूल से नाम कटवा दो बेटे भगत सिंह का।

माँ : ताया जी, हमारी कौन मानता है? भगत का बाबा जाने या बाप।

दादी : आर्य स्कूल कौन सा बुरा है? मास्टर हंसराज तो है ही बड़े चंगे स्वभाव का। बजवाड़ा गाँव से है। अजनोहे ननिहाल है। भाम के पास।

बाबा : हंसराज को हेडमास्टरी छोड़े तो कई बरस हो गए। प्रधान है अब कमेटी का।

दादी : बच्चों को बेहद प्यार करता है।

सुरजन : 'हनसू' प्यार करे अपनी ग़रज़ को।

चाची : उसे क्या ग़रज़ पड़ गई हमारे बेटे से?

सुरजन : हिन्दू बनाये रखने की ख़ातिर। तुम, लड़कियो, गाँव में थी जब तो गिला नहीं था। यह घर दूर तो नहीं सिंह सभा गुरुद्वारे से। जितने दिन यहाँ हो, गुरु घर को आओ। सरदार गुरुमुख सिंह के विचार सुनो। भाई कान्ह सिंह नाभा वाले बड़े विद्वान हैं। उनके मुख से सुनो हिन्दुओं की चालाकी। ये दयानन्द के चेले पाखंडी हैं। सब धर्मों के दुश्मन हैं। सनातनी, मुसलमान, सिख, ईसाई—किसी को अच्छा नहीं समझते। आर्य समाजी चाहते हैं, सिख धर्म समूचा ख़त्म हो जाए। फिर से ज़ात-पात के कीचड़ में ग़रक जाए। हिन्दुओं की पॉलिसियों में मत फँसो। यह मेरा भाई तो था ही सिर सड़ा। अब तुम लोग हमारे पोते-पोतियों को सिक्खी सिदक़ सिखाओ। भगत सिंह को खालसा स्कूल में दाख़िल कराओ। सरदार गुरुमुख सिंह ने मुझे ख़ास ताकीद करके भेजा है तुम्हारे पास।

बाबा : ओए जाने दे तू। बहुतेरे देखे मैंने गुरुमुख सिंह और कान्ह सिंह जैसे झुग्गी जलाने वाले। कौम के टुकड़े करने वाले। जुड़े हुओं को जुदा करने वाले। ऐसे तंगदिल कट्टर लड़कों को ख़ाक सिखाएँगे? अपनी नाक से आगे नहीं देख सकते ये अक्ल के अन्धे।

दादी : स्कूलों के बारे में फिर झगड़ लेना। पोता लाओ मेरा ढूँढ़कर।

सुरजन : मैं तेरे कुनबे का भला सोचता हूँ। जय कौर। कोई हज है? छुपाकर नहीं मैं कहता कुछ अर्जुन सिंह से। इसकी शिक्षा का नतीजा है सब, तेरे परिवार की तबाही। एक मेरा भतीजा जेलों में सड़ता हुआ तेईस साल का मर गया। हुकम कौर बाल विधवा बनी घर बैठी है। दूसरी, यह, हरनाम कौर, दस बरस हो गए, न विधवा, न सधवा। जाने कौन से मुल्कों में धक्के खा रहा है अजीत सिंह। किशन सिंह आप दो साल कैद काट चुका है। अभी भी सरकार का विरोध करने से नहीं रुकता। पन्द्रह मुकद्दमे छेड़ रखे हैं। आतंकवादियों को मदद देता है। अंग्रेज़ के जासूस घड़ी पल की ख़बर रखते हैं। बचा लो अपने बचे खुचे रेवड़ को। फिरंगी ने दुनिया जीत रखी है। जरमनी के बखिये उधेड़ दिये। और बिगड़े हुए छोकरे जो इक्का-दुक्की गोली चलाकर इतना बड़ा मुल्क आज़ाद कराना चाहवें, है कोई दिमाग इनके पल्ले?

बाबा : जाने दे, यार! यह बकवास मुझे मत सुनाया कर।

सुरजन : तभी तो तेरे पुत्र जेलों में मरते हैं। देस-निकाले झेलते हैं। और मेरा पुत्र? देख दिलबाग सिंह को! जय कौर, गवरनर इतना खुश है उससे। देख लेना, ज़रूर मैजिस्ट्रेट बनाएगा एक दिन। झूठ तो नहीं कह गए सयाने : अफसर के अगाड़ी और घोड़े के पिछाड़ी कभी मत खड़े हो।

बाबा : तू चाट अंग्रेज़ के जूते। साथ में तेरा दिलबागड़ा चाटे। हमें यह गद्दारी मत सिखा।

सुरजन : तुम्हें पता है न रात श्री अमृतसर में क्या हुआ? जलियाँवाला बाग में?

दादी : इसी कारण तो हमारी जान हथेली में आई पड़ी।

चाची : भगत बेटे की फिक्र भी तभी लगी हमें इतनी।

सुरजन : गोलियों का मेंह बरसाया अंग्रेज़ ने। हज़ारों बाग़ी बींध डाले।

बाबा : पता है हमें।

सुरजन : हैं? तुझे कैसे पता लग गया? सरकार ने ख़बर तो दबा के रखी है। अख़बारों में नहीं छपने दी।

बाबा : अगर तू जासूसी करे अंग्रेज़ के वास्ते, हमारे बन्दे भी बहुतेरे हैं ख़बरें पहुँचाने वाले।

सुरजन : बेटे दिलबाग सिंह को डी. सी. ने कोठी बुलाया था। मीटिंग थी। शहर में कई महीने सख़्ती रहेगी। डी. ए. वी. कालेज के लड़कों

से सरकार सख़्त नाराज़ है। यही चेतावनी देने आया हूँ मैं तुम्हें। बच के रहो। किशन सिंह को घर से मत निकलने देना। अव्वल तो गाँव को लौटो सारे। कटाई उड़ाई करो। भगत सिंह खालसा स्कूल के हॉस्टल में रह ले। नहीं तो हमारी कोठी रहे। आख़िर, मेरा कुटुम्ब हो तुम। डरो सरकार से। अर्जुन सिंह, तू इतने बड़े सामराज्य से टक्कर नहीं ले सकता। पुत्रों-पौत्रों की जानें बचा। इन ग़द्दार आर्य समाजियों का पीछा छोड़।

(किशन सिंह आता है)

अमरो : भाइया जी आ गए।

चाची : मिला भगत सिंह?

किशन : स्कूल तो पहुँचा ही नहीं।

दादी : हाय रे!

माँ : सवेरे का नहीं गया स्कूल?

चाची : बस्ता रोटी लेकर गया था।

बाबा : प्रिंसिपल को पूछा?

किशन : हाँ। महात्मा हंसराज जी आप मिल गए। उनके पास ही था मैं दोपहर के बाद से।

दादी : गया तो कहाँ गया मेरा बच्चा? थाने रपट करो। चलो।

किशन : जलियाँवाला बाग़ में वाकई बहुत जुल्म हुआ। मास्टर देवीदयाल ने कठिनाई से जान बचाई। कहता है, सौ बन्दे तो कुएँ में गिर कर मर गए होंगे। खून ही खून है सारे मैदान में।

सुरजन : तीन गोरों को मारने गए थे जो, परसों चौथ, उन्होंने यह तो नहीं सोचा, सरकार बदले में कितने हिन्दोस्तानी कत्ल करेगी। लीडर बनें सुसरे। भोले-भाले लोगों को मरवाने पर तुले हैं। बड़ी आज़ादी लेते फिरें।

किशन : ताया, ऐसी करनी हों, तो हमारे आँगन नहीं घुसना।

सुरजन : फाँसी चढ़ गए तुम जब, लोग तो यही कहेंगे, "सुरजन सिंह के भतीजे हैं। सरदार दिलबाग सिंह संधू के चाचा के बेटे हैं।"

बाबा : ओए, बात तो सुन लेने दे पूरी लड़के से।

किशन : मार्शल लॉ लगने वाला है। पूरे पंजाब में।

सुरजन : तुझे कैसे पता लग गया? घंटा पहले तो डी. सी. साहिब ने सलाह-मशविरा किया दिलबाग सिंह वगैरह से।

किशन : अगर तेरे ग़द्दार दिलबागड़े के कुत्ते सूँघते फिरें, हमारे शिकारी भी, जो कल करेगा अंग्रेज़, उसकी आज इत्तलाह रखते हैं।

सुरजन : अंग्रेज़ की ताकत का अन्दाज़ा नहीं तुम्हें। तोपों के आगे, टैंकों के आगे, तेरा क्या चारा चलेगा?

किशन : बैठे ही थे हम महात्मा हंसराज के दफ्तर में। सिपाही आ गया हुक्म लेकर। कालेज के लड़कों को पुलिस लाइन हाज़िरी भरनी पड़ेगी।

बाबा : चार मील है चौकी तो कालेज से।

सुरजन : लो सुन लो, जयकौर।

किशन : एक बार नहीं। दिन में तीन बार थाने हाज़िर होना है।

बाबा : तीन बार?

दादी : पैदल चलकर?

सुरजन : और क्या बग्घी जोड़कर देगी सरकार बदमाशों को?

किशन : करफ्यू लगने वाला है।

माँ : घरों के अन्दर बँधे रहना पड़ेगा?

दादी : पोता मेरा कहाँ है? जाओ खोजो भगत को।

चाची : नवें कोट में तो है नहीं बेटा। घर-घर पूछा हमने।

किशन : महात्मा जी ने कहा, हफ्ता भर स्कूल मत भेजना।

दादी : आता है तो अभी चलो बंगा को। सारे जीव। बेटा, तू भी चल।

किशन : नहीं। मेरा जाना मुश्किल है।

सुरजन : जा कटाई करा। गेहूँ सँभाल। परिवार का ख़र्च कैसे चलाएगा?

किशन : इस मुल्क के अन्दर अकेला हमारा परिवार ही नहीं बस रहा।

माँ : जिन माताओं के पुत्र कल जलियां वाले शहीद हो गए, धन्य जिगरा उनका।

सुरजन : सिख कोई नहीं होगा उनमें। यह बग़ावत चुटिया और सुन्नतों का कारा है। सिखों के दुश्मनों का। मैं सिंह सभा में मता रखूँगा। जनरल डायर को श्री अकाल तख़्त से सरोपा भेंट करना चाहिए।

बाबा : डूब के मर जा ऐसा देशद्रोही।

दादी : शहीदों की करनी मिटाते हो? गुरु तुझे शरण देगा?

(भगत सिंह आता है। रो रहा है। दादी की गोद में)

अमरो : वीर आ गया! वीर आ गया!

माँ : बेटा!

चाची : कहाँ रहा, बेटे?

दादी : रे मेरे भाग्यवान् ! जान निकाल ली तूने हमारी।

बाबा : क्या हुआ, पुत्र? रोवे क्यों?

किशन : स्कूल क्यों नहीं पहुँचा ?

अमरो : हमने सारा गाँव छान मारा।

माँ : बता कर तो जाता—अगर कहीं जाना था खेलने-कूदने।

चाची : भूख लगी होगी। मैं रोटी सेकूँ।

दादी : बस, मेरा लाल। क्या हुआ?

बाबा : भगत सिंह, इधर आ। बता। कहाँ रहा?

(शीशी में खून से भीगी मिट्टी दिखाता है)

दादी : यह क्या है?

भगत : जलियाँवाला बाग से उठाई मैंने। सारी धरती लथपथ है शहीदों के लहू से।

दादी : अमृतसर गया था???

माँ : हौसला तो देखो इसका!!!

चाची : यही सोचता रहा रात भर? गुम सुम???

अमरो : **(झोले से डिब्बा निकाल कर)** रोटी तो वैसे पड़ी डिब्बे में?

चाची : रात भी नहीं खाई।

बाबा : भूखा ही रहा इतनी देर?

भगत : दो हज़ार बंदे मरे होंगे। लोग लाशें उठा-उठा कर ले जा रहे थे। फिरंगी ने ढिंढोरा पीटा—"पहचान कर अपना-अपना मुर्दा ले जाओ। कोई जुलूस नहीं निकालना। ले जाकर फूँक दो। या दफना दो।"—बच्चे, औरतें, बूढ़े। सैकड़ों लोथ पड़ी हैं। ढेरों के ढेर। **(रोता है)**

सुरजन : वक्त की सरकार की हुक्म अदूली करना आसान है क्या? फिर अंग्रेज़? जिसकी सल्तनत में कभी सूरज नहीं डूबता?

भगत : यह सल्तनत थोड़े दिन है, बाबा। शहीदों का खून कभी निष्फल नहीं जाता। एक एक की जगह हज़ार-हज़ार देश भक्त जनमेंगे। ज़ालिम कितनी देर टिक सकते हैं?

दादी : शुक्र हुआ तू सही सलामत घर लौट आया।

माँ : बताए बगैर कहीं मत जाना, पुत्र।

दादी : अभी कोई उम्र है तेरी? ऐसे कामों में पड़ने की? पहले ही, तेरे चाचा की न कोई ख़बर न सार। दस बरस हो गए। मुँह देखने को तरसती हूँ मैं। स्वर्ण सिंह चला गया। मत दुःखी करो मुझे। मेरी आँखों से ओझल नहीं होना।

सुरजन : किशन सिंह, लड़के को बहुतेरा चिर आर्य समाजी बनाये रखा। अब हिन्दुओं के चक्करों से निकाल। सरदार गुरुमुख सिंह का

ख़ास सन्देशा है। ख़ालसा स्कूल में दाख़िल होवे। सिंह सजे।

भगत : मैं ख़ालसा स्कूल में दाख़िल नहीं हूँगा। जहाँ रोज़ सवेरे प्रार्थना करते हैं : "गॉड सेव दि किंग।" मैं ऐसे बूचड़ राजे की बोटी-बोटी कर दूँगा।

सुरजन : सुन ले, जयकौर। जनमती सूलों के मुँह तीखे! फिर रोएगी। यह भी चल पड़ा कुरास्ते। चाचाओं और बाप वाले उलटे रास्ते। शुरुआत की इस सिर फिरे अर्जुन ने।

दादी : मैं कहूँ, अब ढील नहीं करनी। बारह बरसों का हो गया। ब्याह करो। साल एक बाद गौना। दिल दूसरी जगह पड़े।

सुरजन : लाख की सलाह दी तूने, जय कौर।

दादी : पढ़ाई भी बहुतेरी हो गई। चिट्ठी पत्र योग्य! खेती करे, बंगा चलकर। अव्वल तो, पुश्तैनी गाँव चले। यह और इसकी बहूटी और मैं, हम खटकड़ कलाँ रहेंगे। साल दो साल बाद, वाहेगुरु करे, कबीलदार हो जाएगा। बस, मैं अब आँखों से परे नहीं जाने दूँगी।

सुरजन : मानाँवाले सगाई के लिए हमारे पीछे पड़े हुए हैं। अर्जुन सिंह, बड़ा ऊँचा घर है। दहेज से तेरे कोठे भर देंगे। मैं आज ही कहता हूँ बेटे दिलबाग सिंह को। चिट्ठी डाले मानाँवालों को। भगत सिंह के नकेल पहनाओ कबीलदारी की। क्यों, जय कौर?

दादी : और क्या? बहूटी होगी घर, नन्हा-मुन्ना होगा, तो ऐसे सारा-सारा दिन घर से बाहर तो नहीं रहेगा।

भगत : वाह बाबा जी! खरी स्कीमें गढ़ रहे हो! मुल्क को बरतानिया की बेड़ियों ने कैद कर रखा है। मुझे घर के अन्दर आप कबीलदारी की बेड़ियों से कैद करना चाहते हो?

सुरजन : सयाने की सलाह और आंवले का खाना पीछे पता लगा करे। पुत्र, मैं और तेरा चाचा दिलबाग सिंह और जत्थेदार गुरुमुख सिंह, हम तुम्हें लम्बी उम्र और सुखी ज़िन्दगी भोगने के वास्ते नेक नसीहत दे रहे हैं। हम नहीं चाहते तुम जेलों के अन्दर सड़ो। या सूली चढ़ो। अभी सम्भल जाओ। मनुष्य योनि बार-बार नहीं मिलती। यह पकड़ किताब। ध्यान से पढ़ना।

अमरो : गुरुमुखी में है? मैं भी पढ़ूँगी।

सुरजन : तू भी पढ़ना, पुत्र। जयकौर, सगाई से पहले भगत सिंह को अमृत छकाएँगे।

भगत : "हम हिन्दू नहीं।"

बाबा : कान्ह सिंह की?

किशन : क्यों लड़के को उल्टी सिखाते हो?

भगत : मैंने पढ़ रखी चंगी तरह।

सुरजन : पढ़ी होती तो तू डी. ए. वी. वालों के छल कपट में क्यों फँसता?

भगत : आप सिखों को हिन्दुओं से अलग करना चाहते हो। भाई को भाई से जुदा कर रहे हो। मैं इस मुल्क के हर हिंदू-सिख-मुसलमान को इकट्ठा करना चाहता हूँ।—ताकि इकट्ठे मिलकर हम अंग्रेज़ को उखाड़ फेंके।—ले जाओ यह संखिया। अपने पुत्र को खिलाओ, जो गोरों का चाकर बना फिरे।

सुरजन : जयकौर, फिर मत कहना, ख़बरदार नहीं किया। तेरे पोते के लक्षण अच्छे नहीं। अगर तुम चाहती हो, यह बड़ी आयु भोगे, बाँध इसे किसी लड़की रो। और सिखी की कृपाण से।

भगत : शेरों को ज़ंजीरें पहनाना आसान नहीं।

सुरजन : चल चिड़ियाघर मेरे साथ। पिंजरे में बन्द शेर दिखाऊँ तुझे। अंग्रेज़ सरीखा शिकारी नहीं जनमा जग में।

भगत : भगत सिंह संधू सरीखे बबर के साथ अभी टकराव नहीं हुआ तेरे अंग्रेज़ का। गीदड़ों का रेवड़, मेरी दहाड़ सुनकर, वो भागेगा, विलायत से इधर नहीं खड़ा होगा।

सुरजन : तोबा मेरे सत्यगुरु! इतना अहंकार! जयकौर, कर हीला जो होवे तुझ से। नहीं तो वाहेगुरु तेरा रूठा समझ।

भगत : वाहेगुरु? रूठ जाएगा?—ऐसा नन्हा चूज़ा वाहेगुरु बेबे फाँसी चढ़ाएगी ?

सुरजन : **(कानों को हाथ लगाकर)** बख़्श दो, बाज़ों वाले! इस नास्तिक से सिख पंथ बचाओ! धर्म बचाओ।

भगत : धर्म? कौन सा धर्म?—मेरा सिर्फ एक ही धर्म है—हिन्दोस्तान को आज़ाद कराना। ग़रीबों को ज़ालिमों से छुड़ाना। और उस धर्म के बदले, में हँस-हँस कर सूली चढूँगा। **(शीशी को शीश झुकाता)** इन शहीदों के लहू संग अपना लहू मिलाऊँगा!

(अँधेरा)

दृश्य-2

गवैये : अपना पेट तो पशु सरीखा,
हर कोई हर दम भरता।
धन्य जीना उस महापुरुष का,
दूसरों के लिए मरता।।

(डी. ए. वी कालेज, लाहौर)

हंसराज : आम होशियारपुर के! चूसने वाले। यह बम्बइया खट्टे ख़रबूज़े मुझे नहीं भाते।

बाबा : रसदार आमों की तासीर भी अलग होती है। हकीम अजमल खां कपूरथला आए एक बार। राजा का इलाज करने। मैंने उनके साथ हिकमत बारे विचारों का लेनदेन किया। वे कहते, बम्बइया आम गरम खुश्क होता है। नए ब्याहे लड़के को नहीं खाना चाहिए।

हंसराज : हमारा नाना भी यही कहा करता था। ननिहाल जाते थे जब हम, अजनोहा, गरमियों की छुट्टियों में, तय करके चलते थे, भाम के आम ज़रूर चूसेंगे। बुग्घे के बेटे झंडे की झोंपड़ी से। संधूरी टपका।

बाबा : दुआबे की रीस है कोई? फिर झंडा राम मशहूर था। आमों का पालक। सिद्धुओं में से था।

हंसराज : अपने गाँव अपने गाँव ही होते हैं। चालीस बरस हो गए लाहौर आए हुए। अचार और मुरब्बा सदा होशियारपुर का खाते हैं।

बाबा : यह जूती भी उधर की नहीं?

हंसराज : बजरौर की है।

बाबा : हरियाँ वेलाँ के पास?

हंसराज : हाँ। इधर का कारीगर नहीं बना सकता होशियारपुर के देहात जैसी देसी जूती।

बाबा : मैं भी जूती खटकड़ कलाँ जाकर लाता हूँ। करनाने वालों को साई देकर बनवाता हूँ।

हंसराज : हमारी तो गुज़र गई, अर्जुन सिंह जी। ये नए शौकीन कालेजिएट अंग्रेज़ी बूट और पाद-घुटनी कस्से फिरते हैं। फैशनों के उजाड़े।

(भगत सिंह आता है)

भगत : नमस्कार, महात्मा जी।—बाबा जी, आप? **(पैर छूता है)** कैसे तकलीफ उठाई? घर में सुख शान्ति तो है? भाइया जी कहीं दोबारा मेरे ननिहाल तो नहीं चले गए ?

हंसराज : ननिहाल? मोराँवाली?

भगत : अपने सुसराल। मेरा मतलब, अंग्रेज़ की जेल में!

बाबा : घर में तो सुख है सब। किशन सिंह भी आया है साथ। लाला लाजपत राय जी को मिलने गया है।

भगत : लाला जी लौट आए गांधी जी को मिलकर? क्या फैसला किया? देंगे साथ कांग्रेस के असहयोग आन्दोलन का?

हंसराज : भगत पुत्र, ये सियासी मुआमले तेरे सुलझाने के नहीं। पढ़ाई की सोच तू। तेरे बाबा जी को मैंने आप बुलाया। प्रिंसिपल साईंदास जी ने शिकायत की है तेरी।

बाबा : सवेरे वेद मंत्र वेला ग़ैर हाज़िर रहे तू?

हंसराज : मास्टर देवीदयाल ने देखा। हवन यज्ञ वेला तू और जयदेव गुप्ता साइंस रूम में बैठे गप्पें हाँक रहे थे?

भगत : गप्पें नहीं, जी। हम तो कैमिस्ट्री की किताब पढ़ रहे थे।

बाबा : बेटा, वो साइंस की घंटी के समय पढ़नी थी। प्रार्थना की वेला, सिर्फ वेद मंत्र। प्रवचन सुनो। हर काम का वक्त होता है।

भगत : उस वक्त हमें साइंस के तजुर्बे में ज्यादा दिलचस्पी थी।

हंसराज : वेद मंत्रों से ऊँची कौन सी पढ़ाई हो सकती है?

भगत : है एक ! कम से कम मेरी नज़र में। आजकल उस ज्ञान की हमारे मुल्क को वेदों से अधिक ज़रूरत है।

हंसराज : सुना आपने, अर्जुन सिंह जी?

बाबा : पुत्र, ज़ब्त में रहकर बोल। वेदों के प्रचार पर, महात्मा हंसराज जी ने पूरी ज़िंदगी कुरबान कर दी। जिस ज्ञान को ग्रहण करने के लिए मैंने चालीस बरस लगा दिए, तू उसको बचकाना हरकतें करके नकार रहा है?

हंसराज : चार्वाक दर्शन से हमारे देश का कुछ नहीं सुधर सकता। बेटा, इन नास्तिक विचारों ने बेड़ा डुबोया आर्य संस्कृति का।

मुसलमानों ने, ईसाइयों ने, बार-बार हमारी कौम को पैरों तले रौंदा है। ज़बरदस्ती हिन्दुओं को कलमा पढ़ाया। केराला का सुना आपने, अर्जुन सिंह जी? दक्षिण का?

बाबा : क्या हुआ?

हंसराज : मोपला मुसलमानों ने हज़ारों हिन्दुओं को तलवार के ज़ोर से भ्रष्ट कर दिया। हमें शुद्धि तहरीक तेज़ करनी पड़ेगी। आर्य समाज ने फैसला किया है। मुझे और स्वामी श्रद्धानन्द को ज़िम्मेवारी सौंपी। शुद्धि करके, मुसलमानों को फिर से आर्य बनाएँगे। बेशक शहीदी देनी पड़े हमें, इस यज्ञ के वास्ते। भगत सिंह, तुम नौजवान होश में आओ। आर्यवर्त बचाओ। आर्य जाति बचाओ। क्या तुम अपना महान भूत भूल बैठे? नास्तिकता की चिनगारी को अभी बुझा दे। ज़ब्त में रहो। अनुशासन बिना, डिसिपलिन के बग़ैर, कोई कौम तरक्की नहीं कर सकती।

भगत : सर, तरक्की ख़ातिर ही मैं साइंस को हवन धूप पर तरजीह देता हूँ।

बाबा : साइंस की कौन सी बात खोज रहे थे तुम और जयदेव?

भगत : बम बनाने का फार्मूला ढूँढ़ रहे थे।

हंसराज : बम!!!

बाबा : बारूद बनाते हो तुम?

हंसराज : हे प्रभु ! रक्षा कर मेरे स्कूल और कालेज की!—भगतसिंह, तू आप मरेगा, और हमें भी मरवायेगा। इस कालेज को मैंने अपने खून-पसीने से सींचा है। सारी उम्र। विदेशी सरकार, हर वेला, गिद्धों की तरह नज़र रखती है। एक-एक प्रोफेसर की, छात्र की, फाइल खोल रखी है। शिमला में और दिल्ली में। तू भी हमारे पुत्र की तरह काले पानी सड़ेगा। या फाँसी चढ़ेगा।

बाबा : बम किस वास्ते बनाते हो तुम?

भगत : अंग्रेज़ों को मारने के वास्ते।

हंसराज : कातिल बनोगे? हमारे बलराज जैसे?

भगत : मातृ भूमि के वास्ते कत्ल करने वाले वीर पुरुष कहलाते हैं! मुल्क पर जानें कुरबान करने वाले अमर शहीद बनते हैं। मेरे इस वीर जैसे।

(फोटो दिखाता है)

हंसराज : यह छोकरा कौन है?

भगत : आप इसको नहीं पहचानते? शहीदे आज़म को?

बाबा : करतार सिंह सराभा?

भगत : हाँ, जी। इसका ही गीत है जो हम गाते हैं, सुबह-शाम, हॉस्टल में :

सेवा देस की मेरी जां बड़ी मुश्किल
बातें ढेरों बघारनी आसां हैं।
जिसने देश सेवा में पैर रखा
झेलीं उसने मुसीबतें लाखों हैं।।

हंसराज : सरदार अर्जुन सिंह जी, इसी कारण हमने बुलाया आपको। बचा सकते हो पोता तो बचा लो। फिर हमें उलाहना मत देना।

बाबा : पुत्र, देश सेवा ज़रूर उत्तम कार्य है। पर अभी नहीं। पढ़ाई पूरी कर। बी. ए. कर। रोटी का वसीला कर।

हंसराज : हर आर्य समाजी को ग़द्दार समझता है फिरंगी। चूहड़े चमारों को ईसाई बनाकर, हमारी जासूसी पर तैनात कर रखा है।

बाबा : द्वारकादास लाइब्रेरी भी इसीलिए जाया करते हो? राजाराम शास्त्री बता रहा था, तुम दुनिया भर की ऊट-पटांग किताबें पढ़ते रहते हो?

भगत : बापू जी, स्वाध्याय बुरा होता है?

हंसराज : स्वाध्याय तो बुरा नहीं होता। लेकिन कुछ किताबें ज़रूर बुरी होती हैं। ख़राब असर डालती हैं। ख़ासकर कच्ची उम्र के विद्यार्थियों पर। ये नास्तिकों वाले विचार जिन किताबों ने सिखाए तुझे, वे अच्छी कैसे हुई?

भगत : यह भी हो सकता है, सर, जिस विचार को आप मंदा समझो, वो दरअसल चंगा हो। एक तरक्की पसन्द पुरुष उस विचार पर ज़िन्दगी कुरबान करने के लिए तैयार हो।

हंसराज : आर्य समाज इस वक्त सबसे अधिक तरक्की पसन्द संस्था है। इसके प्रवचनों को बुरा कहना, वेदों शास्त्रों की बेइज्ज़ती करना, तरक्की नहीं। मूर्खता है। हिन्दुओं से ग़द्दारी है।

बाबा : यह बात सही है, बेटा। स्वामी दयानंद जी ने, हम हिंदोस्तानियों को, बुत पूजा के कीचड़ से बाहर निकाला। यह कोई छोटा इनकलाब नहीं। महान क्रान्ति है।

भगत : बिल्कुल, बापू जी। मैं मानता हूँ। स्वामी जी ने शिवालय में मूर्ति के ऊपर चूहे नाचते हुए देखकर, मूर्ति पूजा सदा के लिए त्याग दी। वहमों से, भ्रमों से, हमें छुटकारा दिलाने के लिए ज़िन्दगी लगा दी। बुत शिकनी करके, हज़रत मुहम्मद की तरह, मज़हब

को निखारा। हिन्दू धर्म का असली रूप प्रचारा। मैं मानता हूँ।

हंसराज : बस ! इस क्रान्ति की महानता मत भूलो, पुत्र। जाओ, पढ़ो जाकर।

भगत : लेकिन, महात्मा जी, एक इल्तिजा मैं ज़रूर करूँगा। कोई भी क्रान्ति सदा के लिए नहीं होती।

बाबा : क्या मतलब तेरा?

भगत : बापू जी, मुझे लगता है, हमारे मुल्क के अन्दर क्रान्तिकारियों की कभी कमी नहीं रही। गौतम बुद्ध ने, ऋषि चार्वाक ने, देश को ब्राह्मणों के पंजों से छुड़ाया। बाबा नानक ने ब्राह्मणों के वहमों को फिटकारा। मक्का पहुँचकर, मुसलमानों को भी मुहम्मद साहिब के अकीदे का सच्चा अर्थ समझाया। इसी तरह, दयानंद जी ने पत्थरों के आगे प्रसाद चढ़ाने को दुत्कारा। पर नतीजा क्या निकला उनके इनकलाबी विचारों का?

हंसराज : कम से कम हम तो स्वामी जी के मरने से आधी सदी बाद भी उनके 'सत्यार्थ प्रकाश' को लफ्ज़ बलफ्ज लागू करने की कोशिश कर रहे हैं।

बाबा : बाबा नानक के बारे में तो भगत सिंह सही कहता है। हमने उसकी सीख जल्दी भुला दी। बेटा, हरिमन्दिर साहिब अमृतसर में हिन्दू देवी-देवताओं की मूर्तियाँ हुआ करती थीं। तेरे जनम से दो बरस पहले उठाई गई।

भगत : हाँ, 1905 में। मैंने भाई कान्ह सिंह जी की किताबों में पढ़ा। सरदार गुरुमुख सिंह भी ज़िक्र किया करते हैं लैक्चर में।

हंसराज : तू सिंह सभा भी जाया करता है? आर्य होकर, सिखों को अलग करने के पक्ष में भाषण सुनता है?

भगत : सुनता मैं ज़रूर हूँ, सबकी। मगर मेरी कोशिश है, करूँ मैं वही जो मेरा अपना दिमाग़ कहता है।

हंसराज : अपना दिमाग़? अभी से? क्या उम्र है तेरी? अहंकार देखा, अर्जुन सिंह?

बाबा : पुत्र, अभी तूने बहुत कुछ सीखना है।

हंसराज : गुरुः देवो भव!

भगत : गुरुः देवो भव! पिता देवो भव!—ज़िन्दगी भर रटने के बाद भी, सच पूछो तो, सर, आजकल मैं इसी श्लोक का अर्थ समझने में उलझा रहता हूँ।

बाबा : इसमें इतना क्या कठिन है? संस्कृत में तो तुम हमेशा अच्छे

नम्बर लेते हो।

भगत : गुरु कौन होता है? असली गुरु?

हंसराज : जो अँधेरे से उजाले की तरफ ले जावे।

बाबा : तम सो मा ज्योतिर्गमय।

भगत : उजाला क्या होता है?

बाबा : विचारों की रोशनी।

हंसराज : जैसे स्वामी दयानन्द जी ने दलीलों से, तर्क द्वारा, मूर्तिपूजा के अन्धकार को हटाया। बुद्धि का, विवेक का, दीपक जगाया।

भगत : यही तो मैं और जयदेव करने की कोशिश कर रहे थे।

हंसराज : हवन कुंड छोड़कर? वेद पाठ छोड़कर?

भगत : मुआफ़ करना, महात्मा जी। इनकलाबी सोच एक सिलसिला है। सोचने का ढंग है। चालीस साल पहले का इनक़लाबी आज का दक़ियानूस हो सकता है। पीछे-खैंच हो सकता है। जैसे आप आर्य समाजी हो। प्रिंसीपल साईंदास है। इनक़लाब के दुश्मन! दोनों शख़्स।

हंसराज : हे प्रभु! जीवन भर की तपस्या का यह फल मिला?

बाबा : हम दक़ियानूस कैसे हो गए?

हंसराज : मेरी कुरबानियों की यह क़दर डाली इन लौंडों लपाड़ों ने?

भगत : हम राजा पोरस और सिकन्दर के बारे में ड्रामा खेलना चाहते थे। प्रिंसीपल साब ने मना कर दिया।

हंसराज : मैंने मना किया। कमेटी ने मना किया।

बाबा : आर्य समाज ने रामलीला और कृष्णलीला को हमेशा बुत पूजा का दरजा दिया है।

हंसराज : सनातनी हिन्दुओं की मूर्खता हम अपने कालेज में क्यों चलने दें? नाटक ब्रह्मचर्य नष्ट करता है।

भगत : हमारी जमात ने इस मुद्दे पर बहस की। हमने नतीजा निकाला : कला से, नाटक से, वैर निकालने में, आप आर्य समाजी, कट्टर मुल्लाओं से ज़्यादा ज़हरीले हो। क्या आप नहीं चाहते, हम अपने ड्रामों के ज़रिये, पोरस महान की मिसाल, पीढ़ी दर पीढ़ी, ज़िन्दा रख सकें?

हंसराज : तू आप ही नहीं बिगड़ा। पूरे कालेज को बाग़ी बना रहा है? आर्य-द्रोही बना रहा है?

भगत : आप इसको बग़ावत कहो अथवा दिमाग़ का इस्तेमाल। मुझे यकीन हो गया : घी जलाकर, धूप धुआकर, हम बरतानिया को

हिंदोस्तान से नहीं निकाल सकते। आज़ादी के वास्ते नई, इनक़लाबी, सोच लाज़मी है। दयानन्द के उपासक भी आज अपने स्वामी को पत्थर बनाकर पूज रहे हैं। उसकी किताब को सदा के लिए सच्ची मान बैठे हैं। जनाब, कोई किताब सदा के लिए सच्ची नहीं हो सकती। तीन हज़ार बरसों से ये वेद शास्त्र हमारे देश के अन्दर पढ़े जाते रहे। पूजे जाते रहे। फिर भी हमलावर आते रहे। हमारे घर घाट उजाड़ते रहे। हमारी बहू-बेटियों की इज़्ज़त लूटते रहे। ये वेद शास्त्र हमेशा बरतने वाला हथियार नहीं। आज ज़रूरत है बन्दूकों की। बमों की। बारूद की।—मेरी ज़िन्दगी का, मेरी पढ़ाई का, बापू जी, मुझे एक ही मकसद सूझा है।

बाबा : कौन सा?

भगत : हिन्दोस्तान आज़ाद कराना। और जो किताब मुझे आज़ादी की तरफ जल्दी ले जाए, मैं उस किताब को वेदों शास्त्रों से बेहतर समझता हूँ।

हंसराज : यह अच्छी आज़ादी! ऋषियों का अपमान! वेदों का अपमान!

भगत : सर, इसमें अपमान वाली कोई बात नहीं। आज मैं दयानन्द का सच्चा पैरोकार हूँ। मैं सच्चा गुरु भगत हूँ। मैं! आप नहीं।

हंसराज : वो कैसे?

भगत : आप दयानन्द के अन्धे पुजैया बन गए। गुलाम बन गए। एक स्थान पर खड़े हो गए। सोचना छोड़ दिया। जब कि मैं उनका इनक़लाबी ज़िहन अख़्तियार कर रहा हूँ। उनके नए विचार सोचने के ढंग को आगे बढ़ा रहा हूँ।

बाबा : एक तरह, मास्टर जी, भगत सिंह सही कह रहा है। सिखों को देख लो। अपने गाँव, बंगा में, गुरुद्वारा बनाने के वास्ते, मैंने सबसे ज्यादा चन्दा दिया। लेकिन मैंने कभी माथा नहीं टेका।

हंसराज : गुरुद्वारे को चन्दा दिया??? अजीब आर्य समाजी हो आप! हिन्दू हो। सिर्फ हिन्दुओं का भला सोचो।

बाबा : नानक की सोच सही थी। निराकार की भक्ति। बेशक आज के नानक पन्थी मुड़के उलटे रास्ते चल पड़े।

हंसराज : अर्जुन सिंह जी, 'सत्यार्थ प्रकाश' दोबारा पढ़ो। साथ में अपने इस पोते को पढ़ाओ। दयानन्द जी ने नानक को 'दम्भी' बताया। संस्कृत न नानक जानता था, न कबीर।

भगत : संस्कृत न जानने में कोई पाप नहीं। हाँ, आज के करोड़ों लोगों

की बोली न जानना ज़रूर पाप है। पंजाबी, हिन्दी, उर्दू को नीचा समझना ज़रूर पाप है।

बाबा : इसी कारण नानक ने, कबीर ने, लोगों की बोली बरती। मगर हमारी बदकिस्मती देखो। वहम को, भ्रम को, आज एक नानक धिक्कारता है। दूसरे दिन, लोग और वहम, भ्रम पाल लेते हैं। ग्रन्थ साहिब के अन्दर विचार महान हैं। संतों की वाणी है। उसका पाठ करो। पढ़ो। सीखो। परन्तु उसको बुत बना कर, धूप क्यों दो? उसके आगे माथे क्यों रगड़ो? चँवर क्यों झुलाओ? पालकी की मुट्ठी चापी क्यों करो ?

भगत : शाबाश, बापू जी! आप हैं सच्चे क्रान्तिकारी। चाचा अजीत सिंह और स्वर्ण सिंह के पिता कहलाने का गर्व हासिल है आपको। मैं भी, विद्यार्थी के नाते, आज़ाद सोच का हक माँगता हूँ। गौतम बुद्ध, नानक, कबीर, दयानन्द—इन ऋषियों की सबसे बड़ी देन है : नई सोच! पल-पल बदलती हुई दुनिया के वास्ते बदलते हुए विचार चाहिएँ। मुझे अपना दिमाग़ इस्तेमाल करने दो। साइंस की किताब पढ़ने दो।

हंसराज : ख़तरनाक रास्ते चल रहा तू, भगत सिंह।

भगत : ख़तरों का सामना किए बग़ैर, कोई बन्दा शूरवीर नहीं बन सकता। बाबा जी, याद है आपको? जनेऊ पहनाते वक्त, मेरे और जगत सिंह के बारे में, यज्ञ की वेदी पर, आपने क्या कहा था?

बाबा : "मेरे दोनों पोते देश सेवा निमित्त अर्पण?"

भगत : तो फिर, जिस पढ़ाई से हिन्दोस्तान की ज़्यादा ख़िदमत हो सके, मुझे वही पढ़ाई पढ़नी चाहिए न ?

बाबा : हाँ, बेटा। तेरी दलील तो सही है मगर यह रास्ता है बड़ा दुश्वार।

हंसराज : इस रास्ते या क़ैद या मौत।

भगत : मौत? मौत तो, महात्मा जी, हर मनुष्य के वास्ते, हर राह में, खड़ी है। उस मौत का स्वागत जो करोड़ों हिन्दोस्तानियों को ज़िन्दगी बख़्शे!

(अँधेरा)

दृश्य-3

गवैये : वतन की आबरू का पास देखें कौन करता है
सुना है आज मक़तल में हमारा इम्तहां होगा।
इलाही वो भी दिन होगा, जब अपना राज देखेंगे,
जब अपनी ही ज़मीं होगी, और अपना आसमां होगा।।

**(भगत सिंह का घर, नवां कोट, लाहौर, 1921।
बस्ते उठाए भगत सिंह और जयदेव गुप्ता आते हैं)**

जयदेव : तू आप क्यों नहीं कहता, भाइया अपने को?

भगत : मुझे शर्म लगे।

जयदेव : इतने बड़े फैसले में शर्म कैसी? पढ़ाई छोड़ना मामूली बात तो है नहीं।

भगत : सोचा हुआ तो मैंने कई महीनों से है। जल्दबाज़ी नहीं कर रहा। फिर भी, पिता जी की इजाज़त के बग़ैर, मैं यह काम नहीं कर सकता।

जयदेव : बाबा जी नहीं लौटे खटकड़ कला से?

भगत : नहीं। वे होते तो कोई झिझक नहीं थी। मैं अपने आप उनको समझा देता। भाइया जी के साथ खुलकर बात करते हुए मुझे अभी भी शर्म आती है।

जयदेव : मेरे जैसे को तो फिक्र हो आज़ादी की जंग में कूदते हुए—जिसके घर वालों ने कभी चिड़ी तक नहीं मारी। दमड़ी-दमड़ी का हिसाब रखते हुए पुश्तें गला देते हैं जो। तुझे तो कोई अड़चन नहीं होनी चाहिए। सारा परिवार तुम्हारा देश प्रेम में रँगा हुआ है। तेरे इस फैसले से किसी को हैरानी नहीं होगी।

भगत : तू शुरू करना बात। खुल्लम खुल्ला इजाज़त लेनी चंगी है।—दादी जी, दूध के गिलास, दो। भूख लगी हमें।

(अमरो आती है)

अमरो : चाची जी रो रहे अन्दर।

भगत : क्यों?

अमरो : सवेरे कोई बन्दा रुक्का देकर गया भाइया जी को। उसमें लिखा था—अजीत सिंह चाचा दूर देश में हैं। दक्षिणी अमरीका में।

भगत : अजीत चाचा की चिट्ठी?

जयदेव : बारह बरसों के बाद?

भगत : सही सलामत हैं?

अमरो : हाँ!

भगत : फिर चाची जी रो क्यों रहे हैं? **(अन्दर जाता है)**

जयदेव : ताया जी किधर गए?

अमरो : जो भाई रुक्का देकर गया सवेरे, उसके साथ गए हैं। कह रहे थे, दोपहर तक लौट आऊँगा। आए नहीं। रोटी भी नहीं खाई।

(माँ दूध का गिलास लाती है)

जयदेव : पाय लागूँ, ताई जी।

माँ : जीते रहो, पुत्र। जवानी भोगो।

जयदेव : ताया जी कब तक आएँगे?

माँ : रे बेटा, मैं क्या कह सकती हूँ? किस के पास दुःख रोएँ? एक विधवा गाँव बैठी, खटकड़ कलाँ। एक न विधवाओं में न सुहागनों में। नदियों नीर बहावे नित्य याद कर करके। मेरा जी भी हलका हुआ रहता है। इसके भाइया को कुल जहान की चिन्ता लगी रहे। एक चिन्ता नहीं तो घर वालों की नहीं। ख़र्च कहाँ से जुड़े इतने बड़े परिवार का? बापू जी सयाने हो गए। खेती करने योग्य नहीं। हकीमी से पैसा नहीं कमाना चाहते। सबका इलाज मुफ़्त करते हैं। घर से दवाई खिला कर। खेती ख़सम सेती। ये यहाँ लीडरी के नशे में हैं। आधे पर खेती करने वाले कुछ पल्ले नहीं डालते। बच्चे पढ़ रहे हैं। लम्बा-चौड़ा परिवार खाने वाला। ऊपर से सौ आया गया। इनके यार दोस्त। भाँति-भाँति के। कोई बंगाली कोई मद्रासी। महीना-महीना ठहरते हैं। हाथ इतना खुला, बेशक ढेर का ढेर अनाज उठवा दें। कभी बाढ़ के मारों को रसद इकट्ठी करके भेजो। कभी भूचाल में तबाह हुओं को चन्दा इकट्ठा करके दो। कभी प्लेग से मरे माँ-बाप के बच्चों के वास्ते यतीमख़ाने खोलो। अपने नन्हें-मुन्नों की कौड़ी परवाह नहीं। अपने यतीमों की तरह अच्छे दिनों के लिए तरसते

हैं। यह चलन है भगत के भाइया का। किसके पास दुःखड़े रोऊँ? **(आँसू पोंछती है)**

जयदेव : ताई जी, जो कुरबानियाँ आपके परिवार ने मुल्क के वास्ते दी हैं, वो कोई नहीं दे सकता।

(दादी आती है)

दादी : जयदेव है?

जयदेव : हाँ, दादी जी। पाय लागूँ।

दादी : वाहेगुरु बड़ी उम्र दे। बेटा, तूने मनाया नहीं भाग्यवान् को? मानाँ वाले उतावले हैं। शगुन ले ले।

अमरो : भैया जी, मनाओ जल्दी। भाभी आए मेरी। घोड़ियाँ गाऊँ। पल्लू पकड़ूँ।

जयदेव : मैं तो रोज़ बात चलाता हूँ। हाथ पल्ला नहीं पकड़ाता।

दादी : रे पुत्र, जवान हो गया सुख से। बहूटी घर आए। यहाँ रहे मेरे पास।

माँ : और मैं दुआबा मुड़के ज़मीन को देखूँ।

दादी : नोन तेल तो चले। दो-तीन स्थान पे परिवार बँट गया। कह इसको, बेटा। ब्याह, गौना कराए जल्दी।

जयदेव : मनाऊँगा मैं। आज ही छेड़ूँगा बात। ताया जी को लौटने दो।

(भगत सिंह चाची को लाता है)

भगत : चाची, वादा रहा मेरा तेरे संग। मैं मिलाऊँगा तुझे चाचा जी। देखती जा तू। स्कीम बना ली मैंने। अजीत चाचा परदेशों से वापस पलटेंगे।

चाची : अंग्रेज़ पकड़ के फिर जेल में बन्द कर देंगे। मेरे पास बसने देंगे उसे?

भगत : अंग्रेज़ अब थोड़े दिन ही हैं यहाँ।

दादी : तेरे पास कौन सा जादू का डंडा आ गया ज़ालिमों को मुल्क से निकालने का?

माँ : बाप-बेटा सपने गढ़ते रहें। उड़ानें भरते हुओं को साँस नहीं आती।

चाची : जोगी लड़ लग गया मेरे। **(आँसू दबाती)** कहते हैं, "जंगल गए न लौटते सुन्दराँ को, जोगी होवें न किसी के मीत लोगो।"

भगत : ईंट जैसी पक्की शर्त रही। चाचा जी जल्दी मुड़ेंगे। और वो भी आज़ाद हिन्दोस्तान के बाशिन्दे बन कर।

(किशन सिंह आता है)

अमरो : भाइया जी आ गए।

माँ : लाओ, लकड़ी, ईंधन रसोई में।

चाची : बीबी, मैं सेंकती हूँ रोटी।

(तीनों जाती हैं)

दादी : बेटा, दोपहर को रोटी खाने नहीं आया?

किशन : रोटियाँ भी खाई जाएँगी।

दादी : वो बन्दा जो रुक्का लाया था?

किशन : दूर गया।

दादी : है आशा अजीत के जल्द मुड़ने की?

किशन : जिगरा रख, माई। अजीत दूर का मुसाफिर है।

दादी : मेरा भाग्य! जीते जी मुँह देखना नहीं मिलेगा मुझे मेरे लाल का।

(रोती हुई जाती है)

किशन : कैसे हो, जयदेव? गुप्ता जी राज़ी खुशी हैं?

जयदेव : हाँ, जी। कृपा है आपकी।

भगत : भाइया जी, चाचा जी के बारे में क्या ख़बर थी?

किशन : ब्राज़ील में है अजीत सिंह। लाला हरदयाल का रुक्का था, न्यूयॉर्क से। वो कहते हैं, पूरा हवाला अजीत आप लिख के भेजेगा किसी के हाथ।

भगत : आने के बारे में नहीं लिखा?

किशन : नहीं, बेटा। अभी मुमकिन नहीं। फिरंगी की जेलों के अन्दर सड़ने से बेहतर है बाहर ही रहे। फिर वो कौन से वहाँ निठल्ले बैठे हैं। लाला लाजपत राय जी ने मुझे सब बताया। हरदयाल और साथियों ने अमरीका में पूरा आन्दोलन चला रखा है। बरतानिया के ख़िलाफ लड़ाई बाहर के मुल्कों की मदद से भी लड़ी जा सकती है। यह अन्दरूनी जंग का एक ज़रूरी हिस्सा है।

जयदेव : ताया जी, तब तो भगत सिंह का काम आसान हो गया।

किशन : कौन सा काम?

जयदेव : बता, भई।

भगत : तू कह न।

जयदेव : यह स्कूल छोड़ना चाहता है।

किशन : क्यों? स्कूल क्यों छोड़ोगे?

भगत : मैं अपना पूरा वक्त गोरों के ख़िलाफ जंग लड़ने पर ख़र्चना चाहता हूँ।

किशन : दिमाग ठिकाने है तेरा? पढ़ाई छोड़ेगा? पल्ले न सेर आटा, और गाती हुई का गला फटा! क्या करेगा तू, निठल्ला? दुड़की लगाएगा गलियों में?

भगत : निठल्ला क्यों बैठूँगा? लाला जी का लैक्चर सुना हमने। डी. ए. वी. कालेज के आधे लड़के उनके साथ हैं। महात्मा जी का जवाब भी हम सबने ध्यान से पढ़ा—जो उन्होंने लाला जी के 'ओपन लैटर' को दिया। हम नहीं चाहते, सरकारी यूनिवर्सिटी से डिग्री लें। अगर डी. ए. वी. वाले अंग्रेज़ की हकूमत से नाता नहीं तोड़ना चाहते, न तोड़ें। हमने फैसला किया है—गांधी जी का साथ देंगे। लाला जी का साथ देंगे। असहयोग लहर में दाख़िल हो जाएँगे।

जयदेव : भगत और मैं गली-गली घूमेंगे। विलायती कपड़े माँग-माँग कर जलाएँगे।

भगत : मैं पूरा जीवन देश-प्रेम को दान देना चाहता हूँ।

किशन : देश-प्रेम? तेरे ख़ाली खीसों को देश चाटेगा? पहले कुछ बन तो ले। कुछ करने योग्य तो हो। लिखे-पढ़े बग़ैर, पैसे बग़ैर, ख़ाक सेवा करेगा तू देश की? अक़्ल कर कुछ। सुन ओए, जयदेव, तू भी। छोकरापन छोड़ो। मुल्क आज़ाद कराना कंगालों का कसब नहीं। अनपढ़ों की ठठोली नहीं। दो दिन रोटी खाने को न मिले, सारा गांधी और असहयोग भूल जाएगा। दो बैंत पुलिस की पड़ीं, चूतड़ों पर, अम्मा याद आ जाएगी। अगर इतनी आसान होती देश सेवा, सारे तुम्हारे जैसे अरोएं छोकरे लीडर न बन जाते। मैंने जेल काटी। बैंतें खाईं। मैं जानता हूँ। दो भाई मेरे पुलिस के बूचड़ों के शिकार हो गए। कहना आसान है—"संधुओं के परिवार ने मुल्क की बड़ी ख़िदमत की"। जो भुगत रहा हो उसको पूछो। **(आँसू रोकता)** तीन भाइयों में से मैं अकेला रह गया हूँ, कमाने योग्य। खेती का हज नहीं। बीमे का काम पकड़ा। वो हाथों से खिसकता जा रहा। **(सम्भलकर)** तू बड़ा है। तेरे पर आशा थी। तू हाथ बटाएगा। तूने उलटे खुर उठा लिए। अभी से इनकलाबिया बन रहा है। काले पानी सड़ेगा। हंसराज के बेटे की तरह। भाई परमानन्द वापस आया, अंडेमान जेल से छूटकर। जाओ, पूछो उसको। फिरंगी के जल्लाद क्या दुर्गति बनाते हैं तुम जैसे देश प्रेमियों की। सीधा होके, पढ़ाई कर। एफ. ए., बी. ए.। रोटी का वसीला कर। फिर करते रहना,

सारी उम्र, देश सेवा। डिग्री के बग़ैर आजकल अच्छी नौकरी नहीं मिलती।

भगत : भूखा मर जाऊँगा। फिरंगी का चाकर नहीं बनूँगा।

किशन : चाकर बनने को तुझे कौन कहता है? वकीली कर लेना।

जयदेव : गांधी जी तो कचहरियों का भी बाइकाट कर रहे हैं।

भगत : पढ़ाई से मैं नहीं डरता।

किशन : और काहे का डर पड़ा तुझे?

जयदेव : हर वक्त हाथ में किताब रखता है। द्वारकादास लाइब्रेरी की आधी किताबें चाट चुका है।

भगत : डी. ए. वी. कालेज से मेरा जी उठ गया है। सब छात्र कहते हैं, "हंसराज कायर निकला। पुत्र बलराज का साथ नहीं दिया।"

जयदेव : शहीद मदन लाल ढींगरा के ग़द्दार बाप की तरह। जिसने बेटे को कबूलने से इनकार कर दिया था।

किशन : महात्मा हंसराज सही कह रहे। अगर पंजाब यूनिवर्सिटी से कालेज तोड़ा, हज़ारों लड़कों के कैरियर तबाह हो जाएँगे। यह उनके माँ-बाप से ग़द्दारी होगी।

भगत : ज़रूर ! इन आर्य समाजियों को मुल्क के अन्दर, हिन्दुओं के सिवा कोई नज़र ही नहीं आता।

किशन : ख़ालसा कालेज वाले, इसलामिया कालेज वाले, बरतानिया के पिट्ठू बने रहेंगे। उनके लड़के सब अफसरियाँ हथिया लेंगे।

भगत : मुझे इस हिन्दू-सिख-मुसलमान वाली सोच से नफरत है। जिस स्कूल के अन्दर सिर्फ एक फिरके के वहम भ्रम फैलाए जाएँ, मैं उस स्कूल में पैर नहीं डालूँगा। उस मन्दिर गुरुद्वारे की तरफ मुँह नहीं करूँगा।

जयदेव : जब लाला लाजपत राय जी ने अरुड़ सिंह ग्रन्थी की ग़द्दारी का ज़िक्र किया, पूरा हाल पाँच मिनट 'शेम-शेम' चिल्लाता रहा।

भगत : सोचो आप। यह हालत है हमारे भाइयों की। पुजारियों की। जिस ज़ालिम डायर ने जलियाँवाला बाग के अन्दर हज़ारों हिन्दोस्तानियों को गोलियों से कत्ल किया, आठ महीनों के बाद, अरुड़ सिंह ग्रन्थी उसको अकाल तख़्त से सरोपा भेंट करता है!! क्या इस जैसी 'धार्मिक' संस्थाओं में आप मुझे पढ़ने भेजोगे?

किशन : नहीं, बेटा। इसके वास्ते मैं तुझे मजबूर नहीं करूँगा। मगर पढ़ाई जारी रख। डी. ए. वी. न सही। लाला जी ने नेशनल कालेज की बाबत बताया तुम्हें?

जयदेव : हाँ, जी। कई तालिब इल्म डी. ए. वी. छोड़कर नए कालेज में दाखिल हो रहे हैं।

किशन : जुगल किशोर जी प्रिंसीपल होंगे। जयचन्द्र विद्यालंकार और छबीलदास प्रोफेसर होंगे। इतिहास भाई परमानन्द जी पढ़ाएँगे।

भगत : तारीख भाई परमानन्द जी पढ़ाएँगे?

जयदेव : काला पानी सज़ा काट चुके जो?

किशन : शहीद भाई मतिदास के वंश से हैं। आरे से शीश चिरवाया था जिन्होंने। दिल्ली, चाँदनी चौक में। नवें गुरु जी के साथी थे।

भगत : ठीक है, जयदेव। कल से नेशनल कालेज जाएँगे। भाई परमानन्द जी के चरणों में। इतिहास बनाने वाले शहीदों के सुपुत्र ही सही इतिहास पढ़ा सकते हैं। सही इतिहास बना सकते हैं। गांधी जी के साथ मिलकर, कल से, हम भारतवर्ष का नया इतिहास बनाएँगे!

(अँधेरा)

गवैये :

कबिरा जब हम पैदा हुए,
जग हँसा, हम रोए।
ऐसी करनी कर चलो,
हम हँसे, जग रोए।।

(मध्यान्तर)

दृश्य-4

(नेशनल कालेज, लाहौर। 'करतार सिंह सराभा' नाटक की रिहर्सल। भगत सिंह सराभा के रोल में, हसन उसका मुजरिम साथी। भगवती चरण जज के रोल में। जयदेव परांपटर। करतार और साथी गाते हैं)

गवैये : सेवा देश की, मेरी जां, बड़ी मुश्किल,
बातें ढेरों बघारनी आसां हैं।
जिसने देश सेवा में पैर डाला,
झेली उसने मुसीबतें लाखों हैं।।

जज : ख़ामोश! मुजरिमों को ज़ब्त में रह कर सज़ा सुननी चाहिए। हकूमत के ख़िलाफ बग़ावत करने के जुर्म में—

करतार : जुर्म? मुजरिम? वाह जज साहिब! हम मुजरिम कब से बन गए? अपने मुल्क को मुहब्बत करने वाले मुजरिम कैसे बन गए? अपनी मातृभूमि पर जानें निछावर करना जुर्म कब से हो गया?—मुजरिम आप हो! जो ज़ालिम अंग्रेज़ के काले कानूनों की ज़ंजीरों से हिन्दोस्तान को बाँधे बैठे हो। दो टुकड़ों के बदले जाबरों के आगे पूँछ हिलाते हो। धिक्कार है तुम्हारे जैसे इन्सानियत के दुश्मनों को। सज़ा तुम्हें मिलनी चाहिए।

हसन : ज़रूर मिलेगी सज़ा इन टुकड़तोड़ों को। करतार सिंह सराभा, फिक्र न कर। शहीदों की कुरबानियाँ कभी निष्फल नहीं जातीं। फिरंगी के दिन थोड़े रह गए। इन जजों की, पुलसियों की, गत बनाएँगे आज़ाद हिन्दोस्तान के बाशिन्दे।

जज : गुस्ताख़ लोगो, मौत के मुँह में होते हुए भी ज़बान चला रहे हो? **(लिखता है)**

जयदेव : मौत के मुँह में हो। फिर भी ज़बान 'लड़ा' रहे हो?

जज : मौत के मुँह में हो। फिर भी ज़बान लड़ा रहे हो?

करतार : **(गाता है)**

तुझे ज़बाह करने की खुशी
और मुझे मरने का शौक़।
मेरी भी मरज़ी वही है
जो मेरे सय्याद की है।

जज : सिपाहियो, मुँह बन्द करो इनके।

करतार : जनाब, यह आवाज़ अब नहीं दबेगी। इनकलाब का नगाड़ा हिन्दोस्तान के गाँव-गाँव बज रहा है।

हसन : मेरे वीरो, पुलिस के सिपाहियो, जल्द ही तुम्हारा ज़मीर तुम पर लानत फेंकेगा। अपने भाइयों को कत्ल करना आसान नहीं होता। आओ, हमारे साथ मिल जाओ। और··· और···

जयदेव : इन ग़ैर मुल्की हमलावरों के ख़िलाफ···

हसन : और इन ग़ैरमुल्की हमलावरों के ख़िलाफ़ बग़ावत का झंडा बुलन्द करो।

करतार : जल्दी करो, मुजरिम साहिब। फैसला सुनाओ। हम उतावले हैं, अपने शीश निछावर करके, भारत माँ को आज़ाद कराने के वास्ते।

(भाई परमानन्द आता है और एक तरफ खड़ा होकर सुनता है)

जज : मुलज़िम करतार सिंह सराभा, हकूमते बरतानिया के ख़िलाफ जंग करने के संगीन जुर्म में, तुम्हें फाँसी पर लटका कर, मौत की सज़ा दी जाती है।

करतार : थैंक यू, जज साहिब। फाँसी की सज़ा मेरे इनकलाब के सन्देश को हिन्दोस्तान के हर गोशे में पहुँचाने का बेहतरीन तरीका है। आप मेरा शरीर नष्ट कर सकते हैं। मेरे विचार नष्ट नहीं कर सकते। मैं मरूँगा—मेरा इनकलाब जियेगा। थैंक यू, अगेन।

जज : मुलज़िम इश्फाक़, तुम्हें ताउम्र क़ैद बामुशक़्क़त दी जाती है।

हसन : जनाब, मेरे साथ बेइन्साफी मत करो।

जज : कैसी बेइन्साफी?

हसन : आपकी नज़र में करतार सिंह सराभा क़ौम का बड़ा ख़िदमतगार है। इसी करके इसको मौत की सज़ा सुनाई। मुझे सिर्फ उम्र कैद? मेरी इल्तिजा है जनाब के आगे। मुझे करतार सिंह के बराबर समझो। फाँसी की सज़ा दो।

जज : अजीब पागलों से पाला पड़ा है। तुम ज़िन्दा नहीं रहना चाहते?

हसन : नहीं, जनाब। आप हम दोनों दोस्तों में फ़रक डालकर, मेरी बेइज़्ज़ती कर रहे हैं। मुझे करतार सिंह से मत बिछोड़ो। मुझे भी मौत की सज़ा सुनाओ।

जज : अब हम फैसला सुना चुके हैं। तुम हाईकोर्ट में अपील कर सकते हो और अपनी सज़ा बढ़वाकर, फाँसी करवा सकते हो।

हसन : मैं ज़रूर अपील करूँगा।

करतार : शाबाश ! मेरे जाँबाज़ दोस्त। मेरे भाई। हिन्दोस्तान को तेरे जैसे इनकलाबियों की ज़रूरत है। जब तक इस धरती पर तेरे जैसे बहादुर बेटों को जनम देने वाली माताएँ हैं, हिन्दोस्तान को कोई ताक़त गुलामी की ज़ंजीरों से नहीं जकड़ सकती। धन्य है तू। धन्य तेरी माई! इनकलाब!

परमानन्द : ज़िन्दाबाद! **(ताली बजाता है)** वाह वाह!

भगत : गुरु जी, आप?

परमानन्द : घंटी कब की बज चुकी।

भगवती : हमने सोचा, आपके पीरियड से पहले, एक रिहर्सल कर लें।

हसन : सर, लाइन तो याद हो गई। ऐक्टिंग हमें नहीं आती।

भगवती : हसन, अगर तुमने भी, भगत सिंह की तरह, दस एक साल मिरासियों की मुट्ठी चापी की होती, तू भी ऐक्टिंग सीख जाता।

भगत : मिरासीपने की सख़्त ज़रूरत है, भगवती चरण। आज़ादी के परवानों को बहुरूपिए बनना पड़ता है। क्या पता, कब भेष बदलकर, ज़ालिम के जाल में से निकलना पड़े। है न, गुरु जी?

परमानन्द : हाँ, बेटा। ज़िन्दगी जीने के वास्ते, नाटक बहुत सुन्दर शिक्षा है।

हसन : मैं तो नेशनल कालेज में दाख़िल होकर, मज़े मार रहा हूँ।

जयदेव : इसलामिया स्कूल में अगर तू ड्रामा खेलने की जुर्रत करता, मौलवी बैंत मार-मार के नीचे से नीकर फाड़ डालता।

भगत : यही हाल डी. ए. वी. में होना था। महात्मा हंसराज ने कहना था **(नकल उतार के)** : "कृष्ण लीला से तुम्हारा ब्रह्मचर्य भंग होता है।" **(हँसी)**—शुक्र हुआ, नेशनल कालेज खुला।

हसन : और भाई जी जैसे उस्ताद टकरे।

परमानन्द : हाँ, भई, भगत। तेरी दो शिकायतें आई हैं।

जयदेव : दादी ब्याह के वास्ते उतावली होगी?

परमानन्द : ब्याह भी हो जायेगा। सरदार किशन सिंह कह रहे थे, तू काम-धन्धे का नहीं सोच रहा? सियासी मुआमलों में अभी से

चोखा जोश दिखा रहा है?

जयदेव : ताया जी आप कम फँसे हुए सियासत में?

हसन : लाला लाजपत राय और वे मिलकर लाहौर का मोरचा सँभाले बैठे हैं।

भगवती : पूरे पंजाब का समझो।

भगत : गुरु जी, इस वक्त गांधी जी का असहयोग आन्दोलन ज़ोरों पर है। करोड़ों हिन्दोस्तानी सरकारी दफ्तर, कचहरियाँ, स्कूल छोड़कर मैदान के अन्दर कूद पड़े हैं। हम पीछे क्यों रहें?

जयदेव : हमारे कालेज का ख़र्चा भी तो कांग्रेस दे रही है।

भगत : जिस मकसद के वास्ते आपने और लाला जी ने यह कालेज शुरू किया है, उसे दग़ा नहीं देना चाहिए।

हसन : गांधी जी की नॉनकोआपरेशन मूवमंट का साथ देना वक्त की माँग है।

भगवती : इस वेला अकेले अपने कैरियर की सोचना, परिवार की सोचना, खुदगरज़ी होगी।

भगत : मुल्क से ग़द्दारी होगी।—आप भाइया जी को समझा दें। मैं और मेरे साथी इस लहर में बढ़-चढ़कर हिस्सा लेंगे।

परमानन्द : चलो, किशन सिंह जी को तो मैं समझा लूँगा। मगर, बेटा, तुम लोग कालेज के लिए नई मुसीबत न खड़ी करो।

जयदेव : क्या किया जी भगत ने?

परमानन्द : भगत अकेला नहीं। तू भी साथ था। जुगल किशोर जी कहते हैं, शुक्र करो। किसी पुलिस के मुख़बिर ने तुम्हारा पटाख़ा नहीं सुना। नहीं तो वो तुम्हें पकड़ के ले जाते—बम बनाने के जुर्म में!

भगत : सॉरी, सर। मामूली-सा तजुर्बा कर रहे थे।

भगवती : मेरा एक आइडिया टेस्ट कर रहे थे।

परमानन्द : नहीं, पुत्र! गांधी जी का साथ देना है, तो सच्चे दिल से दो। नो वाओलंस! मूवमंट को धक्का नहीं लगना चाहिए।

भगवती : चंगा जी। पक्की अहिंसा! **(कान पकड़ते हैं)**

जयदेव : बारूद नहीं।

हसन : बम नहीं!

भगत : गोली नहीं!

हसन : आपकी हिस्ट्री की क्लासों में हमें सबको मज़ा आ रहा है।

भगत : सिकन्दर और पोरस के बारे में, चन्द्रगुप्त मौर्य के बारे में, राणा

प्रताप और शिवाजी के बारे में, हमें कभी इतना ज्ञान प्राप्त न होता, अगर आप ड्रामे बनवाकर न खेलवाते।

परमानन्द : भगत, चन्द्रगुप्त को तू ने सचमुच स्टेज के ऊपर ज़िन्दा खड़ा कर दिया। तू ज़रूर चन्द्रगुप्त बनेगा। हिन्दोस्तान आज़ाद कराएगा। जीते रहो, मेरे लाल।

भगत : **(पाँव हाथ लगा के)** धन्यवाद, गुरु जी।

हसन : करतार सिंह सराभा भी आज देखना आप। एकचित्त होकर रोल खेलता है भगत।

जयदेव : यों ही तो नहीं, सात सालों से, सराभा की फोटो हर समय जेब में रखता।

भगवती : और जलियाँवाले के शहीदों के खून से रंगी मिट्टी को नित्य फूल चढ़ाता।

जयदेव : अन्दरूनी जज़्बे से ऐक्टिंग करता है।

भगवती : और मुझे बनाया ग़द्दार जज।

जयदेव : मैं सिर्फ परांपटर। परदे के पीछे।

भगत : भगवती, 'भारत दुर्दशा' में 'भारत' तुम खेल लेना।

भगवती : क्यों, गुरु जी? भारतेन्दु का हीरो मुझे बना दीजिए।

जयदेव : नहीं, जी। मेरी बारी है।

परमानन्द : शाम की बाकी तैयारी ठीक-ठाक है?

भगत : हाँ, जी। हम घर घर जाके, लोगों को बुलावा दे आए हैं।

हसन : ख़ासकर जवानों को।

भगवती : हज़ार से ज़्यादा दर्शक इकट्ठे हो जाएँगे।

परमानन्द : 'चन्द्रगुप्त' के वक्त तो डेढ़-दो हजार थे?

जयदेव : सरकारी धमकियों का कुछ डर बैठ गया लोगों के दिलों में।

भगत : मैं और हसन सवेरे शाम डौंडी पीटते हैं पास के मुहल्लों में।

भगवती : मिरासी हैं दोनों।

परमानन्द : अच्छा, इतिहास का अगला सबक दूसरे तरीके। भगवती, इस नाटक के बाद, तू एक रोल खेलेगा?

भगवती : ज़रूर जी, कौन सा रोल?

परमानन्द : टीचर बनने का।

भगवती : मुझसे नहीं पढ़ेंगे, जी, ये बुद्धू। भगत सिंह के उलटे-पुलटे सवालों के जवाब मैं नहीं दे सकता।

हसन : पढ़ाना क्या है? आप मुझे बताइए।

परमानन्द : कार्ल मार्क्स एक महान ऋषि हुआ है।

भगत : हाँ, जी। मैं जानता हूँ।

भगवती : देखा, जी? यह पहले ही सब कुछ जानता है।

परमानन्द : यह रहा 'मॉडर्न रिव्यू।' लाला हरदयाल जी का 1912 में कार्ल मार्क्स पर लेख छपा था। भगवती, तू लेख पढ़कर, समझकर, क्लास को इस चिन्तक के विचारों पर भाषण देगा।

भगवती : अच्छा, जी।

जयदेव : मैं? मुझे भी काम दो, जी।

परमानन्द : जयदेव, तू रूसी नेता लैनिन की जीवनी पढ़।

भगत : जो चाचा अजीत सिंह जी ने भेजी है पैरिस से?

परमानन्द : हाँ। चोरी, छुपाकर, एक दोस्त के हाथ भेजी है। बताना मत किसी को। वरना सरकार ज़ब्त कर लेगी।

हसन : हम सारे पढ़ेंगे।

भगत : पहले मैं पढ़ूँ, जी?

जयदेव : बिल्कुल नहीं। मैं पढ़के, पूरी क्लास को लैक्चर दूँगा।

भगत : ठीक है, बच्चू। मैं अभी जाता हूँ द्वारकादास लाइब्रेरी। शास्त्री जी से माँग कर लाता हूँ, कार्ल मार्क्स और लैनिन की जीवनियाँ। तुम्हें वो सवाल पूछूँगा, पसीने छूट जाएँगे।

हसन : ड्रामे के बाद, सीधे चलेंगे किताबें लेने।

(पुलिसिया आता है)

परमानन्द : तू कालेज के अन्दर कैसे घुस आया?

भगत : प्रिंसीपल जुगल किशोर जी से इजाज़त ली थी?

पुलिसिया : प्रोफेसर भाई परमानन्द तुम ही हो?

परमानन्द : हाँ।

पुलिसिया : दोबारा काला पानी जाने का इरादा है?

परमानन्द : क्यों? क्या किया हमने?

पुलिसिया : तालिब इल्मों में बरतानिया के खिलाफ बगावत भड़का रहे हो?

भगत : होश ठिकाने हैं तेरे?

परमानन्द : भगत, शान्त रह।—जनाब, मैं कोई ग़लत बात नहीं करता अपनी कलास के अन्दर। सिर्फ हिन्दोस्तान की सही-सही तारीख़ पढ़ाता हूँ।

पुलिसिया : करतार सिंह सराभा को हकूमत ने फाँसी पर लटकाया। तुम लोग उसका ड्रामा खेलना चाहते हो?

परमानन्द : यह कोई जुर्म नहीं।

भगत : कौन सा क़ानून तोड़ रहे हैं हम?

पुलिसिया : क़ानून है डी. सी. साहिब का हुक्म। और मेरा हुक्म। तुम लोग ड्रामा नहीं खेल सकते। भीड़ इकट्ठी नहीं कर सकते। ख़बरदार! मैं पूरी गारद लेकर पहुँच रहा हूँ। शमशीर मुहम्मद पठान को नहीं पहचानते तुम? जलियाँवाला बाग़ का तजुर्बायाफ्ता अफसर हूँ। फिर न कहना, खून का छटा दरिया बहा दिया। चौरी-चौरा में ज़िन्दा जलाए गए अपने साथी सिपाहियों का बदला आज हम लेकर रहेंगे। गोलियों की बारिश बरसाएँगे। ख़बरदार! **(जाता है)**

परमानन्द : चौरी चौरा?

भगत : सिपाही ज़िन्दा जलाए?

भगवती : समझ में नहीं आया कुछ।

परमानन्द : चौरी चौरा तो बनारस की तरफ है।

जयदेव : ड्रामा कैंसल हुआ?

हसन : लोग ज़रूर इकट्ठे हो जाएँगे।

भगत : ड्रामा हम ज़रूर खेलेंगे। शहीदे आज़म सराभा के साथ हम दग़ा नहीं कमा सकते। बेशक स्टेज के ऊपर शहीद होना पड़े।

परमानन्द : सोच लो, बेटा। दंगे फसाद का ख़तरा है। जानी नुकसान हो सकता है।

(लड़के घेरे में ले लेते हैं)

भगत : सोचना? यह तो भारत के नौजवानों ने बरसों से सोच रखा है। इसमें नया क्या सोचना? यह तो आप सराभा जैसे शहीदों को खुद सिखा चुके हो—जब आपने अमरीका में सराभा से पूछा था : "सदियों से दुश्मन हिन्दोस्तान पर हमले क्यों करते रहे ?"—और आपने ख़ुद ही इसका कारण समझाया : "कारण है, हमारी कायरता। दुश्मनों पर रोक लगाने का एक ही तरीका है—नौजवानों के सिर ! जिस कौम के नौजवान शीश कटाने जानते हों, उस कौम का सिर सदा ऊँचा रहता है—

जो तउ प्रेम खेलन का चाओ।
सिर धर तली, गली मेरी आओ।।

हम हैं चिड़ियों को बाज़ों से लड़ाने वालों की सन्तान।—आए पुलिस। बरसाए गोलियों की बरखा। ड्रामा हमें लाज़मी खेलना है।

भगवती : हाँ। ज़रूर खेलना है!

जयदेव : डरना नहीं!

हसन : नाटक होगा!

परमानन्द : अच्छा। तुम्हारी मरज़ी। मैं खुद मंच पर तुम्हारे साथ खड़ा हूँगा।

(बाहर से नारे : "गांधी ग़द्दार है। गांधी बनिया, हाय हाय! बुज़दिल गांधी, मुर्दाबाद!")

परमानन्द : यह क्या हुआ? **(भगत जाता है)**

हसन : सरकारी पिट्ठू होंगे।

भगवती : कट्टरपंथी होंगे ओरियंटल कालेज के। या पुलिस लाई होगी भीड़ डंडे के ज़ोर से। कांग्रेस को हराना चाहती है सरकार, गांधी जी के ख़िलाफ जुलूस निकाल कर।

(भगत अख़बार लाता है)

भगत : "चौरी चौरा में हिंसा। भीड़ भड़की। बाईस सिपाही ज़िन्दा जलाए। गांधी ने आन्दोलन वापस ले लिया।"

परमानन्द : वापस ले लिया???

भगत : "मोतीलाल नेहरू, लाजपत राय, डाक्टर किचलू, सरदार किशन सिंह—सबने तारें देकर गांधी को मूवमंट वापस लेने से रोका। गांधी जी वज़िद। अहिंसा का सच्चा पुजारी—आज़ादी मिले या न मिले, अहिंसा रखना ज़रूरी।"

परमानन्द : बहुत बुरा किया गांधी ने।

भगवती : पूरा मुल्क उठ खड़ा था फिरंगी के ख़िलाफ।

जयदेव : देश के साथ द्रोह किया है, कायर बूढ़े ने।

परमानन्द : इट्स ए हिमालियन ब्लंडर !

भगत : साथियो, आओ। आज से बम बनाने के तरीके सीखें! क्रान्तिकारी साहित्य पढ़ें। अंग्रेज़ की लाठी का जवाब?

सारे : गोली!

भगत : भारत माता!

सारे : अमर रहे।

भगत : शहीदे आज़म करतार सिंह सराभा!

सारे : ज़िन्दाबाद!

भगत : इनकलाब!

सारे : ज़िन्दाबाद!

(अँधेरा)

दृश्य-5

गवैये : दुनिया से गुलामी का, मैं नाम मिटा दूँगा।
इक बार ज़माने को, आज़ाद करा दूँगा।।
जो लोग ग़रीबों पर, करते हैं सितम नाहक़।
गर दम है मेरा क़ायम, गिन गिन के सज़ा दूँगा।।

(नेशनल कालेज, लाहौर)

हंसराज : सत्तू सरीखी स्वाद वस्तु और कोई नहीं।

बाबा : स्वाद और ताक़तवर।

किशन : गर्मियों की रुत का तोहफा।

हंसराज : जिसको सत्तू मिल जाए, उसको स्वर्ग की क्या ज़रूरत?

बाबा : महात्मा जी, तरबूज़ और ख़रबूज़े भी ज़रूर होंगे स्वर्ग में।

हंसराज : तरबूज़ और खरबूज़े करके ही तो होशियारपुर के देहात को मैं स्वर्ग समझता हूँ।

किशन : हाँ, बरसाती नालों की मारी रेतली ज़मीन गेहूँ और भुट्टों के वास्ते अच्छी नहीं। मगर खरबूज़े और तरबूज़ बेहिसाब होते हैं।

बाबा : तासीर भी बेहतर होती है दुआबे के फलों की।

हंसराज : सही कहा, अर्जुन सिंह। ये रावी किनारे के तरबूज, मोटे तो होवें। परन्तु निरे फीके। रत्ती मिठास नहीं।

बाबा : यों भी बादी करते हैं। सयाना मानुष लालच बस ज़्यादा खा जाए तो हाड़ जुड़ जाते हैं।

हंसराज : हाँ हाँ। पहाड़ के किनारे की ज़मीन का जवाब नहीं।

किशन : आपके गाँव बजवाड़ा के करीब, भीखोवाल की खड्ड में, एक बार एक झोंपड़ी से तरबूज़ खाए हमने। निरी मिशरी।

हंसराज : ननिहाल जाते वक्त, हम भाम के तरबूज़ बड़े चाव से खाया करते थे। बेशक कितने ही छक जावो, झट हज़्म।

बाबा : भाम के महतो राजपूत दो महीने तवा नहीं चढ़ाते। तरबूज़

खाकर गुज़ारा करते हैं।

(भाई परमानन्द आता है)

परमानन्द : महात्मा जी, करें शुरू? हाल खचाखच भरा है। आधा लाहौर नेशनल कालेज पहुँचा दिखता है। ख़ासकर नौजवान।

किशन : मज़मून ही ऐसा। पूरा हिन्दोस्तान आज इस मसले पर बहस कर रहा है। क़ौम दो राहों के मोड़ पर खड़ी है—गांधी जी की अहिंसा? या, गरमदल का गोली बारूद?

हंसराज : परमानन्द जी, आपके हुक्म का बँधा, मैं आ तो गया हूँ। लेकिन इस डिबेट के वास्ते मैं सही प्रधान नहीं। मैं लाला लाजपत राय नहीं बन सकता। सियासी मसलों से दूर रहकर ही मैं डी. ए. वी. स्कूल और कालेज चला सका हूँ। आर्य समाज की सेवा कर सका हूँ।

बाबा : महात्मा जी, आपकी कुरबानी कोई कम नहीं। ज़िन्दगी भर के वास्ते ग़रीबी काटने की कसम खाना और विद्या का प्रचार करना। कौम की जड़ें तो आप जैसे महापुरुष ही हुआ करते हैं। आप सही प्रधान क्यों नहीं?

किशन : मैंने तो हमेशा सोचा है, मुल्क के लिए दोनों तरह के लीडर चाहिएँ। जान कुरबान करने वाले नौजवान और शान्त स्वभाव, सयाने, रचयिता।

परमानन्द : महात्मा जी, मेरी समझ में, आपने देश के लिए, हिन्दू जाति के वास्ते, महान बलिदान दिया है। जोश के अन्दर, एक ही लम्हे, मुल्क के लिए, मरना आसान है। नित्य प्रति, पल-पल मुसीबतें झेलकर, मुल्क के लिए, जीना मुश्किल है।

किशन : आप जैसे निरपक्ष विद्वान, सच्चे ऋषि मुनि, आज हिन्दोस्तान को सही सीख दे सकते हैं। मौत के रास्ते पड़े नौजवानों की जानें बचा सकते हैं।

परमानन्द : इसी कारण हमने आपको तकलीफ दी। आप लाला जी से अलग पहलू पेश करेंगे।

बाबा : और लाला जी यहाँ हैं भी नहीं। मदन मोहन मालवीय जी के संग मशवरा करने बनारस गए हैं।

हंसराज : ठीक है, भई। डिबेट का प्रेज़ीडेंट तो मैं बन जाता हूँ। मगर मुझे अपने बारे में कोई भुलावा नहीं। मैं आग-लगाऊ लीडर नहीं। मैं नींव का पत्थर हूँ, अटारी की ईंट नहीं। मैं गुमनाम, अनदिख, कामगार बना रहूँ तो बेहतर है।

परमानन्द : आप जैसी मज़बूत नींव के बग़ैर हम, बरतानिया के ख़िलाफ, कौम का किला कैसे खड़ा कर सकते हैं? आइए, बिराजिए कुर्सी पर। आपका शान्त स्वभाव और शीतल वाणी, अभी भी, गरम नौजवानों को तबाही से हटा सकते हैं।

(महात्मा हंसराज चेयरमैन। बाबा और किशन सिंह श्रोता बनने बाहर जाते हैं)

परमानन्द : हाज़रीन, आप सबका नेशनल कालेज में स्वागत है। हिन्दोस्तान की तारीख़ में यह निहायत नाज़ुक मौक़ा है। हमने भविष्य के वास्ते कुछ अहम फैसले करने हैं। हमारी क़ौम कौन-सा रास्ता अपनाए? हिंसा या अहिंसा? इस बहस मुबाहिसे पर बहुत कुछ निर्भर करता है। हमें आज़ादी जल्दी कैसे मिल सकती है? विदेशी दुश्मनों से हम कैसे छुटकारा पा सकते हैं?—उम्मीद है, इन सवालों पर आज के नौजवान नई रोशनी डालेंगे।—सदन की राय में : "सामराजी ताक़तों को सिर्फ अहिंसा द्वारा हराया जा सकता है।" मैं पक्ष में बोलने वालों के नेता जनाब हसनुलदीन को वाद-विवाद शुरू करने की दावत देता हूँ।

(हसन आता है)

हसन : शुक्रिया, गुरु जी। साहिबे सदर, मैं इस मज़मून की तहेदिल से ताईद करता हूँ। मुहब्बत में बड़ी ताक़त है। हज़रत मुहम्मद साहिब के नाम पर कितना रहमोकरम होता है। ईसा मसीह के पैरोकार दिलों से नफरत भुलाकर, यतीमों का, बेवा-बेसहारों का, हमेशा भला करते हैं। यतीमख़ाने चलाते हैं। हस्पताल चलाते हैं। स्कूल कालेज चलाते हैं। "अगर कोई तुम्हारे दाएँ गाल पर चपेड़ मारे, तुम बायाँ गाल भी आगे कर दो।" यह नेक फलसफा अज़ीम शख़्सियत ईसा ने सिखाया। महात्मा बुद्ध के शान्ति सन्देश ने अशोक जैसे ज़ालिम को जंग त्यागने पर मजबूर कर दिया। अशोक ने धर्म का, प्यार का नगाड़ा दुनिया के चारों कोनों में बजाया। जनाब, यह धरती प्यार से चलती है। मुहब्बत पर टिकी हुई है। गांधी जी सही फरमाते हैं। कोई भी ज़ालिम जड़ से पत्थर दिल नहीं होता। अगर आप सत्याग्रह करो, चुपचाप जुल्म सहते रहो, ज़ालिम मजबूर हो जाएगा। तुम्हारी दरख़ास्त क़बूल करेगा। कठोर दिलों को पिघलाने का एक ही जादू है—अहिंसा, शान्ति, प्रेम, मुहब्बत! असहयोग आन्दोलन के ज़रिये सामराजी ताक़तों को हराया जा सकता है। मेरा दावा

है : गांधी जी की अगुआई में, कांग्रेस जल्द ही अंग्रेज़ को जलावतन करने में कामयाब होगी। मुल्क को आज़ाद करा लेगी। मैं विषय की पुष्टि करता हूँ। अहिंसा परमो धर्मः। शुक्रिया। **(जाता है)**

प्रधान : भगवती चरण बोहरा।

भगवती : प्रधान जी, मैंने अपनी ज़िन्दगी में, एक वक्त, शायद ही इतने बेमानी लफ़्ज सुने होंगे जितने मेरे दोस्त ने दूसरी तरफ से बोले हैं। गांधी ने आन्दोलन वापस लेकर क़ौम के साथ कितना दग़ा कमाया, भविष्य ही बता सकेगा। चौरी चौरा की मामूली सी हिंसा के कारण, लाखों करोड़ों इनकलाबियों से गांधी ने ग़द्दारी की है। इतिहास गांधी को कभी मुआफ नहीं करेगा। गांधी सपनों की दुनिया में विचरने वाला फकीर है। उस जैसे फकीरों की हमारे मुल्क के अन्दर कभी कमी नहीं रही। अगर रघुपति राघव रट रट के, वाणी को बुड़बुड़ाके, मस्जिदों से 'अल्ला हू अकबर' चिल्ला चिल्ला के, गुरुद्वारों से जयकारे छुड़ा छुड़ा के, हम दुश्मनों को भगा सकते, तो हिन्दोस्तान कभी अंग्रेज़ों का गुलाम न बनता। 1857 में ही हम फिरंगी को बाहर निकाल मारते। डंडा पीर है बिगड़ों तिगड़ों का। अहिंसा के ज़रिये किसी ज़ालिम का दिल नहीं बदला जा सकता। हज़रत मुहम्मद साहिब को किसी दुश्मन ने मुआफ नहीं किया। उनको मजबूरन तलवार उठानी पड़ी। मक्के मदीने को आज़ाद कराने के वास्ते, उन्होंने फौजी ताक़त इस्तेमाल की। हज़रत मसीह का 'दूसरा गाल आगे करो' का बुज़दिल फलसफा उनको सूली से नहीं बचा सका। अशोक ने जंग बन्द करने की कसम गौतम बुद्ध के वचनों करके नहीं खाई थी—बल्कि कलिंग की जंग जीतकर, लाखों कत्ल हुए सूरमे देखकर, कसम खाई। एक ताड़ना और। साहिबे सदर, यह बात हमारी क़ौम को कभी नहीं भूलनी चाहिए। अशोक के अहिंसा प्रचार ने भारतवर्ष को कमज़ोर बनाया। कायर बनाया। जब तक चन्द्रगुप्त मौर्य की फौजें शेरों की तरह दहाड़ती रहीं, किसी विदेशी की हिम्मत नहीं पड़ी, हिन्दोस्तान की तरफ आँख उठाकर देखे। लेकिन अशोक की खोखली अहिंसा पूजा ने हमें सदियों के लिए गुलाम बना दिया। गोली के बग़ैर, बमों के बग़ैर, बरतानिया जैसे जाबर को नहीं हराया जा सकता। दुनिया का कोई लँगोटी-बाँध बाबा तीमूरलिंग को शान्ति पाठ नहीं पढ़ा

सकता। चंगेज़ खाँ का दिल नहीं पिघला सकता। नादिरशाह की तलवार नहीं छुड़ा सकता। मैं सदन में पेश किये मज़मून का सख़्त विरोध करता हूँ। हिन्दोस्तान को गांधीवाद के छलावे से जितनी जल्दी निकाला जाए, आज़ादी उतनी जल्दी आएगी। धन्यवाद। **(जाता है)**

प्रधान : जयदेव गुप्ता।

जयदेव : मैं सदन की राय के हक़ में हूँ। श्री मान, नफरत सिर्फ नफरत पैदा करती है। तलवार सिर्फ कत्लोग़ारत बढ़ाती है। आज तक, किसी ताकतवर ने, किसी हिंसक ने, दुनिया का भला नहीं किया। हिंसा कोहड़ है। संखिया है। रब की ख़लक़त को प्यार से रहना चाहिए। हर साधु सन्त ने, सूफी पैगंबर ने, 'ढाई अच्छर प्रेम के' सुझा कर, मिल बरत के, बसने को कहा है। गुरु नानक जी ने प्यार से कौडे राक्षस को सीधा किया। वली कान्धारी का अहंकार तोड़ा। गौतम बुद्ध ने अँगुलीमाल जैसे डाकू को भिक्षु बना दिया। चैतन्य महाप्रभु के गीत शेर बघेले तक सुनने आया करते थे। सारे अंग्रेज़ पापी नहीं। सब जानते हैं, हमारे गुरु भाई परमानन्द जी को ऐंडरियूज़ साहिब के यत्नों ने कालापानी के जहन्नुम से छुड़ाया। इस समय हमारे लाहौर के अन्दर बड़े अंग्रेज़ हैं जो हिन्दोस्तानियों को प्रेम सहित पढ़ाते हैं। बीमारों का इलाज करते हैं। सती जैसे, नवजात बेटियाँ मारने जैसे, भद्दे रिवाज रोकते हैं। फिरंगी का राज निरा रोग नहीं। रहम दिल गोरों ने हमारी तरक्की करवाई। मध्यकाल से उठाकर, हिन्दोस्तान को मॉडर्न बनाया। रेलगाड़ी, डाकतार, स्कूल-कालेज चलाए। सब अंग्रेजों को ज़ालिम समझना ग़लत है। गांधी जी सच फरमाते हैं। जो थोड़े-बहुत गन्दे अंग्रेज़ हैं, उनका दिल भी बदला जा सकता है। लेकिन शान्ति द्वारा। प्यार सहित। नफरत से नहीं। हिंसा से नहीं।—थैंक्यू। **(जाता है)**

प्रधान : भगत सिंह संधू।

भगत : प्रधान जी, भेड़ियों को शान्ति पाठ सिखाकर, मेमने नहीं बनाया जा सकता। कायर फलसफे को गीता पाठ बनाकर सुनाने वाले मेरे बिलमुकाबिल साथी सियासत के बारे में, मज़हब के बारे में, ज़िन्दगी के बारे में, तिनका नहीं समझते। ये डरपोक कुरुक्षेत्र युद्ध में, अर्जुन की तरह, गांडीव फेंक कर, बैठ गए हैं। दुर्योध नों का दिल गायत्री मंत्र द्वारा नहीं बदला जा सकता। कौरवों

का कत्ल सिर्फ तीर और तलवारें कर सकते हैं। कृष्ण ने बहुतेरी कोशिश की। विदुर भगत ने, भीष्म पितामह ने, बहुत ज़ोर लगाया, मगर ज़ालिम दुर्योधन हिंसा से नहीं हटा। गुरु गोविन्द सिंह ने 'ज़फरनामा' लिखकर भेजा। उससे पत्थर औरंगज़ेब नहीं पसीजा। शिवाजी को मुग़लों के ख़िलाफ तलवार उठानी पड़ी। बन्दा बहादुर को सिरहंद की ईंट से ईंट खड़कानी पड़ी। कामगारों को, मज़दूरों को, सदियों से, रजवाड़े चबाते रहे हैं। आख़िर उन्होंने हथियार उठाए और फ्रांस के अन्दर इनकलाब ले आए। रजवाड़े ज़िबह कर डाले। लैनिन रूस में किस तरीके इनकलाब लाया? लफ़्ज़ों से नहीं! खोखले भाषणों से नहीं। चरखा कातने से नहीं। लाल क्रान्ति लैनिन लाया बन्दूकों से। तोपों से। और कामगारों किसानों की जत्थेबन्दी के ज़रिए।—शान्ति-शान्ति रटने वाले देशद्रोही हैं। असहयोग मूवमंट ने पूरे मुल्क को एक मुट्ठी में किया हुआ था। बरतानिया की कमर टूटने वाली थी। लेकिन एक कमज़ोर लँगोटी-बाँध ने, बुज़दिल अहिंसावादी फकीर ने, क़ौम को एक ही झटके से, कई दशक, पीछे पछाड़ दिया। यह ग़द्दारी है 1857 के सूरमाओं से। यह ग़द्दारी है गुरु रामसिंह के कूकाओं से। यह ग़द्दारी है ग़दरी बाबाओं से। यह ग़द्दारी है दुआबे के बबरों से। महान फ्रांसीसी, क्रान्तिकारी वेलां, सही कहा करते थे—"बम चलाओ ताकि ज़ालिम के बहरे कानों के अन्दर आवाज़ पहुँच सके।" हिंसा की एक घटना लाखों देश-भक्तों का ख़ून खौला देती है। फाँसी पर झूल रहा एक क्रान्तिकारी करोड़ों लोगों को झकझोर कर जगा देता है। आज ज़रूरत है पेशावर इनकलाबियों की जो बमों से फिरंगी के कान खोल दें। आज भारत माँ को ज़रूरत है उन सपूतों की जो फाँसी के रस्से को चूम कर, लाखों नौजवानों को, जानें कुरबान करने का सबक सिखा दें। सिर्फ ताक़त एक तरीक़ा है, सिर्फ शहीदी वाहद ज़रिया है, मादरे वतन हिन्दोस्तान को आज़ाद कराने का ! इनक़लाब !

सब : ज़िन्दाबाद!!!

(अँधेरा)

दृश्य-6

गवैये : कुच्छ आरज़ू नहीं है, है आरज़ू तो यह है—
रखदे कोई ज़रा सी, ख़ाके वतन कफन में।

(भगत सिंह का घर, बंगा, ज़िला लायलपुर)

सुरजन : सरदार तेजा सिंह ने कई बार देखा भगत सिंह को। बड़ा खुश है। बोला, मेरी बहन भी ऊँची लम्बी है।

अमरो : जोड़ी खूब सजेगी। चल, चाची, घोड़ियाँ गाएँ।

चाची : सन्ध्या को गाएँगे।

माँ : माने तो सही सगाई ब्याह को। घोड़ियाँ भी गा लेना।

दादी : मेरा भाग्यवान जीता रहे। गज्ज-बज्ज के कारज रचाएँगे।

बाबा : अमरो, कहाँ है बेटा?

किशन : किताब पढ़ रहा है मग्न होकर। नीम के नीचे।

अमरो : मुझे दिखाई थी। अंग्रेज लेखक कारलाइल हुआ है एक। उसकी लिखी है। फ्रांस में हुई क्रान्ति की बाबत।

सुरजन : उलटी पोथियाँ पढ़ने से हटा नहीं?

दादी : जा, बेटा। बुला के ला। कहना, जल्दी आ। शगुन का दिन पक्का करें।

(अमरो जाती है)

चाची : हुक्म कौर बीबी कहाँ है?

माँ : बुला उसे भी। परिवार के साथ आकर बैठे।

दादी : मेरा स्वर्ण सिंह ज़िन्दा होता आज। अजीत सिंह घर में होता। सौ-सौ चाव करते भतीजे की शादी का। **(रोती है)**

बाबा : भला यह वेला आँसू गिराने की है?

सुरजन : जिगरा कर, जय कौर। अंग्रेज़ बड़ा रहम दिल है। दिलबाग सिंह को मैजिस्ट्रेट बना दिया। कह रहा था, मैं आप डी. सी. साहिब से दरख़ास्त करूँगा—अजीत सिंह को परदेसों से वापस मुड़ने

की इजाज़त दिलाए, वाइसराए से।

बाबा : गोरे दिल से बड़े खचरे हैं। कहें कुछ, करें कुछ।

सुरजन : जय कौर, ध्यान रखना। अब भगत सिंह को उलटे पैर नहीं उठाने देना। बंगालियों से बचके रहे। सरकार के ख़िलाफ लुक-छिपकर हिंसक कार्रवाई नहीं करनी।

माँ : मानाँवालों की बेटी आएगी तो नथ पहनाएगी।

चाची : हाँ। हमारे बस में नहीं बेटे को काबू में रखना।

सुरजन : किशन सिंह, एक ताकीद की थी सरदार तेजा सिंह ने। और सरदार गुरुमुख सिंह ने।

किशन : कौन सी?

सुरजन : भगत सिंह को अमृत छकाना है। आनन्द कारज करना है। गुरु घर की मर्यादा के मुताबिक।

बाबा : गुरुओं के अपने विवाह वैदिक रीति से हुए थे। तूने मेरा किताबचा नहीं पढ़ा?

किशन : लड़का-लड़की सुलह सफाई से बसें। मेरी तरफ से बेशक निकाह पढ़वा लें।

सुरजन : क्यों उलटी पढ़ रहे हो, यार ? कौम की जड़ें उखाड़ने लगे हो? कोई शरम हया बाकी है कि नहीं तुम्हारे अन्दर?—ईसाई सबको ईसाई बना रहे हैं। मुसलमान जबरन सदियों से तलवार सिर पर रखके मुसलमान बना रहे हैं। हिन्दू कट्टरपंथी, हंसराज भल्ला जैसे, श्रद्धानन्द जैसे, देखो किधर दक्खिन तक पहुँचे हुए हैं। शुद्धि करके हिन्दू बना रहे हैं। सनातनियों ने—सुना तुमने?—जम्मू में क्या किया?

दादी : हाय, क्या किया?

सुरजन : आर्य समाजियों ने एक मुसले को जनेऊ पहनाया। सनातन ६ र्मियों ने कृपाण से कत्ल कर दिया। कहने लगे, एक बार जो म्लेच्छ बन गया, वो मुड़के हिन्दू नहीं बन सकता।—अपनी ज़ात को, धर्म को, पवित्र रखने के वास्ते, कुल दुनिया सौ-सौ कुरबानियाँ कर रही है। एक हमारी सिखों की, पता नहीं, वाहेगुरु ने क्या मति मार दी है। हम पन्थ की रक्षा नहीं कर रहे। पुत्रों को पक्के सिख नहीं सजा रहे।

(भगत सिंह और अमरो आते हैं)

दादी : क्यों, भाग्यवान्, परसों को बुला लें मानाँवालों को?

भगत : किस वास्ते?

बाबा : तेरी सगाई के वास्ते।

भगत : बाबा जी, कम से कम आप तो इस सौदाईपन से छुड़ाओ मुझे। दो चाची घर बैठी हैं, दुःखी। यही मानाँवालों की बेटी के साथ होगा।

सुरजन : क्यों, भई? उनकी बेटी क्यों घर में बैठेगी? न, भाई। यह बात झूठी है। यह पहली शर्त है मेरी। बचौलियापन मैंने पकड़ा तब जब दादी तेरी ने शर्त मानी—कि तू अजीत सिंह और स्वर्ण सिंह वाले काले कारनामे नहीं करेगा। किसी किस्म की बग़ावत नहीं करनी बरतानिया के विरुद्ध। गृहस्थी बनकर, ज़मीन जोत, बो। शहर में, व्यापार कर। मगर रहना है सरकार का हिमायती बन कर।

भगत : शर्त तो आसान ही रखी है, मानाँवालों ने ! वो समझते होंगे, मुझे और लड़की मिलेगी नहीं।

सुरजन : घमंड नहीं करते, बेटा। ख़ानदानी लड़कियाँ नहीं मिला करतीं जेल जा चुके कुनबे को। वो तो मेरे दिलबाग सिंह के ओहदे ने करामात कर दी। जिस दिन से अंग्रेज़ ने जज बनाया है, मानाँवालों ने हमारी खाट तोड़ डालीं। कहें, अपने पोते के लिए रिश्ता ले लो।

किशन : बेटा, मेरा भी ख़्याल है—घर की हालत ठीक नहीं। ज़मीन का, बीमे का, सब काम बिगड़े पड़े हैं। कुछ बरस चैन से पढ़ाई कर। बी. ए. कर। वकील बन। परिवार की माली हालत सुधरे। रास बने। फिर बड़ा होकर लड़ लेना आज़ादी की जंग।

अमरो : हाँ, कह दो, वीरा। मेरी भाभी लाओ।

दादी : मान जा, मेरे लाल। सुख का दिन देखूँ मैं भी।

माँ : बेटा, अड़ी मत कर। ब्याह करा ले।

चाची : गौना बेशक चौदह पढ़के कर लेना।

बाबा : और क्या? आ रहे असूज को शादी।

किशन : परसों सवेरे सगाई पक्की।

भगत : नहीं। मुझे कल लाहौर जाना है।

किशन : क्या करने?

अमरो : छुट्टियाँ हैं अभी तो दो हफ्ते।

भगत : भाई परमानन्द जी ने बुलाया है। और मैंने जयचन्द विद्यालंकार जी को मिलना है। छुट्टियों के वास्ते किताबें चाहिएँ।

बाबा : जयचन्द? गुरुकुल कांगड़ी के स्नातक हैं जो?

भगत : हाँ, बापू जी।

सुरजन : चलो, अगले इतवार को सही। दिलबाग सिंह की भी छुट्टी होगी।

किशन : इतवार पक्का। क्यों, बेटा?

भगत : करो जैसी मरज़ी। **(जाता है)**

दादी : हमारी मरज़ी नहीं, मेरे चाँद। तू पक्का वादा कर। आते इतवार को दोपहर का भोज पूरे गाँव को कह दो। और पाँचवें नराते का आनन्द कारज।

अमरो : ओ जी, मेरी भाभी आएगी। मैं अभी लड़कियों को बुलावा देने जाती हूँ। सन्ध्या को वीरे की घोड़ियाँ गाएँगे? गुलगुले बब्बरियाँ खाएँगे! मेहन्दी लगाएँगे ! शगुन मनाएँगे! **(चाची को खैंच कर किकली नाच नाचती है)**—

किकली कलीर की
पग्ग मेरे वीर की
दुपट्टा मेरी भाभी का···

(अँधेरा)

दृश्य-7

गवैये : सर फरोशी की तमन्ना अब हमारे दिल में है।
देखना है ज़ोर कितना बाजुए क़ातिल में है।
वक्त आने दे बता देंगे तुझे ऐ आसमाँ,
हम अभी से क्या बताएँ क्या हमारे दिल में है।
(रावी का किनारा। भगत सिंह झोला और टरंकी पकड़े सफर के लिए तैयार)

भगवती : **(दूर से)** भगत सिंह, तू भी आ जा। रावी के अन्दर दो गोते लगा ले।

हसन : **(दूर से)** सगाई कराने चले हो। निखर कर जाना।

भगत : नहीं, भई। गाड़ी का टाइम थोड़ा है। मैं यहाँ से सीधा स्टेशन जाऊँगा। तुम भी जल्दी मुड़ो नहा कर।

परमानन्द : भगत सिंह, बेटा, अब भी सोच समझ लो। जिस रास्ते तुम चलने लगे हो, इसमें उम्र क़ैद भी मिल सकती है, मौत भी।

भगत : भाई जी, आप ख़ुद काला पानी क़ैद काट चुके हैं। बरसों से हमें उस नरक की बाबत बताते रहे हैं। महात्मा हंसराज के सुपुत्र बलराज जी से भी मैंने कल काफी देर बातचीत की। अंग्रेज़ों के जुल्म से हमारा परिवार अच्छी तरह वाकिफ है। मैं यह क़दम सोच-समझ कर उठा रहा हूँ। शादी सगाई मेरे वास्ते नहीं। गृहस्थ मेरे वास्ते नहीं। मैंने ज़िन्दगी का रास्ता चुन लिया। क़ैद मिले या फाँसी। अब मैं पीछे नहीं मुडूँगा।

परमानन्द : पुत्र, तू शेर है। दलेर है। तेरी रगों के अन्दर देश भक्तों का खून खौल रहा है। फिर भी, इस वक्त तू शादी से डरकर चोरी से भाग रहा है।

भगत : शादी एक फौरी वजह है ज़रूर। मगर जंगे आज़ादी में ज़िन्दगी कुरबान करने की कसम तो मैं पाँच साल पहले खा चुका हूँ।

(**खूनी मिट्टी की शीशी पकड़कर**) जलियाँवाला बाग के शहीदों के पवित्र रक्त में अपना रक्त मिलाऊँगा।

परमानन्द : इतने बड़े फैसले के लिए, घर पाट त्यागने के लिए, अभी तेरी उम्र हलकी है।

भगत : (**फोटो पकड़कर**) मेरे वीर करतार सिंह सराभा की उम्र मेरे जितनी थी जब उसने फाँसी की राह चुनी। आपसे सीख लेकर।

परमानंद : इस मार्ग पैर धरीजे।
सिर दीजे काण न कीजे।।

भगत : आप आशीर्वाद दें, गुरु जी। मैं अपनी कसम पूरी कर सकूँ।

परमानन्द : मुल्क की मुहब्बत तुम्हारे परिवार को रब्बी दात है। महता नन्दकिशोर जी से मैं बात कर रहा था एक दिन—तेरे चाचाओं की बाबत, सरदार किशन सिंह की बाबत। वे बताने लगे—तू दो-तीन बरस का था जब एक बड़ी अचम्भे भरी बात की। तू खेत में तिनके बीज रहा था। नन्दकिशोर ने पूछा, "क्या बीज रहे हो?" तू बोला, "बन्दूकें।"—'बन्दूकें? किस वास्ते?'—तूने कहा, "अंग्रेज़ों को गोलियों से मारने के वास्ते।"

भगत : हाँ, शायद मैंने यही कहा था। भाइया जी बताया करते हैं।

परमानन्द : मैं तुझे क्या समझाऊँगा? तुम अपना भाग्य आप बनाओगे। प्रभु तेरा संकल्प पूरा करे। यह पकड़ चिट्ठी।

भगत : विद्यालंकार जी ने दी?

परमानन्द : हाँ। सीधे कानपुर जाना। गणेश शंकर विद्यार्थी के पास। प्रिंटिंग प्रेस चलाते हैं। 'प्रताप' अख़बार निकालते हैं।

(**पुलिसिया शमशीर मुहम्मद पठान आता है**)

भगत : यह साँप किस बिल से निकल आया?

परमानन्द : नमस्ते, ख़ान साहिब।

पुलिसिया : सलामुल लै कम।

भगत : क्या सूँघते घूम रहे हो?

पुलिसिया : शिकारी का काम है हर वक्त तैयार रहे। कौन जाने, कब शिकार निकल आए। कहाँ से शिकार निकल आए।

भगत : रावी के किनारे से तुझे कद्दू मिलेगा?

पुलिसिया : अनाड़ी शिकारी हो! दरिया किनारे की अहमियत नहीं जानते।

भगत : मैं अनाड़ी कैसे हुआ?

पुलिसिया : शेर को पता है, कब हिरणों को प्यास लगती है। कब ख़ुद बख़ुद हिरण शेर के पंजों में पहुँच जाते हैं। शमशीर मुहम्मद पठान के

नाख़ून बड़े तेज़ हैं। हिरण की माँ कब तक ख़ैर मनाएगी? (जाता है)

परमानन्द : भगत, पुलिसिया सही कह रहा है। चौकन्ने रहना। मुख़बरों से बचके रहना। सरकारी जासूसों ने बड़ी-बड़ी क्रान्तिकारी टोलियाँ तोड़ गिराईं। ग़दरी बाबाओं को सरकारी पिट्ठुओं ने फँसाया। बबर अकालियों को पुलिस के एजेन्टों ने पकड़वाया।—तूने कानपुर जाने के बारे में अपने इन दोस्तों को बताया तो नहीं?

भगत : नहीं, जी। अभी तक मैंने किसी को नहीं बताया। ये तो समझ रहे हैं, पिकनिक से, मैं सीधा लाइलपुर जा रहा हूँ, सगाई कराने।

परमानन्द : खरा। नाम भी बदल लो।

भगत : बलवंत सिंह रखा मैंने अपना नाम।

परमानन्द : ख़ूब! 'बल-वंत' सही है। ज़रूरत पड़े तो मुझे इसी नाम से चिट्ठी लिखना।

भगत : चंगा, जी। गणेश शंकर जी को भी मेरा बलवंत नाम ही पता होगा।

परमानन्द : कलकत्ता मेल से जा रहे हो?

भगत : हाँ, जी।

परमानन्द : दो घंटे रह गए। जाओ।

भगत : महात्मा हंसराज जी आ रहे हैं।—पाय लागूँ, महात्मा जी।

(हंसराज आता है)

हंसराज : प्रभु कल्याण करे।

परमानन्द : महात्मा जी, गए नहीं आप वृन्दावन?

हंसराज : बलराज करके दो दिन रुक गया हूँ। श्रद्धानन्द जी पहुँच रहे हैं मेरे से पहले। आप भी चलो। इस महायज्ञ में आहुति डालो।

परमानन्द : है तो महान पुण्य का कार्य। हिन्दू जाति की रक्षा।

हंसराज : हाँ, जी। मामूली बात नहीं। बरसों से म्लेच्छों ने हिन्दुओं को तलवार के ज़ोर से मुसलमान बना रखा था। उनमें से तीन हज़ार मलखान राजपूत शुद्धि कराके दोबारा आर्य बन रहे हैं।

भगत : तीन हज़ार मुसलमान हिन्दू धर्म कबूल कर रहे हैं, अपने आप?

परमानन्द : अपने आप नहीं। हिन्दू संगठन के यत्नों का नतीजा है। महात्मा जी और स्वामी श्रद्धानन्द जी के धर्म प्रचार का नतीजा है।

हंसराज : ईश्वर की कृपा है। हमारे किए क्या बनता है? बस, यत्न करते रहो। फल वह अपने आप देगा।

भगत : मगर महात्मा जी, इसमें तो खतरा है। मुसलमान भड़क सकते

हैं। दंगे शुरू हो जाएँगे, शहर शहर।

हंसराज : भगत, पुत्र, आर्य धर्म की रक्षा ख़ातिर, मुझे शहीदी का जाम भी पीना पड़े तो पिऊँगा।—आओ, परमानन्द जी। रावी की सैर भी स्वर्ग है। **(जाता है)**

भगत : शहीदी का जाम? एक फिरके के वास्ते? एक मज़हब के वास्ते? या पूरे हिन्दोस्तान के वास्ते? मुझे लगता है, बरतानिय से आज़ादी जीतना आसान है। मज़हबी कट्टर पन्थियों से मुक्ति प्राप्त करना मुश्किल है। सच कहा आपने, गुरु जी। मैं कठिनाइयों भरे रास्ते पर चल पड़ा हूँ। आज़ादी जीती भी जब हमने एक दिन, वो हमारी बहनों के, हमारे भाइयों के, लहू से भीगी होगी।

परमानन्द : अच्छा, भगत बलवन्त! भगवान तुम्हें बल बख़्शे! **(भगत सिंह पाँव छूता है। परमानन्द जाता है)**

(वक्फा)

जयदेव : **(दूर से)** ओए, सारे रसगुल्ले अकेले मत छक जाना।

हसन : **(दूर से)** महात्मा हंसराज को होशियारपुर के आम तो चुसा देता। पाल का टोकरा भरा पड़ा है।

भगत : **(गाता है)** जहाँ लच्छी पानी डाला था, वहाँ उपजा संदल का बूटा।

(जयदेव, हसन और भगवती आते हैं)

भगवती : लच्छी ! शाबाश ! भगत सिंह का कायाकल्प हो गया।

जयदेव : लच्छियों के सपने देखने लगा।

हसन : यह हुई न इनक़लाब की बात ? इश्क़ माशूक़ी !

भगवती : जोरू आ गई कल को, यह इनक़लाब तो क्या, हम सबको भूल जाएगा।

जयदेव : और जिस दिन—उआँ—उआँ!—एक बेटा पैदा हो गया, भगत सिंह माँ-बाप-भाई सबको भूल कर बच्चे का होकर रह जाएगा।

हसन : अच्छा, बता भई, अगर हम भी तेरे साथ चलें, बंगा, तेरी सगाई पर, खिलाएगा क्या?

जयदेव : रसगुल्लों से गुज़ारा नहीं होगा।

भगत : और क्या तू मुरगा छकेगा? या बकरा?

हसन : ओए, अगर यह गुप्ता बकरा नहीं छकेगा, तू मुझे खिला देना। पूरा बोक चबा जाऊँगा।

भगवती : हाँ, भई, वक्ते आख़िर है। भगत सिंह, तेरा जुलूस ज़रा धूमध

ाम से निकले।

जयदेव : आख़री कैसे, यारो?

हसन : सगाई के बाद यह यारों बेलियों को पहचानेगा थोड़ी।

जयदेव : यह तो सही है। घोड़ी चढ़ा जिस दिन दुल्हन को ब्याहने, हमारी यारी के आख़री लम्हे होंगे।

भगवती : सुन्दर दुल्हन बसी हो जिस दूल्हे के नयनों में, उसको बाराती कहाँ से नज़र आएँगे?

भगत : नहीं ओए, मेरे वीरो। तुम अभी क्या जानो, कौन-सी बारात चढ़ेगा तुम्हारा भगत सिंह। जब तक मेरी भारत माता गुलामी की ज़ंजीरों में जकड़ी पड़ी है, धिक्कार है मेरे घोड़ी चढ़ने पर। धिक्कार है मेरे दूल्हा बनने पर। जलियाँवाला के, शहीदों के इस लहू के सम्मुख मैं क़सम खाता हूँ : शादी कराऊँगा, तो आज़ाद हिन्दोस्तान के अन्दर। सिर पर सेहरा बाँधूंगा तो स्वतंत्र मातृभूमि पर। वरना, भगत सिंह दूल्हा बनेगा, फाँसी की बलिवेदी पर। मौत दुल्हन को ब्याहने के लिए। सिर पे काला टोप होगा। और बाराती होंगे तुम्हारे जैसे यार बेली। मदन लाल ढींगरा जैसे। मेरे इस वीर करतार सिंह सराभा जैसे। शहीदाने वतन! और हमारे कानों में गूँज रहा होगा इनक़लाब ज़िन्दाबाद का नारा! इनक़लाब!

सारे : ज़िन्दाबाद!

गवैये : सेवा देश की, मेरी जां, बड़ी मुश्किल,
बातें ढेरों बघारनी आसां हैं।
जिसने देश सेवा में पैर डाला,
झेलीं उसने मुसीबतें लाख़ों हैं।।

(परदा)

(समाप्त)

(पहला प्रारूप : दिसंबर, 1988)

26

इनक़्लाबी पुत्र

(भगत सिंह शहीद : भाग 2)

पहला मंचन

'इनक़लाबी पुत्र' पहली बार अक्तूबर 27 व 28, 1995 को कालेजिएट ड्रामा सोसाइटी, दिल्ली, द्वारा श्री राम सेंटर (तलघर), नई दिल्ली, में मंचित किया गया। कलाकार थे :

भगत सिंह	:	अश्वनी चड्ढा
बी. के. दत्त	:	जितेन्द्र शर्मा
चंद्र शेखर आज़ाद	:	नव सिंगल
पिता	:	सतीश भल्ला
माँ	:	ज्ञान कौर सिद्धू
आसफ अली	:	डॉ. चरणदास सिद्धू
सरकारी वकील	:	गुरदीप सेहरा
मैजिस्ट्रेट पूल	:	सुमित कुमार
सेशन जज	:	अमित दत्त
जस्टिस फोर्ड	:	सुमित कुमार
जस्टिस ऐडीसन	:	अमित दत्त
सारजंट टैरी	:	मनजीत अरोड़ा
इन्सपेक्टर जॉनसन	:	रणजीत बहादुर
थानेदार/जेलर/सिपाही	:	भरत कुमार
संगीत	:	वीणा सिद्धू तनेजा
टोली	:	सलोनी सिद्धू तनेजा, ज्ञान कौर सिद्धू, गुरदीप सेहरा, नूपुर सिद्धू माथुर, नव सिंगल (ढोलकी), रवीन्द्र माथुर

परदे के पीछे

प्रकाश	:	गिरिधारी लाल
मंच	:	राजकुमार साहनी
		डॉ. अचल भगत
वस्त्र	:	प्रमिला सिद्धू साहनी
		आशा सिद्धू भगत
रूप सज्जा	:	रवि तनेजा
		गुरदीप सेहरा
फोटोग्राफी	:	एम. सफल
		अमित दत्त
निर्देशन	:	रवि तनेजा

नोट : 'इन्क़लाबी पुत्र' के पहले मंचन के लिए संस्कृति और कला विभाग, भारत सरकार, ने कुछ आर्थिक सहायता दी।

पात्र

भगत सिंह	
बी. के. दत्त	
चन्द्रशेखर आज़ाद	
पिता किशन सिंह	
माँ विद्यावती	
आसफ अली	वकील
सरकारी वकील	
मैजिस्ट्रेट मिस्टर पूल	
सेशन जज मिस्टर मिडलटन	
जस्टिस फोर्ड	हाईकोर्ट जज
जस्टिस ऐडीसन	,,
सारजंट टैरी	
इन्सपेक्टर जॉनसन	
थानेदार/जेलर/सिपाही	

× × ×

स्थान : दिल्ली और लाहौर
समय : अप्रैल, 1929 से जनवरी, 1930

× × ×

गवैये

आओ, सिमरो भगत सिंह सूरमा, लो शीश उसकी सोच पे झुका।
रोज़ जनमें न भगत शहीद जैसे, देते देश आज़ाद करा।
ज़िन्दाबाद सदा नारा इनक़लाब का, दिया घर-घर हिन्द में पहुँचा।
भाई व पुजारी मुल्लां मक्कार, रहे हउओं से लोगों को डरा।
तर्कों की तेग़ तीखी पकड़के, वहमों को किया था फना।
नित्य नया खंडा बरते विज्ञान का, सोच सान पर लिया जो घिसा।
आओ, सिमरो भगत सिंह सूरमा, लो शीश उसकी सोच पे झुका।।

दृश्य-1

(चाँदनी चौक, कोतवाली, दिल्ली। अप्रैल, 1929)

माँ विद्यावती : एक बार मेरा लाल मिला दो मुझे।

पिता किशन सिंह : धीरज धर, विद्यावती।

माँ : मेरा शेर भगत सिंह कहाँ है?

आसफ अली : सब्र करो, जी, ज़रा।

पिता : आँसुओं का सैलाब बहाने से क्या फायदा?

आसफ : कल से इसी कोशिश में लगे हैं।

पिता : इन्सपेक्टर साहिब, हमारी भगत सिंह से मुलाकात ज़रूर करवा दीजिए।

आसफ : बेशक पाँच मिनट ही हो।

माँ : अपने बच्चे को छाती से लगा लूँ एक बार।

आसफ : माँ-बाप का हक बनता है गिरफ्तारशुदा बेटे से मुलाकात करना।

पिता : कल भी आपने यों ही वापस भेज दिया हमें।

माँ : ऊपर वाले अफसरों के दिल पत्थर के बने हुए हैं?

पिता : दी नहीं इजाज़त उन्होंने?

आसफ : इन्सपेक्टर जनरल से हम खुद बात करने के लिए तैयार हैं। मोतीलाल नेहरू जी, पंडित मालवीय जी, हम सीधे वायसराय से मिलने के लिए तैयार हैं। आप किसी के बेसिक राइट्स डिनाई नहीं कर सकते।

जॉनसन : सुन लिया मैंने सब कुछ। यह बहस मुबाहिसा कचहरी में जाकर करना। अवर ब्रिटिश लॉ कोर्ट्स ऐगज़िस्ट टु डू जसटिस टु ऑल। लेकिन मेरा महकमा है पुलिस। हमें आई. जी. साहिब का हुक्म है—पूरी ऐवीडेंस इकट्ठी करो।

पिता : हम आपको जुर्म के सबूत ढूँढ़ने से मना नहीं करते। करो आप इकट्ठे। मगर हमें अपने बच्चे से मिल लेने दो। लाहौर से सफर

करके आए हैं हम। इतने दिनों से तड़प रहा है पूरा परिवार।

माँ : इसकी दादी ने, चाचियों ने, रो रो कर अपना बुरा हाल कर रखा है। बाबा ने अन्न जल छोड़ा हुआ है।

जॉनसन : ऐक्सक्यूज़ मी, सरदार किशन सिंह। अगर तुम चाहते, तुम्हारा लड़का इस तरह जेलों के अन्दर न तड़पे, तुम बचपन से उसे बेहतर सीख देते। अब रोने-धोने से क्या बनेगा? तेरा सारा कुनबा मुजरिमों का है। सरकार के ख़िलाफ साज़िश करना तुम्हारे परिवार ने बीस साल से शुरू कर रखा है। अजीत सिंह भाई था न तेरा? जो आजकल बाहर के मुल्कों में रहकर हमारे ऐम्परर के ख़िलाफ बगावत खड़ी करना चाहता है? फॉरन गवर्नमेंट्स को भड़का रहा है?—कि ब्रिटैनिया से जंग छेड़ो और हिन्दोस्तान को आज़ाद कराओ?

आसफ : सरदार अजीत सिंह के केस का भगत सिंह से क्या ताल्लुक है?

माँ : चाचे भतीजे को बिछड़े हुए बीस बरस हो गए। दो-ढाई साल का था भगत सिंह जब अजीत सिंह को देश निकाला दे दिया फिरंगी के ज़ुल्मों ने। मेरी देवरानी बेचारी! ज़िन्दगी गल गई बिछोड़े में।

जॉनसन : मैंने तुम्हारी फेमिली की सारी हिस्टरी ढूँढ़ निकाली है। मैंने और सारजंट टैरी ने।

पिता : ज़रूर खोदो हिस्टरी। मगर हमारे बच्चे को तो मिला दो।

आसफ : आप पास बैठे रहना। हमने चन्द ज़रूरी बातें करनी हैं इस केस की बाबत।

जॉनसन : तुम्हारा छोटा भाई—क्या नाम था?

पिता : स्वर्ण सिंह?

जॉनसन : हाँ। स्वर्ण सिंह ने भी दो साल जेल में चक्की पीसी थी?

माँ : मार दिया तुम बूचड़ों ने, पीट पीट कर। तपेदिक खा गया भरी जवानी में।

जॉनसन : किशन सिंह, तुम कितने साल जेल काट चुके हो? हमारी सरकार के ख़िलाफ ऐजीटेशन करने के जुर्म में?

पिता : लेकिन मेरे पुत्र को आप उसके बाप के जुर्मों की सज़ा नहीं दे सकते। भगत सिंह को उसके चाचाओं के जुर्मों की सज़ा नहीं दे सकते।

जॉनसन : यैस, यू आर राइट। मगर फाँसी चढ़ाने के लिए, तुम्हारे 'लायक' बेटे के अपने जुर्म काफी हैं।

आसफ : इसी करके सरदार किशन सिंह मुझे वकील बनाकर लाए हैं। अपने मुवक्किल को मिलना मेरा हक़ है। फर्ज़ है।

जॉनसन : मैं खुद असंबली हॉल में हाज़िर था, जब इन दोनों ने बम फेंके। मैं और सारजंट टैरी। हम ने भरा पिस्टल छीना भगत सिंह से।

आसफ : मैं भी विज़िटर्ज़ गैलरी में था। मैंने भी आँखों से देखा सब कुछ।

जॉनसन : फाइन, फाइन! वी नो दैट। यू वर देअर। तुम्हें हम सरकारी गवाह बनाएँगे।

आसफ : मैं अपने मुवक्किल के ख़िलाफ सरकारी गवाह बनूँ? ख़ूब! बहुत समझ है आपको क़ानून की!

जॉनसन : हिज़ मैजसटीज़ गवर्नमेंट नोज़ ऑल दी मैथड्ज़ ऑफ अनअर्थिंग ऐवीडेंस ऐंड गैटिंग विटनैसिज़ अगेंस्ट डैडली मर्डररज़।

पिता : जनाब, कचहरी के अन्दर आप जो मरज़ी करें। इस वक्त तो हमें मिल लेने दो अपने पुत्र से।

आसफ : रायसीना थाने भी जा रहे हैं हम। बटुकेश्वर दत्त से मुलाकात करने।

जॉनसन : वैरी सॉरी, मिस्टर आसफ अली। जब तक भगत सिंह और दत्त हमें अपने गिरोह के पूरे मैम्बर्ज़ का हवाला नहीं देते, हम किसी के साथ मुलाकात की इजाज़त नहीं दे सकते। दीज़ आर माई आर्डर्ज़ फ्रॉम दि वायसराय।

माँ : हाय, मेरे बच्चे को पीट-पीट कर निढाल कर दिया होगा इन कसाइयों ने।

जॉनसन : नहीं, नहीं ! हम वहशी नहीं। अभी तक हमने भगत सिंह और दत्त के साथ तहज़ीब दिखाई है।—ताकि दूसरे मुजरिमों को पकड़ने में हमारी मदद करें। लेकिन अगर वो दो दिन और नहीं बोलते, हमें मजबूरन जर्मन तरीके इस्तेमाल करने पड़ेंगे।

पिता : यही सलाह हम अपने पुत्र को देंगे। हमें मिल लेने दीजिए। सरकार का फायदा होगा।

माँ : तुम्हारे सामने मिलेंगे हम। कोई चोरी तो है नहीं सरकार से।

आसफ : मिस्टर जॉनसन, आप ज़िद मत पकड़ो। आख़िर आप बग़ैर ट्राइल के सज़ा नहीं दे सकते। फिर बेचारे माँ-बाप को परेशान क्यों कर रहे हो?

जॉनसन : नो, नो, नो। टिल भगत सिंह रिवील्ज़ दी नेम्ज़ ऐंड अड्रैसिज़ ऑफ हिज़ फैलो कन्सपीरेटर्ज़, नो मुलाकाट!

माँ : हाय मेरा अभागा पुत्र!

पिता : चलो, वापस लाहौर चलते हैं। आसफ अली जी, जब तक सारा हिन्दोस्तान जहाद करके खड़ा नहीं होता, ये ज़ालिम नहीं मानेंगे। कोई बात नहीं। हम फिर आ जाएँगे। यही ढीठपन अंग्रेज़ का कब्र बनेगी इनकी। जितना ज़ुल्म बढ़ेगा, उतनी ही जल्दी ख़ात्मा होगा जाबरों के साम्राज्य का।

(चलते हुए)

आसफ : आई विल मूव दि कोर्ट।

जॉनसन : रुको। मैं दरअसल आपकी मदद करना चाहता हूँ। कल तक इन्तज़ार करो। मैं खुद भगतसिंह से पूछ-पड़ताल करूँगा। अगर उसने अपने साथियों के बारे में इनफरमेशन दे दी, मैं आई. जी. साहिब से परमिशन लेकर, कल आपकी मुलाकात करवा दूँगा।

आसफ : थैंक यू।

माँ : वाहेगुरु, दया डाल इन भेड़ियों के दिलों में।

किशन : चंगा। कल दस बजे हम फिर पहुँचे यहाँ। हिन्दोस्तान के कितने बबर शेर तुम पिंजरों में फाँस लोगे?

(अँधेरा)

दृश्य-2

गवैये : उसे फ़िक्र है हर दम,
नया तर्ज़े जफा क्या है।
हमें यह शौक़ देखें
सितम की इन्तहा क्या है!

(कोतवाली, चाँदनी चौक, दिल्ली)

सारजंट टैरी : कम ऑन, भगत सिंह। सिट डाऊन।

भगत : क्या हुक्म है, जनाब?

टैरी : कोई नया हुक्म नहीं। क्या सोचा फिर?

भगत : किस बारे में ?

टैरी : वादा मुआफ गवाह बनोगे?

भगत : रोज़-रोज़ बहस करने का क्या फायदा? टैरी साहिब, मैंने ख़ुद आपको पिस्तौल पकड़ाया। दत्त ने और मैंने अपने आप ख़ुशी-ख़ुशी गिरफ्तारी दी। हम चाहते तो असंबली के अन्दर से भाग भी सकते थे। मगर हम मामूली मुजरिम नहीं। हम सियासी सिपाही हैं। अपने वतन की आज़ादी के लिए लड़ रहे हैं। आप हमसे जुर्म का और कैसा इक़बाल माँग रहे हो ?

टैरी : हम माँगटा है—तुम्हारे अनारकिस्ट गरूप के मैम्बर्ज़ के नाम।

भगत : हमारी बड़ी फौज है देश भक्तों की। लेकिन उनके नाम हम क़तई नहीं बताएँगे। दत्त के साथ और मेरे साथ तुम बेशक जैसा मरज़ी सलूक करो। मारपीट से हम डरते नहीं। कचहरी तुम्हारी बड़ी हद हमें फाँसी चढ़ा देगी। इसके वास्ते हम तैयार होकर आए हैं। मगर अपनी टोली के नाम नहीं बताएँगे।

टैरी : पक्का फैसला तेरा?

भगत : ईंट जैसा पक्का।

थानेदार : पुलिस की मारपीट का तजुर्बा नहीं तुम्हें। तभी ज़िद पकड़े बैठे हो। अभी हुक्म करें सारजंट साहिब। पन्द्रह मिनट में सबके नाम

बक उतरेगा।

भगत : थानेदार साहिब, आप यह तजुर्बा भी करके देख लें। जान चली जाए। मैं और दत्त साथियों के नाम नहीं बताएँगे।

टैरी : **(हँसता हुआ)** डट्ट! डिडंट यू टैल हिम अबाउट बी. के. डट्ट?

थानेदार : नहीं, जनाब। आपने ख़ुद मना किया था।

भगत : क्या हुआ मेरे भाई को?

टैरी : टेरे डट्ट ने चार जूटे खाए। सब गुंडों के नाम और पते लिखा दिए।

थानेदार : सरकारी गवाह बन गया।

भगत : सूरज, पूरब को छोड़कर, पच्छिम से निकलने लगे। मगर मेरा भाई बटुकेश्वर दत्त मुख़बिर नहीं बनेगा।

थानेदार : डंडा हर टेढ़े-मेढ़े को सीधा कर देता है।

टैरी : बिलीव मी, भगत सिंह। डट्ट ने मुआफी-नामे पर डस्टख़त कर दिए। यह देख।

भगत : **(ध्यान से देखकर)** जालसाज़ काफी होशियार है। दस्तख़त हू-ब-हू बी.के. दत्त के हैं।

थानेदार : जालसाज़ ! पागल मत बन। यह दस्तख़त दत्त ने ही किये थे। फाँसी पर लटकना आसान नहीं। ख़ौफ खा गया दत्त।

भगत : झूठ बोलना तुम्हारा पेशा है। अंग्रेज़ की सरकार है ही धोखेबाज़ों की ! दग़ाबाज़ों की। लेकिन यह धोखा मेरे साथ नहीं चल सकता। यह लिखत बी. के. दत्त की नहीं।

थानेदार : कचहरी में शहादत देगा जब तेरे ख़िलाफ और पूरे गिरोह के ख़िलाफ, तब पता चलेगी तुम्हें बंगाली की असलियत। और सूली के ऊपर मौत की असलियत।

टैरी : टुम मत बताओ नाम। **(फोटो दिखाकर)** इसे तो हम ज़रूर ढूँढ़ निकालेंगे। बेशक इंडिया के किसी भी कोने में छुपा हो।

थानेदार : जिसकी फोटो मिल गई, वह भला छुपा कैसे रह सकता है?

टैरी : बड़े होशियार बनते हो। अपने साथी की फोटो जेब में पड़ी रहने दी। कौन है यह? खुद ही बटा दो।

थानेदार : बग़ैर बेंत खाए।

भगत : इस महापुरुष को नहीं पहचाना? अच्छी जासूसी करते हो तुम?

टैरी : न्यूज़ पेपर में फोटो छपाकर, हम दो दिन में पता लगा लेंगे। बेहतर है, टुम बटा दो। कहाँ रहता है?

भगत : यह मेरा भाई अब बसता है लाखों देश भक्तों के दिलों के

अन्दर।

टैरी : क्या मटलब?

भगत : यह है शहीदे आज़म करतार सिंह सराभा।

थानेदार : ग़दरी गिरोह वाला?

टैरी : कौन शहीद?

थानेदार : जनाब, यह फाँसी चढ़ चुका। बारह तेरह साल पहले। अमरीका से लौटे थे जो हिन्दोस्तान में ग़दर फैलाने।

टैरी : ओह, आई सी। गुड रिडैंस। भगत सिंह, टेक ए वार्निंग। टुम भी ऐसे मरोगे।

भगत : यह मेरी ख़ुशकिस्मती होगी अगर मैं अपने आदर्श वीर सराभा का रुतबा पा सकूँ।

टैरी : **(फोटो दिखाकर)** यह अपनी फोटो कहाँ से खिंचवाई टुम ने? और डट्ट ने?

भगत : रामनाथ, काश्मीरी गेट।

टैरी : जल्दी जाओ सिपाही लेकर। टलाशी लो। शायद दूसरे गुंडों के फोटो भी हों रामनॉट के पास।

थानेदार : जी।

भगत : छोड़ो, यार। उस शरीफ आदमी को परेशान मत करो। रामनाथ का हमारे गरूप से कोई ताल्लुक नहीं।

टैरी : टुम ने अपना फोटो अख़बारों में छपवाने की बड़ी जल्दी की। पायनियर में छपा है। हिन्दी और उर्दू के पेपरों में भी। किस ने भेजा उनको?

भगत : हमने ख़ुद भेजे।

टैरी : कैसे?

भगत : डाक के ज़रिए।

टैरी : कब?

भगत : बम गिराने से पहले।

थानेदार : वाह! इतना यकीन था तुम्हें अपनी कामयाबी पर?

टैरी : फेम माँगटा टुम? शोहरत माँगटा? पब्लिसिटी चाहटा?

भगत : हाँ। मगर अपने वास्ते नहीं। अपने विचारों के वास्ते। इनक़लाब के वास्ते।

टैरी : भगत सिंह, टुम जवान हो। रहम आ रहा है मुझे टुम पर। अपने चाचा अजीत सिंह वाली बेवकूफी मट कर।

थानेदार : वो तो मुल्क छोड़कर भाग गया। बच गया। तू फँसा पड़ा है।

अड़ी करेगा, तो ज़रूर फाँसी चढ़ेगा।

भगत : सब कुछ सोच विचार कर बम फेंके थे हमने। फाँसी तो फाँसी सही।

टैरी : नौजवान, अपने बाप और चाचा का ग़लत रास्ता छोड़। ज़िन्दगी के मज़े लूट। कैरियर बना। सरकार तेरी मदद करेगी। किताबें पढ़ने का शौक है टुम्हें। मुआफी माँग ले। मुजरिम पकड़वा दे। वजीफा ले और विलायट पढ़ने जा।

भगत : नो! नो!! नो!!! थैंक यू, सारजंट टैरी। जाऊँ अब मैं?

टैरी : आख़िरी फैसला टेरा?

भगत : बिल्कुल! हम अपने जुर्म का इक़बाल कर चुके हैं। कचहरी में भी हम अपने किये से नहीं मुकरेंगे। सरकार को और क्या चाहिए? मगर इस साके में हम सिर्फ दो जानें खर्चेंगे। मेरी और दत्त की। हमारे किसी और वीर का नाम नहीं मिलेगा आपको।

टैरी : इसके माँ-बाप को कह दो—लाहौर लौट जाओ। मुलाकाट का वक्ट नहीं मिल सकटा।

भगत : माँ आई है मेरी?

थानेदार : हाँ। सरदार किशन सिंह भी हैं।

टैरी : आसफ अली को वकील किया है।—इधर मुआफी नामे पर सिगनेचर करो, उधर ज़मानत पर रिहाई।

भगत : मैं रिहाई नहीं चाहता। लेकिन मुलाक़ात करना अपने माँ-बाप से, हक़ है मेरा।

टैरी : हक़ ! ख़ूब ! हक़ होते हैं शरीफ शहरियों के वास्ते। टुम जैसे अनारकिस्ट के वास्ते नहीं।—दारोगा, मरम्मत करो इसकी। बेंत लगाओ। चमड़ी उधेड़ दो। जब तक यह भी डट्ट की तरह मुआफी न माँग ले।

भगत : देखते हैं ज़ोर कितना बाज़ुए क़ातिल में है!

(अँधेरा)

दृश्य-3

गवैये : कबीर यह घर प्रेम का,
ख़ाला का घर नाहीं।
सीस उतारे तली धरे,
वो जाए घर मांहीं।।

(थाना रायसीना, नई दिल्ली)

जॉनसन : यह सिगनेचर भगत सिंह का है। आई सवेयर बाई जीज़स।

दत्त : तुम्हारी कसमें मुझे धोखा नहीं दे सकतीं।

थानेदार : यकीन मानो, दत्त साहिब। मेरे सामने भगत सिंह ने दस्तख़त किए। और दूसरे तबाहकारियों के सरनामे लिखाए।

दत्त : पुलिस का पेशा है झूठ बोलना। ऐसी चालाकियाँ हम पर नहीं चलेंगी।

जॉनसन : सो फार, हमने तेरे साथ शराफत बरती है। मार पीट नहीं की।

थानेदार : अभी लो, जी। दस मिनट में रोना निकलवा दूँगा। जैसे भगत सिंह का निकलवाया था।

जॉनसन : हम तुम दोनों को फाँसी चढ़ाने के हक़ में नहीं। दरअसल वाइसराय साहिब चाहते हैं : तुम्हारे जैसे तोड़-फोड़ करने वाले क्रिमिनल्ज़ के गैंग को जड़ से उखाड़ा जाए। इसलिए हम तुम दोनों को मुआफी देने को तैयार हैं। सरकार तुम्हें नौकरियाँ दे सकती है। विलायत में पढ़ने के वास्ते वज़ीफा देगी। मगर सरकार के ख़िलाफ जंग करने वाले बाग़ियों को पकड़ने में मदद करो।

दत्त : जनाब, सूरज पूरब से हटकर, पच्छिम से निकल सकता है। लेकिन हम दोनों से तुम मुख़बिर बनने की उम्मीद नहीं कर सकते।

जॉनसन : पक्का फैसला तेरा?

दत्त : ईंट जैसा पक्का।

थानेदार : सूली चढ़ने का इतना शौक़ है तुम्हें?

दत्त : हाँ, जनाब। तभी तो हम अपने आप गिरफ्तार हो गए। कचहरी के अन्दर भी हम इनकार नहीं करेंगे। जुर्म का इक़बाल पहले दिन ही कर लेंगे।

जॉनसन : नहीं बताओगे नाम और पते ग़द्दारों के?

दत्त : ग़द्दार ? ग़द्दार हम नहीं, जॉनसन साहिब। ग़द्दार तुम्हारे पुलिसिए हैं—जो टुकड़ों के पीछे तुम ज़ालिमों का साथ दे रहे हैं। ग़द्दार तुम हो—जो इन्सानियत छोड़कर , पराए मुल्कों को गुलाम बना रहे हो। चबा रहे हो।

जॉनसन : दारोगा, ले जाओ इसे। तब तक हलाल करो, जब तक यह सभी बाग़ियों के नाम न उगल दे।

थानेदार : अभी लो, सरकार। हड्डी-हड्डी खड़का दूँगा।

दत्त : देखते हैं ज़ोर कितना बाजुए क़ातिल में है !

(अँधेरा)

दृश्य-4

गवैये : माँ, रंग दे बसंती चोला,
मेरा रंग दे बसंती चोला।
जैसा जैसा रंग तूने, भगतों का रँगा,
हमने भी तुझसे वही रंग माँगा।
रंग बड़ा अनमोला· · माँ, रंग दे· ·
इसी रंग शिवाजी रँगा,
मरहट्टों का टोला· · माँ, रंग दे· ·
इसी रंग था गोविंद रँगा,
बबर अकाली टोला· · माँ, रंग दे· ·

(चाँदनी चौक, कोतवाली, 3 मई, 1929)

टैरी : मैंने मुलाकाट की इजाज़त सिर्फ एक वजह करके डी है।

थानेदार : जी, जनाब।

टैरी : लाहौर में कई गिरफ्टारियाँ हो गई हैं। बम बनाने वाला गरूप पकड़ा गया। लेकिन यह साज़िश पूरे मुल्क में फैली है। हम दूसरे शहरों वाली बम फैक्टरीज़ पकड़ना चाहते हैं। बाकी रैवोल्यूश्नरीज़ को गिरफ्तार करना चाहटे हैं। सो, टुम पूरी बाटचीट का रिकार्ड रखना। ख़ासकर सीक्रट गुफ्टगू। कोडवर्डज़ का इस्टेमाल कर सकटे हैं। मुकम्मिल चौकसी चाहिए।

थानेदार : श्योर, सर।

टैरी : फाइन। कम इन, भगट सिंह।

(टैरी जाता है। थानेदार दूसरी तरफ से माँ, पिता और आसफ अली को लाता है। भगत सिंह दाखिल होता है।)

माँ : मेरा लाल! मेरा भाग्यवान्।

भगत : माँ! बस कर· · रोती क्यों तू? मैंने कोई बुरा काम किया?

माँ : रे बेटा। क्या ख़बर कैसी किस्मत लिखी मेरी बाज़ों वाले ने?

नित्य आँसुओं से वास्ता।

भगत : माँ, चुप कर। मुलाक़ात का वक्त थोड़ा मिला है।

थानेदार : सिर्फ दस मिनट।

पिता : (**सिर पर हाथ रखकर**) बेटा।

भगत : (**पाँव छू कर**) भाइया जी!

पिता : जनाब आसफ अली साहिब। हमारे वकील।

माँ : मेरे चाँद मोहने! तू कैसे बखेड़ों में फँस गया!

भगत : इसी करके, भाइया जी, मैंने लिखा था : बेबे को साथ मत लाना। ख़ुद रोएगी, मुझे भी रुलाएगी।—रोने वाले बन्दे मुल्क में इनक़लाब नहीं ला सकते।

पिता : अख़बार में सुबह पढ़ा : कल पुलिस ने कुलबीर को पकड़ लिया।

भगत : कुलबीर??? क्यों?

आसफ : दस ग्यारह साल का बच्चा!

पिता : पाँचवीं में पढ़ता है। कहर टूट पड़ा कुनबे पर।

माँ : तेरी दादी नहीं थी रुकती। चाचियाँ रो रहीं थीं—हमें भी ले चलो। भगत को मिलना है।

पिता : अमरो को मुश्किल से मनाया।

भगत : कुलबीर को क्यों गिरफ्तार किया?

आसफ : पूरे ख़ानदान को ख़तरा पड़ गया। झटपट लाहौर पहुँचकर, ज़मानतों की तैयारी करनी चाहिए।

भगत : मगर कुलबीर का क्या कसूर है?

पिता : कुलबीर का कसूर है कि वो तेरा भाई है। और हमारा बेटा है।

माँ : बेड़ा ग़रक हो ज़ालिम अंग्रेज़ का।

पिता : जयदेव ठीक नहीं सुखदेव (**पुलिस वाले की तरफ इशारा करता है**)

भगत : मैं समझ गया। पुलिस वाले बदमाश हैं।—थानेदार, यह भी लिख ले।—काकोरी केस में निर्दोष वीरों को फाँसी लगाया फिरंगी कुत्ते ने। ये मुझे सांडर्ज कत्ल केस में घसीट कर लाहौर ले जाएँगे। बेशक मेरा कसूर कोई नहीं।

आसफ : वकालतनामे पर दस्तख़त करो।

भगत : रुको अभी, आसफ अली जी।

पिता : कर दे, बेटा। फटाफट केस तैयार करें।

माँ : इन विदेशियों की अदालतों में इन्साफ कहाँ?

भगत : शाबाश, बेबे! सियानी बात कही।

आसफ : फिर भी हमारा फ़र्ज़ है, डिफेंस का पक्का बन्दोबस्त करें।

भगत : बड़ी धोखेबाज़ है पुलिस। मुझे कहा, दत्त मुख़बिर बन गया। दत्त को ज़रूर बताया होगा, भगत मुख़बिर बन गया। दत्त के जाली दस्तख़त करके, मुआफीनामे पर, मुझे दिखाए।

आसफ : बी. के. दत्त से मिलने की भी इजाज़त मिल गई। यहाँ से सीधे हम थाना राएसीना जाएँगे। हर मुद्दे के बारे में सलाह-मशवरा कर लें।

भगत : मुआफ करना, अली साहिब। हम यह केस लड़ना नहीं चाहते। भाइया जी, आप इस मुक़द्दमे पर पैसे ज़ाया न करो।

माँ : हाय रे, क्यों? लड़ना क्यों नहीं मुक़द्दमा?

पिता : **(सख़्त नाराज़)** दिमाग़ ख़राब हो गया तेरा?

आसफ : जल्दबाज़ी मत कर, भगत सिंह।

पिता : सारे कुनबे को बेड़ियाँ डलवाएगा? रिश्तेदारों को जेलों में जकड़ेगा? जानता नहीं तू पुलिस को? ज़मीन जायदाद कुर्क हो जाएगी। घर घाट से भी जाएँगे हम। तेरे पीछे लग कर।

माँ : गाय भैंस तक हाँक कर ले जाएगी पुलिस।

आसफ : मुक़द्दमा ज़रूर लड़ेंगे। मुल्क के बड़े से बड़े बैरिस्टर मेरी मदद करेंगे। पंडित मोतीलाल नेहरू, मालवीया जी, पटेल साहिब, सबके साथ मैंने केस डिसकस कर लिया।

पिता : दस्तख़त कर काग़ज़ों पर।

भगत : नहीं, भाइया जी। बिल्कुल नहीं।

पिता : अक़्ल ठिकाने है तेरी? ख़ुद तो बन तू क्रान्तिकारी। दूसरों को ख़्वार करने का क्या हक़ है तेरा? नन्हें-मुन्नों को, दादी बाबे को, बहनों को, चाचियों को, क्यों झोंक रहा है तू भट्टी के अन्दर?

आसफ : सरदार किशन सिंह जी, ठंडे चलो ज़रा। कल मैं अकेला आऊँगा। भगत सिंह से क़ानूनी मुद्दों पर मशवरा करूँगा।

भगत : भाइया जी, असंबली के अन्दर बम हमने जिस स्कीम के तहत गिराए, वो आपकी समझ के बाहर है। नौजवानों के विचार और वलवले गांधीवादी बुज़दिलों की खोपड़ी के अन्दर नहीं घुसड़ सकते।

आसफ : भगत सिंह जी, ज़ब्त में रहकर बात करो। यह मुआमला अब आप अकेलों का नहीं रहा। ज़ाती नहीं। सिर्फ आपके कुनबे का ही नहीं। पूरे हिन्दोस्तान की जंगे आज़ादी का हिस्सा है। हम

अंग्रेज़ के आगे हथियार क्यों फेंकें? पूरी टक्कर लेंगे। क़ानूनी जंग लड़ेंगे।

पिता : तुम्हारी स्कीम कोई भी हो। छुड़ाने की कोशिश, तुम्हें और दत्त को, हम ज़रूर करेंगे।

आसफ : मैं चश्मदीद गवाह हूँ। तुम्हारे साथ गैलरी में बैठा था—जब तुमने जॉनसन और टैरी को कहा, "घबराओ नहीं। हम अपने जुर्म का इक़बाल कुल दुनिया के सामने करने के लिए तैयार हैं।"

भगत : हमने भी देखा था आपको। जब आप अरुणा जी को लेडीज़ गैलरी से बाहर लेकर आए।

आसफ : एक पर्चा जो तुमने असंबली में फेंका, मैंने क़ाबू कर लिया।

पिता : हिन्दोस्तान टाइम्ज़ का नुमाइन्दा चालाक निकला। जब तक सरकार ने तुम्हारे पर्चे को छापने पर पाबन्दी लगाई, शाम का स्पेशल एडीशन छपकर बाज़ारों में आ गया। घर-घर पहुँच गया। हर चौक में, हर गली-मुहल्ले, बन्दे भीड़ों को पढ़-पढ़कर सुना रहे थे।

भगत : यह तो बहुत बढ़िया हुआ। हमारी सोची-समझी स्कीम के मुताबिक हुआ।

आसफ : स्टेट्समैन के लाला दुर्गादास ने तो और भी कमाल कर दिखाया।

भगत : क्या किया उसने?

आसफ : सरकार ने ख़बर कलकत्ता भेजने पर पाबन्दी लगा दी। दुर्गादास ने अपने लंदन आफिस को तार के ज़रिए पूरी डिटेल भेज दी। साथ में, इन्स्ट्रक्शन कर दी : "ख़बर हेड आफिस को कलकत्ता भेज दो।"—नतीजा यह हुआ कि स्टेट्समैन ने तुम्हारे बम गिराने का पूरा हवाला छाप दिया। दूसरे दिन, हिन्दोस्तान के हर अख़बार में ख़बर छप गई।

भगत : बहुत, बहुत ही अच्छा हुआ यह तो। आसफ अली साहिब, हमारी हिन्दोस्तान सोशलिस्ट रिपब्लिकन एसोसियेशन की तरफ से लाला दुर्गादास जी को हमारा तहेदिल से शुक्रिया पहुँचा देना।

आसफ : ज़रूर पहुँचाऊँगा।

भगत : पुलिस ने हमें अख़बार तक नहीं पढ़ने दिया। भाइया जी, किताबें लाए मेरी?

पिता : हाँ। झोला पकड़ा, विद्यावती।

माँ : पिन्नियाँ भी लाई हूँ। दादी तेरी ने आप बनाई।

पिता : यह रही नेपोलियन की जीवनी। और तिलक की 'गीता रहस्य।'

भगत : नावल? द्वारकादास लाइब्रेरी से लाने को कहा था मैंने।

पिता : शास्त्री जी ने आप चुने थे। बोले, मैं जानता हूँ भगत सिंह की पसन्द।

भगत : डिकन्ज़! टॉल्स्टाय ! दोस्तोवस्की! तुरगनीफ का 'फादर्ज़ एंड सन्ज़।' ख़ूब ! राजाराम जी को मेरा धन्यवाद देना।

थानेदार : रुको जी, ज़रा। मुझे पकड़ाओ। बीच में कुछ रखा न हो।

माँ : किताबों के अन्दर क्या हमने बम छुपाए हैं?

थानेदार : कौन जाने, जी? आपके ख़ानदान से बरतानिया को ख़ुदा बचाए।

भगत : पिता जी, यह मुकद्दमा सिर्फ दिखावा है। अंग्रेज़ ने इन्साफ का ड्रामा खेलना है। फाँसी का फैसला तो सरकार पहले ही कर चुकी।

माँ : फाँसी। हाय मेरा लाडला।

पिता : यों ही लगा देंगे फाँसी?

आसफ : इस जुर्म करके फाँसी नहीं लग सकती, भगत सिंह जी। क़ानून इसकी बिलकुल इजाज़त नहीं देगा।

भगत : आप पूँजीवादियों के क़ानून की जड़ नहीं जानते। सरमायादारी के अन्दर कचहरियाँ और कानून, चर्च और मन्दिर, मस्जिद और गुरुद्वारे—सब शोषण करने वाली ताक़तों के बचाव के वास्ते होते हैं। क़ानून गढ़े जाते हैं ताकि मज़दूरों को, कामगारों किसानों को, सदा वास्ते, गुलाम बनाए रखा जा सके। मज़लूमों को ऐक्सप्लाइट किया जा सके। हमारी जंग पूँजीवाद के ख़िलाफ है। आप वकील भी इस कैपिटैलिज़्म का हिस्सा हो। हम कैपिटैलिस्ट कोर्ट्स को क़बूल नहीं करेंगे। किसी बूर्ज्वा बैरिस्टर की मदद नहीं लेंगे।

पिता : भूल मत कर, बेटा। बन्दे को अपने बचाव का पूरा बन्दोबस्त करना चाहिए।

माँ : जान है तो जहान है।

पिता : बम फेंकने के पीछे, तुम्हारी पॉलिसी कोई भी रही हो, मैं इस बाबत बहस नहीं करूँगा।

आसफ : लेकिन क़ानूनी लड़ाई हम डट के लड़ेंगे।

पिता : ताकि जेल से बाहर आकर, तुम स्वतंत्रता संग्राम में अधिक योगदान दे सको।

माँ : अपने आप दुश्मन के काबू आकर, जेलों के अन्दर सड़ना,

किधर का सयानापन है?

पिता : अजीत सिंह ने अक़्ल बरती। बच बचा कर विदेश चला गया।

आसफ : और उधर से जर्मनी को, इटली को, बरतानिया के ख़िलाफ भड़का रहा है।

भगत : चाचा जी की एक़ स्ट्रैटिजी थी। हमारी टोली उनसे आगे जा रही है।

पिता : आगे कैसे ? आज़ादी तो हासिल हो, किसी हीले। एक ही तो मक़सद हुआ मुल्क का।

भगत : नहीं, भाइया जी। हम आपकी पीढ़ी से अलग सोचते हैं। आपकी और चाचा जी की कुरबानियाँ बहुत हैं। लेकिन लाला लाजपत राय और आप मरियल गांधी के झाँसे में फँस गए। गांधी ने आप जैसे बहादुरों को मज़हब की अफीम खिलाकर नकारा बना छोड़ा। अहिंसा की धूनी देकर सुला दिया।

पिता : तो फिर तुम्हारे जैसे इनक़लाबियों ने लाला जी की मौत का बदला क्यों लिया? सांडर्ज़ को क्यों कत्ल किया?—मेरा मतलब यह नहीं कि तू भी उनके गिरोह में था।

भगत : किसी ने भी लाला जी की हत्या का बदला लिया हो, मेरा उसको लाख लाख सलाम। लाला जी के साथ हम जवानों का झगड़ा था बाप-बेटे वाला। हमारे घर का मुआमला था। विदेशी दुश्मन क्यों आकर हमारे बाप को कत्ल कर जाएँ?

थानेदार : वक्त ख़त्म। चलो।

पिता : **(दस का नोट पकड़ा कर)** घड़ी मरम्मत कराओ, जनाब। चोखी तेज़ चल रही है।

थानेदार : जल्दी करो।

भगत : हमने पुलिस के सामने बयान देने से इनकार कर दिया। हम लोअर कोर्ट में भी कोई बयान नहीं देंगे।

आसफ : व्हाई नॉट?

माँ : अड़ी न कर, पुत्र।

पिता : परिवार की गिरफ्तारियाँ रोकने का यत्न तो करने दे वकील साहिब को।

आसफ : कर दस्तख़त। पकड़। बाद में कचहरी के अन्दर क्या करना है, सोच समझ लेंगे।

भगत : **(हस्ताक्षर करके)** अच्छा, लीजिए।—अली साहिब, अपना सारा दर्शन, कार्ल मार्क्स का सोशलिज़्म, कम्यूनिज़्म, हम खोलेंगे सेशन

कोर्ट के अन्दर। ताकि हमारी पोलिटिकल फिलॉसफी को, लैनिनिस्ट मैसिज को, पूरी पब्लिसिटी मिले। हमारी दो जानों की कुरबानी सदक़ा, क्रान्ति का सन्देश हिन्दोस्तान के हर कोने में गूँज उठे।—यही स्कीम है हमारी। इस करके, सात मई को मेजिस्ट्रेट के आगे आप डिफेंस की कोशिश न करें।

आसफ : स्ट्रैटिजी बुरी नहीं।

पिता : लाला जी ठीक कहा करते थे—तुम छोकरे बॉलशिवक बन गए। तुम समझते हो, तुम्हारे दो चार पिस्तौल और पटाखे इतनी बड़ी कोलोनियल पावर को हिन्दोस्तान से भगा देंगे?

भगत : लाला जी हमारे बारे में सही फरमाते थे। उनके पास जो जादू का डंडा नहीं था, आपके पल्ले जो गुरु मंत्र नहीं था, वो हमारे हाथ आ गया। वह डंडा है : मार्क्सिज़्म-लैनिनिज़्म!—बारह साल पहले यह डंडा रूस के अन्दर क्रान्ति ले आया। यही हथियार हम हिन्दोस्तान के अन्दर बरतेंगे। हिन्दोस्तान सोशलिस्ट रिपब्लिकन आर्मी अपना युद्ध एक ही बार दोनों कैपिटैलिस्ट गरूपों के ख़िलाफ लड़ेगी। पूँजीवादी फिरंगी हमारा दुश्मन है। उतना ही बड़ा दुश्मन है भारत का पूँजीवादी। सेशन कोर्ट और हाईकोर्ट का इस्तेमाल करके, इन साम्राजी संस्थाओं को प्रयोग करके, अपने विचारों का प्रचार करके, हम हर हिन्दोस्तानी दिल के अन्दर क्रान्ति की लपटें जला देंगे। जो आप जैसे गांधीवादी पिता नहीं कर सके, वो अब करेंगे हमारे जैसे इनक़लाबी पुत्र!

(अँधेरा)

दृश्य-5

गवैये : सूली ऊपर घर करे, विष का करे आहार।
काल उसका क्या करे, जो आठ पहर होशियार।।

(दिल्ली जेल के अन्दर ए. डी. एम. की कचहरी, 7 मई, 1929)

भगत-दत्त : इस कचहरी में, हम मुक़द्दमा नहीं लड़ेंगे।

पिता : ज़िद मत करो, बेटा।

आसफ : जुर्म का इक़बाल बिल्कुल नहीं करना।

भगत-दत्त : हम जुर्म का इक़बाल जरूर करेंगे। मगर इस कचहरी में, हम मुक़द्दमा नहीं लड़ेंगे।

पिता : पंडित जी, आप समझाएँ, इन सिरफिरों को। **(मुंशी के भेष में चन्द्रशेखर आज़ाद)**

आसफ : आपने मेरे मुंशी को नहीं पहचाना?

दत्त : **(पाँव छूकर)** पंडित जी!

भगत : **(बगलगीर होकर)** भाई साहिब!

आज़ाद : अमर रहो!

भगत : आपने इतना बड़ा ख़तरा क्यों मोल लिया?

दत्त : पहचान ले अगर पुलिस?

आज़ाद : मेरी भूल जाओ। अपने ख़तरे की सोचो।

भगत : हमें कोई ख़तरा नहीं। सब कुछ हमारे सोचे हुए के मुताबिक चल रहा है।

आज़ाद : जितनी देर तक हम तुम्हें आज़ाद नहीं करा लेते, हमें नींद नहीं आएगी।

भगत : नहीं, मुंशी जी, यह कोशिश हरगिज़ न करना।

आसफ : चुप ! मिस्टर पूल आ गया।

(मैजिस्ट्रेट दाख़िल होता है)

मैजिस्ट्रेट : मुलज़िम हाज़िर हैं?

स. वकील : जी, जनाब। भगत सिंह ऑफ लाहौर एंड बटुकेश्वर दत्त ऑफ कैलकटा।

भगत-दत्त : इनक़लाब! ज़िन्दाबाद!

स. वकील : ए. डी. एम. साहिब, यह केस बहुत आसान है। ज़्यादा वक्त या सोच दरकार नहीं। दोनों मुलज़िम गिरफ्तारी के वक्त जुर्म का इक़बाल कर चुके हैं। सारजंट टैरी और इन्सपेक्टर जॉनसन चश्मदीद गवाह हैं।

मैजिस्ट्रेट : कचहरी में मौजूद हैं?

टैरी : यस, युअर ऑनर।

जॉनसन : हियर, माई लॉर्ड।

मैजिस्ट्रेट : अगर तुम गवाह बन कर आए हो तो पुलिस ऑफिसर बन कर केस की पैरवी नहीं कर सकते।

स. वकील : सर, केस की पैरवी थानेदार अब्दुल ख़ान कर रहे हैं।

मैजिस्ट्रेट : शुरू करो।

स. वकील : माई लॉर्ड, 8 अप्रैल, 1929, चार बजकर बीस मिनट, शाम को, दोनों मुलज़िमों ने असंबली में दो बम गिराए। बम इतने ख़तरनाक थे कि तमाम मैम्बर्ज को ख़त्म कर सकते थे। वो तो ईश्वर का चमत्कार समझो, जानी नुक़सान नहीं हुआ। सिर्फ चार सदस्य ज़ख़्मी हुए—रेवरंट जॉर्ज शुस्टर, सर बोमन जी दलाल, मिस्टर एस. एन. रॉय और फाइनेंस कमिशनर रेलवेज़ मिस्टर राओ। पूरी असंबली को ख़त्म करने के लिए, इन दोनों ने, सोची समझी साज़िश गढ़ी थी। मुलज़िम दो दिन पहले असंबली हॉल को स्टडी करने आए। बम बनाने के कारख़ाने इन्होंने लाहौर, आगरा, झाँसी और दूसरी कई जगह शुरू कर रखे हैं। साफ ज़ाहिर है कि मुलज़िम सरकार के खिलाफ जंग छेड़े बैठे हैं। मुल्क के जान व माल को तबाह करने पर तुले हुए हैं। ये लोग अनारकिस्ट हैं; अराजकतावादी हैं। असंबली में गिराए गए इनके पर्चों से ज़ाहिर है, ये फ्रांसीसी टैरोरिस्ट वेलां के पैरोकार हैं।

भगत-दत्त : शहीद-ए-आज़म वेलां! ज़िन्दाबाद !

स. वकील : मुलज़िम रूसी बॉलश्विक्स के चेले हैं। कार्ल मार्क्स और लेनिन के उसूलों पर चल रहे हैं। इन नाइलिस्टों को, नास्तिकों को, फाँसी पर लटका कर, ब्रिटिश एम्पायर को सुरक्षित रखना ज़रूरी है। वायसराय लॉर्ड इर्विन ने सही फरमाया इनके बारे में—

भगत : इर्विन ने?

दत्त : हमारे बारे में?

भगत : क्या उचरा चालाक लोमड़?

स. वकील : **(पढ़कर)** ''मुलज़िमों का हमला किसी ख़ास व्यक्ति के ख़िलाफ नहीं था। उन्होंने पूरी ब्रिटिश व्यवस्था पर, हमारे क़ानूनों और सभ्यता पर, हमला किया है।''

भगत : ओए, भाई दत्तिया।

दत्त : हाँ, भाई भगतिया।

भगत : ओए, इर्विन का तो दिमाग़ हैगा।

दत्त : कैसे, भाई भगतिया?

भगत : ओए, इर्विन लोमड़ हमारे इरादे सही समझ गया।

दत्त : कौन से इरादे, भई, हमारे?

भगत : हमने पूरे बरतानिया साम्राज्य पर हमला किया।

दत्त : पूरे पूँजीवाद को ललकारा!

भगत : यह है कि नहीं इर्विन लोमड़ की अक़्ल का सबूत?

दत्त : अक़्ल तो है गोरे मक्कार को—

भगत : मगर सिर्फ बूढ़े गांधी जितनी!

दत्त : यानि, सिर्फ—

दोनों : रत्ती भर!

मैजिस्ट्रेट : मुलज़िमों को हिदायत है—कचहरी की कार्यवाही में रुकावट मत डालें।

दोनों : इनक़लाब! ज़िन्दाबाद।

मैजिस्ट्रेट : इनक़लाब से तुम्हारा क्या मतलब है?

स. वकील : जनाब इनक़लाब इज़ रैवोल्यूशन—क्रान्ति।

मैजिस्ट्रेट : लफ़्ज़ी मतलब नहीं पूछ रहे हम। मुलज़िम बताएँ, इस नारे के पीछे उनकी इन्टैनशन क्या है?

(चुप)

आसफ : बोलो, भगत सिंह जी। **(सिर हिलाता है)**, दत्त साहिब? **(सिर हिलाता है)**

दोनों : इस कचहरी के ड्रामे में हम कोई रोल नहीं खेलेंगे।

स. वकील : क्या तुम मुकद्दमे में हिस्सा लेने से इनकार करते हो?

दोनों : हाँअ जी।

स. वकील : अपना डिफेंस नहीं पेश करोगे?

दोनों : नाँअ जी।

मैजिस्ट्रेट : ऐक्सपार्टी फैसला चाहते हो?

दोनों : हाँअ जी।

मैजिस्ट्रेट : कोई रिटन स्टेटमैंट नहीं दोगे?

दोनों : नाँअ जी।

मैजिस्ट्रेट : जुर्म का इक़बाल करते हो?

दोनों : हाँअ, नाँअ जी।

स. वकील : क्या मतलब है तुम्हारा? हाँ कहो या ना।

मैजिस्ट्रेट : मुलज़िमों के वकील का क्या ख़याल है?

आसफ : जनाब, मेरे मुवक्किल इस कचहरी में कोई बयान देने के लिए तैयार नहीं। मेरी इल्तिजा है, केस ख़ारिज करके, सेशन के सुपुर्द कर दिया जाए।

स. वकील : माई लॉर्ड, मुलज़िमों का जुर्म बिल्कुल साफ है। इनको फाँसी की सज़ा दी जाए। इतने लोगों को एक ही समय क़त्ल करने की साज़िश आई. पी. सी. की धारा 302 के तहत आती है। एक्सप्लोसिब्ज़ एक्ट की धारा तीन के मुताबिक, इनको हिज़ मैजसटोज़ गवर्नमेंट के ख़िलाफ जंग जारी करने के वास्ते, 'हैंगिंग टिल डेथ', की सज़ा दी जाए। मुलज़िमों के पास कोई डिफेंस नहीं। जबकि सरकार के पास चश्मदीद गवाह हैं। मुलज़िमों के हाथों से छीना गया पिस्तौल है। आगरा, झाँसी, लाहौर से पकड़े गए बम हैं। मेरी दरख़ास्त है : सरकारी गवाहों को बुलाया जाए। ऐवीडेंस रिकार्ड की जाए। झटपट मौत की सज़ा सुनाई जाए।

भगत-दत्त : ·· वन्देमातरम्!

मैजिस्ट्रेट : मिस्टर अली, क्या आप डिफेंस में कुछ नहीं कहेंगे?

आसफ : जनाब, हमने पूरा केस तैयार कर रखा है। लेकिन किसी ख़ास वजह करके, मेरे नौजवान मुवक्किल सिर्फ सेशन कोर्ट के अन्दर स्टेटमेंट देने के लिए राज़ी हैं। यहाँ बिल्कुल नहीं।

स. वकील : न राज़ी हों। क़ानून इनके घर का गढ़ा खिलौना नहीं। जनाब, आप ऐक्स पार्टी फैसला सुनाओ। और इन ख़तरनाक बाग़ियों को सूली पर लटकाओ।

मैजिस्ट्रेट : मुलज़िमों को डिफेंस का मौक़ा दिए बग़ैर सज़ा सुनाना मुमकिन नहीं।

आसफ : और हम तो सिर्फ अगली कचहरी में डिफेंस पेश करने की इजाज़त माँग रहे हैं।

स. वकील : मेरे अज़ीज़ दोस्त आसफ अली साहिब, तुम इन खूंखार क़ातिलों

को हकूमते बरतानिया के फाँसी के फन्दे से कितनी देर तक बचा के रख सकते हो ?

आसफ : मेरे मादरे वतन के बदक़िस्मत दुश्मन, जब तक हिन्दोस्तान के करोड़ों दिमाग़ों के अन्दर ताक़त है, बाज़ुओं के अन्दर क़ुव्वत है, मैं इन बेशक़ीमत ज़िन्दगियों को बचाने की हर कोशिश करता रहूँगा।

स. वकील : ठीक है। बड़ी हद हफ्ता दस दिन और साँस ले लेंगे ये विनाशकारी।

मैजिस्ट्रेट : नौजवानो, आख़िरी मौका दे रहे हैं हम। अपने आपको बचाने के लिए तैयार हो कि नहीं?

दोनों : नाँअ जी।

पिता : पुत्र, ज़िद मत करो।

आसफ : दोबारा सोच लो, भगत सिंह जी।

आज़ाद : सरदार साहिब, मान जाइए।

दोनों : ब्रिटिश सामराज! मुर्दाबाद!

मैजिस्ट्रेट : केस ख़ारिज किया जाता है ताकि सीधा सेशन कोर्ट में ट्राई किया जा सके।

दोनों : थैंक यू, पूल साहिब।—इनक़लाब!··ज़िन्दाबाद! फिरंगी सरकार!··मुर्दाबाद!

(अँधेरा)

दृश्य-6

गवैये : मैदाने जंग की जानिब, जब हमने पाँव रखा था,
घर की याद आई, दूर तक, सताने को।
वादी-ए-शहीदी में, जब हमने क़दम रखा था,
वसल की याद आई, बार-बार, लौटाने को।।

(दिल्ली जेल)

टैरी : एहटियाट चाहिए। ये लोग चालबाज़ हैं। पिछली बार जो कुलबीर की उम्र दस-ग्यारह साल बटाई थी, पाँचवीं जमाट में पढ़टा है, वगैरा—होम सेक्रेटरी सोचटा है, कोड वर्ड्ज़ थे। उनके ज़रिए, भगट सिंह को खुफिया मैसिज दिया गया।

थानेदार : जनाब, मैं पूरी मुलाकात को चौकसी से नोट करूँगा।

टैरी : इनके परोहिट को भी इसी वजह से मैंने मिलने की इजाज़ट दे दी। भगट सिंह के धार्मिक विचारों का पटा लगाओ। ये अजीब अनार्किस्ट लगटे हैं। एक टरफ 'गीटा' पढ़ना। दूसरी टरफ, बम चलाकर इन्नोसैंट लोगों को कटल करना।

थानेदार : सर, भगत सिंह रोज़ 'गीता रहस्य' पढ़ता है। बाल गंगाधर तिलक का लिखा हुआ। साथ में कुछ लिखता रहता है।

टैरी : यैस्स, टिलक ख़तरनाक मरहट्टा था। टैरोरिस्ट्स का गुरु था। पूना में चैपेकर ब्रदर्ज़ ने हमारा ऑफिसर कटल किया। तीनों हैंग हुआ था। टिलक के गरूप के थे।

थानेदार : तिलक बरतानिया सरकार का जानी दुश्मन था।

टैरी : पुरोहिट और भगट सिंह की बाटचीट से इनकी फिलॉसॉफी पटा करो जो टोड़-फोड़ की लहर के पीछे काम करती है।

थानेदार : जनाब, ये लोग बड़े कट्टर हैं। इनका असली मज़हब सिर्फ आज़ादी लेना है।

टैरी : ध्यान से। दस मिनट से ज़्यादा वक्त नहीं देना।

थानेदार : जी, हुज़ूर।

(टैरी जाता है। भगत सिंह दाएँ से आता है। माँ, पिता, आज़ाद, आसफ अली बाएँ से)

भगत : अम्मा! तेरा रोना मुलाक़ात का वक़्त ख़राब करता है।

माँ : मेरे शेर, मुझे चैन नहीं पड़ता तेरे बग़ैर। क्या करूँ? बहुतेरा जिगरा करती हूँ। नहीं रहा जाता।

पिता : मैंने बड़ा मना किया, मत चल मेरे साथ।

भगत : दादी राज़ी है?

माँ : रो-रो कर आँखें गँवा लीं।

भगत : बाबा जी?

माँ : बस, खाट पकड़ ली। गुम सुम रहते हैं। किसी-किसी दिन तो पाठ- सन्ध्या भी भूल जाते हैं। गायत्री मंत्र तक का जाप नहीं करते।

भगत : यह तो बेहतर है बल्कि! गायत्री मंत्र बम तो है नहीं जो अंग्रेज़ों को हिन्दोस्तान से भगा देगा।

पिता : तेरी चाचियाँ मुँह देखने को तड़प रही हैं।

माँ : अमरो को मुश्किल से कुलबीर ने रेलगाड़ी से उतारा।

भगत : कुलबीर घर आ गया?

पिता : दस हज़ार की ज़मानत पर।

भगत : बच्चों पर भी फिरंगी कुत्ते जुल्म ढा रहे हैं।

माँ : ज़ालिम का बेड़ा भर कर ही डूबा करता है।

पिता : पुरोहित जी को नहीं पहचाना?

भगत : पुरोहित? **(पहचान कर गले लगाता है)**

आज़ाद : भगत सिंह!

भगत : **(आँसू पोंछकर)** शास्त्री जी, आप बचो। **(थानेदार की तरफ इशारा करके)** जान बूझ कर यह क्यों किया आपने?

आज़ाद : आसफ अली साहिब तो बिल्कुल राज़ी नहीं थे मुझे साथ लाने के लिए। मैंने ज़िद की। मैंने कहा 'भगवद् गीता' भेजी थी मैंने। धर्म के कुछ 'रहस्य' समझा आऊँ। 'नास्तिक' बनते-बनते शायद तुम दोबारा 'आस्तिक' बन जाओ। तुझे 'नरक' से निकाल लें।

भगत : भोले हो, शास्त्री जी, आप! हर किताब को इस करके नहीं पढ़ते कि उसकी शिक्षा स्वीकार करो। बार-बार ध्यान से गीता पढ़के, अब बल्कि मैंने पक्की ठान ली---हिन्दोस्तानियों को गुमराह करने में इस किताब का बड़ा हाथ है। संसार को अपनी

कोशिशों द्वारा बेहतर बनाने की बजाए, हम अगली दुनिया के अन्दर 'मुक्ति' के मज़े मारने में मसरूफ रहे हैं।

आसफ : हवालात में महफूज़ बैठे तुम यह बात कह सकते हो। बाहर आकर कहो। कट्टर ब्राह्मन झट शहर के अन्दर दंगे फसाद करवा देंगे।

भगत : कार्ल मार्क्स सही लिखता है। ये ग्रन्थ, गीता और कुरान, अफीम के गोले हैं। इन्होंने सदियों से ग़रीबों को अन्धविश्वासों में जकड़ रखा है।

माँ : न, मेरा पुत्र! नास्तिक बनना बहुत बुरा है। वाहेगुरु के आगे अरदास कर, सुख बरताए ।

भगत : वकील साहिब, कैसा लगा हमारा लिखित बयान?

आसफ : आप दोनों ने स्टेटमेंट लिखने में तो कमाल कर दिखाया। अपना नुक़ता निगाह ज़ोरदार लफ़्जों में पेश किया है। मगर मुझे लगता है, सेशन जज एक दो फ़िकरों पर ज़रूर एतराज़ करेगा।

भगत : कौन से फ़िकरे?

आसफ : अख़बार तुम्हारा बयान छापना चाहेंगे। तुम लोगों ने बम बनाने के तरीके समझा रखे हैं। सरकार नहीं चाहेगी कि दूसरे नौजवान अख़बार पढ़कर बम बनाने शुरू करें।

भगत : हमारा इरादा आप सही समझ गए। मगर अपने आप हम ये फ़िकरे नहीं काटेंगे।

पिता : हो सकता है, जज तुम्हारा पूरा बयान छपने पर पाबन्दी लगा दे।

आसफ : या सेंसर करके छपने की इजाज़त दे।

आज़ाद : बयान तो पूरे छपने चाहिएँ। यही तो हमारा यत्न है।

भगत : शास्त्री जी, कहाँ खड़े हो आप? भूल गए? वह लिखे जा रहा।

आज़ाद : हाँ, यार। तब तो मैं जो कुछ कहने आया हूँ, वह मुमकिन नहीं। वकील साहिब, गुस्ताख़ी मुआफ। (**पगड़ी में से पिस्तौल निकाल कर**) अब्दुल ख़ान!

थानेदार : पिस्तौल!!!

आज़ाद : ख़बरदार जो मुँह से शब्द निकाला। (**मुँह पर हाथ रखकर**) चन्नन सिंह का पता है न तुझे ? सांडर्ज़ को बचाने भागा था। इसी पिस्तौल की गोली दिल में से आर पार हुई थी। ध्यान से सुन। अगर हमारी एक भी बात अंग्रेज़ के कानों तक पहुँच गई, तेलीबाड़े, हमीद मंज़िल तक, ज़िन्दा नहीं पहुँचोगे। हमने तुम्हारी

पूरी तफ्तीश कर रखी है।

आसफ : आज़ाद साहिब, यह क्या किया आपने? अगर मुझे ख़बर होती, आप छुपाकर पिस्तौल ला रहे हैं···

भगत : अली साहिब, आप फिक्र मत करो। आप पर कोई इलज़ाम नहीं आएगा।

आज़ाद : चल। दीवार की तरफ मुँह करके खड़ा हो जा। अगर कान इध ार को किया, ठाँय गोली कनपटी के अन्दर!

भगत : आसफ अली जी, हमारे बयानों की एक कापी किसी अख़बार के नुमाइन्दे तक पहुँचा सकते हैं?··· जो सरकारी पाबन्दी लगने से पहले पूरी स्टेटमेंट छाप दे?

आसफ : मैं पक्की कोशिश करूँगा। पायोनियर का कॉरसपॉडंट मेरा दोस्त है। जोशीला देशभक्त है।

भगत : शुक्रिया।

आसफ : हमारी भी मानो एक।

भगत : क्या?

आसफ : जुर्म का इक़बाल न करो।

पिता : केस लड़ेंगे तो ज़्यादा से ज़्यादा उम्र क़ैद होगी।

माँ : बेटा, बिन-आई मौत न मर। मुकद्दमा लड़ अच्छी तरह।

आज़ाद : हम कई हफ्ते बहस करते रहे। इन दोनों को हमने बचा लेना था। कार का इन्तज़ाम भी हो गया था। हमने असंबली के बाहर कार लेकर खड़े होना था। दोनों को भगा ले जाते।—ओए, थूथनी दीवार की तरफ! वरना मैं लगा हूँ घोड़ा दबाने।

पिता : बेटा, ज़िद मत करो। केस लड़ो।

आसफ : अगर तुम जुर्म का इक़बाल न करो, मैं यक़ीन दिलाता हूँ, सिर्फ एक दो साल क़ैद होगी।

आज़ाद : भगत, तुम्हारी जानें बहुत कीमती हैं। अब मैं तेरी नहीं मानूँगा। तैयारी भी पूरी कर ली।

भगत : कैसी तैयारी?

आज़ाद : ए. डी. एम. तो जेल के अन्दर बैठा था। पर सेशन जज कश्मीरी गेट कचहरी में बैठेगा। दिल्ली गेट से जब पुलिस तुम्हें दरियागंज ले जाएगी, हम धुएँ वाले बम गिराएँगे। तुम्हें दौड़ा ले जाएँगे।

पिता : जमना की तरफ। जंगल में।

आज़ाद : नहीं, जी। पहले शहर के अन्दर। गलियों में से। बेड़ियाँ कटवा कर, दो तीन दिन के बाद, भेस बदल कर, दिल्ली से निकलेंगे।

जैसे सांडर्ज़ के कत्ल के बाद लाहौर से निकले थे।

भगत : सॉरी ! शास्त्री जी, यह बिल्कुल नहीं करना हमें। एक बार जो फैसला ऐग्ज़ैक्टिव ले चुकी, वह आप अकेले नहीं बदल सकते।

आज़ाद : एग्ज़ैक्टिव मेरे साथ है।

भगत : मगर दत्त और मैं ऐग्ज़ैक्टिव के साथ नहीं। हम दोनों फाँसी चढ़ेंगे लेकिन हमारा क्रान्ति का दर्शन पूरे हिन्दोस्तान के अन्दर समाचार पत्रों द्वारा फैल जाएगा। हज़ारों भगत सिंह और बी. के. दत्त पैदा करेगा। बलिदान के बगैर, धमाके के बगैर, सोए हुए मुल्क को नहीं जगाया जा सकता। हम दोनों डटकर कचहरी के अन्दर इनक़लाब का प्रचार करेंगे।

आज़ाद : अम्मी, आपका बेटा बहुत ज़िद्दी है। आपने इसे बचपन में बिगाड़ा लगता है।

माँ : मैं क्यों बिगाड़ूँगी? बिगाड़ा है इसके बाप ने। या चाचाओं ने। मुकद्दमों से, जेलों से, नित्य का वास्ता। बिगड़ना तो खुद ही हुआ।

आज़ाद : थूथनी दीवार की तरफ!

थानेदार : जनाब वक़्त ऊपर हो चुका।

पिता : अच्छा, बेटा। तुम्हारी मरज़ी।

आसफ : मुवक्किल तो बहुत देखे मगर तुम्हारे जैसे नहीं।

पिता : जुर्म का इक़बाल मत करो।

माँ : दादी तेरी कहने लगी : गरमियों में, दिल्ली तक, अपने भाग्यवान् को सरसों का साग और मक्की की रोटी तो भेज नहीं सकती। बुस जाएँगे।—सत्तू भेजे हैं। मग्ज़ बादाम डालकर। और पिन्नियाँ भी।

भगत : रसगुल्ले लाए हो दत्त के लिए?

पिता : कल कचहरी में पकड़ाएँगे।

आज़ाद : भगत, हठ न कर। मुझे छुड़ाने की कोशिश कर लेने दे।

भगत : बिल्कुल नहीं। भाई जान, इस ढिठाई के लिए मैं शर्मिन्दा हूँ। लेकिन कायरों की तरह भाग कर नहीं जाऊँगा।

माँ : पकड़ कनस्तर।

भगत : आधी पिन्नियाँ अलग कनस्तर में दत्त को पहुँचाओ।

आज़ाद : अब्दुल ख़ान, हम-वतनों के साथ ग़द्दारी मत करना। हम मुल्क के वास्ते जानें कुरबान कर रहे हैं। तू दो टुकड़ों के लिए फिरंगी की चाकरी बजा रहा है। याद रखना, ज़िन्दा घर नहीं पहुँचेगा।

थानेदार : ख़ुदा क़सम, आज़ाद साहिब, आपका कोई भेद नहीं खोलूँगा।

भगत : कह, जय हिन्द!

सारे : जय हिन्द!

(अँधेरा)

गवैये : रंग बरसा था हलदी घाटी
हुए बसंती पत्थर माटी
बुंदेला, हर बोला · माँ रंग दे बसन्ती चोला।
इसी रंग शिवाजी रंगा
मरहट्टों का टोला · माँ रंग दे बसन्ती चोला।
इसी रंग था गोबिन्द रंगा
बबर अकाली टोला · माँ रंग दे बसन्ती चोला।

(मध्यान्तर)

दृश्य-7

गवैये : पगड़ी सम्भाल, जट्टा, पगड़ी सँभाल ओए।
ज़ालिमों ने, जाबरों ने, लूट लिया माल ओए।
भूख मारे, दुःख मारे, रोएं तेरे बाल ओए।
मिट्टी संग मिट्टी होवें, मन्दा क्यों हाल ओए।
पगड़ी सँभाल जट्टा···

(सैशन जज की कचहरी, दिल्ली, जून, 1929)

टैरी : मी लॉर्ड, मैंने ख़ुद मुलज़िमों को बम फैंकटे देखा था।

भगत : झूठ! कोरा झूठ!

आसफ : जनाब, मैं ख़ुद गैलरी में था। मिस्टर टैरी दोनों बम फटने के पाँच मिनट बाद दाख़िल हुए। तब तक नीचे हाल ख़ाली हो चुका था। पिस्तौल की दो गोलियाँ भगत सिंह ने छत की तरफ चलाईं। कई देर दोनों नारे लगाते रहे।

भगत-दत्त : सामराज · मुर्दाबाद!—इनक़लाब · ज़िन्दाबाद!

आसफ : तब कहीं जाकर डरते-डरते टैरी साहिब अन्दर घुसे।

भगत : टैरी ख़ौफ से काँप रहा था।

दत्त : इसकी निकर गीली हो चुकी थी।

भगत : हमने हाथ ऊपर उठाकर, इसे और जॉनसन को तसल्ली दी—

दत्त : घबराओ नहीं। हम किसी बन्दे की जान नहीं लेना चाहते।

भगत : हम कुल दुनिया को बताएँगे, बम हमने फैंके थे।

आसफ : टैरी जैसे झूठे अफसरों की गवाही पर किसी शरीफ आदमी को सज़ा नहीं होनी चाहिए।

टैरी : सर, हम कसम खाटा, हमने कोर्ट को पूरा सच बटाया।

दत्त : चुप कर, ओए, ड्रामेबाज़।

भगत : जब हम अपने आप गिरफ्तार हो गए, तुम्हें झूठ बोलने की क्या ज़रूरत है?

आसफ : माई लार्ड, मिस्टर टैरी की पूरी शहादत झूठ का पुलन्दा है। अलिफ से ये तक रद्द करनी चाहिए।

स. वकील : थैंक यू, मिस्टर टैरी। कम ऑन, मिस्टर जॉनसन।

जॉनसन : **(बाइबल पर हाथ रखकर)** आई स्वेयर बाइ माई गॉड दैट आई विल स्पीक दि ट्रुथ, दि होल ट्रुथ एंड नथिंग बट दि ट्रुथ।

स. वकील : मिस्टर जॉनसन, जब मुलज़िमों ने बम फेंके, तब आप कहाँ थे?

जॉनसन : गैलरी में।

स. वकील : क्या आपकी वहाँ ड्यूटी लगी थी?

जॉनसन : हाँ, जनाब। गैलरी विज़िटर्ज़ से भरी थी। कंटरोवर्शल बिल असंबली के सामने था। हिन्दोस्तानी मेम्बर्ज़ की मेजॉरिटी बिल को रिजेक्ट कर चुकी थी। फिर भी, वायसराय अपनी स्पेश्यल पावर्ज़ का इस्तेमाल करके, बिल 'पास हो चुका' डिक्लेयर करने वाले थे। शोर शराबा हो सकता था। इसलिए मैं गैलरी पर ख़ुद नज़र रखना चाहता था।

आसफ : क्या आप हमेशा अपनी ड्यूटी गैलरी में लगाते हो?

जॉनसन : नहीं। वो दिन ख़ास था। सर जॉन साइमन स्पेशल विज़िटर्ज़ के बॉक्स में बैठे थे। क्योंकि साइमन कमीशन के ख़िलाफ पूरे हिन्दोस्तान में मुज़ाहिरे हो चुके थे, इनक़लाबियों ने बम गिराने की कोशिशें की थीं, मैंने ज़रूरी समझा अपनी ड्यूटी गैलरी में लगाऊँ।

दत्त : टैरी भी तेरे साथ था वहाँ?

जॉनसन : नो⋯आइ मीन, यैस्स⋯यैस्स।

भगत : तुम दोनों हमारे पास खड़े थे?

जॉनसन : हाँ।

आसफ : तब आपने इन्हें रोका क्यों नहीं?

भगत : बम गिराने से पहले क्यों नहीं पकड़ा?

जॉनसन : पहला बम इतना सडन था, मेरा ध्यान नहीं गया। फिर एकदम हाल में इतना धुआँ हो गया। दूसरा बम गिराते हुए मैं इनको देख नहीं सका। ज्यों ही धुआँ कम हुआ, मैंने भगत सिंह के हाथों से भरा हुआ पिस्तौल छीन लिया। जो दो गोली के बाद जैम हो गया था।

भगत : जा ओए गप्पी। पिस्तौल तो तुझे मैंने आप पकड़ाया, ख़ाली। दो गोलियाँ छत की तरफ दागने के बाद।

दत्त : हमारी तरफ आते वक्त, तू डर से काँप रहा था कि नहीं?

जॉनसन : बिल्कुल नहीं। मी लॉर्ड, मैंने मुलज़िम बी. के. दत्त को क़ाबू किया। सार्जंट टैरी ने भगत सिंह को पकड़ा।

जज : क्या तुम बम गिरते वक्त, पिस्टल चलते वक्त, मुलज़िमों के साथ गैलरी के अन्दर थे?

जॉनसन : यैस्स, यूअर ऑनर। मैंने अपनी आंखों से देखा मुलज़िमों को जुर्म करते हुए।

स. वकील : क्या मुलज़िमों ने हिज़ मैजस्टीज़ गवर्नमेंट के ख़िलाफ जंग छेड़ने का एलान किया?

जॉनसन : हाँ, जनाब। इन्होंने 'डाउन विद यूनियन जैक' और 'डैथ टु ब्रिटिश कोलोनियलिज़्म' के नारे लगाए।

स. वकील : क्या इन्होंने ये सैडिश्यस लाल पर्चे हाल के अन्दर बिखेरे?

जॉनसन : यैस्स। इन पेपर्ज़ की बूछाड़ की। मैंने आँखों से देखा।

आसफ : मैं भी गैलरी के अन्दर था। मिस्टर जॉनसन, आप टैरी के बाद दाख़िल हुए। पहला बम फटने के दस मिनट बाद।

दत्त : तेरी टाँगें और बाँहें डर से झूले झूल रही थीं।

भगत : हम ख़ुद ख़ुशी-ख़ुशी, पूरा सच बता रहे हैं। फिर क्यों तू झूठ का पहाड़ खड़ा कर रहा है?

स. वकील : थैंक यू, मिस्टर जॉनसन।

(जॉनसन जाता है)

आसफ : मी लॉर्ड, जॉनसन भी टैरी की तरह, सरकारी मुलाज़िम है। इसका सच से कोई वास्ता नहीं। इन्साफ और इन्सानियत से दूर का रिश्ता नहीं। मेरी इल्तिजा है—सब सरकारी गवाहों की शहादत पूरी की पूरी रद्द की जाए।

जज : मुलज़िम सफाई पेश करें। पहले भगत सिंह।

भगत : जनाब, दत्त ने और मैंने इकट्ठी स्टेटमेंट तैयार की है। हम दोनों इकट्ठे हर सवाल का जवाब देंगे।

आसफ : मुंशी जी, कापियाँ दो।

आज़ाद : **(जज को)** यह लीजिए। **(सरकारी वकील को)** यह आपकी कापी।

पिता : अली साहिब, कुछ नकलें समाचार पत्रों के लिए बनवाई थीं। लाइए मैं संवाददाताओं में बाँट दूँ।

आसफ : दीजिए, मुंशी जी।

स. वकील : मी लॉर्ड, जब तक बयान कचहरी के अन्दर पेश नहीं हो जाते, प्रेस को छापने से मना किया जाए।

आज़ाद : बयान पेश हो चुके।

पिता : कापियाँ बाँटी जा चुकीं।

स. वकील : स्टेटमेंट के अन्दर ख़तरनाक वाक्य हो सकते हैं, जिनसे मुल्क में शान्ति भंग हो सकती है।

जज : लिखित बयान कोर्ट में दर्ज हो चुके हैं। पब्लिक परॉसिक्यूटर, सवाल पूछो।

स. वकील : क्या तुमने असंबली के अन्दर बम फेंके?

भगत : ज़रूर।

दत्त : एक भगत सिंह ने, एक मैंने।

स. वकील : क्या तुम लोडिड पिस्टल लेकर हाल में गए?

दोनों : हाँ, जनाब।

स. वकील : गोलियाँ चलाईं?

भगत : सिर्फ दो।

स. वकील : किसी विशेष व्यक्ति को निशाना बनाया?

दत्त : नहीं।

भगत : गोलियाँ छत की तरफ दागीं।

जज : क्यों?

भगत : हम मनुष्य जीवन को पवित्र समझते हैं।

दत्त : ख़ामख़ा किसी बन्दे का ख़ून करना नहीं चाहते थे।

जज : अगर छुपाकर पिस्टल अन्दर ले गए, इंटेनश्न ज़रूर किसी को क़त्ल करने की होगी?

भगत : बिल्कुल नहीं, जनाब।

दत्त : हमें किसी एक व्यक्ति से नफरत नहीं।

भगत : न बदला लेने का इरादा।

स. वकील : तुम्हारे बम थे या खिलौने?

भगत : जी, जनाब। बहरे कानों के अन्दर आवाज़ पहुँचाने के वास्ते बड़ा धमाका करना पड़ता है।

दत्त : हम सोए हुए अंग्रेज़ सामराजियों को जगाना चाहते थे।

भगत : फ्रांसीसी क्रान्तिकारी वेलां की तरह।

दत्त : इनक़लाब का तूफान उठ रहा है। फ़िरंगियो, सावधान हो जाओ।

जज : इन्क़लाब से क्या मतलब है तुम्हारा?

भगत : वर्तमान सामाजिक और राजनीतिक ढाँचे में जड़ से परिवर्तन।

दत्त : पूँजीवाद का अन्त।

भगत : पूँजीपति विलायती हो अथवा हिन्दोस्तानी।

दत्त : गांधी के पालतू बिड़ले और टाटे भी हमारे उतने ही दुश्मन हैं

जितने फिरंगी।

भगत : हम मार्क्सिस्ट-लैनिनिस्ट रेवोल्यूशन के सिपाही हैं।

दत्त : मज़दूरों का राज।

भगत : श्रमिकों, किसानों के हाथ में शक्ति।

दत्त : मीन्ज़ ऑफ प्रोडक्शन पर कामगारों की प्रभुसत्ता।

भगत : डिकटेटरशिप आफ दि प्रोलेटेरियट।

जज : डिकटेटरशिप? यानि तुम लोग डेमोकरेसी के दुश्मन हो?

भगत : जनाब, आप शोषक वर्ग के व्यक्ति हैं। जनता की डिक्टेटरशिप का अर्थ नहीं समझते।

दत्त : 'सोशलिस्ट रिपब्लिक' है हमारा मन्तव्य।

भगत : हम गांधी जैसे बुद्धू नहीं।

दत्त : सिर्फ धनाढ्य श्रेणी के वास्ते स्वतन्त्रता प्राप्त नहीं करना चाहते।

भगत : फर्ज़ करो, आज, बिड़ला और टाटा की मदद से, गांधी हिन्दोस्तान आज़ाद करा ले। क्या फर्क पड़ेगा?

दत्त : कुछ भी नहीं।

भगत : अगर लॉर्ड इरविन की कुर्सी पर सर पुरुषोत्तम दास ठाकुरदास बैठ जाए, ग़रीबों के वास्ते कुछ नहीं बदलेगा।

दत्त : बिड़ला और टाटा के टट्टू राज करेंगे।

भगत : पूँजीवाद का पूरा ढाँचा बदलना लाज़मी है।

दत्त : किसान अनाज उगाता है। ख़ुद उसके बच्चे दाने-दाने को तरसते हैं।

भगत : राज मिस्त्री, बढ़ई, लोहार, अमीरों के महल खड़े करते हैं। आप झुग्गी झोंपड़ी में बसते हैं।

दत्त : समाज की पूरी बनावट बदलो।

भगत : यह है हमारा इनक़लाब : कोई मनुष्य दूसरे मनुष्य का शोषण न करे।

दत्त : कोई मुल्क दूसरे मुल्क का ख़ून न चूसे।

भगत : सब बराबर। कुल दुनिया प्यार से बसे।

दत्त : अमन अमान से बसे।

जज : तुम्हारा बेहतर दुनिया का ख़्वाब बुरा नहीं। लेकिन क्या इस यूटोपिया के लिए बम चलाने ज़रूरी हैं? इन्नोसेंट लोगों की जानें लेना लाज़मी है?

भगत : जनाब, हम अमन पसन्द क्रान्तिकारी हैं। मनुष्यों की जानों को पवित्र समझते हैं।

स. वकील : ख़ूब! पूरी असंबली को एक ही झटके से क़त्ल करने की साज़िश ज़रूर इन्सानी ज़िन्दगी को पवित्र समझती है।—लाहौर के ट्रिब्यून ने सही लिखा है : "इतने घातक बम गिराने वाले ज़रूर पागल हैं।"

भगत : ट्रिब्यून ने ग़लत लिखा है। हम पागल नहीं।

दत्त : अगर हम पागल हैं, हमें पागलख़ाने में बन्द करो। कचहरी के अन्दर क्यों घसीट रहे हो ?

भगत : हमने बम सोच समझकर बनाए थे। पोटाशियम और पिकरेट बरते—ताकि सिर्फ ऊँची आवाज़ और धुआँ हो।

दत्त : अगर हम बन्दे क़त्ल करना चाहते, साथ में लोहे के छर्रे और गन्धक मिलाते।

स. वकील : मी लॉर्ड ! इनके बयानों का यह हिस्सा ख़ारिज किया जाए। प्रेस को हुक्म दीजिए, ये वाक्य न छापे जाएँ। वरना मुल्क के बाग़ी नौजवान बम बनाने का फार्मूला सीख कर, जगह-जगह, बम चलाने शुरू कर देंगे।

जज : यह फार्मूला रिकार्ड से ख़ारिज किया जाए। अख़बारों में शाया न हो।

भगत : जनाब, हमने ध्यान से जाँच कर ख़ाली जगह बम फेंके।

दत्त : सिर्फ तीन-चार लोगों को मामूली रगड़ लगी।

भगत : दो फुट पर खड़े शुस्टर को सिर्फ खरोंच आई।

दत्त : मारना होता तो हम मुल्क के जानी दुश्मन जॉन साइमन पर बम गिराते।

भगत : लाला लाजपत राय जी के क़ातिल को क़त्ल करना ज़रूर हमारी पहली कोशिश होती।

दत्त : लेकिन हम सिर्फ सामराजियों को चेतावनी देना चाहते थे।

भगत : हमारे बुजुर्ग—मोतीलाल नेहरू जी, मालवीया जी, पटेल जी, जिन्नाह साहिब—सदन के अन्दर थे। उनकी जानें हम ख़तरे में क्यों डालते?

जज : तुम्हारी इन्टेन्शन कुछ भी हो। वाओलंस का इस्तेमाल जायज़ नहीं। एक सभ्य देश में हिंसा नहीं होनी चाहिए।

भगत : वी बैग्ग टु डिफर, मी लॉर्ड।

दत्त : नेक कार्यों के लिए शक्ति का प्रयोग नेक होता है।

भगत : गुरु गोविन्द सिंह ने, शिवाजी ने, आज़ादी जीतने के वास्ते, शक्ति बरती।

दत्त : कमालपाशा और रज़ाख़ान—

भगत : वाशिंगटन और गेरीबालडी—

दत्त : लाफियत और लैनिन—

भगत : सब ताक़त का इस्तेमाल करके इनक़लाब लाए।

दत्त : ताक़त का बरतना इरादे से देखो।

भगत : आटे में संखिया मिलाना बुरा नहीं बशर्ते कि इरादा चूहे मारने का हो।

दत्त : नतीजे से जाँचो।

भगत : नतीजा सही हो तो ताक़त का बरतना जायज़ है।

दत्त : श्री सी. आर. दास ने अपने पुत्र को सही लिखा था—

भगत : सोए हुए फिरंगी को जगाने के वास्ते बमों की ज़रूरत है।

दत्त : बहरों के कान खोलने के वास्ते धमाकों की ज़रूरत है।

भगत : रूसी लोगों ने क्रान्ति बन्दूकों से पाई।

दत्त : आयरलैंड ने आज़ादी ताक़त से जीती।

भगत : फ्रांस की वैसटिल जेल रेवोल्यूशन नहीं रोक सकी।

दत्त : साइबेरिया की काल कोठरियाँ कम्यूनिस्टों को नहीं कुचल सकीं।

भगत : हम कोलोनियल ऐक्सपलॉयटर्ज़ को भगा देंगे।

दत्त : हिन्दोस्तान के अन्दर समाजवाद फैला देंगे।

भगत : इनक़लाब हर क़ौम का बुनियादी हक़ है।

दत्त : स्वतन्त्रता हर व्यक्ति का न छीना जाने वाला अधिकार है।

भगत : जब तक दुनिया का हर श्रमिक, हर किसान, अत्याचारियों से मुक्त नहीं हो जाता, हम अपना संघर्ष जारी रखेंगे।

दत्त : कामगार ही समाज का असली आधार है। हकूमत का असली हक़दार है।

भगत : क्रान्ति की बलिवेदी पर हम अपनी जानें कुरबान करने आए हैं।

दत्त : इस महान कार्य के लिए कोई भी बलिदान ज़्यादा नहीं।

भगत : हमने यह 'जुर्म' किया। जानबूझ कर बम गिराए। हमें जो मरज़ी सज़ा दो।

दत्त : उम्र कैद दो।

भगत : फाँसी पर लटका दो।

दोनों : हम ख़ुश हैं। सन्तुष्ट हैं। क्रान्ति की प्रतीक्षा में हैं। इनक़लाब! ज़िन्दाबाद!

(वक्फा)

जज : मुलज़िमों के इक़बालिया बयानों से ज़ाहिर है : ये लोग अंग्रेज़ी

सरकार के ख़िलाफ जंग छेड़े हुए हैं। ये मुल्क के, समाज के, दुश्मन हैं। ख़तरनाक क़ातिल हैं। आई. पी. सी. की दफा 307 के मुताबिक, ऐक्सपलोसिव्ज़ एक्ट के आर्टिकल तीन के मुताबिक, भगत सिंह और बी. के. दत्त को उम्र क़ैद बा-मुशक़्क़त दी जाती है। **(हस्ताक्षर करके जाता है)**

दोनों : **(गाते हुए)** देखना है, ज़ोर कितना, बाजुए क़ातिल में है।

स. वकील : सिर्फ उम्र क़ैद ? फाँसी होनी चाहिए थी।

आसफ : बाइज़्ज़त बरी करना चाहिए था।

स. वकील : नैवर माइंड। हाई कोर्ट बाकी है अभी। वहाँ से ज़रूर फाँसी दिलवाऊँगा।

आसफ : फाँसी? पटाख़े चलाने पर?

स. वकील : दोनों को सूली पर चढ़ाकर दम लूँगा।

भगत-दत्त : शहीदाने वतन!

कई : अमर रहें!!!

(अँधेरा)

दृश्य-8

गवैये : सुख की नींद जो सोना चाहो,
बस मत पड़ो अमीरों के।
बंधुआजन के हलवे से,
टुकड़े भले फकीरों के।
बीच गुलामी, हो बदनामी,
सूखें लहू शरीरों के।
सीने हाथ, झुकी हुई गर्दन,
बुत खड़े तस्वीरों के।
सुख की नींद जो सोना चाहो,
बस मत पड़ो अमीरों के।

(दिल्ली, जेल)

आज़ाद : अब्दुल ख़ान, ख़ैरियत है?

थानेदार : आज़ाद साहिब? ख़ुदा का शुक्र है।

पिता : **(दस रुपये देकर)** थानेदार जी, ज़रा ख़्याल रखना। कोई दूसरा हमारी बातचीत न सुने।

थानेदार : **(रुपये लौटाकर)** शर्मिन्दा करते हो, सरदार किशन सिंह जी। क़सम ख़ुदा की। बाल बच्चेदार आदमी हूँ। अंग्रेज़ की चाकरी मजबूरी है। वरना जो कुरबानी आपके कुनबे ने मादरे वतन के वास्ते दी है, और कोई नहीं दे सकता।

भगत : ख़ान साहिब मेरी हर सहूलियत का ध्यान रखते हैं।

थानेदार : सरदार भगत सिंह, तेरी ज़िन्दगी नहीं जी सकता कोई माई का लाल। हम कीड़े पतंगे, आज जनमे, कल मर जाएँगे। तू सदा ज़िन्दा रहेगा। **(आँसू पोंछकर)** मैं दरवाज़े पर खड़ा होता हूँ।

आज़ाद : शुक्रिया, मेरे वीर। एक थोड़ा सा काम और है तेरे हिस्से का।

थानेदार : हुक्म करो, आज़ाद साहिब।

आसफ : आज़ाद नहीं। मेरा मुंशी, गुल मुहम्मद।

पिता : जो नित्य नए गुल खिलाता है।

भगत : हमारा बहुरूपिया पंडित।

आज़ाद : हाई कोर्ट में अपील मंजूर हो गई। जिस गाड़ी में भगत सिंह और दत्त को लाहौर ले जाएँगे, तुम उसका वक्त और हवाला पता रखना।

भगत : वो किस लिए?

आज़ाद : ठहर, यार। अभी बताएँगे।

थानेदार : अच्छा, जी। कहाँ बताने आऊँ?

आज़ाद : हम ख़ुद तेरे पास पहुँच जाएँगे। हमारा बन्दा तुम्हें ख़ुद-ब-ख़ुद ढूँढ़ लेगा।

थानेदार : बहुत अच्छा। **(जाता है)**

आसफ : भगत सिंह, तुझे क्रान्तिकारी नहीं। वकील होना चाहिए था।

भगत : क्यों, आसफ अली जी ?

आसफ : जिस शहर के अन्दर तुम वकालत करते, वहाँ किसी दूसरे वकील को रोटी न मिलती। हर सरकारी दलील का तीखा जवाब दिया। कमाल का दिमाग है तेरा!

पिता : दिमाग तो तीखा, मगर चले उलटा।

भगत : भाइया जी, हर पिता अपने पुत्र के बारे में यही कहता है।

पिता : अगर तू सेशन की कचहरी में जुर्म का इक़बाल न करता, उम्र क़ैद न होती।

आसफ : चलो, वो तो हो चुका जो होना था।

आज़ाद : मानना पड़ेगा कि, क्रान्तिकारी विचारों का प्रचार इतना अच्छा दूसरे किसी तरीके से नहीं हो सकता था।

आसफ : अगर तुम्हारी बम गिराने की स्कीम सिर्फ प्रॉपेगंडे का माध्यम था, तो सचमुच तुम्हारा तीर निशाने पर लगा।

पिता : हाँ। लेकिन प्रॉपेगंडा काफी हो चुका।

आज़ाद : और अब ज़िन्दगी बचाने की ज़रूरत है।

पिता : अंग्रेज़ की जेलों के अन्दर सड़ना न मुल्क के वास्ते अच्छा है, न भगत सिंह, तेरे वास्ते। न बी. के. दत्त के वास्ते।

आज़ाद : अब तो तुम्हें हमारी सलाह माननी पड़ेगी।

भगत : कौन सा नया नाटक खेलने लगे हो?

आसफ : तेरे चचा अजीत सिंह वाला।

भगत : मुल्क से बाहर भागना?

पिता : बिल्कुल।

भगत : यह नहीं हो सकता।

आज़ाद : हो क्यों नहीं सकता? अम्बाला गाड़ी पहुँचने से पहले, हम घग्गर के पुल पर रोकेंगे। दरख़्त काटकर लाइन पर गिराएँगे। ज़रूरत पड़ी तो पटड़ी बमों से उड़ा देंगे। तुम दोनों तैयार रहना।

पिता : जैसलमेर, बाड़मेर होते हुए, कराची। कराची से ईरान और फिर अरजनटाईना।

भगत : नहीं। मैं यह नहीं मान सकता। विदेशों में टक्करें क्यों मारें?

पिता : टक्करें मारने की ज़रूरत नहीं। यह तेरे चाचे अजीत सिंह का हुक्म है।

भगत : चाचा जी ज़िन्दा हैं? कहाँ हैं?

पिता : अजीत अरजनटाईना में है। लाला हरदयाल को न्यूयॉर्क में मिला था। हरदयाल ने चिट्ठी डाली लाल चंद फलक को। अजीत सिंह राज़ी ख़ुशी है। उसने सख़्त ताकीद की है : काला पानी की काल कोठरियों के अन्दर ज़िन्दगी गलाने से कहीं बेहतर है, भगत और दत्त, भेष बदलकर, मुल्क से बाहर आ जाएँ। उन क्रान्तिकारी जत्थों में मिल जाएँ जो विदेशों में बैठे बरतानिया के ख़िलाफ जंग लड़ रहे हैं। अमरीका और फ्रांस और रूस में सरगरम क्रान्तिकारी टोलियों की अगुआई करें।

आज़ाद : तुम दोनों का बचकर निकलना ज़रूरी है। हमने पूरी योजना भली भाँति गढ़ ली।

भगत : भाई जान, मेहरबानी आपकी।—नहीं, पिता जी। मैं मुल्क छोड़कर नहीं जाऊँगा। सेशन की कचहरी के अन्दर का प्रचार काफी नहीं। हाई कोर्ट के अन्दर भी हम यह लफ़्ज़ी हमला जारी रखेंगे। अली साहिब, इन मुद्दों पर मैं ख़ुद बहस करना चाहूँगा। आप जहाँ मुझे ढीला देखें, मदद करें। लेकिन मैं अपनी पहले सोची स्ट्रैटिजी के मुताबिक जंग जारी रखूँगा।

आज़ाद : बेवकूफ, तू सांडर्ज़ का क़त्ल भूल गया?

पिता : अव्वल तो हाई कोर्ट इसी केस में उम्र क़ैद से बढ़ाकर, फाँसी कर देगी। नहीं तो सांडर्ज़ केस में ज़रूर सबको सूली का हुक्म होगा।

भगत : पिताजी, इनक़लाब कभी एक जगह नहीं खड़ा होता। पीढ़ी दर पीढ़ी, इनक़लाब नई दिशाओं की तरफ बढ़ता है।—बाबा जी

ने वहम-भ्रम भरे सनातन हिन्दू धर्म का त्याग किया। सिख धर्म को छोड़ा। क्रान्तिकारी आर्य समाज को अपनाया। अंग्रेज़ के पिट्ठू नहीं बने—जैसे उनका भाई सुरजन सिंह पिट्ठू बन गया। भतीजा दिलबाग सिंह जूता-चाट चाकर बन गया। आपने जेलें काटीं। किसानों को, मज़दूरों को, फिरंगी के ख़िलाफ भड़काया। चाचा अजीत सिंह ने जाटों को पगड़ी सँभालने के वास्ते ललकारा। लाला लाजपत राय ने अंग्रेज़ों के अत्याचार का विरोध करते हुए जान बलिदान कर दी। चाचा जी ने हिन्दोस्तान के बाहर भाग कर भी, स्वतंत्रता संग्राम जारी रखा। धन्य है आपकी पीढ़ी।—लेकिन हम अगली पीढ़ी हैं। पिछली पीढ़ी जो हथियार आज़मा चुकी, वो हमारे काम के नहीं। हम मार्क्सिस्ट-लैनिनिस्ट इनक़लाब लाएँगे। वीर वेलां के तरीक़े को आख़िर तक अपनाएँगे। मुआफ करना, पंडित जी। दत्त और मैं अब फाँसी के रस्से तक क्रान्ति का प्रचार करेंगे।

पिता : अड़ी मत कर, ओए। हमें तुम्हारी जानें बचाने की कोशिश कर लेने दे।

आज़ाद : मान जा, भगत सिंह।

आसफ : ज़िद न करो, सरदार साहिब।

पिता : अड़ियल टट्टू, कह दे 'हाँ'।

भगत : नहीं, भाइया जी। इनक़लाब आने तक, मेरी "न, न, न।"

पिता : या रब, अगर कहीं तू ज़िन्दा जागता है, इस जैसा इनक़लाबी बेटा किसी और बाप को मत देना!!

(अँधेरा)

दृश्य-9

गवैये : ऐ शहीदे मुल्को मिल्लत, मैं तेरे ऊपर निसार।
अब तेरी हिम्मत की चरचा, ग़ैर की महफिल में है।।
सर फ़रोशी की तमन्ना अब हमारे दिल में है।
देखना है ज़ोर कितना बाजुए क़ातिल में है।।

(हाई कोर्ट, लाहौर 7 जनवरी, 1930)

आसफ : मी लॉर्ड्ज़, दो दिन की बहस ख़त्म करते हुए, मुझे सिर्फ एक इल्तिजा करनी है। मेरे नौजवान मुवक्किल न क़ातिल हैं न टैरोरिस्ट। दोनों नेक चाल चलन वाले, ऊँचे आदर्शों वाले, सूरमें हैं। देश भक्त हैं। जेलों के अन्दर के अत्याचार के विरुद्ध जो महाभारत इन गबरुओं ने लड़ा है, कुल दुनिया देखकर दंग है। भगत सिंह और बटुकेश्वर दत्त ने इक्यासी दिन भूख हड़ताल रखी। इनके साथी महान शूरवीर जितेन्द्र नाथ दास ने चौसठ दिन की भूख हड़ताल के बाद शहीदी प्राप्त की। आप सब जानते हैं कैसे—जतिन दास की लाश को लाहौर से कलकत्ता तक रेलगाड़ी में ले जाया गया। हर स्टेशन पर लाखों हिन्दोस्तानियों ने शहीदे आज़म को श्रद्धा के फूल चढ़ाए। कलकत्ता में, छः लाख लोगों का हजूम जतिन दास की अन्तिम यात्रा में शामिल हुआ।— सामराजियो, सम्भल जाओ। इन जाँबाज़ नौजवानों का मुद्दा समझो। आज़ादी की यह ज्वाला अब फिरंगी की फूंकों से नहीं बुझेगी। भगत सिंह और बी. के. दत्त को बाइज़्ज़त रिहा करो। महापुरुषों को मुजरिम मत समझो। वतन की आज़ादी के लिए, ब्रिटिश सरकार को चौकन्ना करने के वास्ते, इन्होंने पटाख़े छोड़े। और इस मासूम हरकत के लिए दस महीने जेल काट चुके हैं। 'लर्निड' सेशन जज ने झूठे गवाहों के बताए मनगढ़न्त 'फैक्ट्स'

के आधार पर, दोनों को उम्र क़ैद सुनाई। यह सरासर बेइन्साफी है। मेरी दरख़ास्त है : ब्रिटिश इन्साफ की रवायत को कायम रखते हुए, सरदार भगत सिंह और बी. के. दत्त को साफ बरी किया जाए।

भगत : मी लॉर्ड्ज़, हमारे विद्वान वकील ने अपने दृष्टिकोण से आपके सामने कई नुक़्ते रखे हैं। हम दोनों के नज़रिए से अभी भी कुछ प्वाइंट्स रह गए हैं। हमने लिखित ज्वाइंट स्टेटमेंट भी कोर्ट के आगे पेश की है। अगर इजाज़त हो तो हम संक्षेप में आपके सामने कुछ मुद्दे रखें।

दत्त : हम अदालत का बहुत थोड़ा वक़्त लेंगे।

फोर्ड : इजाज़त है।

ऐडीसन : दोनों बारी-बारी बोलोगे?

दत्त : भगत सिंह मेन प्वाइंट्स रखेगा। जहाँ मुझे लगा, वह कुछ छोड़ गया है, मैं ऐड कर दूँगा।

ऐडीसन : ऑल राइट। भगट सिंह, शुरू करो।

भगत : क्षमा करना, जज साहिबान। हम न तो वकील हैं, न ज़्यादा पढ़े-लिखे। भाषा में ग़लतियाँ हो सकती हैं। ग्रैमर मत देखिएगा।

दत्त : हमारा सही अर्थ समझने का कष्ट उठाइएगा।

भगत : इस मुक़द्दमे का सबसे महत्त्वपूर्ण मुद्दा है : बम फेंकने के पीछे हमारी नीयत क्या थी ? इन्टैनशन क्या थी?—यह पेचीदा मुआमला है। हमारी नीयत को समझे बग़ैर, हमारे अपराध का सही अर्थ नहीं समझा जा सकता।

दत्त : प्रसिद्ध क़ानूनी विद्वान सुलेमान ने कहा है : "किसी मुजरिम की नीयत अगर कानून विरोधी न हो, उसे अपराधी नहीं ठहराया जा सकता।"

भगत : सेशन जज साहिब के आगे, अपने लिखित बयान में, हमने प्रार्थना की थी परन्तु उन्होंने हमारी दरख़ास्त नज़रअंदाज़ कर दी।

दत्त : मी लॉर्ड्ज़, हमारे जुर्म का अंदाज़ा उसके नतीजे से लगाना चाहिए। लेकिन सेशन जज ने केस के साइकोलॉजिकल पहलू की तरफ बिल्कुल ध्यान नहीं दिया।

भगत : नुक़सान कितना हुआ हमारे बमों से?—नुक़सान के मुताबिक़ हमें सज़ा देनी चाहिए थी। मगर जज ने हमारे से 'बदला' लेने के इरादे से सख़्त सज़ा सुनाई। नुक़सान की अपेक्षा यह सज़ा बहुत अधिक है।

दत्त : उद्देश्य देखो हमारा।

भगत : अगर इन्टैनशन न देखें, फौज का हर जरनैल क़ातिल माना जाएगा।

दत्त : सरकारी टैक्स वसूल करने वाले चोर माने जाएँगे।

भगत : आप जैसे जज हत्यारे कहलाएँगे।

दत्त : इरादे को भूलकर देखो, तो हर धर्म प्रचारक, हर पैग़म्बर, धोखेबाज़ दिखेगा—जिसने करोड़ों लोगों को गुमराह किया।

भगत : हम हज़रत ईसा मसीह की इज्ज़त करते हैं। इन्सानियत के लिए, विश्व की भलाई के लिए, ईसा ने जान कुरबान कर दी। हम इस महान शहीद की पूजा करते हैं।—लेकिन अगर हम ईसा के उद्देश्य को आँखों से ओझल करके सोचें, ईसा तोड़-फोड़ करने वाला, बाग़ी, शराबी, ख़तरनाक मुजरिम लगेगा।

दत्त : वक़्त की सरकार ने जीज़स की इन्टैनशन समझने की कोशिश नहीं की।

भगत : बीस सदी बीत जाने के बाद भी, क्या हम हज़रत ईसा जैसी शख़्सियतों से इन्साफ कर पाए हैं? क्या उन शहीदों की कुरबानियाँ बेकार गईं?

दत्त : आपके जनरल डायर ने हमारे हज़ारों हम-वतनों को गोलियों से भून दिया। डायर को फाँसी पर चढ़ाना चाहिए था। मगर आपने उसे इनाम दिए। क्यों?

भगत : इस कारण कि तुम्हारी, शोषक सामराजियों की, दृष्टि गें क़ातिल डायर का इरादा नेक था।

दत्त : तुम्हारी हुकूमत हमारी करनी में कमीनी हरकतें ढूँढ़ रही है। हमारे नेक काम करने के कुदरती हक़ को छीन रही है।

भगत : क़ानून आदमियों के लिए होता है, आदमी क़ानून के लिए नहीं।

दत्त : जो क़ानून दलीलों पर खरे नहीं उतरते, ख़त्म करो।

भगत : न्याय विरोधी क़ानून नेक पुरुषों को विद्रोह करने पर मजबूर कर देते हैं।

दत्त : हम सज़ा से नहीं डरते। लेकिन उम्र क़ैद हमारे जुर्म के नुकसान से कहीं ज़्यादा है।

भगत : हमारा देश नाज़ुक दौर से गुज़र रहा है। मी लॉर्ड्ज़, हम आपकी हुकूमत से अलग सोच रखते हैं।

दत्त : आप हमारे अलग विचारों को कुचल नहीं सकते।

भगत : हमने दो नारे बुलन्द किए : "इनक़लाब ज़िन्दाबाद" और

"सामराज ··मुर्दाबाद।" इन नारों के पीछे का सियासी फलसफा समझो।

दत्त : इरादे से हम हिंसावादी नहीं।

भगत : पिस्तौल और बम क्रान्ति नहीं लाते। क्रान्ति की तलवार विचारों की सान पर तेज़ होती है।

दत्त : प्रगतिवादी विचार पेश करना ही हमारा मुद्दा था।

भगत : हमारा मुद्दा समझो।

दत्त : हमारा उद्देश्य देखो।

भगत : हमने जानें बचाने की पूरी कोशिश की। ख़ाली जगह पटाख़े फेंके।

दोनों : सज़ा नहीं। सरकार बल्कि हमें इनाम दे। शुक्रिया!

(वक्फा)

फोर्ड : मिस्टर पब्लिक परॉसीक्यूटर?

ऐडीसन : डू यू हैव ऐनीथिंग टु ऐड?

स. वकील : नो, मी लाड्र्ज़! आई हैव ओनली टु रिपीट। ये दोनों खूँख़ार बाग़ियों के लीडर हैं। इन विध्वंसकों का बड़ा टोला है जो हिन्दोस्तान के हर कोने में सरगरम है। अंग्रेज़ी सरकार के ये जानी दुश्मन हैं। हिज़ मैजसटीज़ गवर्नमेंट को जड़ से उखाड़ने पर उतारू हैं। मिस्टर सांडर्ज़ और चन्नन सिंह जैसे वफादार पुलिस अफसरों को क़त्ल कर रहे हैं। गवर्नरों पर गोलियाँ बरसा रहे हैं। रेलगाड़ियाँ बमों से उड़ा रहे हैं। सरकारी क़ानून को, स्पेशल ट्रिब्यूनल के जज साहिबान को, हर तरीक़े से बेइज़्ज़त कर रहे हैं। ज़लील कर रहे हैं। कभी मिरासियों वाली नक़लें खेलकर। कभी भूख हड़तालें करके। इन बेरहम वहशियों की तरफ कोई रहम न दिखाया जाए। बरतानिया सामराज्य क़ायम रखने के वास्ते ज़रूरी है—इन दो क़ातिलों की सज़ा उम्र क़ैद से बढ़ाकर 'फाँसी पर लटका कर मौत' कर दी जाए। दैट्स ऑल, यूअर ऑनर्ज़।

(वक्फा)

गवैये : कबीर दूर भया तो क्या भया,
सिर देके नेड़े होय।
जब लग सिर सौंपे नहीं,
कारज सिद्ध न होय।।

फोर्ड : तीन दिन की लगातार बहस सुनने के बाद—

ऐडीसन : विद्वान वकीलों की डलीलों पर डयान डेटे हुए—

फोर्ड : मुलज़िमों के रिटन और ओरल बयानों का ख़्याल रखते हुए—

ऐडीसन : हम कनविंसड हैं—ये दोनों ख़तरनाक इनक़लाबी हैं।

फोर्ड : लर्निड सेशन जज ने उम्र क़ैद की सज़ा दुरुस्त सुनाई थी।

ऐडीसन : हम दोनों मुलज़िमों की सज़ा बहाल करते हैं।

(जज जाते हैं। वक्फा)

स. वकील : आइम सॉरी, आसफ अली। तुम इन जंगलियों की जानें बचाने में कामयाब हो गए।

आसफ : बूचड़, तूने तो बहुतेरी कोशिश की मेरे मादरे वतन के बेटों को ज़िबाह करने की।

माँ : मेरा लाल पूरी उम्र जेलों में सड़ेगा?

पिता : मैं कह रहा तुझे। ज़िद न कर। मेरी मान। जुर्म का इक़बाल न कर।

भगत : भाइया जी, मैं ख़ुश हूँ। पूरी तरह सन्तुष्ट हूँ।

दत्त : हमारा मुद्दा सफल हुआ।

पिता : अभी भी आशा बाक़ी है। मैं गांधी जी से मिलूँगा। दूसरे कांग्रेसी नेताओं को मनाऊँगा। गांधी जी वायसराय पर दबाव डालें। लॉर्ड इर्विन ज़रूर सज़ा घटा देगा।

भगत : नहीं! यह ग़लती बिल्कुल नहीं करनी।

दत्त : दया की भीख नहीं माँगेंगे हम फिरंगी से।

भगत : हमारा रास्ता और गांधी का रास्ता अलग-अलग हैं।

दत्त : गांधी सरमायेदारों का गुलाम है।

भगत : अन्धविश्वासों को 'धर्म' कहकर, ग़रीबों को उलटे रास्ते डाल रहा है।

पिता : तू ज़िद्दीपन की हद्द से पार चला गया। भगत, तेरी ज़िद ने हराया मुझे। वरना मैं हार मानने वाला बन्दा नहीं।

भगत : पिता जी, इनक़लाबी बेटे को एक जीत तो जीत लेने दीजिए।

पिता : कौन सी?

भगत : पिता, गांधी के भूल-भूलैया में फँसकर, स्वतंत्रता की डगर में मज़हब के काँटे बखेर रहा है, पुत्र, कार्ल मार्क्स से नई रोशनी माँगकर, देश को स्वतन्त्रता की मंज़िल की तरफ दौड़ा रहा है।

पिता : **(आँसू दबाता)** अच्छा, बेटा। भगवान तुम्हारे बलिदान की कदर पावे। स्वतन्त्रता शीघ्र आवे। पिता हारा, पुत्र जीता।

आसफ : इन्शा अल्लाह!

माँ : मेरे बेटे, तुझे सातों ख़ैर!

आज़ाद : मेरे वीरो, फ़िक्र न करो। हिन्दोस्तान सोशलिस्ट रिपब्लिकन आर्मी

के पास बमों की कमी नहीं। काल कोठरियों की दीवारें तोड़कर, हम तुम्हारी जानें बचाएँगे।

स. वकील : बकरे की माँ कब तक ख़ैर मनाएगी?

तीनों : जब तक हम विदेशी भेड़ियों को बमों से उड़ा नहीं देते।

स. वकील : सांडर्ज़ क़त्ल केस अभी बाक़ी है, जनाब। अंग्रेज़ के फाँसी के तख़्ते से तुम्हें कोई ताक़त बचा नहीं सकती।

तीनों : देखते हैं—ज़ोर कितना बाज़ुए क़ातिल में है !

× × ×

गवैये : सेवा देश की, मेरी जां, बड़ी मुश्किल,
बातें ढेरों बघारनी आसां हैं।
जिसने देश सेवा में पैर डाला,
झेली उसने मुसीबतें लाखों हैं।

(परदा)

(समाप्त)

(पहला प्रारूप : जनवरी, 1989)

27

नास्तिक शहीद
(भगत सिंह शहीद : भाग 3)

पहला मंचन

'नास्तिक शहीद' पहली बार नवम्बर 3 व 4, 1995 को कालेजिएट ड्रामा सोसाइटी, दिल्ली, द्वारा श्रीराम सेंटर (तलघर) नई दिल्ली में मंचित किया गया। कलाकार थे—

भगत सिंह : अश्वनी चड्डा/रवि तनेजा
कुलबीर : मोहित ओबराए/जितेन्द्र शर्मा
अमर कौर : मीता ओबराए/मोहिनी गिल्ल/आरती कपूर
रणधीर सिंह : गुरदीप सेहरा/सतीश भल्ला
तेजा सिंह : सतीश भल्ला/मनजीत अरोड़ा
अकबर खां : अमित दत्त
बारू : डॉ. चरण दास सिद्धू
महता : प्रो. सुभाष सहगल

संगीत : वीणा सिद्धू तनेजा
टोली : सलोनी सिद्धू तनेजा, ज्ञान कौर सिद्धू, गुरदीप सेहरा, नूपुर सिद्धू माथुर, नव सिंगल (ढोलकी), रविन्द्र माथुर

परदे के पीछे

प्रकाश	:	गिरिधारी लाल/डॉ. अचल भगत
मंच	:	राजकुमार साहनी
		सतीश भल्ला
वस्त्र	:	प्रमिला सिद्धू साहनी
		आशा सिद्धू भगत
रूप सज्जा	:	रवि तनेजा
		गुरदीप सेहरा
फोटोग्राफी	:	एम. सफल
		अमित दत्त
निर्देशन	:	रवि तनेजा

नोट : 'नास्तिक शहीद' के पहले मंचन के लिए संस्कृति और कला विभाग, भारत सरकार, ने कुछ आर्थिक सहायता दी। साहित्य कला परिषद, दिल्ली, ने 'नास्तिक शहीद' को 'वर्ष के सर्वोत्तम नाटकों का उत्सव' में दो बार मंचित करवाया।

पात्र

भगत सिंह	:	उम्र 23 साल
कुलबीर सिंह	:	भगत सिंह का छोटा भाई
अमर कौर	:	भगत सिंह की छोटी बहन
रणधीर सिंह नारंगवाल	:	ग़दरी बाबा
तेजासिंह चूहड़काणा	:	ग़दरी बाबा
अकबर खां	:	दारोगा
बारू	:	भंगी
महता, प्राणनाथ	:	वकील

× × ×

स्थान : सेंट्रल जेल, लाहौर
समय : अक्तूबर 1930 से 23 मार्च, 1931

× × ×

गवैये : आओ, सिमरो भगत सिंह सूरमा, लो शीश उसकी सोच पे झुका।
रोज़ जनमें न भगत शहीद जैसे, देते देश आज़ाद करा।।
ज़िन्दाबाद सदा नारा इनक़लाब का, दिया घर-घर हिन्द में पहुँचा।
भाई व पुजारी मुल्लां मक्कार, रहे हउओं से लोगों को डरा।
तर्कों की तेग़ तीखी पकड़ के, वहमों को किया था फना।
नित्य नया खंडा बरते विज्ञान का, सोच सान पर लिया जो घिसा।।
आओ, सिमरो भगत सिंह सूरमा, लो शीश उसकी सोच पे झुका।।

दृश्य-1

(भाई रणधीर सिंह की कोठड़ी। पाठ का अन्त। तेजा सिंह चूहड़काणा आता है।)

रणधीर : नानकनाम चढ़दी कला—

दोनों : तेरे भाणे सरबत्त का भला!

रणधीर : जो बोले सो निहाल!

दोनों : सत श्री अकाल !

रणधीर : धन्य-धन्य वाहेगुरु! सच्चे पातशाह, तेरा ही आश्रय है।—सुना, तेजा सिंह, क्या हाल है?

तेजा : वाहेगुरु की मेहर है। लो, बाबा जी, दूध के गप्फे।

रणधीर : **(लोटा पकड़ाकर)** इस सिंहणी में डाल दो। थोड़ा रुक कर छकेंगे।

तेजा : जल्दी पी लेना, बाबा जी। रुत दसहरे के पास पहुँच गई। मगर इस जेल में अग्नि का राज है। कोठड़ी के अन्दर दूध झट फट जावे।

रणधीर : सिर्फ सियासी कैदियों को दूध मिलता है?

तेजा : हाँ, जी। इन बहादुर जवानों का सदका। सरदार भगत सिंह और शहीद जितेन्द्र नाथ वगैरा का। इनकी लम्बी भूख हड़तालों का नतीजा है। सारे हिन्दोस्तान के सियासी कैदियों की खुराक बढ़िया हो गई।

रणधीर : हाँ, चोखी हिम्मत है इन लड़कों की। कष्ट तो हमने भी बड़े काटे, पगड़ी के वास्ते, पाँचों ककारों के वास्ते। पैर-पैर पर भूख हड़तालें करनी पड़ीं। आख़िर हमारी सबकी पन्द्रह बीस बरसों की जद्दो-जिहद ने जेलों के अन्दर सुधार ला दिए।

तेजा : भाई साहिब, दक्खिन की जेलों में आपको इसी तरह की खुराक मिलती थी, जैसी यहाँ?

रणधीर : ख़ालसा जी, यहाँ तो मौज है। आप हो, जो इकट्ठे फुलके सेक लेते हो। मिलजुल कर। दक्खिन में हम थे थोड़े। कभी तो मैं सवा लाख गुरु का सिंह होता था। लेकिन मैं भूख हड़ताल कर देता था। अंग्रेज़ को कहता था : मरना मंजूर है, मगर किसी जात-कुजात के हाथों की पकी रोटी नहीं खाऊँगा। प्रसाद छकूँगा तब जब किसी सिंह या सिंहनी के स्वच्छ करों का पका हो। सो कई बरसों उन जेलों में मुझे कच्ची रसद मिल जाती थी। मैं आप ही पका कर छक लेता था। सरदार तेजा सिंह, गुरु का सिंह बनना आसान नहीं। धर्म कमाना पड़ता है अंग-अंग कटवा कर। काफिरों की छुई रोटी खाने से भूखों शहीदी पाना बेहतर है।

तेजा : धन्य भाई जी आप। धन्य आपका नियम धर्म। मैंने सुना, आपकी रिहाई के हुक्म आने वाले हैं? अकबर खां दारोगा ने बताया।

रणधीर : मुझे भी दारोगा अभी बताकर गया। बोला, हमारी बदली लाहौर जेल को इसी कारण की गई।

तेजा : वाहेगुरु का लाख-लाख शुक्र है।

रणधीर : 'हुक्म रजाई चल्लणा।'—दास ने तो तन मन सब, चिर हुआ, गुरु को अर्पण कर रखे हैं।

तेजा : हमारे अच्छे भाग्य। आप जितनी महान हस्ती के दर्शन हो गए।

रणधीर : दास तो धूड़ है, गुरु चरणों की। तेजासिंह जी, गुरु का सिंह संगत और पंगत में बराबर होता है।

तेजा : भाई साहिब, मैं एक विनती लाया हूँ—जो कबूल करो।

रणधीर : धर्म अनुसार हुई तो अवश्य स्वीकार करेंगे।

तेजा : विनती है सरदार भगत सिंह जी की तरफ से।

रणधीर : क्या?

तेजा : भगत सिंह जी आप संग मुलाकात करना चाहते हैं। जिस दिन से मैंने बताया, बाबा जी के चरण यहाँ पड़ रहे, वे उतावले हैं आपके दर्शनों के वास्ते।

रणधीर : जेलर इजाज़त देगा?

तेजा : यही तो ग़लती हो गई भगत सिंह से। आपके बारे में सुनते ही अंग्रेज़ जेलर को अर्ज़ी लिख भेजी। जेलर ने इनकार कर दिया। बोला, "और जिस किसी से मरज़ी मुलाकात कर ले। भाई रणधीर सिंह से नहीं।"

रणधीर : क्यों?

तेजा : डर होगा फिरंगी को। आप रिहा होकर जल्दी बाहर जा रहे हैं। इनक़लाबियों की दोनों पीढ़ियाँ मिलकर ख़तरनाक तहरीक न शुरू कर दें—सामराजियों को हिन्दोस्तान से निकालने के लिए।

रणधीर : तो फिर हम भगत सिंह को किस तरीके से मिल सकते हैं?

तेजा : मैंने अकबर खां को मना लिया है। वो कहता है, अगर भगत सिंह गोरे को अर्ज़ी न लिखता, हम मुआमला अपने तक रखते।

रणधीर : क्या जुगत बनाई अब?

तेजा : पाँच बजे के घड़ियाल के बाद भगत सिंह के घूमने का वक्त होता है। जंगले के साथ-साथ वह चला करता है। चलता रहता है, साथ-साथ पढ़ता जाता है। कसरत करते वक्त भी यह लड़का किताब नहीं छोड़ता हाथों से। ख़ैर, आप पाँच एक बजे, उसकी कोठड़ी के पास पहुँच जाएँ। खुली मुलाकात करें। मैं अभी दूध देने जाऊँगा। कल शाम के लिए सरदार भगत सिंह जी को कह दूँगा।

रणधीर : अच्छा, जैसी तेरी इच्छा। गुरु के सच्चे सिंह के दर्शन हमारा सौभाग्य होगा। ख़ासकर उस वीर के दर्शन जो उम्र कैद भुगत रहा है।

तेजा : सिर्फ उम्र कैद ही नहीं। सांडर्ज़ कत्ल केस का फैसला भी आने वाला है पाँच-सात दिनों तक। तीन-चार जवानों को ज़रूर फाँसी होगी। मुक़द्दमा काहे का? निरा धोखा था। ड्रामा। दिखावा। इन छोटी उम्र के शेरों को ज़ालिम तड़पा-तड़पा कर शहीद कर रहे हैं।

रणधीर : तेजासिंह चूहड़काणा जी, एक एतराज़ की बात मैं तेरे ज़रिये भगत सिंह को पहले ही पहुँचा दूँ।

तेजा : एतराज़? भाई जी एतराज़ कैसा?

रणधीर : हमने भगत सिंह का फोटो देखा एक। किसी रसाले में छपा था। तमिल तिलगू में। उसके सिर पर लम्बे केस हैं, मगर पगड़ी नहीं पहन रखी।

तेजा : खाट पर बैठा? हाथों को बेड़ियाँ पड़ी हैं? साथ में पुलिस का इन्सपेक्टर बैठा?

रणधीर : हाँ, वही। जब हमने उसका नंगा सिर देखा, हमें चोखा रोष चढ़ा।

तेजा : क्यों, भाई साहिब?

रणधीर : गुरु का सिंह होकर, गुरु की मोहर की, पाँचों ककारों की, बेअदबी करे जो, उस पर लाख लानत। हम ग़दरी बाबाओं ने 1914-15

में सिर-मुंडों वाली टोपियाँ पहनने से इनकार कर दिया। भूख हड़तालें कीं। महीना-महीना अन्न जल त्यागा। लेकिन पगड़ी बाँधने का हक़ नहीं छोड़ा। और यह छोकरा ? जटा नंगी किए खाट पर बैठा मुस्करा रहा।

तेजा : वो फोटो लाहौर थाने के अन्दर खेंची थी। पुलिस ने। भगत सिंह को बग़ैर बताए। शनाख़्त के वास्ते। गिरफ्तारी हुई जब। पाँच एक साल पहले। दसहरा बम कांड के सिलसिले में।

रणधीर : अब तो पगड़ी सजाता है न?

तेजा : आपको पता नहीं?

रणधीर : क्या?

तेजा : भाई जी, छमा करना। भगत सिंह केस कत्ल करवा चुका है।

रणधीर : केस कत्ल करवा लिए?? भ्रष्ट हो गया???··· हे दसवें अवतार, बल बख़्शो दास को। मैं अपना गुस्सा ठंडा कर सकूँ।—तेजा सिंह, तुझे शरम नहीं? संदेशे लाए तू मुलाकातों के लिए? पलीद करे तू हमें, पतित मनुष्य के माथे लगा कर? जा चला जा। तू भी आज से अपने हाथों से दूध मत बरताना हमें। नास्तिको, हमें बख़्शो।

तेजा : भाई रणधीर सिंह जी, एक मिनट विनती तो सुनो मेरी। भगत सिंह ने बाल अपनी मरज़ी से नहीं कटवाये।

रणधीर : गुरु के सिंह, ककारों के पीछे अंग-अंग कटवा देते हैं। और यह बेमुख हमारे संग मुलाकातें करना चाहवे!

तेजा : सांडर्ज़ को कत्ल करके, लाहौर से सही सलामत बचकर निकलने का एक ही तरीका था—भेष बदलना। भगत सिंह ने सूट-बूट और हैट पहने। भगवती चरण की पत्नी और बच्चे को साथ लेकर, कलकत्ते वाली गाड़ी चढ़ गया। पुलिस की आँखों में धूल झोंकने का और कोई हीला नहीं था।

रणधीर : जो मर्द प्राणों की रक्षा ख़ातिर, गुरु की मोहर कत्ल करवा दे, ऐसे पापी को दसवीं जोत मेरे माथे न लगाए। आज से तू भी हमारी कोठड़ी के नज़दीक मत आना।

तेजा : **(आँसू रोकता)** छमा दीजिए, भाई जी। एक गुरुसिख को इतना क्रोध नहीं करना चाहिए। आपने देश के लिए बहुत कुरबानियाँ दी हैं। पन्थ के हीरे हैं आप। सरदार भगत सिंह आपके चरणों में अपार श्रद्धा रखते हैं। इसीलिए, दर्शनों के लिए उतावले हैं। आप ठण्डे दिल से सोच लें। मैं कल फिर विनती करूँगा।

रणधीर : नहीं, तेजा सिंह। एक बार कहा, या लाख बार कहा। ख़ालसा बचन से नहीं फिरेगा। जब तक भगत सिंह दोबारा सच्चा सिंह नहीं बनता, पाँचों ककार नहीं सजाता, हम उस नास्तिक की परछाईं नहीं देखेंगे। जा, हमारी तरफ से लानते फेंक उस पापी के सिर पर।

(अँधेरा)

दृश्य-2

गवैये : बुल्लेआ, की जाणा मैं कौण?
नां मैं अरबी, नां लाहौरी।
नां मैं हिन्दी शहर नगौरी।
नां हिन्दू, नां तुरक पछौरी।
नां मैं रहँदा विच नदौण।
बुल्लेआ, की जाणा मैं कौण?

(भगत सिंह की कोठड़ी। वह चलते फिरते किताब पढ़ रहा है। झाड़ू और टोकरी पकड़े बारू आता है)

बारू : सरदार साब!... सरदार भगत सिंह जी!

भगत : बेबे!... अन्दर आ जा।

बारू : आप ज़रा बाहर आ जाओ।

भगत : क्यों? तू और मैं इकट्ठे कोठड़ी के अन्दर खड़े हो गए तो क्या हो जाएगा ?

बारू : मालिक, कहीं गलती से मेरा झाड़ू आपको छू गया? या गन्दे पानी की छींट पड़ गई ऊपर?

भगत : अच्छा, तो यह फिक्र है मेरी बेबे को! **(कन्धे पर हाथ रख के)** बेबे, मैं भ्रष्ट नहीं होता। फ़िज़ूल फिक्र न किया कर तू!

बारू : आप तो हद करते हैं, सरकार। किसी और ने देख लिया तो, आपका हाथ मेरे कन्धों पर? आपके वास्ते बुरा होगा।

भगत : बुरा कैसे, बेबे?

बारू : आपके साथी आप संग मिलना बरतना छोड़ देंगे। चूहड़े चमारों की परछाईं से लोग कोसों दूर भागते हैं। एक आप हैं। डरते ही नहीं।

भगत : बेबे, इसमें डर कैसा?

बारू : एक तो आपका हुक्का पानी बन्द हो जाएगा। दूजे, आप मेरी भी तो सोचो। अगर अंग्रेज़ जेलर ने देख लिया, मैं जानकर ऊँची जात वाले कैदियों को भ्रष्ट करता हूँ, वो मुझे सजा देगा।

भगत : किस कसूर की सज़ा ?

बारू : भोले बनते हो, बादशाहो। गोरे का कानून है : हर मजहब को अलग रखो। हर जात को जुदा रखो। हिन्दुओं, मुसलमानों को आपस में मिलने मत दो। सिखों को कहो, तुम हिन्दू नहीं।—हिन्दुओं को कहो, सिख हीन हैं। नीच हैं। **(हँसता)** चमारों चूहड़ों तक को भ्रष्ट होने का भूत चिमट गया। दो भंगी हैं सात नम्बर वार्ड में। और तीन चमार कैदी हैं नौ नम्बर में। दोनों जातें इकट्ठी नहीं बैठतीं। चमार अलग पंगत लगाके रोटी खावें, भंगी अलग। मुशक्कत के वक्त भी इकदूजे को छूते नहीं। एक आप हो। मेरे साथ ठठोली करते हो नित्य।

भगत : शाबाश मेरी बेबे के! मज़हब जैसी ज़हर को खूब समझा है तुमने। बेबे, तुम इनक़लाब ला सकते हो। हिन्दोस्तान बचा सकते हो। तू सच्चा ऋषि मुनि है। फिलॉसफर है।

बारू : सरदार साब, यों तो आपका मखौलिया स्वभाव हर एक का दिल मोह लेता है। मैं गुस्सा नहीं करता। फिर भी आप मुझे 'बेबे' क्यों बुलाते हो?

भगत : **(हँसकर)** क्योंकि तू है ही मेरी बेबे। नहीं समझा? बारू राम, तू सब क़ैदियों की माँ है। सफाई करने वाला मज़दूर कुल जगत की माँ होता है।

बारू : वो कैसे, जी?

भगत : नन्हा था जब मैं, मेरी माँ ने मेरा गन्दमूत उठाया। मेरी दादी ने मेरे पोतड़े बदले। यहाँ तुम मेरी माँ बनकर, दादी बनकर, मेरा मल मूत्र उठाते हो। बारू चाचा, मैं तुम्हें 'बेबे' न बुलाऊँ तो और क्या बुलाऊँ?

बारू : **(आँसू दबाता)** चींटी को चींटी रहने दीजिए, भगत सिंह जी। चींटी को भगवान मत बनावो। मैं नाली का कीड़ा। ऊँची जातों का गूह सिर पर ढोने वाला। मेरे कर्म ! मेरी जाति के पिछले जनमों के खोटे कर्म। जो इस जून के अन्दर नरक भोग रहे हैं!—आप मुझे मत छुआ करो। यह न आपके वास्ते अच्छा है, न मेरे वास्ते। ऊपर वाले का हुक्म मानो। तुम जाट अपनी जगह, मैं भंगी अपनी जगह।

भगत : ऊपर वाला गिरे टूटे कुएँ के अन्दर। साथ ही उसके हुक्म। और पिछले जनम।

बारू : आपका हँसी मज़ाक सुनकर, कई बार, मुझे भुलावा लगे।

भगत : कैसा भुलावा लगे तुझे, बेबे?

बारू : चौदह-पन्द्रह बरस पहले का एक लड़का याद आ जावे। फाँसी चढ़ा था, भरी जवानी में। मौत का रत्ती भय नहीं था। सूली की तरफ चलने तक, चेहरा हसूँ-हसूँ करता रहा। इसी कोठड़ी में बन्द था।

भगत : नाम क्या था?

बारू : करतार सिंह।

भगत : करतार सिंह सराभा इसी कोठड़ी में रहा करता था??? इतना ख़ुश-किस्मत हूँ मैं??? अपने भाई के स्थान पर सोता बैठता हूँ?

बारू : तेरा भाई? करतार भैया था तेरा?

भगत : हाँ, बेबे। मेरा असली भाई करतार ही था। हमारा ख़ून का रिश्ता उन जवान शहीदों संग ही है।

बारू : खून का रिश्ता? कैसी पहेली बुझा रहे हो?

भगत : करतार वैसे ही मेरा 'भाई' था जैसे तू मेरी 'माँ' है।

बारू : पुत्तर, तेरी बातें तू ही जाने।

भगत : अच्छा, बेबे, अपने बेटे की मिन्नत मान एक।

बारू : कौन सी?

भगत : मुझे अपनी बिरादरी में मिला लो।

बारू : फिर वही मराशियों वाली नकलें।

भगत : मैं अपनी बेबे के हाथों की पकी रोटी खाऊँगा।

बारू : कहर मत कमाओ, सरकार।

भगत : यह काम तो, बेबे, तुझे करना पड़ेगा, अपने ज़िद्दी बेटे के वास्ते। **(कल्पना में गाँव पहुँचा)** अक्तूबर चढ़ गया। गेहूँ बोने लग गए होंगे लोग। सरसों बीज दी होगी। मक्का घर पहुँच गया होगा।— बेबे, तू मुझे सरसों का साग बनाकर खिला। और मक्की की रोटी।

(अकबर खां आता है, हाथ में किताबें)

बारू : न, महाराज। यह पाप मत चढ़ावो, मेरे सिर।—सलाम, सरकार।

अकबर : बारू, आज फिर तू लेट चल रहा है?

बारू : माफी दो, माई बाप।

(दोनों बाहर खड़े हैं। बारू अन्दर सफाई करता है)

भगत : मैंने बेबे को रोका था। इसके मज़हब और ज़ात के बारे में ख़्याल बड़े दुरुस्त हैं। बारू चाचा अंग्रेज़ की चाल समझता है।

अकबर : अल्लाह देख रहा है, भगत सिंह। मुझे सरकार की बदगोई मत सुना। नमक हराम मत बना। पकड़।

भगत : किताबें आ गईं ? बकूनिन, "दि गॉड एंड दि स्टेट", अपटन सिनकलेयर, "कराई फॉर जस्टिस", डॉन ब्रीन, "माई फाईट फॉर आइरिश फरीडम।" मेहरबानी, अकबर चाचा।

अकबर : आ तो गई थीं चौथ। जयदेव गुप्ता पकड़ा गया था। मगर जेलर साहिब के सख़्त हुक्म हैं। हर किताब को पढ़कर, तसदीक़ करो—अन्दर ग़लत मैटर न हो।—मैं तेज़ पढ़ नहीं सकता। जेलर ख़ुद दुःखी हैं। अजीब पोथे पढ़ते हो तुम। शैतानी आयतें।

भगत : इनके अन्दर अज़ीम फलसफा है, अकबर चाचा। इनक़लाबी ख़्याल हैं। दुनिया दूर पहुँच चुकी है। रूस की क्रान्ति के बारे में पढ़। कार्ल मार्क्स और ऐंग्लज़ ने धरती हिला दी। लैनिन ने रूस के मज़दूरों को, मेहनत कशों को, किसानों को, एक मुट्ठ करके, जबरो ज़ुल्म का नाश कर दिया।—तुम किस अँधेरे में बसते हो? वक़्त रहते नई तालीम सीखो। सदियों पुरानी पोथियों के कीचड़ में से निकलो। वहम भ्रम त्यागो। रोशन लिखतें पढ़ो।

अकबर : न, भाई। ख़ुदा बचाए इस शैतानी इल्म से। अल्लाह तआला मुझे अपना गुलाम बनाए रखे। पेट की ख़ातिर इन काफिर किताबों को छूना पड़ता है। वरना मैं कभी वर्क न हिलाऊँ।

भगत : बदक़िस्मत है तू, अकबर चाचा। नए विचारों से भागते हो? अक्ल सीखने से इनकार करते हो?

(बारू बाहर जाता है)

बारू : सलाम, माई बाप।

भगत : बेबे, मेरी मक्की की रोटी और सरसों का साग।

अकबर : इनको मुश्किल से फाँसी चढ़ाया। कुछ पल्ले नहीं पड़ा। सिर्फ इतना पता चला, ये मुसन्नफ ख़ुदा से मुनकर हैं। जेलर साहिब कहते, इस हफ्ते प्रायश्चित के तौर पर, वो बाईबल एक घंटा ज़्यादा पढ़ेंगे।

भगत : अच्छा? क्या उसकी बाईबल की पढ़ाई मेरी किताबों के अन्दर के अक्षर मिटा देगी ?

अकबर : तूने हमें यह साली ग़ैर मुल्की ज़बान पढ़ा-पढ़ा कर खपा दिया।

भगत : चाचा, तुम क्यों तकलीफ उठाया करते हो? वग़ैर पढ़े पास कर

दिया करो।

अकबर : भोले बादशाहो, पत्ता भी हिले हिन्दोस्तान के अन्दर तो वायसराय काँप जाता है। तुम इनक़लाबियों की हर एक हरकत सरकार नोट करके रखती है। मुझे तेरी हर किताब का खुलासा बना कर ऊपर भेजना पड़ता है। वरना मैं कभी न पढ़ूँ यह काला इल्म।

भगत : यों फिरंगी मूर्ख नहीं। किताबों की इम्पार्टेंस समझता है। विचारों की सान पर चढ़कर, इनक़लाब की तलवार तेज़ होती है।

अकबर : मगर, यार, तू मेरे पर मेहर कर। थोड़ा पढ़। कल भी जो तूने कुलबीर को ख़त भेजा है, दस किताबें माँगी हैं।

भगत : देअ आर ग्रेट बुक्स आफ दि वर्ल्ड, अकबर चाचा। मैं उनका जो भी हिस्सा पढ़ सकूँ, अपना सौभाग्य समझूँगा।

अकबर : एक बात बता, सच सच।

भगत : पूछ।

अकबर : गुस्सा मत करना।

भगत : गुस्सा कैसा? कहो जो कहना है।

अकबर : जो कुछ तुम पढ़ते हो, तुझे समझ भी आता है? याद भी रहता है?

भगत : दारोगा चाचा, मेरा दिमाग़ धीमा चलता है। मैं लाला हरदयाल नहीं हूँ। मैं किताब को एक बार पढ़कर नहीं समझ सकता। ये मज़मून हैं भी नए-नए। मुझे कालेज की पढ़ाई बीच में छोड़नी पड़ी। सो मैं एक किताब को पाँच-पाँच छः-छः बार पढ़ा करता हूँ। उसके मेजर प्वायंट्स इस नोटबुक में लिखता हूँ। ताकि हर नया विचार समझ सकूँ। परख सकूँ। तोल सकूँ। मैं सिर्फ इनफर्मेशन के लिए नहीं पढ़ता। मैं लेखक के विचारों को बिना सोचे कभी क़बूल नहीं करता। हर किताब मेरे लिए एक दोस्त संग किया लम्बा बहस मुबाहिसा है। झगड़ा है।—किताब को शुरू करने से लेकर, ख़त्म करने तक, पूरी समझने तक, क्या मैं अपने विचारों की मंज़िल पर आगे बढ़ा हूँ कि नहीं? क्या किताब की मदद से मैंने अपना कोई वहम भ्रम त्यागा? किसी प्रेजुडिस से, अज्ञानता से, छुटकारा हासिल किया? मैं अपने वास्ते ऐसा इम्तिहान रखा करता हूँ। हर अच्छी किताब मेरे वास्ते अपनी शख़्सीयत बदलने का ज़रिया है। अपनी सोच तीखी करने का तरीक़ा है। अगर बन्दा किताब पढ़ने के बाद भी, पहले जैसा,

डरपोक बना रहे, वहमी बना रहे, तो किताब पढ़ने का क्या फायदा?—चाचा, एक हफ्ते बाद इन किताबों के बारे में, तुम मुझसे जो मरज़ी सवाल पूछ लेना। जेलर को भी ले आना। मेरा इम्तिहान लेना। देखना, मैं ये किताबें समझा हूँ कि नहीं?

अकबर : भगत, तेरी तू जाने।—गोरा जेलर, पता है, क्या कहे तेरी बाबत?

भगत : क्या कहे ?

अकबर : इनक़लाबी जवानों में से, तुम सबसे ज़्यादा पढ़ते हो। जेलर समझता है, तुम दिखावे के लिए पढ़ते हो। विद्वान कहलाने की ख़ातिर।

भगत : **(हँसता है)** सही कहता है जेलर। मैंने भी चोखे बन्दे देखे हैं, जो दिखावे के वास्ते पढ़ते हैं। अन्दर से उनमें कोई फरक नहीं पड़ता। स्कूलों, कालेजों के मास्टर और प्रोफेसर, ज़्यादा इसी क़िस्म के पाठक होते हैं। पढ़ना उनके लिए सिर्फ अक्षर ज्ञान तक महदूद होता है। किताब उनकी शख़्सीयत नहीं बदलती।—हमारा उस्ताद था एक, होशियारपुर का। भाषण झाड़ने में महान। रोज़ वेदों की व्याख्या किया करे। 'वीर बनो। बलवान बनो।''—नित्य हमें नसीहत दिया करे। एक दिन ऐसा आश्चर्य हुआ, उसके सोलह साल के बहादुर बेटे ने अंग्रेज़ के ख़िलाफ साज़िश में हिस्सा ले लिया। पुलिस ने आ दबोचा। बाप की वीरता की डींगें धरी धराई रह गईं। अपने बेटे का तिरस्कार कर दिया। अपना बचाव किया।

अकबर : तेरा इशारा बलराज के बाप हंसराज भल्ला की तरफ है? कट्टर आर्य समाजी? जिसने आजकल शुद्धि करके मुसलमानों को, सिक्खों को, हिन्दू बनाने पर कमर कस रखी है?

भगत : ख़ैर···। अकबर चाचा, किताबी ज़िन्दगी और असलियत को जीने वाले विरले शख़्स होते हैं। पढ़ने की बाबत मैं डींग नहीं मारता।—दिखावा? यहाँ जेल में मैं किसको दिखाऊँगा? ये किताबें सिर्फ मेरी अपनी समझ बढ़ाने के लिए हैं। मेरे अपने दिमाग़ के उजाले के लिए हैं।

अकबर : मुआफ करना, भगत—मगर यह कड़वा सवाल है।

भगत : ज़रूर पूछ, चचा। हर अच्छा सवाल पहले कड़वा लगा करे।

अकबर : तुम जानते हो··हफ्ते के अन्दर तुम्हारे केस का फैसला होने वाला है। जो कुछ भी था स्पेशल ट्रिबियूनल, ग़ैर कानूनी सही, ड्रामा सही, सज़ा, मालूम है, तुम्हें क्या होने वाली है?

भगत : फाँसी।

अकबर : हाँ, अल्लाह ख़ैर करे। अपने आप को धोखा नहीं दिया जा सकता। फिरंगी का राज। जब तुम्हें पक्का पता है, तुम कुछ दिन के मेहमान हो, ये किताबें पढ़ने का क्या लाभ?

भगत : सवाल, चाचा, तेरा वाकई टेढ़ा। लेकिन मेरा जवाब बिल्कुल सीधा। इनक़लाब का बीज व्यर्थ नहीं जाता। यह पौधा बढ़ता जाए। फूलता जाए। अपनी ज़िन्दगी के आख़िरी लम्हे तक, मैं इनक़लाब को अपना रक्त पिला-पिला कर बड़ा करूँगा। इसकी जड़ें मज़बूत करूँगा। मेरे मुल्क के अन्दर, यह पौधा पेड़ बने। क्रान्ति का फल बख़्शे। थोड़े साँस बाकी हों या ज़्यादा, मैं हर साँस इनक़लाब के फलसफे को फैलाने पर ख़र्च करूँगा।

(तेजा सिंह आता है)

तेजा : दूध लो, भगत सिंह जी।

भगत : बाबा जी, इनक़लाब!

तेजा : ज़िन्दाबाद!

अकबर : क्या बात, बाबा जी, आप सत श्री अकाल भुलाकर, भगत के चेले बन गए?

तेजा : मेरी ऐसी किस्मत कहाँ, दारोगा जी। ये महान योद्धा हैं। भगत सिंह जैसा लाल पाँच दरियाओं की धरती दोबारा नहीं जनमेगी।

भगत : बाबा जी, शहीद सिर्फ़ पंजाब के अन्दर ही नहीं जनमते। मेरा वीर जतिनदास बंगाली था। हमारा मुल्क विशाल है। यह संसार बहुत बड़ा। सरबत्त का भला सोचो। कम्यूनिस्ट पूरी धरती पर विजयी होने चाहिए।

अकबर : कौम नष्ट? तोबा तोबा! कैसा कुफर मेरे कानों में ठोंस रहे हो!— भगत, अगर मैं तेरी तरह चन्द रोज़ का मेहमान होता, मैं ये काली किताबें न पढ़ता। ख़ुदा की इबादत करता। अल्लाह तआला की।

भगत : **(हँसता)** चचा, अपने अल्ला को मेरा एक सन्देश पहुँचा दो।

तेजा : रब्ब को सन्देश? कौन-सा?

भगत : बरतानियों को निकाल कर, वो मेरा मुल्क आज़ाद कर दे। हर मज़दूर को, किसान को, बराबर हक़ दिला दे।—मैं झट तेरे अल्लाह के आगे घुटने टेक दूँगा।

अकबर : इन्शा अल्लाह! **(जाता है)**

भगत : भाई साहिब संग हुई बात?

तेजा : बात तो हुई—

भगत : मुलाक़ात मुमकिन है कि नहीं? अकबर खां को मैं मना सकता

हूँ। जेलर गिरे भट्टी में।

तेजा : अड़चन और पड़ गई।

भगत : कैसी?

तेजा : भाई रणधीर सिंह आपको मिलना नहीं चाहते।

भगत : भाई साहिब इनकार कर रहे? वजह क्या?

तेजा : गुस्सा मत करना, बेटा। तूने केश कटवा रखे हैं। वे बोले, पतित मनुख के माथे नहीं लगूँगा।

भगत : मेरे कटे बालों से डर गया बाबा रणधीर सिंह?

तेजा : भगत सिंह, हम ग़दर पारटी के देश भगत अपने-अपने मज़हब पर बड़े पक्के हुआ करते थे। सिखी सिदक़ को हमने ज़िन्दजान से निभाया। इस कारण भाई साहिब तेरे से सख़्त नाराज़ हैं। मुलाक़ात नहीं करेंगे।

भगत : क्या बदबख़्ती है हिन्दोस्तान की। ऋषि कार्ल मार्क्स सही फरमा गए। मज़हब की अफीम ने ग़रीबों को नशेड़ी बना रखा है। इसी कारण सरमायेदार हमें पैरों तले कुचल रहे हैं।—अच्छा, एक मिनट रुको। मैं दो सतरें लिख दूँ। भाई साहिब को पकड़ा देना। कहना, अफसोस रहेगा मुझे उनकी मज़हबी तंगदिली का।
(रुक्का लिखकर पकड़ाता है)

तेजा : **(पढ़कर मुसकराता)** सही लिखा है आपने। मैं ज़रूर पकड़ाऊँगा रुक्का, बेशक गुस्सा ही करें।

भगत : वन्दे मातरम्!

तेजा : वन्दे मातरम्!

(अँधेरा)

दृश्य-3

गवैये : बुल्लेआ, धर्मसालां धड़वाई बसते,
ठाकरद्वारे ठग्ग।
मसजिद बीच कुसत्तीए रहते,
आशिक़ रहें अलग्ग।

(रणधीर सिंह की कोठड़ी)

अकबर : सलामुल्लैकम, भाई साहिब।

रणधीर : सत श्री अकाल, अकबर खाँ जी।

अकबर : ख़ुशी मनाओ। शादियाने बजाओ।

रणधीर : किस बात के?

अकबर : अभी सी. आई. डी. सुपरिन्टेंडेंट ने बताया। आपकी रिहाई बिना शर्त होगी।

रणधीर : वाहेगुरु की रज़ा है, ख़ान साहिब। अच्छी ख़बर के वास्ते धन्यवाद।

अकबर : आपको शाम पाँच बजे सुपरिन्टेंडेंट ने बुलाया है। वो ख़ुद आपको रिहाई की लिखा पढ़त की बाबत बताएँगे।

रणधीर : कब तक रिहाई की उम्मीद रखें?

अकबर : आज हो गई दो। गवर्नर साब के दस्तख़त के लिए काग़ज़ भेजे हुए हैं। वो शिमला से उतरने वाले हैं। आप चार या पाँच अक्तूबर को अपने सगे-सम्बन्धियों से बगलगीर हो रहे होंगे।

रणधीर : गुरु महाराज का लाख-लाख शुक्र है। दिल उतावला हो रहा है। प्यारे सज्जनों को बाजुओं में जकड़ने के लिए।

अकबर : सोलह साल की कड़ी तपस्या आपकी।

रणधीर : सब सच्चे पातशाह कलगीधर की कृपा है। दास के बस में कुछ भी नहीं। गुरु ने नाचीज़ से जो करवा दिया, हो गया। वरना मैं कीट पतंगा गुरु घर का।

अकबर : कोई ख़िदमत मेरे लायक?

रणधीर : हुई तो ज़रूर उचरेंगे।

(तेजा सिंह आता है)

तेजा : सत श्री अकाल, दारोगा जी।

अकबर : सलाम। अच्छा, रणधीर सिंह। शाम पाँच बजे तैयार रहना। **(जाता है)**

तेजा : वाहेगुरु जी का ख़ालसा—

रणधीर : श्री वाहेगुरु जी की फतह!

तेजा : दूध छकिए, भाई जी।

रणधीर : लोटिया कौर के अन्दर उँडेल दो। सन्देश दिया था, सिरकटे भगतू को?

तेजा : हाँ, जी।

रणधीर : नाराज़ होगा?

तेजा : नहीं, भाई जी। नाराज़ तो नहीं—लेकिन अफसोस बड़ा मनाया उन्होंने, आपके कट्टरपने का। इतनी सख़्ती नहीं करनी चाहिए।

रणधीर : तेजासिंह, जो गुरु का सिख होकर, केश कत्ल करवाए, उस दुराचारी के मुख लगने की ख़ालसा को मनाई है।

तेजा : सरदार भगत सिंह जी ने रुक्का भेजा है एक।

रणधीर : हम एक पतित मनुख के रुक्के को अपने कर छुआ कर, अपने आपको पलीद नहीं करेंगे। तुम ख़ुद सुना दो। है तो गुरमुखी में? या उस सिरमुंडे ने मुसलमानों वाले शिकस्ते चलाए हैं?

तेजा : गुरमुखी है। सुनिए : "पूज्य भाई रणधीर सिंह जी। आपकी नज़रों में मैं एक गुमराह अनजान नौजवान हूँ। मगर मैं आपकी कुरबानी की बहुत क़दर करता हूँ। आप ग़दरी बाबाओं ने देश के लिए, क़ौम के लिए, अथाह ज़ुल्म झेले। आपने हमें, अगली पीढ़ी को, कुरबानी का सबक़ सिखाया। मैं आपसे आमने-सामने मिलकर, अपनी तरफ से, और हिन्दोस्तान सोशलिस्ट रिपब्लिकन एसोसियेशन के दूसरे कारकुनों की तरफ से, आपके चरणों में अक़ीदत के फूल चढ़ाना चाहता था। आपने मेरी दरख़ास्त ठुकरा दी। आपकी मरज़ी। लेकिन मुझे सिख की तंग नज़री और तंगदिली का गिला ज़रूर रहेगा। बेशक मैंने मुल्क की सेवा के वास्ते केश कटवा लिए, मैं अपने आपको सिख धर्म के ऊँचे आदर्शों से गिरा हुआ नहीं समझता। सच्चे सिख अपने सिदक़ ख़ातिर अंग-अंग कटवा देते हैं। अभी तक तो मैंने एक ही अंग कटवाया है—भगत सिंह

का इशारा अपने केश की तरफ है—अभी तक तो मैंने एक ही अंग कटवाया है। जल्द मौका आएगा, जब मैं क़ौम की ख़ातिर, गर्दन भी कटवा दूँगा।

—आपका खिद्‌मतगार, भगत सिंह।''

रणधीर : यह तो सच्ची स्वच्छ आत्मा की लिखित है। मुझसे भूल हो गई। पकड़ा। (**रुक्का सिर को छुआता है**) मैं सरदार भगत सिंह को मिलूँगा। अब तो गुरु का हुक्म मानकर, इस महान रूह को, वापस गुरु के चरणों में लाना, मेरा धर्म बनता है। मैं सिख मज़हब की यह ख़िदमत ज़रूर करूँगा। तेजा सिंह जी, आप भगत सिंह को कहो, हम मुलाकात अवश्य करेंगे।

तेजा : धन्य हो, बाबा जी। मैं गद्‌गद हो गया हूँ। आप इलाही जोत हैं। आपको गुरु साहिबान ने सचमुच साक्षात् दर्शन दिये होंगे। आपकी करामातों के बारे में साखी प्रचलित हैं—कैसे ऐबटाबाद गुरुद्वारे में गुरुग्रन्थ साहिब को अपने आप चँवर हो रहा था। आपने आँखों से देखा।—आप दोनों अवतारी जीव हैं। परस्पर संगत कीजिए।

रणधीर : यह हमारा नहीं, गुरु साहिबान का हुक्म है—हम बेमुख को गुरमुख बनाएँ। (**अकबर गुज़रता है**) दारोगा जी।

अकबर : हुक्म करो, भाई साहिब।

रणधीर : हमारा एक काम करोगे?

अकबर : बोलिए।

रणधीर : भगत सिंह उतावला है हमारे दर्शनों के वास्ते। मुलाक़ात का प्रबन्ध करो।

अकबर : मुलाक़ात? भगत सिंह से?⋯है तो ज़रा मुश्किल मगर मुमकिन है। मैं कराऊँगा।

रणधीर : आधा पौना घंटा काफी होगा।

अकबर : आज तो सुपरिन्टेंडेंट आएगा। कल कोशिश करूँगा।

तेजा : मैं जाकर भगत सिंह को ख़ुशख़बरी दूँ?

अकबर : भाई साहिब, आप पुण्य कमा लो।

रणधीर : कौन सा पुण्य?

अकबर : आपसे कुछ छुपा तो है नहीं। हफ्ते भर में सांडर्ज़ क़त्ल केस का फैसला हो जाएगा। चार-पाँच लड़कों को मौत की सज़ा लाज़िमी होगी। भगत सूली से नहीं बच सकता। मैं बल्कि फ़िक्रमन्द था। यह दुनिया तो गँवा ली इन छोकरों ने। जवानी

अन्धी होती है। क्या यह लोग एक आध अंग्रेज़ को क़त्ल करके, सल्तनते बरतानिया को हरा सकते हैं?

रणधीर : यह छोड़। यह बात तेरे जैसे सरकारी चाकर की समझ से बाहर है।

अकबर : मगर यह तो मेरी समझ में आता है कि अगर भगत सिंह मरते दम तक ख़ुदा पर यकीन नहीं ला सका, हमेशा-हमेशा के लिए, दोज़ख़ की आग में जलेगा।

रणधीर : भगत सिंह नास्तिक है?

अकबर : पक्का। ग़लत किताबें पढ़ता है। न सनातनी हिन्दुओं के राम और कृष्ण को मानता है, न आर्य समाजियों के वेदों शास्त्रों को।

तेजा : मैंने पंज ग्रन्थी दी एक बार। नहीं क़बूल की।

अकबर : आप जानते हैं—ऐसी नाशुक्री रूह का क्या हश्र होता है।

रणधीर : बस फिर, हमारा मिशन कलगीधर ने साफ कर दिया। नास्तिक भगत सिंह को आस्तिक बनाना हमारा ज़िम्मा रहा।

तेजा : नरक से ज़रूर छुड़ाओ इस ऊँची आत्मा को।

रणधीर : अगर हमारी संगत के बाद, भगत सिंह दोबारा गुरु का सिंह नहीं सजा, तुम हमें सिख धर्म के सेवक मत समझना। कल ही मिलाओ हमें।

अकबर : इन्शा अल्लाह!

रणधीर : ख़ालसे के बोल बाले। जो बोले, सो निहाल!

तेजा : सत श्री अकाल!

(अँधेरा)

दृश्य-4

गवैये : जिसको शक हो, वो करे,
और ख़ुदाओं की तलाश,
हम तो इन्सान को, इस दुनिया का,
ख़ुदा कहते हैं।

अमरो : मेरे वीर, यह उम्र है तेरी काल कोठरियों में सड़ने की? मैं सपने देखती थक गई। तू घोड़ी चढ़ेगा। मैं पल्लू पकड़ूँगी। भाभी को शृंगारूँगी। भतीजे-भतीजियों को खेलाऊँगी!—और तू? खोटे करमों को, जेल के अन्दर बन्द हुआ बैठा है। **(रोती है)**

भगत : अमरो, सौदाई हो गई हो ? चन्द बहनों के वीरों को सूली चढ़ना पड़ेगा—ताकि दूसरी बहनों के वीर घोड़ी चढ़ सकें।

अमरो : मैं दूसरों का क्या करूँ, जब मेरा वीर मुझसे बिछुड़ गया?

भगत : बीबी रानी, यही तो घाटा है इस संसार में। हर बहन सिर्फ अपने भाई को जीता-जागता देखना चाहती है। हर माँ सिर्फ अपने बच्चे का सुख लोचती है। तभी तो मुल्क गुलाम हो जाते हैं।—अमरो, तू उलटा फख़र कर। हल्लाशेरी दे मुझे। मैं भारत माँ की ख़ातिर मौत को ब्याहने चला हूँ।

अमरो : मौत? हाय रे, वीरा ! सुख बोल।

कुलबीर : अभी फैसला तो हुआ नहीं। आप कैसे जानते हो, यह सज़ा होगी?

अमरो : शायद वाहेगुरु गोरों के दिलों में दया धर्म भर दे।

कुलबीर : सिर्फ उम्र क़ैद की सज़ा दें—जो आप असंबली बम केस में पहले ही काट रहे हो।

अमरो : भाइया जी और भी कोशिश कर रहे हैं।

कुलबीर : शायद वो कामयाब हो सके।

भगत : कौन-सी कोशिश?

अमरो : वे अर्ज़ी भेजने की सोच रहे हैं।

कुलबीर : ऊपर वायसराय को।

अमरो : आपको याद है? आपने ख़द्दर भंडार वाले रामलाल को चिट्ठी लिखी थी, कलकत्ते से?

कुलबीर : पोस्ट कार्ड? उर्दू में?

अमरो : वो रामलाल को पहुँचा भी था।

भगत : फिर? क्या करोगे उस चिट्ठी का?

कुलबीर : कार्ड पर तारीख़ 17 दिसंबर, 1928 साफ पढ़ी जाती है।

अमरो : जिस दिन लाहौर सांडर्ज़ के गोलियाँ लगीं थीं।

कुलबीर : क़त्ल वाले दिन, आप कलकत्ता थे। यह बात इस चिट्ठी के ज़रिये साबित की जा सकती है।

अमरो : भाइया जी को पक्का यकीन है, अपील मंजूर हो जाएगी।

भगत : **(गुस्से में)** यह बात सरासर ग़लत है। सांडर्ज़ का क़त्ल करने में, मैं पूरी तरह हिस्सेदार था। मैं हर बन्दे के सामने इक़बाल कर चुका हूँ और इक़बाल करूँगा। भाइया जी को कहना, बराये मेहरबानी, झूठ का पहाड़ खड़ा करने की कोशिश न करें। हमारी आज़ादी की जंग को दग़ा न दें।

कुलबीर : दग़ा? दग़ा किस तरह?

अमरो : आपने कुछ नहीं करना। वकील उस चिट्ठी के आधार पर आपको छुड़ा सकते हैं। ख़ाहमख़ाह कैद काटनी है?

भगत : क्यों बावलों वाली मार रहे हो? झूठों फरेबों से मुल्क आज़ाद नहीं हुआ करते। क़ौमें ज़िन्दा रहती हैं सच्ची कुरबानियों के सदक़े। पिता जी को कहो, मेरी रिहाई के वास्ते, कायरों वाली चालें मत चलें। इस अर्ज़ी से सिर्फ मेरी बदनामी होगी। फायदा कुछ नहीं होगा।

कुलबीर : फायदा हो सकता है। यक़ीन करो।

अमरो : फाँसी से बच सकते हैं आप।

भगत : बेकार पागलों वाली हाँक रहे हो तुम। उम्र क़ैद मैं पहले ही भुगत रहा हूँ। झूठी चिट्ठियों के हवाले देकर, तुम लोग मुझे पिछले केस से बरी करा नहीं सकते। बहस के वास्ते, ज़्यादा वक़्त नहीं। पिताजी को, वकील प्राणनाथ महता को, मना कर देना। हम अपील नहीं करेंगे।—सोचो तुम। केस हमने लड़ा नहीं। ट्रिब्यूनल यकतरफा फैसला दे रहा है। अब अपीलें करके, हमारे किए कराए पर मिट्टी क्यों डाल रहे हो?⋯ कुलबीर, किताबें लाए हो?

कुलबीर : 'सोवियट्स ऐट वर्क' तो नहीं मिली। कार्ल लिवीकैंट की

'मिलीटैरिज़्म' परसों चौथ महता साब के हाथ भेजूँगा। ये नौ किताबें हैं।

अमरो : दादी ने साग पकाया। बेबे ने मक्की की रोटी सेंकी।

(पकड़ाती है)

भगत : वाहवा ! घर में सयाना कोई है तो दादी जी और बेबे। भाइया जी ने, जब से वे बूढ़े गांधी के चेले बने हैं, ढंग की बात नहीं करी।

(अकबर ख़ाँ आता है)

अकबर : भगत, वक्त ख़त्म। ये किताबें पकड़ा दो। चैक्क करेंगे।

भगत : चाचा, पहले ये 'फीलड्ज़, फैक्टरीज़ ऐंड वर्कशॉप्स' क्लीयर करना। मैं शाम को शुरू करूँगा।

अमरो : दादी और माँ मुलाक़ात के लिए उतावली हैं।

कुलबीर : अगले सोमवार को आएँगी।

भगत : तब तक फैसला भी आ जाएगा। कुलबीर, हौसला रख। दुआबे के बबर शेर रोया नहीं करते। अमरो, रो-रोकर वीरों का हौसला नहीं घटाया करते। **(बगलगीर होकर जाते हैं)** दूसरी किताबें भी जल्दी भेजना।

अकबर : भाई रणधीर सिंह जी आ रहे हैं। तेजा सिंह चूहड़काणा को भेजा है मैंने।

भगत : यह तो मेहरबानी की आपने।—तो फिर एक नेक सलाह दीजिए।

अकबर : किस बारे में?

भगत : पहले फ्रेंच रैवोल्यूशन के बारे में किताब पढ़ूँ या बेबे के भेजे हुए साग-रोटी खाऊँ?

अकबर : यह कोई सोचने वाली बात है? किताब फेंको भट्टी के अन्दर। रोटी खाओ।

भगत : नहीं, चाचा। साग और मक्की तो हम पंजाबी सदियों से खाते आए हैं। आज ज़रूरत है अक्ल की। किताब की।

अकबर : जो पोथे तू पढ़ा करता है, उनके अन्दर निरी बेवकूफी है। पहले रोटी खा।

भगत : सूझ गई, चाचा। इन दोनों कामों में पहल-दूज का रेड़का नहीं। किताब पढ़ना और रोटी खाना एक ही वक़्त किये जा सकते हैं। है कि नहीं?

(रणधीर सिंह और तेजा सिंह आते हैं। अकबर ख़ाँ जाता है)

रणधीर : वाहेगुरु जी का ख़ालसा, श्री वाहेगुरु जी की फतह।

भगत : पाय लागूँ, भाई जी।

रणधीर : नहीं, नहीं, मेरे वीर। चरण सिर्फ गुरु जी के परसते हैं।

भगत : धन्य यह दिहाड़ा, बाबा जी के दर्शन हुए।

रणधीर : तुम बहादुर नौजवान हो। तुम्हारे साथी भी महान वीर हैं। दास उतावला था तुम्हारे साथ मुलाक़ात करने के लिए।

भगत : आप ग़दरी बाबाओं की कुरबानियाँ हमेशा हमारा रास्ता रोशन करती रही हैं। बल बख़्शिये हमें। आपके क़दमों पर चलते हुए हम बाक़ी के साँस भी भारत माँ की ज़ंजीरें तोड़ने पर लगा सकें।

रणधीर : बल तो वाहेगुरु बख़्शता है। शक्ति तो सच्चे पातशाह कलगी वाले देते हैं।

तेजा : भाई साहिब को महाराज ने आप कई बार दर्शन दिए। इनके ऊँचे आदर्शों की बराबरी बड़े-बड़े सन्त महात्मा नहीं कर सके।

रणधीर : नहीं, सरदार तेजा सिंह जी। गुरु कृपा की रम्ज़ गहन ज्ञान है। इसको गुप्त ही रखना चाहिए। यह भेद हर किसी को बताने वाला नहीं।

तेजा : पर भाई साहिब, भगत सिंह आपका अज़ीज़ है। काल कोठरी में बन्द। मौत किनारे खड़ा। कृपा होगी सतगुरु की, अगर भगत सिंह भी आप संग घटे चमत्कार जान सके।

रणधीर : मेरे ऊपर गुरु जी ने सैकड़ों बार दयादृष्टि डाली। मुझे अपने कर कमलों से छुआ। लेकिन चूहड़काणा जी, यह वेला गुप्त चमत्कार प्रकटाने की नहीं। सरदार भगत सिंह जी, पहले आप हुक्म करो। दास को मिलने के पीछे आप का क्या प्रयोजन था?

भगत : बाबा जी, शिक्षा दीजिए मुझे। ज़िन्दगी के बाक़ी बचते हुए दिनों को इन्सानियत की भलाई ख़ातिर ख़र्च सकूँ।

तेजा : भाई साहिब बताते हैं, ऐबटाबाद गुरुद्वारे में, एक बार अमृत वेला, ये अकेले बैठे, जपजी साहब का पाठ कर रहे थे। यों ही इन्होंने नज़र उठाई, ग्यारहवें गुरु जी को अपने आप चँवर हो रहा था। शंख घड़ियाल बज पड़े। है न, भाई साहिब?

रणधीर : तेजा सिंह जी, गुरु घर की शक्ति के बारे में सब सच्च है। हमारे गुरु साहिबान सर्वशक्तिमान हैं। कुल ब्रह्माण्ड को चला रहे हैं। उनकी रूहानी ताक़त पूरे जगत के अन्दर विचर रही है। मगर मैं आपको दोनों कर जोड़ के विनती करता हूँ—मेरे जीवन की गुप्त घटनाएँ लुप्त ही रहने दो।

भगत : भाई जी, एक अर्ज़ करूँ?

रणधीर : उचरो।

भगत : ग़रीबों को ग़रीबी से मुक्ति कैसे दिलाई जा सकती है? शोषकों से, रजवाड़ों से, मज़दूर और किसान राज सत्ता कैसे छीन सकते हैं? इस बाबत आपका क्या तजरबा है? क्या राय है?

रणधीर : सिंह जी, सब रोगों का एक ही दारू है। सब बीमारियों की एक ही औखध है।

भगत : कौन सी?

रणधीर : गुरवाणी! सच्चे पातशाह के शब्द। नाम जपो। वाहेगुरु का भजन करो।

भगत : **(हँसकर)** भाई जी, अगर हिन्दोस्तान के मज़दूर और किसान सवेरे शाम बाणी का पाठ करने लगें, तो क्या वो अमीरों की गुलामी से आज़ाद हो जाएँगे? ग़रीब से अमीर बन जाएँगे?

रणधीर : भगत सिंह, अहंकारी नास्तिकों वाली हँसी मत हँस। वाहेगुरु की बाणी अमोघ बान है। सब वैरियों का नाश कर सकती है। ग़रीबों को दुःख से छुटकारा दिला सकती है।

भगत : यह ताक़त सिर्फ सिख धर्म के अन्दर ही है? या दूसरे मज़हबों की पोथियों के अन्दर भी है ?

रणधीर : सिर्फ पावन गुरु ग्रन्थ साहिब के अन्दर है। दसों पातशाहों के चरण कमलों के अन्दर श्रद्धा रखने में है।

तेजा : श्री गुरु ग्रन्थ साहिब में कबीर जी, रविदास जी, नामदेव—कई हिन्दू भगतों की बाणी भी है।

भगत : क्या हिन्दुओं के वेदों शास्त्रों के अन्दर वही ताकत है जो, भाई जी, आपकी बाणी के अन्दर है?

रणधीर : बिल्कुल नहीं। हम हिन्दू नहीं। सच्चे पातशाह नानक देव जी ने ब्राह्मणों के पाखंडों का पोल खोला। जनेऊ नहीं पहना। बुतपूजा का खंडन किया। गंगा जाकर, हरि की पौड़ी पर, पंडों को फटकारा। नाथों संग गोष्ठियाँ की। उनके जादू टोनों को तर्क की तलवार से क़त्ल किया। फिर मक्का पहुँचे। मक्का शरीफ उनके चरणों से घूम गया। मुल्ला उँगलियाँ दाँतों तले देकर, गुरु जी के आगे काँपने लगे। उनकी ख़ुदाई ताक़त को क़बूल किया।

तेजा : धन्य है बाबा नानक! धन्य है!

भगत : आपका मतलब, सिख मज़हब सब धर्मों से बेहतर है?

रणधीर : अवश्य! हर तर्कशील यह दलील समझता है। दस पातशाहों का बताया मार्ग ही सही है। उत्तम है।

भगत : अच्छा??? क्या रब ने मन्दिर ख़ाली कर दिये? गिरजे गिरा दिए? मसजिदें त्याग दीं? क्या आजकल रब सिर्फ गुरुद्वारों के अन्दर बसता है?

रणधीर : अहंकार ने तुझे अन्धा कर छोड़ा है। क्या तू इतना भी नहीं समझता?—हिन्दू धर्म की कुरीतियों को सुधारने की ख़ातिर ही दसों गुरुओं ने अवतार धारण किया था? कलगीधर जी का 'विचित्र नाटक' भूल गया तू?—

हम एह काज जगत मो आए।
धर्म हेत गुरुदेव पठाए।।
जहाँ तहाँ तुम धर्म बिथारो।
दुष्ट दोखियन पकड़ पछारो।।
याही काज धरा हम जनमं।
समझ लेहु साधु सब मनमं।।
धर्म चलावन, सन्त उबारन।
दुष्ट सबन को मूल उपारन।।

तेजा : धन्य हैं! धन्य हैं कलगीधर पिता!

रणधीर : गुरु जी ने पहले अवतारों का भी ज़िक्र किया है। दूसरे मज़हबों का भी। इसलाम की मिसाल ले लो। इसलाम का अक़ीदा हज़रत मुहम्मद साहिब के आने तक सही था। उन्होंने बुतशिकनी की। लेकिन वक़्त बीतने पर, इन मज़हबों के अन्दर ख़ामियाँ घुस गईं। बुराइयाँ दाख़िल हो गईं। पाप बढ़ गए। इसी कारण, हमारे गुरुओं ने पन्थ सिरजा। इस वक़्त दुनिया का एक—अकेला वैज्ञानिक मज़हब है—सिख धर्म। केवल सिख धर्म कुल जगत का कल्याण कर सकता है।

भगत : तो क्या दुनिया के कामगार, मज़दूर, बाकी पोथे छोड़कर, मन्दिर-मढ़ियाँ-मस्जिदें गिरा कर, सिंह सज जाएँ ?

रणधीर : हाँ जी। पाँचों ककार धारण करें।

तेजा : नित्य नियम से बाणी जपें।

भगत : मान ली आपकी सज्जैशन। फर्ज़ करो, कुल ग़रीब गुरुद्वारे जाने लगें। क्या अंग्रेज़ अपने आप हिन्दोस्तान छोड़ जाएँगे?

रणधीर : अपने आप दुश्मन नहीं मरा करता।

भगत : तो फिर?

रणधीर : वाहेगुरु ताक़त देगा सिंहों की कृपाणों को। भगवती संहार करेगी म्लेच्छों का।

भगत : अगर भला, अंग्रेज़ों के चरचों के अन्दर का गॉड आपके वाहेगुरु से ज़्यादा ताक़तवर निकला? जैसे कि दो सौ साल से, हमारे मन्दिरों, मस्जिदों, गुरुद्वारियों के अन्दर बैठे रब को, विलायती गॉड तोपों से हराए जा रहा है? तब क्या करोगे?—आपका वाहेगुरु पंजाब के शेर रणजीत सिंह का राज्य फिरंगी से नहीं बचा सका। जलियाँवाला बाग के अन्दर हमारे सिख वीरों को, बहनों को, बच्चों को, सामराजियों की बन्दूकों से नहीं छुपा सका। कहाँ गया था आपका रब उस वक्त? रोम के ज़ालिम नीरो की तरह, क्या आपका रब बंसरी बजा रहा था ? मरते हुए बच्चे देखकर मज़े उड़ा रहा था?—जब जनवरी 1920 में, अकाल तख़्त के ग्रन्थी अरुड़ सिंह ने, क़ातिल डायर को सरोपा भेंट किया, आपके वाहेगुरु ने उसको रोका क्यों नहीं?—मुआफ करना, भाई साहिब, मेरी नज़र में आप ग़दरी बाबाओं की क़ुरबानी अज़ीम है। मगर इतिहास नई सोच माँग रहा है। आपको अगले पड़ाव पर पहुँचना चाहिए। न अल्लाह अंग्रेज़ को हरा सकता है, न वाहेगुरु। न राम जाबरों को भगा सकता है, न कृष्ण। और न ही मेरे आर्य समाजी दादा जी का हवन धूप। आज ज़रूरत है मज़दूरों के एके की। कामगार इकट्ठे हों। अधिकारों के लिए लड़ें। जैसे वो रूस के अन्दर लड़े। लैनिन की लीडरी के नीचे। ऋषि कार्ल मार्क्स की वाणी बरत के। ज़रूरत पड़े तो गोली चलावें। बम फेंके। ख़ाली बुड़बुड़ बुड़बुड़ रट्ट कर, कोई बन्दा बरतानिया को नहीं हरा सकता। कोई ग्रन्थ मेरे वीर करतार सिंह सराभा को दोबारा ज़िन्दा नहीं कर सकता।—मेरी दरख़ास्त है आपके आगे—सुनिये मेरा असली मुद्दा आप संग मुलाक़ात करने का—आप बाहर जा रहे हैं। जंग जारी रखो। हमारे वीरों की अगुआई करो। लेकिन नया ढंग बरतो।

तेजा : कौन सा ढंग?

भगत : हिन्दोस्तान सोशलिस्ट रिपब्लिकन आर्मी के जरनैल बनो। चन्द्रशेखर आज़ाद का काम बाँटो। सोहन सिंह जोश, प्रिंसीपल छबीलदास, कामरेड रामकिशन का जत्था मज़बूत करो। सायंटिफिक सोशलिज़्म का प्रचार करो।—पुराना करामातों वाला बावलापन छोड़ो। अन्धविश्वास त्यागो। रब कहीं नहीं है। किसी मनुष्य ने रब कभी आँखों से नहीं देखा।—सब यत्न हमें ख़ुद करने पड़ेंगे। अपनी जानों की क़ुरबानी देकर, हमें हिन्दोस्तान ख़ुद आज़ाद

कराना पड़ेगा।

रणधीर : चल तेजा सिंह। फिजूल ज़हमत उठाई। इस नास्तिक का हर लफ़्ज मेरे कानों के अन्दर जलती हुई ज़हर का किटोरा है! शैतान मुझे गुरुओं से बेमुख बनाने का यत्न कर रहा है। ऐसे अहंकारी का कुफर वाहेगुरु ख़ुद तोड़ा करता है।

(दारोगा और बारू रोते हुए आते हैं।)

भगत : चचा, क्या हुआ? बेबे, रोती क्यों तू?

बारू : जुल्म हुआ आपके साथ।

अकबर : अनर्थ हो गया।

भगत : मेरी दादी बीमार थी। कहीं वो तो—

अकबर : नहीं, ओए मेरे यार।

भगत : फैसला सुना दिया ट्रिब्यूनल ने?

बारू : मैं खिड़की से बाहर खड़ा पंखा खेंच रहा था। सुपरडंट और सरकारी वकील बात कर रहे थे।

अकबर : उधर से मैं आ गया।

बारू : हमने कान लगाकर सुना।

अकबर : अभी फैसला तो कल परसों जेलर और वकील तुम्हें ख़ुद आके सुनाएँगे।

भगत : मौत की सज़ा हुई मुझे?

बारू : हाँ।

अकबर : फाँसी। तीनों को।

रणधीर : वाहेगुरु! वाहेगुरु!

भगत : राजगुरु और सुखदेव को भी?

अकबर : हाँ।

भगत : इसमें हैरानी कैसी? बेबे, तू रो क्यों रही है? बावली। फाँसी का तो हमें पहले पता था। हमारे जैसा ख़ुशकिस्मत कौन है? यह मामूली जान इतने बड़े मुल्क के काम आ रही है।

अकबर : अपील हो सकती है अभी भी। महता साहिब मुलाक़ात करने आ रहे हैं।

तेजा : मौत की सज़ा टूट सकती है।

अकबर : प्रिवी कौंसल घटा सकती है।

रणधीर : सुना है, गांधी पूरी कोशिश करेगा तुम्हारी जानें बचाने की।

तेजा : कांग्रेस, पूरी की पूरी, जुट जाएगी। मोतीलाल नेहरू ख़ुद मिलने आए थे जब इन्होंने भूख हड़ताल रखी। मालवीय जी भी।

अकबर : जवान लीडर कमर कसे खड़े हैं तुम्हें रिहा करवाने के वास्ते।

तेजा : जवाहर लाल नेहरू और सुभाष चन्द्र बोस तुम्हारा बाल भी बाँका नहीं होने देंगे।

अकबर : मैंने सुना, तुम्हारे पिता भी अपील करने जा रहे हैं।

रणधीर : भगत सिंह, अब समय नहीं अभिमान करने का। मेरे वीर, दोबारा शरण ले ले गुरु चरणों में। आत्मा बचा अपनी।

अकबर : टाइम ऊपर हो गया।

भगत : अच्छा, भाई साहिब। मैं मशकूर हूँ। आप मुलाक़ात के लिए मान गए। इनक़लाब!

कई : ज़िन्दाबाद!

(भगत सिंह, अकबर खाँ और बारू जाते हैं)

तेजा : क्या उम्र है? मुश्किल से तेईस बरस! फाँसी पर चढ़ रहा है। धन्य जिगर माँ-बाप का। दादी बाबा का। रत्ती रंज नहीं मौत की सज़ा का। बस, हमेशा यों ही खिले माथे रहता है। चूहड़ा हो या चमार—जेल के हर अहिलकार से हँसकर बगलगीर होता है।

रणधीर : हे कलगीधर पातशाह ! भगत सिंह आपका इकतालीसवाँ मुक्ता है। इसका तलाकनामा फाड़ फेंको। इस आत्मा को नरकों से मुक्त करना हमारा धर्म है। हम इसको दोबारा सिंह सजाएँगे। इसके केश रखवाएँगे। पगड़ी पहनाएँगे। स्वर्ग के अन्दर, इस आत्मा से, सदा के वास्ते, दसों पातशाहियों की सेवा करवाएँगे।—तेजा सिंह, कल हम भगत सिंह से फिर मिलेंगे।

(अँधेरा)

गवैये : दिल से निकलेगी न मरके भी
वतन की उलफत।
मेरी मिट्टी से भी,
ख़ुशबूए वतन आएगी।।

(परदा)

(मध्यान्तर)

दृश्य-5

गवैये : शरह कहे, चल पास मुल्लां दे,
सिख लै अदब अदाबां नूँ।
इश्क़ कहे, इक्को हर्फ बथेरा,
ठप्प रख होर किताबां नूँ।
शरह कहे, चल बहिश्तीं चलिए,
बहिश्तां दे मेवे खावांगे।
इश्क़ कहे, उत्थे पहरा साडा,
आप हत्थीं बरतावांगे।

भगत : महता जी, अपील का सिर्फ एक ही फायदा है : पब्लिसिटी। हमारे इनक़लाबी फलसफे की अख़बारों में इशायत। आप तो सचमुच का केस ऐसे बना रहे हो जैसे हम इख़लाकी मुजरिम हों। जनाब, आप इसको सियासी जंग के तौर पर ही लड़ो। नॉट ए कॉमन क्रिमिनल केस ऑफ कन्सपीरेसी टु मर्डर।

महता : भगत सिंह जी, मैं मानता हूँ—यह तुम्हारी बरतानिया के ख़िलाफ सियासी जंग है। लेकिन अगर प्रिवीकौंसल में अपील मंजूर हो जाए, और तुम्हारी सज़ा कम्यूट होकर उम्र क़ैद में तब्दील हो जाए, तो इसमें नुक़सान क्या है?

भगत : नुक़सान है बहुत बड़ा। ख़ैर, यह मुद्दा आपने कभी समझने की कोशिश नहीं की। जो ज़रूरी बात है वो सामने है आपके। हम प्रिवी कौंसल के आगे अपील करने के हक़ में सिर्फ एक वजह करके हैं। इंग्लैंड की सब अख़बारों के अन्दर केस छपेगा। योरप, अमरीका, रूस—कुल दुनिया के देश भगतों तक हमारी आज़ादी की जंग का नगाड़ा पहुँचेगा। सामराजी ताक़तें, पूँजीवादी शोषक, ठिठक जाएँगे। दुनिया के कामगार, मज़दूर, एकमुठ होंगे। ग़रीबी

और अमीरी के महाभारत में, यह अपील एक मारक अस्त्र बन सकता है। मगर, महता जी, मैं बार-बार इल्तिजा कर चुका हूँ : हम अपनी गर्दनें बचाने की ख़ातिर अपील नहीं करना चाहते। हम इतने नीच नहीं। ख़ुदपरस्त नहीं।

महता : तुम एक दलील तो दो—क्यों तुम जानबूझकर मौत को तरजीह देते हो?

भगत : दलील तगड़ी है—अगर आप समझने की तकलीफ उठाओ। सांडर्ज़ को क़त्ल करने के पीछे हमारा मुद्दा क्या था? स्टरैटिजी क्या थी? हम किसी अंग्रेज़ अफसर के ज़ाती दुश्मन नहीं हैं। स्कॉट हो चाहे सांडर्ज़, हमारे वास्ते वो सामराजी शोषण का नुमाइन्दा है। सिंबल है। हमने कैपिटैलिज़्म के गोली मारी। ऐक्सप्लायटेशन को क़त्ल करने की कोशिश की। ज़ुल्म जबर को चैलेंज किया। किसी इंडिविजुअल को नहीं।

महता : तुम्हारे ज़िन्दा रहने से यह सब कुछ और भी बेहतर हो सकता है। तुम फाँसी चढ़ गए तो जंगे आज़ादी को धक्का लगेगा।

भगत : नहीं, महता जी। इनक़लाब के इतिहास में मौत की सज़ा की अहमियत आप नहीं समझते। ख़ुद बता रहे हैं आप, कैसे, शहर-शहर में जलसे हो रहे हैं। राजगुरु, सुखदेव और भगत सिंह की सूली की सज़ा तुड़वाने के लिए पूरा हिन्दोस्तान खड़ा हो गया है। चार चुफेरे भाषण, हड़तालें, पोस्टर, लेख ! 'भगत सिंह दिवस' मनाया गया। 'इनक़लाब ज़िन्दाबाद' का नारा गली-गली गूँज रहा है। जनाब, यह मुमकिन हुआ क्योंकि हमें फाँसी की सज़ा सुनाई गई। अगर सिर्फ उम्र क़ैद होती, तो यह जलसे जुलूस उतने प्रचंड कभी न होते। नौजवानों का फाँसी पर झूलना ज़बरदस्त हथियार है। बराये मेहरबानी हमारी सज़ा घटाने की कोशिश मत करो। अगर आप हमारी जानें बचाने में कामयाब हो गए, आज़ादी पछड़ जाएगी। और तीस-चालीस साल गुलामी हमें जकड़े रखेगी।

महता : इसकी क्या गारंटी है—तुम्हारे सूली पर लटकने से बरतानिया जल्दी हार खाएगा ?

भगत : **(हँसता)** मैं गारंटी देता हूँ। अगर आपने भी अमरीका की जंगे आज़ादी, फ्रांसीसी इनक़लाब, 1917 की रूसी क्रान्ति, आइरलैण्ड की अंग्रेज़ों पर जीत, अगर आपने इनके बारे में पढ़ा होता, मेरी तरह इनक़लाबों की तारीख़ का दिन रात मुताल्या किया होता,

आप भी यही गारन्टी देते। सुनो मेरी भविष्यवाणी। अगर हम तीनों को फिरंगी फाँसी पर क़त्ल कर देता है, याद रखना, महता साहिब, पन्द्रह-सोलह सालों के अन्दर, हिन्दोस्तान एक आज़ाद रिपब्लिक बन चुका होगा!—और मेरा चाचा अजीत सिंह परेदसों से लौट चुका होगा।

महता : पन्द्रह-सोलह साल???

भगत : सिर्फ पन्द्रह-सोलह साल!!!

महता : काश बरतानिया इतना ताक़तवर न होता। काश हिन्दोस्तान इतना कमज़ोर न होता।

भगत : हिन्दोस्तान को कमज़ोर बनाया ज़ात-पात ने। मज़हबी ज़हर ने। हिन्दू-सिख-मुसलमान के सवाल ने। पंजाबी-मद्रासी-बंगाली की तक़सीम ने। इस तक़सीम को, आपसी नफरत को, मिटाकर, क़ौम को जोड़ने का एकम एक तरीक़ा है—शहीदों का ख़ून! अलग-अलग सूबों के, ज़ातों के, मज़हबों के, नौजवानों का वतन की ख़ातिर बहाया ख़ून!

महता : यह आप मेरे से बेहतर जानते हो। अच्छा, प्रिवी कौंसल में अपील का ड्राफ्ट लेकर मैं जल्द आऊँगा।

(रणधीर सिंह और तेजा सिह आते हैं)

भगत : भाई जी, जय हिन्द।

रणधीर : सत श्री अकाल।

तेजा : महता जी, हम ठहर के आ जाते हैं।

महता : हमारी बात हो चुकी। आ जाओ।—बाहर आपका बेताबी से इन्तज़ार हो रहा है।

तेजा : भाई साहिब की रिहाई की ख़बर बाहर पहुँच चुकी?

महता : आज़ादी के योद्धाओं बाबत हर ख़बर लाहौर के अन्दर तूफान की तरह घूम जाती है।

रणधीर : वकील साहिब, हमारी विनती है—दास के स्वागत के वास्ते शहर में जुलूस जलसा न किया जाए। हम शुहरत के भूखे नहीं। हमारे अज़ीज़ों को, देशवासियों को, सिंहसभाओं को, हमारी दोनों कर जोड़ के प्रार्थना है, हमारे स्वागत के वास्ते संगत इकट्ठी न करें।

भगत : महता जी, भाई साहिब का कहना बिल्कुल नहीं मानना।

रणधीर : हम तुम्हारे जैसे लड़कों से भिन्न हैं। निज्ज के वास्ते शुहरत नहीं लोचते।

भगत : भाई जी, यह आपका ज़ाती मुआमला नहीं रहा। हर जलसा, हर

जुलूस, सामराजियों के ऊपर फेंका हुआ बम है। महता जी, भाई साहिब की कुरबानी बाजे गाजे के साथ सराही जाए।

महता : ज़रूर, जी। **(जाता है)**

भगत : **(ऊँचे)** द्वारकादास लाइब्रेरी को ताकीद करना। लैनिन की जीवनी मुझे ज़रूर पहुँचे।

तेजा : भाई साहिब, सरदार भगत सिंह भी करामाती जीव है। आपकी तरह। संत योगी।

भगत : बाबा जी, मुझे बख़्शो। मुझे साधु सन्त मत बनाओ। इस मुल्क में खाने के लिए अन्न चाहे न हो, साधु सन्तों की कमी कभी नहीं रही। गुरुओं का, पैग़म्बरों का, घाटा नहीं रहा। हर झाड़ के पीछे, झंखाड़ के पीछे, गुरु खड़ा। सन्त खड़ा।

तेजा : मैं तो आपके एकाग्र चित्त की प्रशंसा कर रहा हूँ। शीत उष्ण में एक बराबर। भाई साहिब, मौत की सज़ा सुनकर भी, भगत सिंह की भूख नहीं मरी। जयदेव गुप्ता के भेजे हुए रसगुल्ले छककर खाए।

भगत : **(हँसकर)** अगर स्वाद लेकर खाने से मैं सन्त योगी बन जाता हूँ, तो मैं जनमा ही महात्मा था। क्या आप मुझे इतना बेवकूफ समझते हो कि सज़ा सुनकर मेरी भूख घट जाती? जिस बन्दे के थोड़े साँस बाकी हों, उसको तो और भी पचाके मार-मार के खाना चाहिए। है न, भाई साहिब?

रणधीर : नहीं, ख़ालसा जी। सच्चे सिख स्वादों के पीछे नहीं पड़ते।

भगत : बड़ा बेस्वाद है आपका मज़हब ! दुनिया इतनी ख़ूबसूरत है। इसके नज़ारे देखने में, आनन्द लेने में, गुनाह कैसा?

रणधीर : पाप और पुण्य को एक ही छाँटे से मत हाँक। तू भौतिकवादी नास्तिकों वाला दर्शन बोल रहा है। चारवाक मत बन। शरीर सुख झूठा है। आत्मा पहचान। वाहेगुरु संग रिश्ता पहचान। अहम् पर काबू डाल। सत्य करतार के होने से इनकार करना, तेरे ग़रूर की उपज है। गुरु साहिबान से विश्वास उठ जाना तेरे घमण्ड की पैदायश है। पाठ पूजा को फटकारना, नाम जपने से बाग़ी होना, तेरे अन्धे अहम का नतीजा है। ख़ुदी को त्याग, पुत्र। अभिमान के जाले को दीदों से उतार फेंक।

भगत : भाई साहिब, एक बात के लिए, मैं आपका शुक्रगुज़ार हूँ। आपके साथ की हुई पहली बैठक का बढ़िया नतीजा निकला।

रणधीर : क्या तू हमारे जीवन से मुतासिर हो कर, निरंकार के चरणों में

जा रहा है?

भगत : नहीं, जी। आपके लफ़्ज़ों का मेरे ऊपर उलटा असर पड़ा है।

रणधीर : उलटा?

भगत : मैंने अपने नास्तिक होने की बाबत गम्भीरता से सोचा है।

तेजा : सोचना तो अच्छा होता है। नेक सोच से नेक नतीजे निकलेंगे।

भगत : मैंने एक लेख लिखना शुरू किया है।

रणधीर : किस मज़मून पर?

भगत : मैं नास्तिक क्यों हूँ?

रणधीर : क्या लिखा उसमें?

भगत : मैं अपनी ज़िन्दगी पर नज़र मार रहा हूँ। अपने बदलते हुए विचारों का लेखा-जोखा कर रहा हूँ।

रणधीर : ज़रूर लिख यह लेख। अपने गुनाहों के बारे में संजीदगी से सोच। कलगीवाले तेरी भूल बख़्शेंगे। ककार सजा। सिखी सिदक कमा।

भगत : हो सकता है, आपके साथ विचार भिड़ा कर, मैं और भी पक्का नास्तिक बन जाऊँ। आपके वहमों का, भ्रमों का, मेरे ऊपर उलटा असर पड़े।

तेजा : डाकू बालमीकि ने, कहते हैं, उलटा नाम जपा था। मुक्ति प्राप्त कर गया।

रणधीर : धन्ना जाट ने पत्थर में से प्रभु निकाल लिया। सदने कसाई ने वाणी पढ़कर वाहेगुरु के दर्शन कर लिए। रविदास चमार ने शिला के नीचे गंगा दिखा दी।

तेजा : नाम का दान दो, हे वाहेगुरु।

भगत : भाई जी, मुझे इन क़िस्से कहानियों पर कोई यक़ीन नहीं। वहमी लोगों ने क़िस्से गढ़ लिए। चमत्कार कोई साधु न कभी कर सका है, न कर सकेगा।

तेजा : हाथ कंगन को आरसी क्या? भाई साहिब के बारे में नहीं सुना आपने?

भगत : बाबा जी, डरा हुआ बन्दा, कमज़ोर मनुष्य, रब का सहारा ढूँढ़ता है। प्रभु भक्ति में से ताक़त तलाशता है। लेकिन कमज़ोर दिमाग़ कल्पना को असलियत समझ बैठता है। रस्सी को साँप समझने वालों का घाटा नहीं। झाड़ी को भूत-प्रेत कियासने वालों की कमी नहीं। हिलते हुए पत्ते को फरिश्ता मानना नई बात नहीं। मैं ऐसे भ्रमों में, भुलावों में, नहीं फँसता। मेरे पल्ले दिमाग़ है। सोचने की शक्ति है। साइंस के बढ़ते हुए ज्ञान का हामी हूँ मैं। रब

सिर्फ कमज़ोर दिलों का मन-गढ़न्त हौआ है। डरावना देव है।— प्रार्थना किस वास्ते? क्या वो देव-दानव ख़ुशामद सुनकर दयालु हो जाएगा? धूप का धुआँ सूँघकर, बलि के बकरे का ख़ून चाटकर, क्या वो क़साई तुम्हें ज़बह करने से पीछे हट जाएगा ? डाऊन विद सच ए करूअल गॉड ! रब, मुरदाबाद !

तेजा : **(कानों पर हाथ रखकर)** कुफर मत तोल, जवान।

रणधीर : ख़ौफ खा वाहेगुरु से।

भगत : ख़ौफ! बस यही जड़ है आपके विश्वास की। ख़ौफ, डर, भय! मैं क्यों डरूँ एक फर्ज़ी देवदानव से? मैं कायर नहीं। डरपोक नहीं।

रणधीर : भगत सिंह, एक सवाल का जवाब दे। सच्चा सच्चा।

भगत : पूछो।

रणधीर : क्या नास्तिक बनना तेरे घमंड का नतीजा नहीं?

भगत : नहीं, जनाब। यह मेरी सालों की सोच का नतीजा है।

रणधीर : मैं सही बताता हूँ तुम्हें। जितनी शुहरत अख़बारों के ज़रिए, रसालों के ज़रिए, तुझे मिली है, उतनी शुहरत किसी देश भक्त को कभी नहीं मिली।

भगत : आपने सही फरमाया। यह हिन्दोस्तान सोशलिस्ट रिपब्लिकन एसोसिएशन की पॉलिसी रही है। जागृति पैदा करनी है अगर क़ौम के अन्दर, तो सबसे बेहतर हो सकती है अख़बारों के रास्ते।—इश्तिहारबाज़ी महँगी पड़ती है। वक़्त खाती है। लेकिन मुक़द्दमे की ख़बर, पूरे हिन्दोस्तान के अन्दर, दूसरे दिन, गाँव-गाँव पहुँच जाती है। हम अपनी पॉलिसी में कामयाब हुए हैं। आप इसे मुझ अकेले की शुहरत समझ रहे हैं। मैं इसे तंग नज़रों से नहीं देखता। यह ख़ुदनुमाई नहीं। यह अकेले भगत या सुखदेव या राजगुरु या आज़ाद की मशहूरी नहीं। यह है हमारे इनक़लाबी फलसफे का फैलाव। हमारी साँझी जीत।

रणधीर : तू चाहे जो मरज़ी मतलब निकाल। हमारी पीढ़ी ने तुम्हारे से कहीं ज़्यादा कुरबानियाँ दीं। जुल्म झेले। देसों परदेसों के अन्दर।

भगत : सत्य बचन, भाई साहिब। मैंने हमेशा आपके आगे सिर झुकाया। सोहन सिंह जोश के 'किरती' में लेख लिखे। आपकी कुरबानियाँ हमवतनों के सामने मसाल के तौर पर पेश कीं। मैजिक लैंटर्न का इस्तेमाल करके।

रणधीर : लेकिन हमें तुम्हारे मुक़ाबले में चुटकी भर मशहूरी नहीं मिली।

है न, तेजा सिंह?

तेजा : सत्य भाख्या आपने।

रणधीर : जानते हो इसकी वजह क्या थी?

भगत : बताइए।

रणधीर : ग़दर पार्टी में पंजाबी ज़्यादा थे। कामागाटा जहाज़ के अगुआ गुरु के सिंह थे। मगर अख़बारें हिन्दुओं के हाथों में हैं। सिरघिसे मुसलमानों के पास हैं। ईसाइयों के क़ब्ज़े में हैं। ये तीनों क़ौमें सिखों से खुन्दक खाती हैं। हमें शुहरत देने के हक़ में नहीं थीं।

तेजा : ज़्यादा अख़बार हैं भी उर्दू के। गुरुमुखी में अव्वल तो अख़बार रसाला है कोई नहीं। अगर है भी तो उसको पढ़ने वाले उँगलियों पर गिने जा सकते हैं। हम सिख खाने-पीने के वक़्त, सबसे आगे। किताब पढ़ने के वक़्त, सबसे पीछे।

भगत : एक कड़वा सच और भी कह डालो।

तेजा : कौन सा?

भगत : अगर कुछ रसाले हैं भी पंजाबी में, वो सरकारी सिख सँभाले बैठे हैं। जो 1857 से फिरंगी के पिट्ठू रहे हैं। देश भक्तों को ग़द्दार समझते हैं।

रणधीर : दुरुस्त फरमाया तुमने। ये डरपोक सिख पत्रकार हमारे ग़दरी साथियों को इन्साफ नहीं दे सके। अब बोल, क्या तेरे बाल कटवाने के पीछे यही ख़ुदगरजी नहीं थी।

भगत : कौन सी?

रणधीर : कि अगर तू केश कटवा ले, हिन्दू अख़बारें तुझे ज़्यादा शुहरत देंगी?

भगत : **(खिलखिलाकर हँसता)** धन्य हैं आप रणधीर सिंह जी। मज़हबी जनून से बन्द आपकी आँखें इतनी दूर देख सकती हैं ? यक़ीन मानना, मैं कभी यह कल्पना भी नहीं कर सकता था कि मेरे हम-वतनों में से कोई यह भी कह सकता है—कि मैं सांडर्ज़ का क़त्ल करके, विलायती हैट पहन कर, दुर्गा भाभी और शची को साथ लेकर, जब लाहौर से बचकर, कलकत्ता पहुँचा, तो मेरे दिमाग़ के अन्दर सिख-से-हिन्दू बनकर, ज़्यादा शुहरत हासिल करने की तमन्ना थी। कमाल है आपका सोचना। गुरु की सिखी इतनी तंग नज़रों वाली तो कभी नहीं थी। बाबा जी, आपके वास्ते 'सब' जग एक नूर से नहीं उपजा। हिन्दू और मुसलमान आपको शैतानी नूर से उपजे दिखते हैं। सिर्फ आपका फिरका ही वाहेगुरु ने ख़ुद

सिरजा था। बाक़ी इन्सानों को उसने भाड़े के कुम्हारों से घड़ा लिया। और बेगाने आवे के अन्दर कच्चे पिल्ले पका लिया।

(बारू साग रोटी लाता है)

रणधीर : तेरा अहंकार तुझे नरकों की तरफ ले जा रहा है।

भगत : बेबे, आ जा। परे क्यों खड़े हो?

बारू : मैं बाद में आ जाऊँगा।

भगत : मुझे करारी भूख लगी है।

रणधीर : क्या तू इस चूहड़े की छुई रोटी खाएगा?

भगत : क्यों? आप चूहड़े चमारों को दूजे नूर से उपजे समझते हो?— बारू कोई भंगी है। यह तो मेरी बेबे है जो नित्य मेरा गन्दमूत साफ करती है। अपनी बेबे की पकाई रोटी मैं क्यों न खाऊँ?

तेजा : भाई साहिब सिर्फ अमृतधारी सिख का पकाया भोजन छकते हैं।

रणधीर : वरना भूखा मरना मंजूर है।

भगत : आख़िर भाई रणधीर सिंह हैं तो हिन्दुओं की सन्तान। वो हिन्दू जो ग़रीबों को शूद्र कहकर सदा पैरों के नीचे कुचलते रहे। किसी किताब के शब्द कानों में पड़ जाएँ, तो सिक्का ढालकर कानों में उँडेलते रहे।

रणधीर : हिन्दू करते होंगे ऐसे सितम। हमारे गुरु साहिबान ने सबको एक ही बाटे में से अमृत छकाया।

भगत : जी, हाँ। इनक़लाबी गुरु साहिबान, ज़िन्दाबाद। पकड़ा, बेबे। अपनी कोठरी चल के खाऊँगा। बाबा जी, आप भी लगाओ गप्फा।

रणधीर : सिंह सिर्फ गुरुमुख संग प्रसाद छकता है। मनसुख संग नहीं।

भगत : आपकी मरज़ी। कह बेबे, मक्की की रोटी, सरसों का साग !

दोनों : ज़िन्दाबाद!

(दोनों जाते हैं)

तेजा : कितनी ऊँची, सच्ची आत्मा है। मगर नास्तिकता ने दिल पथरा दिया। भाई साहिब, गुरु बाणी का जादू चलाइए। करामात दिखाइए। भगत सिंह को गुरु के चरणों में स्थान दिलाइए।

रणधीर : हे दसवें पिता, दास की सहायता करो!

तेजा : जल्द आपकी रिहाई हो जाएगी।

रणधीर : एक मुलाक़ात और करेंगे। हे वाहेगुरु, इस नास्तिक को आस्तिक बना! शैतान के ख़िलाफ भगवती चला! सिखी की शक्ति का करिश्मा दिखा!

(अँधेरा)

दृश्य-6

गवैये : जब से सुना है हमने,
मरने का नाम ज़िन्दगी है,
सर पर कफन लपेटे,
क़ातिल को ढूँढ़ते हैं।

अमरो : क्या जुर्म किया है, भाइया जी ने? तेरी जान बचाने की कोशिश कर रहे हैं। कैसा बन गया है तू, मेरे वीर? मौत इतनी प्यारी लगती है तुम्हें?

कुलबीर : उम्र क़ैद भी ज़्यादा से ज़्यादा चौदह साल की होती है। रिहाई होने तक आप सिर्फ सैंतीस बरस के होंगे। भैया, जिद्द मत करो। पिता जी जो कर रहे हैं, करने दो। वो तो कहते हैं, बेशक घर घाट बिक जाए, आपकी जान ज़रूर बचाएँगे।

अमरो : तुम तो यहाँ बैठे हो, अलग-थलग। हमारी हालत देख घर में।

भगत : **(हँसता)** वाह मेरी बीबी रानी बहन। मैं क़ैद के अन्दर सुखी बैठा हूँ। तुम लोग बाहर दुखी हो।

अमरो : माँ को, और दोनों चाचियों को, सम्भालना पड़े तो पता चले। गशें पड़ रही हैं, घड़ी-घड़ी—जबसे फाँसी के बारे में सुना है।

कुलबीर : बाबा जी उधर अलग बावलों की भाँति खाट पर करवटें बदलते रहते हैं। आहें भरते। न कुछ खाते हैं न पीते।

अमरो : तेरा हँसी-ठट्ठा याद कर करके चाचियाँ रोती रहती हैं।

भगत : अच्छा, कुलबीर, ध्यान से सुन। कल जब मैंने ट्रिब्यून में ख़बर पढ़ी—भाइया जी ने झूठे मुद्दे बनाकर अपील की है मेरे बचाव के लिए, मुझे बहुत गुस्सा आया। मैं पूरी रात सो नहीं सका। सियासी तौर पर मेरा पिता जी से हमेशा झगड़ा रहा है। इनक़लाब लाने के तरीक़ों पर हम कभी सहमत नहीं हुए।

अमरो : इस तरफ लगाया तुम्हें किसने था? भाइया जी ने। और चाचा अजीत सिंह ने। चाचा स्वर्ण सिंह ने। अब तू उनका जठेरा बनता है ?

कुलबीर : सारा हिन्दोस्तान हमारे परिवार को देशभक्तों का कुनबा कहके पूज रहा है। मुझे बल्कि अपने आप पर शरम आती है। मैंने और कुलतार ने वतन के वास्ते कुछ नहीं किया। मगर पिताजी की और आपकी कुरबानियाँ हमें भी हर स्थान पर इज़्ज़त दिला रही हैं।

अमरो : चाचा अजीत सिंह, पता नहीं, कौन-कौन से परदेसों के अन्दर धक्के खा रहा है। तीनों भाइयों ने क़ैद काटी। और, वीरा, तू पिता जी को बुरा भला बोलता है?

भगत : अमरो, मैं पिता जी का, और चाचाओं का, बड़ा प्रशंसक हूँ। मुझे नाज़ है उनकी कुरबानियों पर। मैं नाचीज़, उनके नक़्शे क़दम पर चलता हुआ, मुल्क की ख़ातिर जान दे सकूँ, तो अपना सौभाग्य समझूँगा। लेकिन यह सियासी युद्ध तुम नहीं समझते। इस लड़ाई को कमज़ोर बनाना मुल्क के साथ ग़द्दारी है। मेरे साथ ज़ाती दुश्मनी है।

कुलबीर : दुश्मनी? कैसे?

अमरो : हद करते हो, भैया।

भगत : जो भाइया जी ने किया, मेरा कोई दुश्मन ही कर सकता था।

अमरो : पहेलियाँ मत बुझा, वीरा।

भगत : कान लगाकर सुन, कुलबीर। यह चिट्ठी लिखी है मैंने पिताजी को। इसकी नकलें बनाकर, सब अख़बारों को छपने के वास्ते भेजो। जिस जिस अख़बार के अन्दर, रसाले के अन्दर, भाइया जी की अपील की ख़बर छपी है, उसके अन्दर मेरा जवाब ज़रूर छपना चाहिए।

कुलबीर : आज शाम तक नक़लें भिजवा देंगे।

भगत : शाबाश। यह बहुत अहम मुद्दा है। काहिली नहीं करना।

अमरो : पिता जी को चिट्ठी लिखी?

भगत : हाँ।

अमरो : मुझे पकड़ा। मैं दूँगी। अख़बारों में छपाने की क्या ज़रूरत?

भगत : बावली बहिना है तू मेरी। यह पिता-पुत्र का झगड़ा नहीं। यह चिट्ठी पूरे हिन्दोस्तान से सम्बन्ध रखती है। मेरी फाँसी की सज़ा अकेले हमारे कुनबे से ताल्लुक नहीं रखती। आज़ादी की जंग

मैं और भाइया जी दो अलग-अलग पॉलिसियों के मुताबिक़ लड़ रहे हैं। भाइया जी बरतानिया के क़ानून में यक़ीन रखते हैं। मैं नहीं रखता। न ही मेरे साथी रखते हैं। सामराज़ियों की कचहरियाँ हमें कभी इन्साफ नहीं दे सकतीं। इस कारण, हमने ट्रिब्यूनल का बॉयकॉट किया। इसी कारण, हम फाँसी को उम्र क़ैद पर तरजीह देते हैं। ताकि हमारे इनक़लाबी प्रोग्राम को ताक़त मिले। दूसरे नौजवानों का ख़ून खौले। वो अंग्रेज़ों को मुल्क से निकाल कर चैन लें। पिता जी के झूठे अपील हमें आम इख़्लाक़ी क़ैदी बना रहे हैं। यह काम कायर किया करते हैं। मैं कायर नहीं। भाइया जी कमज़ोर हो सकते हैं। एक दो लम्हें के लिए कमज़ोरी हर बन्दे को गिरा सकती है। लेकिन वे शेर हैं। उनको कहना, सम्भल जाओ। हौसला न हारो। पुत्र को बुज़दिल मत बनाओ। ख़ुशी-ख़ुशी मेरा मौत दुल्हन संग ब्याह करो। ताकि हमारा साँझा मनोरथ—हिन्दोस्तान की आज़ादी—हमें जल्दी से जल्दी प्राप्त हो।

कुलबीर : चिट्ठी तो छप जाएगी हर जगह। मगर भाइया जी को आप कोशिशों से हटा नहीं सकते। आप तीनों को बचाने का वे हर हीला करेंगे।

अमरो : गांधी जी को मिलने जा रहे हैं, सारे डिफेंस कमेटी वाले।

कुलबीर : कांग्रेस कभी आपको फाँसी नहीं लगने देगी।

भगत : गांधी ने सारे मुल्क का दिमाग ख़राब कर रखा है। नन्हा चूज़ा बन रहा है। राम-राम रटने से क्या सामराजी हराए जाते हैं? पूँजीपतियों के दिल बदलाए जाते हैं?

कुलबीर : जवाहर लाल नेहरू, सुभाष चन्द्र बोस, मजबूर करेंगे गांधी को—आपको छुड़ावें।

अमरो : पक्का यक़ीन है मुझे—वीर मेरा घर लौट कर आएगा। मैं पल्लू पकड़ूँगी घोड़ियाँ गाऊँगी। वीर को बारात चढ़ाऊँगी।

भगत : अब तो मौत ही दुल्हन बनेगी तेरे वीर की।

(अकबर खाँ आता है)

अमरो : सुख बोल, भागों वाले।

अकबर : मुन्नी, वक़्त ख़त्म।

कुलबीर : किताबें इन्होंने रख लीं।

भगत : अपटन सिनक्लेयर के नॉवल भेज। बरनर्ड शॉ के ड्रामे। बरट्रैंड रसल के ऐस्से।

कुलबीर : अच्छा।

भगत : फिर सुबकने लगी तू? बस, मेरी शेरनी बहन।

(दोनों जाते हैं)

अकबर : भगत, आज से तुझे चौदह नम्बर में सोना पड़ेगा।

भगत : फाँसी जल्दी लग रही है?

अकबर : नहीं। प्रिवी कौंसल की अपील बाकी है अभी तो। उसके बाद भी आप वायसराय को मरसी पटीशन कर सकते हो।—हाँ, भई। रणधीर सिंह जी रिहा हो रहे हैं आज पाँच बजे। वो आख़िरी मुलाक़ात करना चाहते हैं।

भगत : मुलाक़ात ज़रूर करें मगर मेरा लेख पूरा हो चुका।

अकबर : कौन सा?

भगत : ''मैं नास्तिक क्यों हूँ?''

अकबर : इसी करके तो भाई साहिब ने मिलना है।

भगत : ताकि मुझे डराने की आख़िरी कोशिश कर सकें?

अकबर : और बाल बढ़ाने की।

भगत : मैं ज़रूर मिलूँगा, ताकि मेरा एथिइज़्म मज़बूत हो जाए।

अकबर : ज़िद्द मत कर, भगत। रब की इबादत शुरू कर दे। वरना क़यामत तक दोज़ख़ की आग में जलेगा।

भगत : चाचा, तुम्हें दोज़ख़ की बाबत कैसे मालूम है?

अकबर : कुरान मजीद में लिखा है।

भगत : क्या हर किताब की हर बात सच्ची होती है?

अकबर : कुरान शरीफ इलाही है। अल्लाह ने ख़ुद हमारे नबी के ज़रिए हम तक पहुँचाया है।

भगत : हाँ, हाँ, अकबर चाचा। बाईबल 'इलाही' है। वेद 'इलाही' है। हर फिरक़े का पोथा सीधा रब से उतरा है। तभी शायद मज़हबी जनूनी बात-बात पर आग लगाते फिरें। क़त्ल करते फिरें।

अकबर : तू नेक बन्दा है। मगर तेरा हशर सोचकर, मुझे तरस आता है। जहन्नुम से बच, भगता।

भगत : गोरों की गुलामी से बदतर नहीं होगा जहन्नुम। चाचा, तुम मेरे ऊपर अपना तरस ज़ाया मत करो। हाँ, हो सके तो मुझे हज़रत मुहम्मद साहिब की जीवनी उधार दो।

अकबर : ज़रूर, ज़रूर। मैं अभी लाया।

भगत : हज़रत मुहम्मद साहिब अपने ज़माने के मुमताज़ इनक़लाबी थे। उन्होंने बुत परस्तों के ख़िलाफ मुहिम चलाई। और जीती भी। मैं उनकी सट्रैटिजी की बाबत पढ़ना चाहूँगा। बेशक हमारे मन्तव्य अलग हैं। फलसफे अलग हैं। लेकिन व्लादी मीर लैनिन लिखते

हैं : "सीखो सब से। पढ़ो सब कुछ। मगर हर बात क़बूल मत करो। सोचो। परखो।"—मैं मुहम्मद साहिब जैसे सन्त सिपाही का चेला बनकर भी देखना चाहता हूँ।

अकबर : इन्शा अल्लाह ! तुम हमारे आक़ा पर ईमान ले आओ।

भगत : ऐसा कोई ख़तरा नहीं। मेरा अपना ईमान बड़ा मज़बूत है।— मैं भाई रणधीर सिंह को विदा करने पाँच बजे पहुँचूँगा। आख़िरी दंगल सही वहमी बाबा संग।

(अँधेरा)

दृश्य-7

गवैये : ज़ालिम ज़माने ने चाहा मिटाना हमें लाख लेकिन,
हर दिल में अक्स रह गया, तस्वीर रह गई।

रणधीर : मौत बड़ों-बड़ों को चकरा देती है, तेजा सिंह जी। याद रखना मेरा कहा। जैसे ही फाँसी के दिन नज़दीक आएँगे, भगत सिंह वाहेगुरु को मानना शुरू कर देगा। केश भी बढ़ा लेगा। लेकिन उसको गुरु साहिबान के चरणों में आने की हल्लाशेरी देना, तेरा ज़िम्मा है।

तेजा : भाई साहिब, आपने यह शुभ कार्य आरम्भ किया है। मुझे लगता है, असर ज़रूर हुआ है आपके वचनों का।—बेशक ऊपर-ऊपर से भगत सिंह नास्तिकों वाली हरकतें करता है।

रणधीर : ख़ुदी, अहंकार, बन्दे को डुबो देते हैं। मगर भगत सिंह स्वच्छ आत्मा है। अहंकार को त्याग कर, कलगीवाले की शरण में आ जाएगा। मेरे वचन अभी तक गुरु महाराज ने व्यर्थ नहीं जाने दिए। मैंने जिस भी काफिर को चाहा, गुरु का सिख बना लिया। मेरे सामने बेशक भगत सिंह नहीं-नहीं कहे। मेरे जाने के बाद, मेरी शिक्षा याद करके, गुरु घर की तरफ मुख अवश्य करेगा।

तेजा : मुझे भी ऐसा ही लगता है।

रणधीर : बस गाहे-बगाहे उसको सिख धर्म की तरफ आने के वास्ते प्रेरते रहना।

तेजा : सत्य वचन, भाई साहिब।

(भगत सिंह और अकबर खां आते हैं)

भगत : बाबा जी, तैयारियाँ ?

रणधीर : हाँ, पुत्र। तुझे मिलकर, सीधे बाहर।

भगत : सोलह साल की तपस्या आपकी।

रणधीर : जो बाज़ों वाले ने दास से करवाया, सो हो गया।

अकबर : भगत, यहाँ से सीधे चौदह नम्बर। **(जाता है)**

तेजा : अभी से चौदह नम्बर? वाहेगुरु! वाहेगुरु!

रणधीर : अपील का क्या बना? कहते हैं, गांधी वायसराय को मना रहा है?

भगत : गांधी खचरा है। सरमायेदारों का झुनझुना। भाई जी, आप बाहर पहुँच कर, गांधी के ख़िलाफ प्रचार करो। मुल्क को अन्धविश्वासों की दलदल से निकालो। चन्द्रशेखर आज़ाद संग सम्पर्क पैदा करो। सोहन सिंह जोश जैसे लेख लिखो।

रणधीर : यह आख़िरी क्षण, भगत सिंह, मैं दूसरी बात करना चाहता हूँ।

भगत : हुक्म करो, बाबा जी।

रणधीर : पुत्र, अभिमान त्याग। अपनी असलियत पहचान। तू मरेगा नहीं, लौटकर फिर आएगा। आत्मा अजर अमर है। यह ख़त्म नहीं होगी। यह बार-बार आएगी। मनुष्य जामे में आएगी। क्या यह बोलने वाला, समझने सोचने वाला, उपकार चितवने वाला, ऊँची करनियाँ लोचने वाला—जो कुछ तू है, यह तेरा हाड़, चाम, मांस, रक्त के मढ़े शरीर के साथ ही नष्ट-भ्रष्ट हो जाएगा? कभी नहीं। तू कभी नष्ट नहीं होगा। न कभी मरेगा।

भगत : आपको पक्का यक़ीन है, आत्मा नाम की कोई चीज़ होती है?

रणधीर : अवश्य होती है।

भगत : सुबूत क्या है आपके पास?

रणधीर : कुफर छोड़, बेटा। हम सियानों का कहा मान। केश रख। नित्य वाणी का पाठ कर। तेजा सिंह, हमारे वाली पंज ग्रन्थी भगत सिंह को दे देना।

तेजा : चंगा, जी।

भगत : नहीं, भाई साहिब। शिक्षा के वास्ते शुक्रिया। मुझे किसी धार्मिक पोथी की ज़रूरत नहीं। मेरी नास्तिकता सैकड़ों किताबें पढ़ने का नतीजा है। वैज्ञानिक सोच का फल है। काश मैं आपका सम्मान रखने के वास्ते ड्रामा खेल सकता। झूठ बोल सकता। लेकिन नहीं। सच यही है—कि फाँसी लगने तक, मैं आपके वाहेगुरु संग कोई रिश्ता क़ायम नहीं करूँगा। मैं बुज़दिल नहीं। वहमी नहीं। अन्धविश्वासी नहीं।

(अकबर ख़ाँ आता है)

अकबर : वकील साब आए।

भगत : बुला लीजिए।

अकबर : भाई जी, टाँगा तैयार खड़ा है।

रणधीर : भगत सिंह, मौत सब हैंकड़ तोड़ देती है। नास्तिकों को आस्तिक बना देती है।

भगत : इतना कायर मैं कभी नहीं होने लगा कि मौत से डरूँ।

रणधीर : काल बताएगा यह तो।

भगत : **(पाँव छू कर)** दर्शनों के लिए धन्यवाद।

रणधीर : गुरु लम्बी आयु बख़्शे ! वाहेगुरु जी का ख़ालसा, श्री वाहेगुरु जी की फतह।

(रणधीर सिंह और तेजा सिंह जाते हैं)

अकबर : तेजा सिंह, महता साब को भेज दो।—अपील के बारे में पता चल गया?

भगत : प्रिवी कौंसल ने रिजैक्ट कर दी?

अकबर : मुझे अफसोस है।

(महता आता है)

भगत : अफसोस कैसा? अंग्रेज़ों ने फाँसी लगाने का फैसला तो मुक़द्दमा चलाने के पहले ही कर लिया था।

अकबर : अच्छा, जी। आप करो बातचीत। **(जाता है)**

महता : अभी भी एक स्टैप बाकी है।

भगत : गांधी वाला?

महता : नहीं, कांग्रेस का प्लेटफॉर्म या गांधी-इर्विन समझौते की सम्भावना तो अलग है। वो तुम्हारे पिता जी कोशिश कर रहे हैं। मुझे तो दूसरी विनती करनी है तुम तीनों से। तुम लोग इनकार बिल्कुल नहीं करोगे।

भगत : फरमाइये तो सही।

महता : मरसी पटीशन टु द वायसराय।

भगत : नो! नो!! नो!!!

महता : सुनो तो सही।

भगत : दया की भीख? ज़ालिम से? कभी नहीं।

महता : तुम्हारे घर वालों की, लीडरों की, पूरे मुल्क की, तुम्हारे आगे दरख़ास्त है। तुम्हारी जानें बेशक़ीमती हैं। बराए मेहरबानी, दस्तख़त कर देना। तुम लोग रस्म पूरी कर दो। बाक़ी देश के मशहूर लीडरों का ज़िम्मा है। वायसराय समूचे हिन्दोस्तान की आवाज़ अनसुनी नहीं कर सकता। ज़रूर सज़ा कम कर देगा।

आज मैं बहस करने नहीं आया। हम पाँच-छः वकील मिलकर मरसी पटीशन का ड्राफ्ट तैयार करेंगे। परसों मैं तुम्हारे दस्तखतों के वास्ते लाऊँगा। राजगुरु और सुखदेव को भी यही विनती है हमारी। तुम तीनों मशवरा कर लेना। ड्राफ्ट अप्रूव करके, सिगनेचर ज़रूर करना। कोई ताक़त नहीं जो तुम्हें सूली पर चढ़ा सके। परसों दस बजे आया मैं।

भगत : महता जी, फिजूल टक्करें मारते फिरें आप।

महता : आज जिरह बिल्कुल नहीं। परसों सवेरे। तुम्हारी जानें हर हीले बचाएँगे।

(अँधेरा)

दृश्य-8

गवैये : हवा में रहेगी मेरे ख़्याल की बिजली।
यह मुट्ठी ख़ाक की फ़ानी, रहे, न रहे।।

बारू : नहीं, बीबी जी। फिक्र फाक़ा सरदार साहिब बिल्कुल नहीं करते। उसी तरह हँसते खेलते हैं, जिस तरह आम बन्दे। बल्कि आप समझो, सुखी से सुखी बन्दा भी इतना खुश न रहता होगा।

अकबर : अरसा हो गया मुझे भी अंग्रेज़ों की जेलों में धक्के खाते हुए। लेकिन ऐसा क़ैदी नहीं देखा। हँसमुख ! दलेर ! पता नहीं मौला ने भगत सिंह को किन-किन धातों से सिरजा था।

बारू : मन ऐसा अडोल ! हर वेला पढ़ते रहें।

अकबर : वरना फाँसी लगने वाले सूख-सूख कर, तीली हो जाते हैं। जल्लाद घसीटा बताया करता है : "मैं तो लाशों को सूली चढ़ाता हूँ। मरे हुए तो बेचारे पहले ही होते हैं।"

बारू : मगर भगत सिंह जी का वज़न बढ़ गया है। तगड़े दिखते हैं। करतार सिंह सराभा लगते हैं, हू-ब-हू।

अकबर : मरज़ी तो ख़ुदा की है, बहन। उसकी रज़ा में रहना पड़ता है। मगर भगत ने ज़िद्द पकड़ ली—मुआफी की अर्ज़ी नहीं देंगे। महता साब रोज़ नया ड्राफ्ट लाते हैं। ये तीनों मुत्तफिक़ नहीं होते। कभी राजगुरु कह देता है, यह फिक़रा काटो। कभी सुखदेव कहता है, फलाँ लफ्ज़ बदलो। महता चक्कर लगाते थक गया। महीनों तक। दरअसल भगत रहम की दरख़ास्त बिल्कुल नहीं देना चाहता।

(भगत सिंह आता है। बारू जाता है)

अमरो : मेरे श्रवण वीरा!

भगत : चुप कर। जो अब रोई, चुटिया खेंचूँगा।

कुलबीर : भैया, कैसे हैं?

भगत : मैं तो चंगा हूँ। तुम अपना सुनाओ। बाबा जी की सेहत कैसी है?

अमरो : तेरे फिक्र ने मार लिया। चुप्प गडुप्प रहें।

कुलबीर : भाइया जी दिल्ली गये।

भगत : बीमा कम्पनी का काम था?

अमरो : काम सूझें हमें ?

कुलबीर : गांधी और इर्विन की रोज़ लम्बी मुलाक़ातें हो रही हैं। भाइया जी और डिफेंस कमेटी पक्की धारणा लेकर गए हैं—गांधी-इर्विन समझौते की एक शर्त होगी : आप तीनों की जानें बचाई जाएँ।

भगत : **(हँसता)** इर्विन है मक्कार बिल्ला। चूहे गांधी संग खेलें खेल रहा है। गांधी तो बेवकूफ बन ही रहा है। मुझे अफसोस है—जवाहर लाल नेहरू और सुभाष चन्द्र बोस जैसे नौजवान इर्विन के झाँसे के अन्दर क्यों फँस रहे हैं ? महान शहीदों का किया कराया समझौतेबाज़ी की मिट्टी में क्यों मिला रहे हैं ? मदन लाल ढींगरा, करतार सिंह सराभा, अश्फाकुल्ला खाँ, जितेन्द्रनाथ दास, भगवती चरण वोहरा—क्या इन शूरवीरों की जानें क़ुरबान करना व्यर्थ गया?—कुलबीर, हम तो यहाँ बँधे हुए बैठे हैं। तुम क़ौम के गबरुओं तक हमारा सन्देश पहुँचाओ। चन्द्रशेखर आज़ाद से सम्बन्ध क़ायम करें। आज़ाद जी कानपुर, झाँसी या बनारस की तरफ होंगे। नौजवान, आज़ाद भाई साहिब की कमांड के नीचे, गोरों के ख़िलाफ जंग जारी रखें। सरमायेदारों के ख़िलाफ महायुद्ध लड़ते रहें। गांधी की समझौतेबाज़ी से बचें।

अकबर : भगत जी, आज़ाद साब तो कल...

अमरो : दिल सख़्त करो, वीर जी।

भगत : क्या हुआ भाई साहिब को?

अमरो : गोलियों की आँधी चलाई पुलिस ने।

कुलबीर : अकेले क़ाबू आ गए।

अकबर : अलाहाबाद, अलफ्रिड पार्क में।

अमरो : आख़िर तक जवाबी गोली चलाते रहे।

भगत : **(आँसू दबाता)** आज़ाद! आख़िर तक आज़ाद! क़सम के पक्के निकले।

अमरो : क़सम कैसी?

भगत : कहा करते थे : "अंग्रेज़ मुझे ज़िन्दा कभी नहीं पकड़ सकता। फिरंगी हाथ आएगी तो सिर्फ मेरी लाश।" वचन के पक्के निकले।

हमें मात दे गए। मुझे कहा करते थे : "भारत माँ की गोद में मैं तेरे से पहले जाऊँगा।" बाज़ी ले गए। मेरे से पहले चले गए।

अकबर : भगत, तुम मेरे वीर हो। पंजाबी भाई हो। मैं धोखे में नहीं रखना चाहता। ··आज आप लोगों को चिट्ठियाँ जा रही हैं।

अमरो : किस बात की?

अकबर : आख़िरी मुलाक़ात की।

कुलबीर : आख़िरी मुलाक़ात?

अमरो : हाय रब्बा!

भगत : अमरो, सम्भाल अपने आपको।

अकबर : सब रिश्तेदारों को इजाज़त है मिलने की।

(बारू आता है)

बारू : सरकार, वकील साब आए।

अकबर : मैं भेजता हूँ। **(दोनों जाते हैं)**

अमरो : बेबे ने अखंड पाठ रखवाया है। कहती है, कलगीधर कभी उससे भाग्यवान् नहीं छीनेगा।

कुलबीर : बाबा जी ने अपनी गीता भेजी है।

भगत : गीता मेरा कुछ नहीं सँवारेगी। मेरे वास्ते तू भेज लैनिन की जीवनी।

कुलबीर : लौटते हुए लायब्रेरी जाएँगे।

भगत : बाज़ार में मिली तो ख़रीद लेना।

(महता आता है)

महता : पाँच वकीलों ने मिलकर फाइनल ड्राफ्ट लिखा है। पूरी रात नहीं सोए। अब तुम तीनों ऑबजैक्शन नहीं कर सकते। करो दस्तख़त झटपट। वक़्त थोड़ा है। पटीशन लेकर मैं ख़ुद दिल्ली जाऊँगा।

भगत : (हँसता) मेरे दोस्त, मुआफ करना। बहुत तकलीफ दी तुम्हें हमने।

महता : तकलीफ कैसी? तुम्हारी जानों की कोई भी क़ीमत अदा करने के वास्ते तैयार खड़ा है पूरा हिन्दोस्तान।

भगत : अर्ज़ी तो कल हम वायसराय को भेज चुके हैं।

महता : भेज चुके? थैंक गॉड! वाह वाह! मैं आज ही चढ़ूँगा गाड़ी। पैरवी करने। नक़ल रखी?

भगत : हाँ। **(पकड़ाता है)**

महता : **(पढ़कर)** यह क्या? यह रहम की दरख़ास्त तो नहीं, यह तो बल्कि—

अमरो : क्या लिखा, वीर जी?

भगत : सुन : "जनाब वायसराय साहिब, हमें सज़ा हुई बरतानियां ख़िलाफ जंग लड़ने के कारण। हम जंगी मुजरिम हैं। हमें, इख़लाकी क़ैदियों की तरह, सूली पर न लटकाया जाए। हमारी इल्तिजा है, हम, हिन्दोस्तान सोशलिस्ट रिपब्लिकन आर्मी के सिपाहियों को, गोलियों से उड़ाया जाए।"

(अँधेरा)

दृश्य-9

गवैये : हम से बढ़कर, ज़िन्दगी को,
कौन कर सकता है प्यार?
पर वतन हमको जब बुलावे,
मौत दुलहन को बिआहेंगे।
मरके भी हम मिट्टी अन्दर,
दफनाए रह नहीं सकते।
युगों युग, हर दिल में, हर पल,
जोत आज़ादी जगाएँगे।।

बारू : सरदार साहिब! भगत सिंह जी!

तेजा : बेटा।

भगत : आ, बेबे। आओ, बाबा जी।

बारू : **(रोता)** मैंने पानी गुसल में भर दिया।

तेजा : शेर बन, बेटा। गुरु का सिंह बन।

बारू : हुक्म हुआ है, स्नान कर लें।

भगत : बेबे, नहाना ज़रूरी है या लैनिन जैसे इनक़लाबी संग मुलाक़ात? डेढ़ सफा रह गया। क्या जंग लड़ी लैनिन ने ग़रीबों की ज़ंजीरें तोड़ने के वास्ते। हमारे हिन्दोस्तान की बदक़िस्मती। हम एक भी लैनिन नहीं पैदा कर सके।

(अकबर आता है)

अकबर : **(आँसू दबाता)** भगत जी, सुखदेव और राजगुरु नहा चुके। कपड़े बदल चुके।

भगत : तो, चाचा, बुलावा आ गया!

अकबर : पूरी तैयारी हो चुकी। जल्लाद, जेलर, मजिस्ट्रेट, डी. सी., डाक्टर—सब तुम्हारी इन्तज़ार कर रहे हैं।

तेजा : पुत्र, यह पकड़ पंज ग्रन्थी। मेरी मिन्नत मान। आत्मा की मुक्ति करा। जप जी साब का पाठ करने का समय हैगा। मेरी ख़ुशी के वास्ते सही। भाई रणधीर सिंह जी की शिक्षा सही। वाहेगुरु के चरणों में शीश झुका दे।

भगत : **(हँसकर)** बाबा जी, मैं आपको निराश कर रहा हूँ। मैं मजबूर हूँ। बारह बरसों से मैंने रब से नाता नहीं रखा। रब कहीं नहीं है। इस वक़्त, मुझे बुज़दिल मत बनाओ।··मैं भिखारी नहीं।। ख़ुदा से भीख नहीं माँगूँगा। पंज ग्रन्थी रणधीर जी को लौटा देना।—चाचा, सिर्फ दो मिनट।

अकबर : अफसर इन्तज़ार में हैं। सात बजे तक—

भगत : रुक, चाचा। लैनिन की ज़िन्दगी के आख़िरी लम्हे हैं। दो इनक़लाबी दोस्तों की मुलाक़ात पूरी होने दे।

(लम्बा वक्फा। किताब पढ़कर ख़ुशी से छत की तरफ उछालता है। फिर प्यार से सम्भाल कर रखता है।)

भगत : बाबा जी, आपने कई महीने मेरे लिए तकलीफ उठाई। धन्यवाद। **(पाँव छूता है)** बेबे! **(बगलगीर होकर)** तू रो रही है! शगुन मनाओ! घोड़ियाँ गाओ! तेरा लाडला दुल्हन आज़ादी को ब्याहने जा रहा है! चल, अकबर चाचा।—

सरफ़रोशी की तमन्ना,
अब हमारे दिल में है।
देखना है ज़ोर कितना,
बाजुए क़ातिल में है।
एक मिट जाने की हसरत,
अब दिले बिसमिल में है।।

(भगत सिंह और अकबर जाते हैं। बारू और तेजा सिंह खड़े बाहर ऊपर की तरफ देख रहे हैं। राजगुरु, सुखदेव, भगत सिंह की आवाज़ें और फिर जेल के अन्दर से क़ैदियों की आवाज़ें चारों तरफ से गाती हुई)

गवैये : एक मिट जाने की हसरत,
अब दिले बिसमिल में है।। 3।।

(धीरे-धीरे अँधेरा होता है। बारू और तेजा सिंह बाहर जाते हैं।

जलते हुए दीये लेकर पात्र दाख़िल होते है)

गवैये : मरके भी हम मिट्टी अन्दर,
दफनाए रह नहीं सकते।
युगों युग, हर दिल में, हर पल
जोत आज़ादी जगाएँगे।।

(परदा)

(समाप्त)

(पहला प्रारूप : फरवरी, 1989)

□□□

28

पूनम के बिछुए

पूनम अरोड़ा
को
प्यार सहित

नाटककार की तरफ से

बेटियों को, कन्याओं को, तगड़ा बनाने के लिए, मैं ने कई ताक़तवर स्त्री पात्रों का सृजन किया है : दुर्गा ('इंदूमती सत्यदेव'), भजनो, चन्नण कौर ('बात फत्तू कहार की'), कमला ('शेक्सपीयर की बेटी'), नीना महावीर और चन्नो बाज़ीगरनी।

तो फिर अपने अठाईसवें नाटक 'पूनम के बिछुए' की नायिका पूनम जुनेजा गढ़ने की मुझे क्या ज़रूरत थी? क्या पहली लड़कियों में पूनम नहीं समा सकती थी? 'पूनम' में नया क्या है?

पूनम आज की पढ़ी लिखी, जागरूक लड़की है जो शुरू से ही मर्दों से बराबर की टक्कर लेने का सामर्थ्य रखती है। धर से बाहर अपने व्यवसाय में, और घर के अंदर सास- ससुर और पति के सामने, पूनम कमज़ोर नहीं है। मेरी सिरजी हुई पहली नायिकाएँ शुरू में, मर्दों के जबर की शिकार हैं—बेशक आख़िर में वे अपने बचाव के लिए सामर्थ्य जुटा लेती हैं और मर्दों के पंजों से आज़ाद हो जाती हैं। लड़कियों की मेरी इस लड़ी में पूनम सब से मज़बूत लड़की है।

पूनम पेट की भूख और दुनियावी ज़रूरतों की मुहताज नहीं है। उस में शक्ति है कि वह अपनी विलक्षण पहचान बना सके। अपने अनोखे व्यक्तित्व का विकास कर सके। पूनम की लड़ाई है बौद्धिक आज़ादी के वास्ते। निजी सोच के लिए। पूनम की माँ और पूनम मर्दाना ज़ंजीरें तोड़कर, ज़नाना दिमागों को स्वतंत्र करना चाहती है। मनुवादी हिंदुस्तानी समाज में स्त्रियों पर होते हुए ज़ुल्म को रोकने का हथियार है—विद्वान और आत्मनिर्भर पूनम की इनक़लाबी सोच।

देहाती या कमज़ोर लड़कियों को चित्रते वक़्त शायद मेरे दिल में कुछ दया की भावना रही हो। औरत को अबला समझकर उस पर उपकार करने का घमंड हो। मगर पूनम जुनेजा पर मुझे तरस करने की ज़रूरत नहीं। वह हर पक्ष से मेरे बराबर है। भांति भांति के मुल्क घूम चुकी है। मेरे कॉलेज में पढ़ा रही है। आज के भारत की नई नायिका को समझना और चित्रित करना मेरे लिए नई चुनौती है।

इस नाटक के सृजन में पूनम का अपना चोखा योगदान है। पूनम को मैं अठाईस बरस से जानता हूँ। वह मेरी विद्यार्थी भी रह चुकी है। इस नाटक का पहला ड्राफ्ट

सुनकर पूनम ने सुंदर सुझाव दिए थे। इसकी प्रस्तुति दिल्ली विश्वविद्यालय की प्राध्यापिकाओं के सामने की गई तो पूनम हाज़िर थी। घंटे भर की आलेख पर हुई बातचीत में पूनम ने सार्थक टिप्पणी पेश की। मैं पूनम का क़र्ज़दार हूँ।

उम्मीद है, इस नाटक को पढ़कर, देख कर, किसी दूसरी पूनम को जीवन से जूझने का हौसला मिलेगा।

इला अपार्टमेंट्स (ए-104)
बी-7, वसुंधरा ऐनक्लेव
दिल्ली-110096

चरणदास सिद्धू

निर्देशक की ओर से

डॉ. सिद्धू के 'पूनम के बिछुए' का विषय है : औरतों को सत्ता दो।

डॉ. सिद्धू ने भारतीय समाज में कन्याओं की दशा, विशेषकर हिंदू परिवार में कन्याओं की दशा, पर तीस बरस से खोजबीन की है। उन्होंने बहुत सी मिथिक कथाओं का, कहानियों का, विश्लेषण किया है—जिन में स्त्रियों पर पुरुषों की सत्ता बनाए रखने का प्रचार किया गया है। पाखंडी मर्द ने औरत की गुलामी को हमेशा 'औरत का कर्तव्य' जताया है। उसे 'पावन धर्म' का नाम दिया है। नाटककार ऐसी पौराणिक कथाओं की धज्जियाँ उड़ाना चाहता है। उनके स्थान पर, नई मिथ्य सृजन करना चाहता है जो औरत को ताक़त देकर, उसे मर्दों के शोषण से छुटकारा लेने के क़ाबिल बनाएँ।

यह नाटक एक प्राध्यापिका पूनम के इर्द गिर्द घूमता है। बचपन से जवानी तक, लगातार, पूनम को मर्दों के ख़िलाफ संघर्ष करना पड़ा है—क्योंकि मर्द उसके अनन्य व्यक्तित्व को तबाह करने पर तुले रहे हैं। इस जंग में पूनम का मुख्य शत्रु उसका पति विनय नारायण माथुर नहीं है, बल्कि उसका पिता दौलत राम जुनेजा है।

पूनम एक सशक्त, सृजक व्यक्ति है। वह अपनी आज़ादी के लिए लड़ने का फैसला लेती है ताकि वह अपनी प्रतिभा का विकास कर सके। अपनी सच्ची पहचान की इस तलाश में पूनम को दो जगह से प्रेरणा मिलती है। पहली अपनी मरी हुई माँ की डायरी से। दूसरी, पूर्व तथा पश्चिम के विचारकों तथा कवियों से।

'स्त्रियों को सत्ता दो' के विषय में डॉ. सिद्धू का निजी स्वार्थ है। उनकी पाँच बेटियाँ हैं और दो दोहतियाँ।

मुझे 'पूनम के बिछुए' का निर्देशन करते वक़्त बड़ा आनन्द आया। दिल्ली विश्वविद्यालय के, ख़ासकर हंसराज कॉलेज के, छात्रों और प्राध्यापकों का कई क़िस्म की सहायता के लिए धन्यवाद। और अपनी टोली कॉलेजिएट ड्रामा सोसाइटी के साथियों का हज़ार बार शुक्रिया।

19-20/जी-21 **रवि तनेजा**
रोहिणी, दिल्ली-110085

पहला मंचन

'पूनम के बिछुए' पहली बार 2 और 3 दिसंबर, 1997 को श्रीराम सेंटर, नई दिल्ली में खेला गया। कॉलेजिएट ड्रामा सोसाइटी के कलाकार थे :

पूनम	:	आरती कपूर
विनय	:	जितेंद्र शर्मा / गौरव ग्रोवर / रवि तनेजा
ज्ञान चंद	:	भरत कुमार / नवीन भास्कर
फूलाँ रानी	:	रचना जैन / वी. उमा
केवल	:	आशुपाल सिंह
सुनीता	:	दिव्या पुष्कर्णा
कृष्णा	:	स्मिता नंदा / योगिता अग्निहोत्री
देवराज बजाज	:	पवन जैन / रबिंद्र नारायण माथुर
बतरा	:	जलज गोथी / मनजीत अरोड़ा / डॉ. शशांक शरण
डैडी	:	मनजीत अरोड़ा
माँ	:	ज्ञान कौर सिद्धू / वीणा सिद्धू तनेजा
डियाना	:	रोहिता विरमानी / स्वाती नंदा / वंदना छाबड़ा
छोटी पूनम	:	सलोनी सिद्धू तनेजा

परदे के पीछे

प्रकाश	:	रबिंद्र नारायण / रवि तनेजा
मंच	:	राजकुमार साहनी / डॉ. अचल भगत
वस्त्र	:	प्रमिला सिद्धू साहनी, आशा सिद्धू भगत
श्रृंगार	:	पंकजा सिद्धू गोयल / रचना जैन
फोटोग्राफी	:	अमित दत्त / अनिता खेमका
वस्तुएँ	:	सारंग सिद्धू माथुर, सुहानी सिद्धू गोयल

संगीत : नूपुर सिद्धू माथुर / वीणा सिद्धू तनेजा
निर्देशक : रवि तनेजा

नोट : साहित्य कला परिषद, दिल्ली, ने अपनी 1995 की 'मोहन राकेश नाट्य लेखन प्रतियोगिता' में 'पूनम के बिछुए' को 7000/- रुपए का पुरस्कार दिया। इस प्रतिस्पर्धा में जजों ने 'पूनम' को ''दो सबसे बढ़िया'' आलेखों में गिना। साहित्य कला परिषद ने इसका मंचन करने के लिए कुछ रक़म भी दी।

पात्र

पूनम	:	उम्र 28 वर्ष
विनय नारायण माथुर	:	पूनम का पति, 29
ज्ञानचंद जुनेजा	:	पूनम का भाई, 48
फूलाँ रानी जुनेजा	:	पूनम की भाभी, 44
केवल जुनेजा	:	पूनम का भाई, 40
सुनीता जुनेजा	:	पूनम की भाभी, 37
कृष्णा बजाज	:	पूनम की बहिन, 45
देवराज बजाज	:	पूनम का जीजा, 47
बतरा	:	वकील, 68
डैडी (दौलत राम जुनेजा)	:	पूनम का मृत पिता
माँ (शशि जुनेजा)	:	पूनम की मृत माँ
डियाना	:	पूनम की अमरीकन सहेली

× × ×

समय	:	आजकल
स्थान	:	नई दिल्ली, जुनेजा की कोठी

× × ×

दृश्य - 1

(माँ शशि जुनेजा डायरी लिख रही है। रो रही है। दूसरी तरफ जवान पूनम माँ की डायरी पढ़ रही है। आँसू पोंछ रही है)

माँ : 26 जनवरी। आज पूनम का तीसरा जन्म दिन है। बच्चों की पार्टी थी। जुनेजा साहिब और उनके दोस्त अलग ऊपर बैठे शराब पीते रहे।... पूनम बहुत ख़ुश थी। ख़ूब नाची। गीत गाए। ...पर मेरे लिए पूरा दिन मनहूस रहा। सुबह उठते ही मैं ग़लती कर बैठी। जुनेजा साहिब को कह बैठी—"बच्चों के सामने हर वक़्त पैसा बनाने की बातें मत किया करो। तिकड़म से बिज़निस बढ़ाने की बातें मत किया करो। कृष्णा भी चोर बनती जा रही है, ज्ञान की तरह। हर घड़ी सोने चाँदी के गहनों की रट लगाए रहती है।" जुनेजा साहिब ने फटाक् मेरे मुँह पर चपेड़ दे मारी—"तो क्या मेरे बच्चे तेरे नंग-धड़ंग बाप की तरह शेरो-शायरी करें? कंगाली में ज़िंदगी काटें?" मैं ख़ून के आँसू पीकर रह गई।—बच्चों की ममता है जो मुझे इस घर से बाँधे हुए है। जुनेजा साहिब से जोते हुए हैं। वरना मैं कभी की घर छोड़कर चली जाती। मन मर्ज़ी का पढ़ती- लिखती। मैं ख़ुद कमा सकती हूँ। क्या ज़रूरत है मुझे बेइज़्ज़ती बर्दाश्त करने की? मिर्ज़ा ग़ालिब की बात क्यों न मानूँ?—

बनाएँ क्या समझ कर शाख़े गुल पर आशियाँ अपना,
चमन में आह! क्या रहना जो बेआबरू रहना।

काश मेरे में हौसला होता! काश मेरे बच्चे न होते! थोड़ा खा लेती, एक कमरे में गुज़र कर लेती, पर आज़ादी से साँस तो ले सकती।...पूनम बड़ी होकर क्या करेगी? गुलाम बनी रहेगी मेरी तरह? ढोर-गँवार की तरह पति से पिटती रहेगी? कायर माँ की बेटी कभी बहादुर बन पाएगी? मुझ बंधुआ मज़दूर की लाडली

कभी सच्ची स्वतंत्रता जीत पाएगी?···क्या अल्लामा इक़बाल ने मेरे बारे में लिखा था?—

इस क़ैद का, इलाही, दुखड़ा किसे सुनाऊँ?
डर है यहीं कफ़स में, मैं ग़म से मर न जाऊँ।

(पूनम शेअर दोहराती है। आँसू पोंछती है)

(अँधेरा)

दृश्य - 2

(पूनम के पिता की कोठी। पूर्णिमा का चाँद। पूनम यादों में खोई, आँसू दबाने के यत्न में)

पूनम : पूनम का चाँद!⋯ और आज डैडी नहीं रहे! इतनी बड़ी कोठी के मालिक! जुनेजा ज्यूलर्ज़ के शहनशाह! समूचे कुनबे के अगुआ। गरजते, दुलारते डैडी! आज, ज़र्रा-ज़र्रा राख बनकर धरती पर बिखर गए!⋯ कभी यक़ीन नहीं किया था—इस राजपाट को एक दिन डैडी छोड़कर चले जाएँगे। दूर! चाँद सूरज के ऊपर।

विनय : टेक इट ईज़ी, पूनम! हम सब ने मरना है एक दिन।

पूनम : यही तो अचम्भा है। सब दुनिया मरती है। कोई बंदा सदा ज़िन्दा नहीं रहता। फिर भी हर मनुष्य को यक़ीन है, वह आप कभी नहीं मरेगा। वह अकेला अमर है। जब तक संसार है, वह ज़िन्दा रहेगा।

विनय : कम से कम तेरे डैडी तो यही समझते थे। वरना कौन बाप है जो अपनी बेटी और उसके होने वाले पति को ज़लील करके घर से निकालता है? टायरैंट! तानाशाह था तुम्हारा 'पूज्य' पिता। ए वैरीटेबल ओग्र! हर्र हिटलर!

पूनम : तुम्हें डैडी का सिर्फ यही रूप दिखा था, देंव-दानव वाला। पर मेरे डैडी जैसा नरम दिल भी कोई बंदा नहीं होगा।

विनय : नरम दिल! ग्रेट! मर गया तो उसकी झूठी प्रशंसा करने पहुँच गई! ज़िन्दा था जब तो, शादी के बाद, इस कोठी के भीतर पाँव धरने की जुर्रत नहीं जुटा सकी।

पूनम : तेरे पीछे डैडी से लड़ाई करना अलग बात है। मैंने आप ही, उनके ज़िन्दा रहने तक, इस घर में क़दम न रखने की क़सम खाई थी।

विनय : जाने दे। पाखंड मत रच। तूने ख़ुद ही बताया था मुझे! तेरे

डिक्टेटर डैडी ने कहा था—"पूनम, तुझे ज़हर देकर मार देना मंजूर, मगर ज़ात- बिरादरी से बाहर माथुर लौंडे संग लव-मैरिज नहीं करने दूँगा।" आज पता चला मुझे। अरथी जलते ही पत्थर दिल ढल कर मोम बन जाता है। आज तेरे डैडी तुझे प्यारे लगने लगे।

पूनम : एक बाप के दिल को तू नहीं समझ सकता। पच्चीस साल काटे मैंने उनके साथ, इसी कोठी में। शायद ही किसी और बच्चे को इतना लाड-चाव मिला हो, जितना मुझे मिला। मम्मी के मरने के बाद तो वे मेरे और भी नज़दीक हो गए थे। मेरे भाई, दोनों भाभी, बहिन कृष्णा—मजाल क्या जो कभी मुझसे ऊँचा बोल सकें। डैडी ने जितना प्यार मुझे दिया, काश मैं किसी और बच्चे संग बाँट सकूँ।

विनय : अच्छा, बंद कर यह डैडी पुराण। झूठ-मूठ बाप की तारीफ करनी है तो अपने परिवार के साथ बैठ के कर लेना। मैंने जाने से पहले तेरे से एक बात कहनी है।

पूनम : कौन सी बात?... पर तुम जाओगे क्यों? तुम तो कहते थे, परसों उठाले के बाद दोनों इकट्ठे चलेंगे?

विनय : नहीं, इस फॉरमैलिटी की ज़रूरत नहीं है। आख़िर वह तुम्हारा बाप था। यह तेरी फैमिली है। मुझे अफसोस ज़ाहिर करने के लिए तीन दिन बरबाद करने की मजबूरी नहीं। मैं लौटकर आफिस सम्भालूँ तो बेहतर है।

पूनम : पर, विनय, प्लीज़। मेरा साथ दो। मेरे दोनों भैया और भाभी, कृष्णा बहिन और जीजा जी, सब हमें बड़ी मुहब्बत से मिले हैं। कुल गिले- शिकवे भुलाकर। दो तो दिन हैं। रुक जाओ। इकट्ठे चलेंगे। बतरा अंकल ने भी कहा था, उठाले तक यहीं रहना।

विनय : मरने के बाद सुलह हुई भी तो किस काम की? और तेरा बतरा अंकल? वकील नहीं, बदमाश है। कचहरी से हमारी शादी रद्द करवाने की पूरी कोशिश की कि नहीं, उस मक्कार बुड्ढे ने? आई हेट हिम।

पूनम : तीन साल पहले के गुस्से को भूल जाओ अब।

विनय : मैं तुम्हें नहीं रोकता। तुम मिलो अपने चहेते चचा बतरा को। तुम्हारे मरते हुए बाप का प्रेम संदेशा देगा वह तुम्हें। पर मुझे माफ करो। मैं उस हरामी के मुँह नहीं लगना चाहता। तुम्हारे

साथ शादी करने की मुझे यह सज़ा तो मत दो।

पूनम : अच्छा, अच्छा! चीखो मत, मातम का घर है। क्या सोचेंगे मेरे घर वाले? तीन बरस के बाद हम इस कोठी में घुसे और पहुँचते ही लड़ने लगे! और तुम घंटे भर में वापस भाग गए। मेरे लिए सही, एक रात तो रुक जाओ।

विनय : नो! एक बात कहनी है मुझे। पन्द्रह बीस मिनट। और मैं जा रहा हूँ।

पूनम : इतना अपमान तो मत कर मेरा और मेरे पिता का।

विनय : भाड़ में जा तू और साथ जाए तेरा मरा बाप।

पूनम : विनय, तुझे हो क्या गया? अगर घंटा भर बाद ही लौटना था तो तुम मेरे साथ आए ही क्यों? मैं अकेली पहुँच जाती श्मशान।

विनय : ग़लती की मैंने। मानता हूँ, मुझे तेरे साथ आना ही नहीं चाहिए था।

पूनम : वीनू, कोई ख़ास घटना हुई लगती है। एकदम तुम मेरे से इतना तिरछा क्यों बोलने लगे?—कहीं मेरे भाई ने, या भाभी ने, जीजा बजाज ने, कुछ कह तो नहीं दिया?

विनय : नहीं। इस बात का तेरे कुनबे से कोई ताल्लुक नहीं। उन सबका मेरे साथ हमेशा अच्छा बर्ताव रहा है। तेरे एक डैम्ड डैडी को छोड़कर।

पूनम : तो फिर? रुक क्यों नहीं जाते?

विनय : सॉरी, पूनम। लैट्स अडमिट इट। हमारी शादी फ़ेल हो गई है।

पूनम : शादी फेल हो गई? हमारी? कैसे?

विनय : चल, अलग हो जाएँ। डाइवोर्स ले लें।

पूनम : डाइवोर्स? वीनू, दिमाग़ तो सही है तेरा?

विनय : मैं पक्का फैसला कर चुका हूँ। अगर मुझे अपने परिवार और तुझ में से किसी एक को चुनना है तो मैं अपना परिवार चुनूँगा। तुम निकलो बाहर। या यूँ कहो—अब तुम अपनी फैमिली के पास आ गई हो। तुम यहीं रहोगी। सदा के लिए। तुम दोबारा हमारे घर के अंदर दाख़िल नहीं होगी।

पूनम : तुम्हारे इस फैसले में कहीं मेरी राय के वास्ते भी जगह है कि नहीं? भेड़ बकरी हूँ क्या मैं? जब चाहो धक्के देकर बाहर भगा दो? लव-मैरिज न हुई, तू तो जैसे मुझे ख़रीद के लाया था बाज़ार से। खिलौने की तरह। अब जो मैं टूट-फूट गई, दूर फेंक दे, घर

से बाहर, कूड़े के ढेर पर। यही बात है?

विनय : जो कुछ मर्ज़ी समझ ले। अब तुम्हारा गुज़ारा मेरी फैमिली के साथ नहीं हो सकता। और मैं अपने माँ-बाप को छोड़कर, बहिन-भाई को छोड़कर, अलग नहीं रह सकता। सो यह रहा—मेरा अल्टीमेटम!

पूनम : अल्टीमेटम! वर्ल्ड वॉर डिक्लेयर कर रहे हो?

विनय : अगर तुम दोबारा अमेरिका जाने के लिए ऐप्लीकेशन दे रही हो, तो आज से तेरा मेरा पूरा रिश्ता—ख़त्म।

पूनम : तेरी माँ ने कहा होगा यह तुम्हें?

विनय : मैं आप कह रहा हूँ। एक साल अमरीका में रहकर, तू और की और हो गई। जैसी पूनम अमरीका गई थी, वैसी पूनम वापस आई नहीं। तेरी साली उस दोस्त को, डियाना को, मेरा दिल करे, यहाँ हो तो गोली मार दूँ।

पूनम : तूने डियाना का लैटर तो नहीं पढ़ा? मुझ से चोरी?

विनय : चोरी? क्या मतलब है तेरा? कैसे संबंध हैं तेरे डियाना से जो तू पति से छिपाकर रखना चाहती है?

पूनम : कितने नाशुकरे हो तुम। अनग्रेटफुल रैच्च! तू ख़ुद इतना उछल रहा था, जब मुझे अमेरिका जाने का स्कॉलरशिप मिला। हर चिट्ठी में लिखता था—"किसी तरह मेरे वास्ते नौकरी का इंतज़ाम कर। परमानैंट वीज़ा लेकर दोनों अमेरिका में सैटल हो जाएँगे।" बोल, ले रहा था न तू सपने अमरीका के?

विनय : तू और तेरी अमरीका! जाओ जहन्नुम में! मेरे लिए मेरा परिवार पहले है।

पूनम : ख़बर है तुझे? डियाना को कितनी कोशिश करनी पड़ रही है—ताकि मुझे फैलोशिप दिला सके? या टीचिंग असिस्टैंटशिप? तुम्हें और मुझे डियाना का शुक्रगुज़ार होना चाहिए।

विनय : हर पत्नी के लिए पी-एच.डी. लाज़िमी नहीं। अमेरिकन डॉक्टरेट के बग़ैर भी इन्सान सुखी रह सकता है।

पूनम : मगर मैं आगे पढ़ना चाहती हूँ। रिसर्च करना चाहती हूँ।

विनय : मुझे तिनका परवाह नहीं तुम क्या चाहती हो। मैं यह चाहता हूँ : सुबह तक फैसला करो। अमेरिका जाना है? या, मेरी पत्नी बनकर, हिन्दुस्तान में रहना है? सवेरे मुझे टेलीफोन कर देना।

पूनम : क्या कहा?

विनय : एक चुनो—शादी या रिसर्च? इंडिया या अमेरिका? विनय माथुर या डियाना संडरमन?

पूनम : अगर मैं रिसर्च और अमेरिका और डियाना चुन लूँ तो?

विनय : तो मैं अभी इस घर से, तेरी ज़िन्दगी से, हमेशा के लिए, निकल जाऊँगा।

(सुनीता आती है)

सुनीता : पूनम!

पूनम : आओ, भाभी।

सुनीता : बत्ती नहीं जगाई? सोच में डूबी हो?

पूनम : चाँद कितना सुन्दर है।

सुनीता : यादें भी उमड़-घुमड़ आ जावें।—बचपन से यही कमरा है पूनम का।

पूनम : पच्चीस बरस ज़िन्दगी के! इस कमरे संग जुड़े हैं।

सुनीता : भाई साहब, आप नहा धो लें। खाना तैयार है।

विनय : खाने की मुझे इच्छा नहीं।

सुनीता : क्यों? खाएँगे क्यों नहीं?

विनय : मैं जा रहा हूँ।

सुनीता : कमाल है! अभी आए और अभी चल दिए। यह नहीं हो सकता। दो रात इसी कमरे में ठहरना है। परसों उठाला है। उठाले से पहले नहीं जा सकते।

विनय : पूनम ठहरेगी। मैं अकेला लौटूँगा।

सुनीता : मैं एक नहीं मानूँगी आपकी। चलो, मुँह हाथ धोवो। तीन साल बाद पैर धरा है कोठी में। ऐसे मैं नहीं जाने दूँगी। जमाई भाई हो। लोग सुनेंगे तो क्या कहेंगे?

विनय : पहले क्या कहते थे लोग? जब तीन बरस पहले बेटी को बाहर निकाल फैंका था? क्या कहा था लोगों ने दौलतराम जुनेजा को?

सुनीता : भाई साहब, ये बातें मेरी समझ में कभी नहीं आई। मैं तो सबको समझाती रही—जैसे पूनम चाहती है, वैसे करो।—नहीं माने होंगे तो पूनम के भाई नहीं माने होंगे। पिता जी नहीं माने। कृष्णा और बजाज भाई साहब भी नाराज़ थे। मैं अकेली पूरे परिवार की मुख़ालफत करती रही आख़िर तक। मैं पूनम को मिलने के लिए तड़पती रही। पर इन लोगों ने मुझे तुम्हारे घर नहीं जाने दिया। क्या करती मैं भी? डैडी कहा करते थे—"कुनबे की इज्ज़त ही

तो होवे सब कुछ।" जो इतनी लाडली बेटी को दुत्कार सकते हैं, वो भला मेरे जैसी पराई बेटी को कब बख़्शने लगे? सो, भाई, मेरे ऊपर गुस्सा मत निकालो। नाराज़गी करनी है तो दूसरों से करो।

विनय : पूनम करे नाराज़गी—या प्यार। मुझे क्या? यहाँ मेरा कोई कुछ नहीं लगता। मैं तो इसके कारण साथ आ गया।

सुनीता : लगता क्यों नहीं? देखो तो! कैसे वाक्य बोल रहे हैं।—भाई साहब, पूनम और मैं हमेशा ननद-भौजाई रहेंगे और आप हमारे दामाद। दूसरा हमारा है भी कौन? हम दोनों, जोगियों जैसा जीवन है। जून काट रहे हैं किसी तरीके। हमारे कौन से बाल-बच्चे रोवें? जो हम लोभ करके पूनम के हिस्से की जायदाद पर कब्ज़ा करें? बहुतेरा दे गए पिता जी। हम दोनों के लिए काफी है। एक बार प्राण निकलें, तू कौन और मैं कौन? लोभ होगा धन दौलत का तो बड़ी को होगा। वो बेशक सब कुछ समेट ले दोनों बेटों के लिए। करे बहिन-भाइयों से ईर्ष्या। मुझे पूनम से कुछ नहीं बाँटना। मेरा सब कुछ भी पूनम का है। मिन्नत है मेरी। माथुर साहब, अगली पिछली भूल जाओ। वैर-विरोध जल गए मरने वाले के साथ। अब आप बेटी जमाई बनकर आओ जाओ। क्यों पूनम?

पूनम : बेटी तो आएगी। जमाई का कुछ पता नहीं।

सुनीता : नहीं, विनय जी। छोड़ो शिकवे शिकायत। सुखी बसे हमारी लड़की। मेरे लिए तुम चाँद सूरज हो। नित्य रहो बेशक यहाँ। जन्म-जन्म खाओ, खेलो। तुम्हारे बिना, हमारे रिश्तेदार हैं ही कितने? जल्दी नहाओ। मैं खाना लगवाऊँ।

विनय : नहीं, सुनीता जी। मैं चलूँ तो बेहतर है।

सुनीता : यह तो मैं बिलकुल नहीं मानूँगी। परसों पाँच बजे। उठाले के बाद। आइए, चाचा जी।

(सुनीता जाती है। बतरा आता है)

पूनम : अंदर आ जाइए, अंकल।

बतरा : पूनम, बेटा। तुम भी चलो न गंगा हमारे साथ। शाम तक लौट आएँगे।

पूनम : नहीं, अंकल। आप और ज्ञान भैया का जाना सही रहेगा।

बतरा : फूलाँ रानी भी जा रही है। तेरे डैडी की रूह खुश होगी अगर तुम पिछली कड़वाहट भूल कर उनकी अस्थियाँ प्रवाह करने में हमारा

साथ दो।

पूनम : नहीं, अंकल। मुझे आप क्षमा करें।

बतरा : क्या वजह? अभी तक मन-मुटाव बाकी है? पगली, जुनेजा साहब मरते दम तक तेरा नाम लेकर रोते रहे।

पूनम : मन-मुटाव कोई नहीं। मैं यों ही दिल से दुखी हूँ। परेशान हूँ।

बतरा : अरे, हाँ। अभी बताना मत किसी को। जुनेजा साहब नया वसीयत-नामा लिखवा कर गए हैं। उठाले के बाद खोलेंगे।

पूनम : मुझे पिता जी के वसीयत-नामे में कोई दिलचस्पी नहीं।

बतरा : यह तो उसकी विल्ल पढ़ोगी तो ही कह सकोगी। मैं दिल से चाहता हूँ, तुम हरिद्वार चलो। सत्यपाल भी चल रहा है हमारे साथ।

पूनम : सत्यपाल कौन?

बतरा : सत्यपाल कपूर? भूल गई? लाला ख़ज़ान चंद का बेटा? जिसके लिए रिश्ता माँग रहे थे तेरा?

पूनम : वो क्यों जा रहा है गंगा? केवल को ले जाओ, अगर साथ ही चाहिए?

बतरा : हमारे साथ नहीं। सत्यपाल अपनी पत्नी की अस्थियाँ लेकर जा रहा है। बेचारा। कल अपनी पत्नी को आग दिखाई। आज सुबह एक दिन का बेटा भी मर गया। जुल्म हुआ बेचारे कपूर पर। भगवान ने दौलत दी तो इतनी। करोड़ों कमा रहे हैं तीनों कारख़ाने। एक ही बेटा। न बहू बची न पोता।—अच्छा, पूनम! फिक्र मत करना, बेटी। एक दिन मरना तो सबने ही है। जब तक मैं ज़िंदा हूँ, अपने आपको अनाथ मत समझना।

पूनम : कृपा है आपकी, चाचा जी।

(बतरा जाता है)

विनय : मेरा तौलिया कहाँ रखा तुमने?

पूनम : बाथरूम में है। विनय, आज की रात ठहर जाओ मेरे साथ। पलीज़!

विनय : ओ के। सवेरे तक रुक जाता हूँ। बट यू मस्ट मेक अप यूअर माइंड।

पूनम : किस बारे में?

विनय : बार-बार पहेलियाँ मत बुझा मुझे। एक बार कहा या सौ बार कहा। अगर मेरी बीवी बनी रहना है तो मेरे माता-पिता का हर

हुक्म मानना होगा। जब तक वे ज़िंदा हैं, मेरे घर के हुक्मरान हैं। तुम उनका दिल नहीं दुखा सकती। अपने नास्तिक होने का ज़िक्र नहीं कर सकती। हमारे धर्म की हर रीति रस्म को सच्चे मन से निभाना होगा। बेशक तुम्हें सब बेकार लगे, बेमानी लगे।— वरना...

पूनम : वरना? वरना क्या?

विनय : **(साबुन कपड़े उठाकर)** वरना यह आख़िरी रात है जो मैं और तुम, इकट्ठे, एक छत के नीचे, बिता रहे हैं!

(बाथरूम में जाता है)

पूनम : आख़िरी रात?

(अँधेरा)

दृश्य - 3

(जुनेजा परिवार का बैठने का कमरा)

ज्ञान : मेरा दिमाग़ ख़राब था जो मैं पूनम को टैलीफोन करता?

फूलां : बुलाया ही होगा उन्हें घर में से किसी-न-किसी ने तो?

कृष्णा : छोटी भौजाई का काम लगे मुझे तो। उसने चिट्ठी डाली होगी बीमारी की। या फोन किया होगा विनय के दफ्तर।

ज्ञान : जिसको जीते जी पिता जी ने घर से निकाल दिया, हमारा क्या हक़ हम उसे अपने घर घुसने दें?

(केवल आता है)

कृष्णा : तुम्हें बताया, सुनीता ने बुलाया होगा।

केवल : किसको? पूनम को? सरासर झूठ। यह सही है कि सुनीता और पूनम का प्यार चोखा गहरा रहा है। पर सुनीता क़स्में खा रही है, उसने न टेलीफोन किया न ख़त लिखा।

फूलां : मुझे कोई गुस्सा नहीं। बल्कि अच्छा किया। मेरी तरफ से ख़ुशी से आए। उसका घर है। पिता के अंतिम संस्कार पर पहुँचना पूनम का अधिकार है।

केवल : ज़रूर है, भाभी। आख़िर हमारी बहिन है।

ज्ञान : उस दिन 'बहिन' कहाँ गई थी तेरी, जिस दिन पिता जी ने सब नौकरों- चाकरों के सामने फाटक के बाहर धकेल दी थी? तीन कपड़ों में ससुराल जा घुसी थी?

फूलां : उस दिन, केवल, तुमने भी कुनबे की इज़्ज़त की रट लगा रखी थी।

कृष्णा : भैया, पिता जी जब तक ज़िन्दा थे, उनके सामने किसी का हौसला नहीं था होता। मगर अब बात अलग है। अब फैसला करो—पूनम और विनय से मिलना बरतना है या नहीं?

फूलां : मैं तो मिलना जुलना चाहूँगी। शोकी और रवि बुआ-बुआ बुलाते नहीं थकते। दोनों को लाड-प्यार से आसमान पर चढ़ा रखा था

पूनम ने। मेरा कभी कुछ नहीं बिगाड़ा इस लड़की ने। सुख चैन से आए-जाए, बेटी बहिन बनके। मुझ से जो बन पड़ा, मैं दूँगी शगुन का।

ज्ञान : तू बड़ी चतुर। बुला लेना पूनम और विनय को यहाँ चाहो। मैं अपनी कोठी में पैर नहीं रखने दूँगा। जिस बहिन बेटी ने शरम लज्जा उतार फेंकी, उसके साथ कैसा रिश्ता?

केवल : नहीं, भैया। इतनी सख़्ती नही करनी चाहिए। सुनीता भी पूनम से मिल बरत के ख़ुश है। क्यों कृष्णा? तेरी क्या सलाह है?

कृष्णा : मेरी सलाह काहे की? छोटी बहिन है मेरी। पर बात तो है सारी इतनी—बिरादरी कहेगी, जुनेजा साहब मरे नहीं, बदचलन छोकरी को कुनबे ने फिर क़बूल कर लिया।

(बजाज आता है)

ज्ञान : आओ, बजाज साहिब।

कृष्णा : लो, ये आ गए। इनसे पूछ लो।

बजाज : क्या पूछना है हम से?

फूलां : पूनम और विनय के बारे में बात कर रही है।

बजाज : हमें क्या कहना है? तुम्हारी बहिन है, जैसे मरज़ी करो। हमें कुछ घर से देना है पूनम को? या साले विनय को? हमारी बला से। जुनेजा ख़ानदान की बहू-बेटियाँ कोई भगाता फिरे।

कृष्णा : देखो, किधर को बात घसीटते हैं! भगाई किसने थी? पच्चीस बरस की लड़की। कॉलेज में प्रोफेसर लगी हुई। अनपढ़ थी क्या वह?

ज्ञान : एक माने में भगाना ही हुआ। बाप की करोड़ों की जायदाद देखकर, तीन बड़ी-बड़ी ब्राँच देखकर, जुनेजा ज्यूलर्ज की, लड़की को फुसला लिया। फँस गई वह भी, मूर्खों की तरह।

फूलां : बचपन से इकट्ठे पढ़ते रहे, विनय और पूनम। फुसलाना कैसा?

कृष्णा : गई तो पूनम अपनी मरज़ी से। पर जायदाद की बात सच्ची है। अगर इतने अमीर घराने की न होती, तो माथुर लौंडा ज़ात बिरादरी से बाहर जाकर हमारी पूनम से कभी ब्याह न करता।

केवल : मुझे यह बात नहीं जंचती। तीन बरस हो गए ब्याह को। कितना हिस्सा माँगा है जायदाद का पूनम ने, पिता से?

ज्ञान : वसीयत-नामे के बारे में तुम सब जानते हो। पूनम के घर से निकलने के फौरन बाद, डैडी ने बतरा अंकल को बुलाया। नयी वसीयत लिखवा दी। उसके मुताबिक, हम दोनों की अलग-अलग

कोठी हो गई। दोनों ब्रॉंच भी मेरे और केवल के नाम कर दीं। कृष्णा को कमला नगर वाला मकान मिल गया। शोकी और रवि के नाम कीर्ति नगर वाली प्लास्टिक फैक्टरी लिखवा दी।

कृष्णा : इस कोठी का क्या हुआ? पूनम के नाम से हटाकर हम तीनों के साझे खाते में लिखी कि नहीं?

ज्ञान : मुझे नहीं मालूम। बतरा वकील से पूछेंगे। परसों उठाले के बाद पूरा परिवार बैठेंगे। वसीयत नामा पढ़ेंगे।

केवल : मुझे उड़ती सी बात कुछ और सुनी है।

बजाज : क्या?

केवल : बतरा चाचा एक और वकील को लेकर, मलहोत्रा था शायद, स्वर्ण का फादर—क्या वे डैडी को मिले? उनके मरने के तीन दिन पहले? अस्पताल के कमरे में?

फूलां : आए तो थे। पर बातचीत क्या की, मुझे नहीं पता। शोकी और मैं घर को आ गए थे। कृष्णा, तू थी वहाँ जब दोनों वकील डैडी को मिले?

कृष्णा : नहीं। मुझे भी घर भेज दिया। तेरे पीछे-पीछे।

बजाज : आख़िरी वक़्त, वसीयत बदल तो नहीं दी बुड्ढे ने?

ज्ञान : कभी नहीं हो सकता। मेरे से पूछे बग़ैर बतरा और डैडी ऐसा काम नहीं कर सकते।

केवल : डैडी के दिल की कौन जाने?

बजाज : पूनम को इतनी आसानी से मुआफ करने वाले नहीं थे जुनेजा साहिब। फिर वकील क्यों बुलाए?

कृष्णा : पिता जी का गुस्सा तीन साल तो उतरा नहीं, जो मरते समय ठंडा पड़ जाता।

बजाज : बतरा ने कचहरी में पूरी ताक़त ख़र्च कर दी थी पूनम और विनय की शादी तुड़वाने पर। वही वकील क्या पूनम को करोड़ों की कोठी दिलवा देगा?

केवल : पूनम के नाम बेशक न लगवाया हो कुछ भी। तो भी दोनों वकील पिता जी से दो घंटे क्या बातचीत करते रहे?

ज्ञान : राख करते रहे बातचीत! बचपन के लंगोटिए थे। लायलपुर के। ज़िन्दगी भर की यादें ताज़ा करना चाहता है बंदा मरते वक़्त। इसी कारण हमजोलियों को, हम-वतनों को, बुलाया होगा पिता जी ने।

बजाज : ऐसा भी हो सकता है, न बदली हो वसीयत।

केवल : पूनम से प्यार बहुत था पिता जी को।

फूलां : माँ जी के मरने के बाद, एक घड़ी जुदा नहीं करते थे अपने से।

केवल : हम तीनों की पढ़ाई पर—ज्ञान और कृष्णा और मेरी—हम तीनों पर इतना पैसा नहीं ख़र्चा जितना अकेली पूनम पर।

कृष्णा : अरे छोड़। प्यार होता तो क्या धक्के देकर निकालते?

ज्ञान : यही तो मैं कहता हूँ। लेकिन एक गुत्थी नहीं सुलझी?

बजाज : कौनसी?

ज्ञान : पूनम और विनय को डैडी की मौत की ख़बर किसने पहुँचाई?

बजाज : सुनीता से पूछा? केवल की जोरू का दिल जल्दी पसीज जाता है।

केवल : सुनीता समझती है, ज्ञान भैया और फूलां भाभी ने फोन किया होगा।

ज्ञान : पूछा ज़रूर था मेरे से इसने। मैंने मना कर दिया।

कृष्णा : मेरी भी हिम्मत नहीं हुई आपकी इजाज़त के बग़ैर पूनम को बुलाने की।

बजाज : नीचे आएँगे अभी तो पूछते हैं।

ज्ञान : उठाले की सूचना भी मैंने अभी आठ बजे भेजी है अख़बारों को।

केवल : सुनीता बुलाने गई है खाने के लिए। नहा-धोकर आते ही होंगे।

ज्ञान : हाँ, भाई लोगो। एक सलाह और करनी है तुमसे।

फूलां : यादगार की?

ज्ञान : पिता जी की याद में कैसा पुण्य दान करें?

फूलां : लाखों करोड़ों में एक थे पिता जी। इतनी बड़ी यादगार बनवाओ, युगों- युगों तक उनका नाम ज़िन्दा रहे।

केवल : बतरा अंकल से भी मशवरा कर लो। बेशक सुबह बात कर लो। हरिद्वार जाने से पहले।

ज्ञान : कंजूस बतरा से नहीं पूछेंगे इस बारे में। उसका हौसला नहीं होगा हमारे पैसे ख़र्चाने का। यह मामला है हमारी अपनी भावना का।

फूलां : आख़िर वे पिता जी तो हमारे थे। हाँ, बुआ और फूफा पहुँचते हैं कल तो उन्हें ज़रूर पूछना।

कृष्णा : (रोती हुई) बाबुल मेरा कहाँ से ढूँढेंगे अब? रो-रोकर आँखें बुझ गईं। जिस दिन से अस्पताल दाख़िल हुए, कुछ नहीं सूझता।

ज्ञान : यों इज़्ज़त मान रखने के लिए, पूछ भी सकते हैं बतरा से। मगर करेंगे हम अपनी मरज़ी। भगवान और देगा। एक बार तो दिल खोलकर ख़र्च करें पिता जी पर।

बजाज : तो भई कर लो सलाह। कितनी रकम हिस्से आती है हर एक के?

ज्ञान : अच्छा, कल सुबह बात करेंगे। (आवाजें)। आ गए। फूलां, तू

बहाने से पूछियो। पूनम को ख़बर किसने पहुँचाई?

फूलां : बहाना काहे का? मैं सीधा पूछ लूँगी।

(विनय और पूनम आते हैं)

ज्ञान : आओ, विनय जी। आपकी इंतज़ार थी।

फूलां : सुनीता ने खाना लगवा दिया?

बजाज : साढू साहिब, आदाब अर्ज़।

विनय : हैलो, बजाज साहब।

पूनम : दीदी, सन्नी और गुड्डो नहीं दिखे?

कृष्णा : ऐग्ज़ाम हैं दोनों के। क्लास टैस्ट।

बजाज : परसों आएँगे, हवन पर।

कृष्णा : तड़प रहे थे—नाना जी के संस्कार पर जाना है।

बजाज : हमने मना कर दिया।

कृष्णा : मैथ्स का टैस्ट है कल। ट्यूटर पढ़ा रहा होगा इस वक़्त।

फूलां : पूनम, बहुत भला किया तुमने जो आ गए। सच्ची बात यह है, हम सब शर्मिन्दा हैं। हमारी हिम्मत नहीं हुई पिता जी का हुक्म तोड़ने की।

ज्ञान : मगर हम सारे खुश हैं। ख़ासकर माथुर साहब के हमारे गम में शरीक होने पर।

फूलां : वैसे, बुरा मत मनाना। तुम्हें पता किससे चला—पिता जी के मरने का? दाह संस्कार का?—अगर इसमें कोई भेद की बात नहीं?

केवल : यों ही पूछना चाहें हम।

ज्ञान : मीयर करिऑसिटी।

पूनम : भेद इसमें कैसा?

विनय : पूनम ने बताया था मुझे तो। इसे पूछो। किसने फोन किया था?

पूनम : बतरा चाचा ने।

ज्ञान : बतरा ने?

बजाज : वकील ने?

(एक दूसरे की तरफ देखते हैं)

विनय : जिस दिन हम मिले जुनेजा साहब को, लगता था, भले चंगे घर लौट आएँगे।

(सब हैरान)

फूलां : पिता जी को मिले थे?

ज्ञान : दोनों?

केवल : यह नहीं था मालूम हमें।

बजाज : नई बात पता चली यह तो।

कृष्णा : सुन लो। हम कुछ और ही सोचे बैठे थे।

पूनम : इसमें हैरान होने की क्या बात है? डैडी मेरे भी तो कुछ लगते थे।

ज्ञान : ज़रूर ज़रूर! पूनम, बहुत ही अच्छा हुआ। वैसे हमें ख़बर नहीं थी, तुम दोनों अस्पताल भी गए थे।

केवल : बीमारी की ख़बर भी बतरा साहब ने दी थी?

पूनम : और क्या?

विनय : हम समझे, आप सबको पता होगा। चन्द मिनट बात हुई। नाराज़ तो बिलकुल नहीं लगते थे जुनेजा साहब। बाकी पूनम जाने। मैं तो जल्दी कमरे से बाहर आ गया।

पूनम : मेरे साथ भी लम्बी चौड़ी बात नहीं हुई। रोते रहे। बोले—''बेटा, अच्छा किया जो तुम टीचर बनी। मेरे पाप धुल गए।'' मैंने पूछा—''कैसे पाप?'' बोले—''मैंने तेरी माँ को नौकरी करने से मना कर दिया। बड़ा शौक था उसे पढ़ाने का। यूँ ही मेरी आमदन बढ़ी, मुझे शशि के घर से बाहर जाने पर शर्मिन्दगी महसूस होने लगी। शशि बेचारी तड़प कर रह गई। तू अपनी माँ की ज़िंदगी का अधूरा काम पूरा कर रही है, मैं खुश हूँ।'' मैंने पूछो—''मम्मी डायरी लिखा करती थी। कई कपियाँ भर रखी थीं। एक बार मैंने कुछ हिस्सा पढ़ा था। बेच दीं आपने रद्दी में? या कहीं पड़ी हैं?''—''नहीं, नहीं। बेचूँगा क्यों मैं? बीस साल से वहीं पड़ी हैं हमारे कमरे में। शशि की अलमारी में।''—ज्ञान भैया, मैं ले सकती हूँ मम्मी के काग़ज़?

ज्ञान : ज़रूर लो।

कृष्णा : तू क्या करेगी चालीस साल पुरानी कापियों का?

पूनम : मम्मी कविता भी लिखतीं थीं। कहानी भी। डैडी ने बताया मुझे।

केवल : सुनीता को पता है, कहाँ पड़े हैं मम्मी के काग़ज़।

बजाज : कितनी देर बात हुई तुम्हारी?

पूनम : यही कोई पाँच सात मिनट। बतरा अंकल ने कहा—डॉक्टर ने ज़्यादा बोलने से मना कर रखा है।

ज्ञान : बतरा भी मिस्टरी पर मिस्टरी बढ़ाए जा रहा है।

विनय : आप सचमुच नहीं जानते थे हमारे हॉस्पीटल जाने के बारे में?

फूलां : हमारे फरिश्तों को ख़बर नहीं।

केवल : ख़ैर, बहुत अच्छा हुआ, आख़िरी मुलाकात हो गई।

कृष्णा : मुआफी दे दी थी तुझे, पूनम?

पूनम : मुआफी कैसी? जुर्म किया था मैंने कोई?

(सुनीता आती है)

सुनीता : खाना ठंडा हो रहा है। विनय जी, देवराज भाई, बाकी बातें खाने की मेज़ पर।

फूलां : उठो सब।

(जाते हैं)

बजाज : **(ज्ञान को रोककर)** ये तुम्हारे वकील अंकल भी बड़ी फन्ने खाँ चीज़ दिखते हैं।

ज्ञान : इतना परदा तो मेरे से कभी नहीं रखा था। न डैडी ने, न बतरा ने। पूरा कारोबार मेरे हवाले रहा हमेशा।

बजाज : वसीयत में हेरा-फेरी न करा ली हो माथुर ने। कायस्थ बड़े काईयाँ होते हैं।

ज्ञान : देवराज, इतना गाँठ का कच्चा नहीं था हमारा बाप। कोई बदमाश लौंडा या बिगड़ी हुई छोकरी उल्लू नहीं बना सकते थे लाला दौलत राम जुनेजा को।

बजाज : मुझे तो यही ख़तरा नज़र आता है।

ज्ञान : यों करते हैं। हरिद्वार जाने से पहले, बतरा को कहेंगे, हमें डैडी की विल्ल पढ़कर सुना दो।

बजाज : यह ठीक है। हम कहेंगे, शायद अपने अंतिम संस्कार के बारे में कुछ ख़ास हिदायत लिखा गए हों। हमें उनकी इच्छा का पालन करना चाहिए।

ज्ञान : ख़ूब! बात है भी सच्ची।

बजाज : बतरा को, फीस के बहाने, बीस पच्चीस हज़ार दे दिला दो। कंजूस बुड्ढ़ा मान जाएगा।

ज्ञान : और अगर कोई उलटी सीधी बात हुई वसीयतनामे में, तो कहेंगे, चुपके से बदल डालो।

बजाज : हमारे हक़ में।

ज्ञान : ऑफ कोर्स।

बजाज : बताना मत किसी को।

ज्ञान : मैं क्यों लगा बताने? सवेरे उठकर पहले बतरा वकील को करेंगे क़ाबू!

(दोनों हाथ मिलाते हैं)

(अँधेरा)

दृश्य - 4

(पूनम का कमरा, सोने की तैयारी)

पूनम : इन बिछुओं ने जान ले ली मेरी। क्रीम मलते-मलते थक गई। उंगली आए दिन सैप्टिक हो जाती है। अगर न उतारे ये बिछुए, मुझे लगता है, एक दिन, मैं दोनों पैर खो बैठूँगी।

विनय : बक मत। पाँव कैसे खो जाएँगे?

पूनम : उंगलियाँ गल सड़ जाएँगी तो भला पैर नहीं गलेंगे? एक दिन मुझे कटवाने न पड़ें।

विनय : तू दुनिया से अनोखी नहीं पैदा हुई। हिन्दुस्तान की तुम पहली औरत नहीं जिसने बिछुए पहने हों। न ही आख़िरी औरत।

पूनम : तो?

विनय : मम्मी को देख। जिस दिन शादी हुई, उस दिन से आज तक, वही बिछुए हैं। मर जाएगी माँ, मगर बिछुए मरघट तक साथ जाएँगे।

पूनम : मैं इतनी बेवकूफ नहीं कि एक बेमानी वहम के बदले में लंगड़ी हो जाऊँ।

विनय : यही वजह है जो मैं बता रहा हूँ तुम्हें। हमारी मैरिज फेल हो चुकी है। तूने करवाई है फेल।

पूनम : मैरिज मैंने की थी कि मेरे पैरों ने? सारा यतित्व, सतीत्व, क्या इन्हीं बिछुओं में घुसड़ा बैठा है?

विनय : ए सिंबल इज़ ए सिंबल। तेरे लिए पूज्य है, पावन है, पवित्र है। बाकी हर चीज़ से प्यारी। जान से प्यारी। मेरी माँ से सीख। बिछुए हमारी जाति में मंगल सूत्र का स्थान रखते हैं। इन्हीं ध ार्मिक चिह्नों की पूजा का नतीजा है जो मम्मी डैडी ने लम्बा, कामयाब वैवाहिक जीवन जिया है।

पूनम : तेरी मम्मी दुनिया का धुरा नहीं। सिर्फ हिन्दुस्तान में होगा यह रिवाज—वो भी हिन्दुस्तान के कुछ हिस्सों में। कुछ क़बीलों में।

बाकी दुनिया की ब्याही औरतें बिछुए नहीं पहनतीं।

विनय : ईडियट! शादी पूरी ग्लोब पर धार्मिक रस्म है। निशान अलग हो सकते हैं; विवाह के चिह्न भिन्न हो सकते हैं। हिन्दुओं के वास्ते बिछुए होंगे, मंगलसूत्र होगा। यौरप में, संसार के ईसाइयों के लिए, हाथ की अँगूठी है। या अमरीकनों वाला बैंड होगा—बंधन, जो मियाँ बीवी दोनों हर वक़्त पहने रखते हैं। ख़ुद नहीं बता रही थी तू बैंड के बारे में?

पूनम : अच्छा, बाबा, होंगे ऐसे सिंबल, ऐसे बंधन। इस सिंबलबाज़ी ने ही सदियों से हम औरतों को ग़ुलाम बना रखा है। मर्द की बराबरी नहीं करने दी। चीन में, पुराने समय में, लड़कियों के पैरों पर, लोहे की जूतियाँ ठोक देते थे—ताकि औरतों के पैर छोटे रहें। वो ठीक से चल न सकें। भाग न सकें। कुछ बेरहम ख़ाविंद चैस्टिटी बैलट ठोक देते थे बीवी के कूल्हों पर। ताला ठोक देते थे। इतना डर था उन्हें औरतों की यौन शक्ति का। हमारे मुल्क में, मर्दों ने मंगलसूत्र ईजाद कर लिया। जो दूसरे मर्दों को ऐलान करे : "परे! परे! यह मेरी पालतू औरत है। देखते नहीं गले में पट्टा?"—ऐसे ही तुम मर्दों ने बिछुए गढ़ लिए। हमारे पैरों में जड़ दिए—ताकि पत्नी सदा पति के पैर की जूती बनी रहे।

विनय : तुझे किस साले ने कहा—तू मेरे पाँव की जूती बन? मैंने हमेशा तुम्हें बराबर का रुत्बा दिया है। दिया है कि नहीं? बोल।

पूनम : ज़रूर! मैं तेरे बराबर हूँ जब तक—जब तक मैं हर काम वैसे ही करती जाऊँ जैसे तू चाहे। जैसे तेरे माँ बाप चाहें।

विनय : पूनम, बढ़ा-चढ़ाकर बात मत कर। एक भी मिसाल दे जब मैंने तुम्हें तुम्हारी मरज़ी के ख़िलाफ़ काम करने को कहा हो।

पूनम : जाने दे, विनय। सो जा चुप करके। मातम पर आए हैं। मैं उम्र भर की ट्रैजडीज़ का सामना एक ही दिन में नहीं कर सकती। मैं थक चुकी हूँ। अपने जीवन की हर बात से तंग आ चुकी हूँ।

विनय : तुम्हें पूरा अधिकार है, तुम जैसे तुम्हारा दिल चाहे, कर सको। मैं सिर्फ़ अपने अधिकार पर बज़िद हूँ—नॉट टु गैट्ट शिट्ट फरॉम यू।

पूनम : वैहन डिड आई गिव यू शिट्ट?

विनय : करवा चौथ पर क्या किया था तूने?

पूनम : क्या किया था?

विनय : तू डाइटिंग करती है कि नहीं?

पूनम : करती हूँ।

विनय : व्रत रखती है कि नहीं?

पूनम : फास्टिंग? यैस, कभी कभार।

विनय : तो अगर मेरे माता-पिता का दिल रखने के लिए, तू एक दिन व्रत रख लेती, भूख से मर तो नहीं जाती?

पूनम : अभी तक तेरा उस ब्लास्टिड करवा चौथ का गुस्सा ठंडा नहीं हुआ?

विनय : तेरी परसनैलिटी के अंदर, इंडिविजुऐलिटी के अंदर, बहुत चौड़ी दरार नहीं लगी थी पड़ने—अगर तू दो सयानों का मान रख लेती। वो भी जानते हैं, तू पढ़ी लिखी है, अमेरिका छू आई है, पी-एच.डी. के टॉपिक की तलाश में है। भला क्या घिस चला था तेरा, जो तू मम्मी का कहा मान जाती?

पूनम : मालूम है तुम्हें—इस बार मैंने क्यों इन्कार किया?

विनय : क्यों किया?

पूनम : पिछले साल मैने करवा चौथ का व्रत रखा था न?

विनय : तो क्या बिगड़ गया था तेरा?

पूनम : बहुत कुछ। अनपढ़ता को जितना सिर चढ़ाओगे, उतना सिर चढ़ेगी। वहम भ्रम के आगे तुम जितनी कमर झुकाओगे, उतनी कमर टूटेगी। ये खोखले रस्मो-रिवाज, तुम चालू रखो इनको, साल दो साल। बेशक दिखावे के लिए हों, सास-ससुर को खुश रखने के लिए हों, जैसे तुम चाहते हो। जल्दी ही तुम भी ईडियट बन जाओगे। तेरे मम्मी डैडी जैसे। उंगली पकड़ते, पूरी बांह काबू कर लेते हैं ये वहमो गुमान।

विनय : जिनको तू वहम समझती है, वो कुछ लोगों के लिए सदियों से पक्का विश्वास बने रहे हैं। वेदों शास्त्रों के ज़माने से चले आए हैं। करोड़ों लोगों के वास्ते धर्म हैं।

पूनम : लोगों के लिए होंगे धर्म। मेरे लिए इनका कोई मतलब नहीं। मेरा दिमाग़ कहता है—अगर किसी के पति को बीमारी लगी है, वह डॉक्टर के पास जाए। अस्पताल में दिखाए। कैंसर से मरते हुए सत्यवान को कोई सावित्री करवा चौथ के व्रत से नहीं बचा सकती। मंगल सूत्र के जंतर- मंतर से नहीं बचा सकती। बिछुओं से खींच कर उसकी उम्र लम्बी नहीं कर सकती।

विनय : ओ के! मान लिया। इस में तर्क नहीं। कोरी कल्पना है। लेकिन कम से कम रस्मी तौर पर, तुम मम्मी से कह देती, मैंने व्रत रख लिया—कॉलेज पहुँच कर कुछ खा लेती। बुज़ुर्गों को ख़ुश रखना मुश्किल थोड़ी है?

पूनम : तो अब मैं झूठी बन जाऊँ? पाखंडी बन जाऊँ? तेरी प्यारी अम्मा को ख़ुश रखने के लिए, मुझे और कितने सद्‌गुण अपनाने पड़ेंगे?

विनय : कुत्ते की पूँछ है तू। कभी सीधी नहीं होगी।

पूनम : तुमने हमारी शादी की बुनियाद ही फरेब पर रखी। धोखे पर रखी।

विनय : कैसे?

पूनम : झूठे सोने के गहने ख़रीदवाये कि नहीं?

विनय : हाँ, ख़रीदवाए।

पूनम : बैंक के लॉकर में रखवाए कि नहीं?

विनय : हाँ, रखवाए।

पूनम : क्यों? अपने रिश्तेदारों को क्यों बताया तूने, ये पूनम के पिता ने दिए हैं?

विनय : गधी, अपने लिए नहीं ख़रीदवाई मैंने आर्टिफिशियल ज्यूलरी। तेरी और तेरे बापू की इज़्ज़त बचा रहा था मैं। क्या करोड़पति सराफ की बेटी के पास चालीस तोले सोना भी नहीं होगा?

पूनम : तुम्हें मेरी इज़्ज़त का नहीं, अपनी बदनामी का फिक्र था। डरपोक। तुम घर वालों को नहीं बता सके—पूनम के बाप ने फूटी कौड़ी नहीं दी।—अपनी कायरता मुझ पर मत लादो। मैं होती तो झट कह देती—"मेरे बाप ने कोई दहेज नहीं दिया। बहू बनाना है तो बनाओ। वरना कोई गहनों से लदी अप्सरा ढूँढ़ लो अपने राजकुमार के लिए।"

विनय : मग्ज़ चाटती रहा कर बातें घुमा फिरा कर। दो मिनट में बात ख़त्म हो जाए अगर, तुम्हें खाना कैसे हज़म होगा? फिलासफर बने हर वक़्त। बहस पर बहस मम्मी और पापा से। भौंकने की तन्ख़्वाह जो पाती है कॉलेज से।

पूनम : बहस मैं नहीं छेड़ती। बहस तेरी अम्मा छेड़ती है। ख़ाली जो बैठी रहती है घर में। हर घड़ी ताज़ा दम। खुर उठाए, सींग फँसाने को तैयार।

विनय : लड़ाई में तुझे मज़ा आता है। अक़्ल होती तुझे तो झट सहमत हो जाती। चुप साध लेती। अपना काम करती।

पूनम : एक साल मैंने तेरी माँ से सहमत होने में बरबाद कर दिया। बड़बड़ बुढ़िया चुप बैठने देती तो मैं अभी तक थीसिज़ पूरा कर लेती।

विनय : कैसी नाशुकरी औरत है तू! नेकी का यह बदला दे रही है?

पूनम : नेकी? कैसी नेकी? किसकी नेकी?

विनय : मेरी माँ की नेकी। और किसकी?

पूनम : कैसे?

विनय : उसने तुम्हें रसोई में वक़्त बरबाद करने दिया? कभी नहीं। उसे पता है, तू जॉब करती है।

पूनम : अरे वाह! क्या अहसान करती रही बुढ़िया मेरे ऊपर। मुझे किचन में रोज़ सब का ख़ाना पकाना मंजूर! मगर तेरी अम्मा से आधा घंटा काम करवा के, पूरा दिन बरबाद करवाना नहीं मंजूर।

विनय : वो कैसे?

पूनम : सिम्पल। क्योंकि बुढ़िया ने दोपहर के खाने के लिए सब्ज़ी काट रखी है, रौब में आकर, मैं रोज़ उसकी सत्यनारायण की कथा सुनूँ। तीन घंटे जय जगदीश हरे रटूँ। और तेरी उन्नतीस सौ मौसी फूफी के घर दावत खाने जाऊँ। पहले साल एक भी इतवार हम घर पर नहीं काट सके। यह अच्छी मेहमानदारी हुई। सारे शहर में टक्करें मारो। ऐरा गैरा के घर, मीलों सफर करके, गंदे खाने डकारो। हर छुट्टी तबाह करो। बहू क्या बनी मैं तेरे घर की, पूरा आराम चैन खो बैठी। नींद पूरी नहीं हुई मेरी पूरा साल।

विनय : माई गॉड! यह सोचती है तू मेरे रिश्तेदारों के बारे में? उन्होंने तुम पर मुहब्बत के फव्वारे छिड़के। यह क़दर डाली तूने? तेरे घमंडी बाप ने तुम्हें धक्के देकर घर से दफा किया। वो सुनार तेरी असलियत समझता था। तेरे साथ ऐसा ही होना चाहिए। ग़लती की जो मेरे मम्मी डैडी ने तुझे रानी बनाकर रखा। बहूरानी!

पूनम : यैस! क़ैद में बंद रानी! बेड़ियों से जकड़ी रानी। एक गुड़िया राजकुमारी जिसके साथ तेरी बुड्ढी मामी, मौसी खेल सकें। गले सड़े रस्मों रिवाजों की ज़ंजीरों से उसका गला घोंट सकें। अंधविश्वासों का पट्टा डालकर, चार-दीवारी के अंदर, खूंटे से बाँध रखें।

विनय : एक खुदगर्ज़ औरत! ऐ सैलफिश बिच्च! दैट्स व्हट्ट यू आर, पूनम। अकेली जिओगी, अकेली! और अकेली मरोगी।

पूनम : तथास्तु! अकेली हूँ तो अकेली सही। अगर मैं अकेली रहकर लिखने पढ़ने के लिए पैदा हुई हूँ तो अपना अकेलापन स्वीकार है मुझे। तेरे स्कूटर के पीछे लटककर, पच्चीस मील ट्रैफिक के जंगल से घिसट कर, अगर मुझे तेरी खूंसट बुआ की, फूफा की, बकबक सुननी पड़े, बदबूदार मसालों भरे खाने ठूँसने पड़ें, मुझे अपना अकेलापन मंजूर है। मैं जब चाहूँगी, पढ़ूँगी, लिखूँगी।

ससुराल और नो ससुराल।

विनय : क्या समझती है तू अपने आपको? दुनिया की पहली औरत हो जो अक्षर उठा लेती हो?

पूनम : एकदम दुरुस्त। मैं पहली लैक्चरर न सही। लेकिन, जैसे डियाना कहा करती है, मैं दुनिया की एकम् एक पूनम हूँ। अनोखी। अनन्य! अद्वितीय! मैं अपने अनोखोपन को, बेजोड़ व्यक्तित्व को, विकसित करना चाहती हूँ। ऐक्चुआलाईज़ करना चाहती हूँ। मेरा पहला फ़र्ज़ पूनम जुनेजा की तरफ है। मैं सिर्फ माथुर परिवार के बिछुओं के लिए पैरों की उंगली नहीं। मैं अपने में भरा पूरा मुकम्मिल इन्सान हूँ। अपनी क़िस्म की अकेली शख़्सीयत! और मैं वह अद्वितीय पूनम बनूँगी।

विनय : बेशक तेरे इस व्यक्तित्व के विकास के लिए सब के सुख की बलि चढ़ानी पड़े?

पूनम : जान बूझकर मैं किसी दूसरे बंदे की बलि नहीं देना चाहती। मगर अपनी तरफ से, मुझे जो भी कुर्बानी देनी पड़े, दूँगी। जिस भी लालच का गला दबाना पड़े, दबाऊँगी—ताकि मैं आज़ाद, बेमिसाल, ताक़तवर, इंडिविजुअल बन सकूँ। दी फुल मून!

विनय : याद रख, पूनम।—पूनम महीने में सिर्फ एक बार आती है। बाकी सत्ताइस दिन? और अमावस की काली कलूटी रात? वो कैसे काटोगी? अकेलापन निगल जाएगा तुझे।

पूनम : मेरी डियाना सही कहती है। अपना पूर्ण विकास करना हर क़ीमत पर जायज़ है। वन फुल मून इज़ वर्थ वेडिंग थरू ऐन ओश्यन ऑफ डार्क नाइट्स।

विनय : तो कल मैं इस घर से अकेला बाहर जाऊँ?

पूनम : विनय, यह तेरा अपना चुनाव है। मैं अपना अनोखा सैल्फ रचने की लड़ाई लड़ सकती हूँ। मैं तेरी लड़ाई नहीं लड़ सकती। तुम्हारा असली व्यक्तित्व क्या है, कैसे विकसित होगा, तुम जानो। कम से कम इस नज़रिए से तो कोई दो व्यक्ति कभी विवाह नहीं कर सकते। जीवन अकेले की जंग है—हर पत्नी के लिए, हर पति के लिए।

विनय : मैं अकेला क्यों रहूँगा? दुनिया तेरे जैसी लड़कियों से भरी पड़ी है। अगर यह पूनम नहीं, तो जैसे मेरी माँ कहती है, बीसियों दूसरी पूनम हैं।... गुड नाइट!

पूनम : तू और तेरी अम्मा, जहन्नुम में जाओ!...गुड बाई!

(अँधेरा)

दृश्य - 5

(पूनम आठ साल की, भागी आती है)

पूनम : डैडी! डैडी!

डैडी : आओ मेरी पूनम। मेरी रानी बिटिया।

पूनम : **(किताब दिखाकर)** फोटो देखो। केवल कहता है, यह चाँद की फोटो है। यह आदमी चाँद पर खड़ा है। झूठ है न? हम चाँद पर नहीं पहुँच सकते न?

डैडी : बेटा अब बंदा चाँद पर जा सकता है।

पूनम : कैसे?

डैडी : राकेट पर चढ़कर। यह देख राकेट।

पूनम : यह मशीन? ऐरियल वाली?

डैडी : हाँ, हाँ, मेरी राजकुमारी।

पूनम : यह आदमी है कौन?

डैडी : अमरीकन।

पूनम : अमरीका ने भेजा उसको ऊपर?

डैडी : हाँ जी।

पूनम : पर यह फोटो तो धरती जैसी है। यह देखो पाँव का निशान।

डैडी : मेरी लाडली, चाँद भी हमारी पृथ्वी जैसा है। तू समझ, चाँदरानी हमारी पूनम रानी जैसी है।

पूनम : वह कैसे?

डैडी : तू मेरी लाडली बेटी है। चाँद धरती की लाडली बेटी है।

पूनम : झूठ! कोरा झूठ।

डैडी : क्यों?

पूनम : चाँद लड़की थोड़ी? चाँद तो मामा होता है।

डैडी : हाँ, पहले ज़माने में, जब मैं तेरे जितना आठ साल का था, चाँद मामा कहलाता था। मगर अब वो लड़की बन गया है। तेरे जैसी।

पूनम का चाँद।

पूनम : आप कहते थे, मम्मी चाँद मामा के पास गई है। मम्मी को यह आदमी मिला था? मम्मी तो फोटो में है ही नहीं।

डैडी : नहीं, पूनम बेटी। शशि को यह आदमी नहीं मिल सकता।

पूनम : क्यों? तो फिर यह फोटो झूठी है। यह अमरीकन आदमी कहीं धरती पर खड़ा हो गया। कैमरे वाले ने फोटो खींच ली।—अगर यह सचमुच चाँद पर पहुँचता तो मम्मी को ज़रूर मिलता। मम्मी मेरे वास्ते तस्वीरों वाली किताबें भेजती।

डैडी : नहीं, बेटा। अब तेरी मम्मी चाँद से भी ऊपर चली गई है।

पूनम : कहाँ?

डैडी : तारों के ऊपर। दूर! बहुत दूर!

पूनम : अब मम्मी कभी नीचे नहीं आएगी?

डैडी : मेरी गुड़िया, मम्मी अब कभी नीचे धरती पर नहीं आएगी।

पूनम : तो फिर मैं चाँद तारों पर जाऊँगी। भेजोगे न मुझे?

डैडी : ज़रूर जाना, बेटा।

पूनम : लड़कियाँ चाँद पर जा सकती हैं न? डैडी, केवल कहता है, लड़कियाँ नहीं जा सकतीं।

डैडी : क्यों नहीं जा सकतीं? मेरी पूनम जाएगी। मैं भेजूँगा। बड़े ऊँचे स्कूल। बहुत पढ़ाई करेगी मेरी बेटी। बहुत पढ़ाई करेगी।

पूनम : (**बाज़ू फैलाकर**) इतनी सारी?

डैडी : हाँ। ढेर सारी पढ़ाई।

पूनम : मम्मी जितनी?

डैडी : यैस।

पूनम : डैडी, मम्मी बहुत पढ़ती थी?

डैडी : कुछ साल स्कूल में पढ़ाया भी था।

पूनम : नाना जी भी टीचर थे?

डैडी : अच्छा, भागो अब। मैं बही खाता देखूँ।

पूनम : डैडी, मुझे राकेट पर भेजोगे?

डैडी : चले जाना।

पूनम : पहले मैं अमरीका जाऊँगी। बहुत सारी पढ़ाई करूँगी। फिर चाँद पर जाऊँगी।

डैडी : जब तक तू बड़ी होगी, पूनम बेटा, तब तक, हमारे मुलक के राकेट भी चाँद के ऊपर पहुँच जाया करेंगे।

पूनम : नहीं, जी। मैं तो पहले अमरीका जाऊगी। डैडी, भेजोगे मुझे

अमरीका?

डैडी : ज़रूर भेजूँगा।

पूनम : केवल कहता है, लाखों रुपए चाहिए। कहाँ से लोगी? डैडी नहीं देंगे।

डैडी : क्यों नहीं देंगे? और मैं कमाता किसलिए हूँ? बेटा, तीसरी ब्राँच खोली न जो, जुनेजा ज्यूलर्स की—

पूनम : साउथ एक्सटैंशन में?

डैडी : वैष्णो माता की कृपा हुई तो उस ब्राँच की सारी कमाई मेरी पूनम की। मेरे मरने के बाद पूरी ब्राँच तेरी और तेरे दूल्हे की।

पूनम : दूल्हे की क्यों? डैडी तो आप मेरे हैं। सारे सोने के गहने मुझे दो। दूल्हे को मैं दूँगी ठैंगा।

डैडी : अच्छा, बाबा। सब तेरे नाम करूँगा। मगर जब तू दुल्हन बनेगी, दूल्हा राजा घोड़ी पर चढ़कर आएगा, पूनम बिटिया सोने के, हीरे जवाहरात के, गहनों से शृंगारी होगी—

पूनम : मैं गहने पहन कर, अमरीका जाऊँगी। फिर चाँद पर। फिर चाँद से भी ऊपर। तारों पर। मम्मी के पास।

डैडी : हाँ। मेरी पूनम गहनों से सजी, चाँद सूरज के ऊपर जाएगी। कहो, वैष्णो माता, मेरी कामना पूरी करना। मैं सोने का छत्र चढ़ाऊँगी। अकबर की तरह।

पूनम : हे वैष्णो माता, मुझे अमरीका भेजना। चाँद से ऊपर, मम्मी के पास भेजना।

डैडी : बोल, जय माता की।

पूनम : मैं अभी केवल को बताऊँगी। ओ जी, मैं अमरीका जाऊँगी! चाँद पर जाऊँगी! मम्मी को नीचे लाऊँगी!

(भागती है)

डैडी : धीरे! पूनम, भाग मत! वरना मुँह के बल गिरोगी! चोट खाओगी!

(अँधेरा)

दृश्य - 6

विनय : क्या बात? लाइट क्यों जलाई? नींद नहीं आ रही?

पूनम : तुम सो जाओ। आइम सॉरी। मैं तुम्हें डिस्टर्ब करना नहीं चाहती।

विनय : तबीयत ठीक है?

पूनम : हाँ। ऐसी कोई बात नहीं। सो जाओ।—ज़िन्दगी भर की यादें इस घर के साथ जुड़ी हैं।

विनय : रो रही थी तू थोड़ी देर पहले?

पूनम : मैंने कहा, आइम सॉरी। अभी सोती हूँ। मैडीटेशन करके।

विनय : बुरा सपना था? नाइट मेयर?

पूनम : प्लीज़, जाओ लेटो। मैं ठीक हूँ। लो, मैं बत्ती बुझा देती हूँ।

(चाँदनी, संगीत)

डियाना : पूनम, मैं एशियन कल्चर से अच्छी तरह वाकिफ हूँ।

पूनम : हमारी बोली तो सीख रखी है तुमने। पर तुम्हें हमारे रस्मो-रिवाज नहीं पता। वरना तुम एक शादीशुदा हिन्दू लड़की को ऐसी सलाह न देती।

डियाना : मेरी जान, मुझे इतनी अनजान मत समझ। मैं दो साल रावलपिंडी के पास एक गाँव में काट चुकी हूँ। मेरा पी-एच.डी. का टापिक था—"दी गर्ल चाइल्ड इन ए मुसिलम फैमिली इन पाकिस्तान।"

पूनम : मुसलमानों की अलग बात है। मेरे ससुराल वाले माथुर हैं। हिन्दुओं के बारे में तुम कुछ नहीं जानती।

डियाना : अरे हाँ। तुमने 'संस्कार' पढ़ा है?

पूनम : संस्कार? वो क्या है?

डियाना : नहीं पढ़ा? बुद्धू हो।

पूनम : नावल है?

डियाना : हाँ। अनंतमूर्ति का लिखा।

पूनम : मेरे पास नावल पढ़ने का वक़्त नहीं।

डियाना : पगली, यह ग्रेट नावल है। कमाल की सीचुऐशन है। साफोक्लीज़ की एंटीगनी की तरह। मैं सोचती हूँ, मैं भी साल भर अनंतमूर्ति के गाँव में काटूँ। ब्राह्मण अग्रहारा पर किताब लिखूँ।

पूनम : कन्नड़ सीखनी पड़ेगी।

डियाना : सीखूँगी। मैं अब लिखूँगी—"दी गर्ल चाइल्ड इन ए हिन्दू फैमिली इन कर्नाटक"।

पूनम : इसीलिए तुमने झट से पार्टनर बना लिया मुझे इस अपार्टमेंट में?

डियाना : हाँ, जी। अब समझी तू। अच्छा, झट से तैयार हो जाओ। पार्टी में चलें।

पूनम : डियाना, मैं विवाहित हूँ। तुम्हें बता चुकी हूँ।

डियाना : मैं जानती हूँ, तू सीता माता है। राम भगवान से बिछुड़ी हुई। अमेरीका के रावणों से दूर रहना चाहती हो।

पूनम : राईट।

डियाना : बेवकूफ, कोई तेरे साथ जबर जिनाह नहीं करने चला। डर मत। अमेरिकन मर्द हैं भी बेकार!—लोगों से मिलना-जुलना शुरू कर। लंबा वीक एंड तुम अकेली नहीं काट सकती। चलो, जूता पहनो।

पूनम : डियाना, तुम बहुत अच्छी हो। मेरी हर बात में मदद करती हो। बट प्लीज़। मैं पार्टी में नहीं जाऊँगी। शराब नहीं, नाचना नहीं।

डियाना : किसिंग नहीं, टचिंग नहीं।

पूनम : दुरुस्त।

डियाना : माइ लिटल पियोरीटन, अगर तू नहीं चाहती, तुझे कोई मर्द छुएगा तक नहीं। बेख़ौफ रह। मेरा साथ तो दे। मैं रात के लिए साथी चुनना चाहती हूँ। पास के ब्लाक में है लिंडा की अपार्टमेंट। दो मिनट में पहुंच जाएँगे।

पूनम : यह भी एक मुसीबत है।

डियाना : क्या?

पूनम : पैदल चलना

डियाना : मुसीबत कैसी? कार की ज़रूरत नहीं है। वरना मैं ले चलती।

पूनम : मेरे पैरों की उंगलियाँ दर्द कर रही हैं।

डियाना : वो क्यों?

पूनम : सैप्टिक हो गई है।

डियाना : ओह नो! दिखा तो।

पूनम : आऊच! डोंट टच्च मी। इट हर्टस।

डियाना : यह क्या पहन रखा है तूने? चाँदी की तार से क्यों जकड़ रखी हैं

उंगलियाँ?

पूनम : तू नहीं समझ पाएगी।

डियाना : फिर भी, पता तो चले।

पूनम : मेरे बिछुए हैं?

डियाना : व्हट्ट? बिच्छू? सकॉरपियन्ज़?

पूनम : डंक मारने वाले बिच्छू नहीं। मेरी टो-रिंग्ज़। गहना है।

डियाना : पैर ज़ख्मी कर रहे हैं?

पूनम : हाँ।

डियाना : तो उतार के फेंक उधर। नहीं तो ये तेरे पैर काट खाएँगे। जैसे-जैसे तेरी उंगलियाँ मोटी होंगी, ये माँस के अंदर घुसते जाएँगे। एक दिन टाँगें कटवानी पड़ सकती हैं। लाओ, मैं तोड़ दूँ।

पूनम : न न न। ये तो मुझे जान से प्यारे हैं।

डियाना : क्यों? क्या धरा है इन में? डॉलर भर की चाँदी की तार ही तो है।

पूनम : मेरी सास ने पहनाए थे मुझे। विनय की बिरादरी की रीत है। पर तुम कहाँ समझोगी? तुम नास्तिक हो। कार्ल मार्क्स, माओसेतुंग, चे गुवेरा, सीमॉन दा बोव्वार की पुजारिन हो। तुम क्या जानो ध र्म की रीत?

डियाना : ख़ूब समझती हूँ मैं तेरे परिवार की रीत। और तेरे ये पैरों के बंधन। औरतों को नीच बनाए रखने के ढंग हैं सब। तेरे जैसी मूर्ख हमारे मुल्क में भी कम नहीं। मर्द ने अँगूठी जो पहनाई, अपनी पूरी शख़्सीयत, पूरी आईडेंटिटी, उसको बेच दी।

पूनम : हाँ। ये बिछुए मेरे वास्ते ईसाइयों की रिंग की तरह हैं। मैरिज बैंड की तरह। मैं अपने पैरों से कभी नहीं उतारूँगी।

डियाना : बेशक ज़ख्मी होकर पैर गल जाएँ?

पूनम : जी। बेशक पैर गल जाएँ।

डियाना : डोंट बी ए डैमफूल। चल मेरे साथ। जल्दी लौट आएँगे। अच्छा हुआ तू अमेरिका पहुँच गई। तुम्हें अभी बहुत कुछ सीखना है। बच्ची से बालिग़ बनना है। एक ताकतवर, आज़ाद, अनोखी, औरत बनना है। परसनैलिटी का विकास करना है।

पूनम : विकास की तो मुझे ज़रूरत है। मगर, डियाना, तेरे तरीके से नहीं। मैं बढ़ूँगी, फूलूँगी, फलूँगी, लेकिन अपने तरीके से। पूनम माथुर के ढंग से।

डियाना : ओ के, बेबी। डू इट यूअर ओन वेय। यक़ीन रख। मैं विनय नारायण माथुर की सवारी हथियाने की कोशिश नहीं कर रही।

पूनम : विनय को मेरे दिल से निकालने वाला कोई नहीं जन्मा। पूरी उम्र तक।

डियाना : उम्र भर के दावे नहीं किया करते, पूनम डार्लिंग। उम्र लंबी चीज़ है।—चल अब।

पूनम : एक शर्त पर चलूँगी।

डियाना : कौन सी शर्त?

पूनम : न मैं शराब पिऊँगी, न किसी मर्द संग नाचूँगी।

डियाना : तेरे हिस्से की शराब मैं पी लूँगी। नाच भी मैं लूँगी। ओ के?

पूनम : तो चल।—हाए, मेरे बिछुए!

(दर्द से गिरती है। डियाना उठाती है)

(अँधेरा)

—मध्यान्तर—

दृश्य - 7

(माँ डायरी लिख रही है, आँसू पोंछ रही है। दूसरी तरफ खड़ी पूनम डायरी पढ़ रही है)

माँ : आज जुनेजा साहब ने अल्टीमेटम दे दिया, "मेरी बीवी बनी रहना है तो नौकरी छोड़ दे। जुनेजा ख़ानदान की बहुएँ टके टके के लिए गली- गली इज़्ज़त बेचती नहीं फिरतीं।"—क्या यह वही डी.आर. जुनेजा है जिस से मैंने लव मैरिज की थी? कितना परिवर्तन ला देता है धन माल। एक दिन था, मास्टर मूलचंद 'बेज़ार' की सुंदर बेटी शशि से शादी करना, जुनेजा के लिए सपना था। मैं उस से ज़्यादा पढ़ी लिखी थी। शेरो-शायरी और किताबों के माहौल में पली थी। दूर की अपहुँच शशि! और आज? आज मुझे घर की बेजान गुड़िया बनाकर, ताक पर धर दिया गया। कितना फरक ले आया तस्करों का सोना मेरे जीवन में। प्रेम-विवाह! ख़ूब! जैसे जैसे जुनेजा का दो नंबर का धन बढ़ता गया, प्रेम-विवाह घटता गया।

अब क्या करूँ मैं? खा पीकर निठल्ली बैठी रहूँ? नौकरों चाकरों के सहारे घर तो छोड़ सकती हूँ। पर ख़ाली वक़्त कैसे बिताऊँ? दिमाग़ में हर वेला कुछ तो होना ही चाहिए। कोई काम? कोई समस्या कैसी विडम्बना है! दुनिया काम के बोझ से छुटकारा चाहती है। और मुझे काम चाहिए। समस्याएँ चाहिए। दिशाहीन जीवन का उद्‌देश्य चाहिए। मक़सद चाहिए। अभी मेरी उम्र ही क्या है? अभी से किसी को मेरी ज़रूरत नहीं। बच्चे ट्यूटर के हवाले। रसोई, सफाई, नौकरों के हवाले। और जुनेजा साहिब, यारों दोस्तों संग शराब और छोकरीबाज़ी! मेरी किसी को ज़रूरत नहीं कोख थी मैं। सिर्फ कोख। जुनेजा ने मुझ से बच्चे जनवाए

और मुझे कचरे में फेंक दिया।

कोई रास्ता? कोई मंज़िल?

लिखना! लिखना एक रास्ता हो सकता है जिससे मैं अब भी जीवन को सार्थक बना सकती हूँ। रचनात्मक बना सकती हूँ। बहुत गुस्सा आ रहा है मुझे! अपनी कमज़ोरी पर। और पति की धींगोज़ोरी पर। एक पत्नी क्यों बर्दाश्त करती जाए? जी चाहता है, गुस्सा निकालूँ हिन्दू समाज पर। देवी-देवताओं की कहानियों पर। औरत को गुलाम बनाए रखने के लिए 'धर्म' का आडंबर खड़ा कर रखा है। क्या औरत योनि से बढ़कर कुछ भी नहीं? शरम आती है अपने देवी-देवताओं के क़िस्से पढ़कर। ब्रह्मा पुरोहित बनकर शिव और पार्वती की शादी करवा रहे हैं। साथ में दुल्हन के सुंदर जांघों पर टिकटिकी लगाकर वीर्य बहा रहे हैं! अपनी बेटी सरस्वती को बीवी बना लेते हैं! सूर्य देवता की बेटी हार-शृंगार करके बाप के दरबार में आई। बाप भागा बेटी का बलात्कार करने! इन्द्र देवता को अप्सराओं का भोग करने के सिवा कोई काम नहीं। पति नपुंसक है, वंश बढ़ाना है, दूसरे मर्द बुलाकर पाँचों पांडव पैदा करवा लो। और पाँचों भाई एक द्रौपदी का साझे में सेवन करो। जुए में हार दो। धिक्कार है ऐसे मज़हब पर जिस में औरत को इतना बेइज़्ज़त किया गया है।—मैं कहानी लिखूँगी। कविता लिखूँगी। उपन्यास लिखूँगी। नारी का शोषण करने वाले रीत-रिवाजों की धज्जियाँ उड़ाऊँगी। अकेले दौलत राम जुनेजा और शशि की लड़ाई नहीं है यह। मुझे आने वाली पीढ़ी की हर लड़की को मर्दों के ख़िलाफ ताकतवर बनाना है—ताकि वह अपने जीवन को इज़्ज़त से जी सके। आज़ादी से जी सके। अल्लामा इक़बाल सही कह गए—

मिरा रोना नहीं, रोना है यह सारे गुलिस्तां का,
वो गुल हूँ मैं, ख़िज़ां हर गुल की है गोया ख़िज़ां मेरी।

(पूनम शेअर दोहराती है)

(अँधेरा)

दृश्य - 8

(रात, बरामदे में ज्ञानचंद और सुनीता मिलते हैं)

ज्ञान : सुनीता!

सुनीता : भाई साहब! आप भी जाग रहे हैं?

ज्ञान : तुझे भी नींद नहीं आई?

सुनीता : नहीं।

ज्ञान : मैं तो भला कई बरसों बाद इस कोठी में सोया हूँ। अजीब अजीब सा महसूस हो रहा है पुराना कमरा।

सुनीता : मुझे भी—कैसी कैसी यादें आती रहीं। डैडी जी की। माँ जी की। ब्याही आई थी मैं इस घर में। आपके बेटे अशोक और रवि यहाँ पैदा हुए।—पूनम और विनय! दोनों को डैडी ने डाँट डपट के निकाला। आज दोनों यहाँ हैं। इतना बड़ा परिवार। सोना चाँदी। जायदाद। मगर प्रभु की मरज़ी—न पिता जी रहे न माँ जी रहे।

ज्ञान : पूर्णिमा का चाँद जगमग जगमग कर रहा है। एक आसमान पर, एक धरती पर।

सुनीता : क्या मतलब?

ज्ञान : बहुत ब्यूटिफुल हो, सुनीता।

सुनीता : कुछ शरम करो, भाई साहब। आप की फूलां रानी ने सुन लिया तो कोठी सिर पर उठा लेगी।

ज्ञान : फूलां बेकार हो चुकी अब।

सुनीता : कैसे?

ज्ञान : घुटने खड़े नहीं रख सकती। एक तुम हो। उछलती, फुदकती। वैसी सोलह बरस की हूर हो जैसी बाजे-गाजे के साथ लाए थे परमानंद कालोनी से।

सुनीता : झूठी तारीफ मत करो।

ज्ञान : क़सम है मुझे चाँद की। बहुत सुंदर हो। सयाने सही फरमा गए। बच्चा जना, जवानी गई। ज़नानी गई।—यों है तो बुरी बात, तुम माँ नहीं बन सकी। लेकिन याद रख। बुढ़ापा भी कभी नहीं आएगा तेरे पर।

सुनीता : वैष्णो माता मेहर करे। भाई साहब, आप जानते हो। क्या करूँ मैं लाखों करोड़ों का? दुकानों कारख़ानों का? बच्चे बग़ैर घर खाने को दौड़ता है। आज रौनक हुई। वरना श्मशान है यह कोठी। शोकी और रवि आज आएँगे?

(पूनम पीछे गुज़रती है। सुनकर खड़ी हो जाती है)

ज्ञान : एक बात बताओ, सुनीता।

सुनीता : पूछो।

ज्ञान : बच्चा तुम्हारी कोख से मर्द जमाएगा या वैष्णो माता?

सुनीता : हाय, और मैं कौन सा मर्द करूँ? अपने पति को छोड़कर? बहुतेरा इलाज कराया। बरसों तक। कविराज हरनाम दास से। सबलोक क्लीनिक से। नहीं तगड़े हुए ये। करवा चौथ व्रत का भी रत्ती फायदा नहीं हुआ। न सुंदर कांड की कथा का।

ज्ञान : तो क्या मैं मर गया? मुझे बता तू सेवा।

सुनीता : हया करो कुछ।—साली कहाँ गई? स्कूल में पढ़ाती है जो? जिसे नित्य फरीदाबाद गैस्ट हाऊस ले जाते हो?

ज्ञान : साली के वास्ते बहुत है मेरे पल्ले। तू बता। आऊँ किसी दिन? जब केवल दुकान पर होगा? अव्वल तो अभी सही। ऊपर चलते हैं, बरसाती में।

सुनीता : बाप पर गए आप। वो भी, पता नहीं कितना धन खिलाया औरतों को। कहें, केदारनाथ बद्रीनाथ जा रहा हूँ। मगर टिके रहे हरिद्वार, धर्मशाला में। सावित्री के साथ।

ज्ञान : माँ और मौसी में क्या फरक होता है? रिश्ते में, सावित्री हमारी मौसी लगती है। बेशक उम्र में मेरे से भी छोटी है।

सुनीता : आपकी नीयत नहीं भरी कभी। भूखे के भूखे। हमेशा।

ज्ञान : सुन। हो सकता है, वसीयतनामे में डैडी यह कोठी हम दोनों भाइयों को दे जाएँ। तुम अपनी नई कोठी में शिफ्ट मत करना।

सुनीता : हम दोनों अकेले यहाँ क्या करेंगे?

ज्ञान : आधा हिस्सा जो मुझे मिलेगा, मैं अपने पास रखूँगा। दिन के वक़्त आया करूँगा। आराम करने के बहाने। आज रात से, तुम

और मैं· ·एक हो गए।

(पूनम खाँसती है, जाती है)

सुनीता : कौन???

ज्ञान : अरे कोई नहीं।· ·क़रीब आओ ज़रा।

(अँधेरा)

दृश्य - 9

डैडी : आज से, समझ ले, तेरे डैडी मर गए। और डैडी के लिए तू मर गई।

पूनम : डैडी, इतनी जल्दी मत करो। इतना गुस्सा मत करो।

डैडी : अगर उस कुत्ते की औलाद से शादी करेगी, दफा हो यहाँ से। इसी वक़्त! ज़िंदगी भर मुझे अपना मनहूस चेहरा मत दिखाना।

पूनम : मैं कोई ग़लत काम नहीं कर रही। विनय और मैं पहली से एम. ए. तक इकट्ठे पढ़े हैं। विनय लव्ज़ मी। ऐंड आई लव विनय।

डैडी : ही लव्ज़ माई वैल्थ। हरामी! मेरी सोने से भरी दुकानों पर नज़र है उसकी। कोठी पर नज़र है। बच्ची मत बन। ज़िंदगी बरबाद मत कर।

पूनम : पच्चीस साल की लड़की बच्ची नहीं होती। कॉलेज में पढ़ा रही टीचर नन्ही मुन्नी नहीं होती। अपना भला बुरा मैं ख़ुद सोच सकती हूँ।

डैडी : ख़ाक सोच सके तू भला बुरा। तोला अक़्ल नहीं।—पूछ उस शोहदे से : अगर मैं दहेज का धेला न दूँ, करेगा वो ब्याह तुम से? मानेंगे उसके घर वाले?

पूनम : हाँ। मुझे पक्का विश्वास है, विनय को दहेज का लालच नहीं है। शायद उसके माँ बाप को भी नहीं। विनय के बारे में तो मैं गारंटी लेती हूँ।

डैडी : तू पहले जन्मी थी कि मैं? कितने चिर से जाने तू माथुरों को? दो कौड़ी का फायदा होता हो, टके की तरक़्क़ी के बदले, सगे बाप को बेचकर खा जाएँगे ये लोमड़।

पूनम : ज़माना बदल चुका है, डैडी। क्यों आप पुरानी बातों में फँसकर, मेरी ख़ुशी छीनना चाहते हैं? मुझे आपका आशीर्वाद चाहिए। प्यार चाहिए।

डैडी : मेरा प्यार चाहिए तो जैसे मैं कहता हूँ, वैसे कर।

पूनम : क्या?

डैडी : अपनी बिरादरी में शादी कर। सत्यपाल भला लड़का है। खज़ानचंद कपूर आप रिश्ता माँग रहा है। दुकानें हैं। कारख़ाने हैं। और तुझे क्या चाहिए?

पूनम : मुझे अपने जितना पढ़ा लिखा साथी चाहिए।

डैडी : पढ़ाई का क्या फायदा? तेरे माथुर लौंडे की तनख़्वाह तो सत्यपाल के मुनीम लेते हैं।

पूनम : पैसे ही सब कुछ नहीं। मैं कुछ और ढूँढ़ रही हूँ ज़िन्दगी के लिए।

डैडी : पैसे को छोड़कर, ऐशोआराम को छोड़कर, और क्या धरा है ज़िंदगी में?

पूनम : किताबें हैं, कला है, संगीत है, कविता है।

डैडी : कविता? वाह! तेरी माँ का भूत कब से बोलने लगा तेरे अंदर से? मरे हुए नाना मूलचंद 'बेकार' का भूत कब चढ़ गया तेरे सिर पर?

पूनम : बेकार नहीं 'बेज़ार'।

डैडी : जानता हूँ। अक्सर गुनगुनाया करता था—

पूनम : "न छेड़, ऐ नकहते बादे बहारी, राह लग अपनी,
तुझे अटखेलियाँ सूझी हैं, हम बेज़ार बैठे हैं।"

डैडी : हाँ, यही। हम 'बेकार' बैठे हैं।

पूनम : मम्मी भी कविता लिखती थी?

डैडी : बेकार शायर की जनी और कर ही क्या सकती है? लफज़ों का ताना बाना बुनेगी। ख़याली पुलाव पकाएगी।

पूनम : मुझे ऐसी ज़िंदगी पसंद है। विनय के घर में ऐसा माहौल है जैसा नाना जी के घर में था।

डैडी : नाना? उस कंगाल के रास्ते चल रही है तू? दुख पाएगी। पछताएगी। अभी संभल जा। ज़िंदगी की असलियत पहचान। रत्ती भर प्यार नहीं था मूलचंद को बच्चों से। जेब में पैसा हो तो प्यार करे बंदा। वरना कोई चीज़ माँगे बच्चा, ख़ाली खीसे फटीचर, किताब में मुँह घुसेड़कर बैठ जाएगा।

पूनम : नाना जी के बीसियों स्टूडेंट, जब कभी मिलते हैं, तारीफ करते नहीं थकते।

डैडी : पढ़ाता ठीक होगा। लिखता भी अच्छा होगा। मगर ससुर के तौर पर कौड़ी का नहीं था। एक बार, हँसते-हँसते, मैंने तेरी माँ की

मामूली सी शिकायत की—"स्कूल की नौकरी छोड़कर मेरे साथ दुकान पर नहीं बैठती।"—ऐसा मुँह फट्ट था बुड्ढा, झट्ट बोला, "नहीं बनती तुम दोनों की, तो तलाक ले लो। मुझे क्यों परेशान करते हो शिकायतों से?" मैं भौंचक्का रह गया। पूछा, "क्या बाप को बेटी के बारे में ऐसा कहना चाहिए?" जवाब दिया, "तीस साल की लड़की अगर अपना भला बुरा नहीं सोच सकती, तो उसकी जगह और कौन सोचेगा? बेटी की ज़िंदगी बाप नहीं जी सकता। मुझ से दोबारा ऐसी शिकायत मत करना।"

पूनम : सही कहा नाना जी ने। इस में बुरा क्या है? लव-मैरिज की थी आपने। झगड़ा आपस में तय करते।

डैडी : ओए उम्र की कच्ची! अक्ल की बच्ची! शादी में बड़ा कुछ बर्दाश्त करना पड़ता है मियां बीवी को। काँच की चूड़ी नहीं है खाविंद। एक टूटा, दूसरा पहन लो।—इसीलिए सावधान कर रहा हूँ तुझे। जो कल टूटेगी, उसकी आज सोच। इस माथुर छोकरे को भूल जा। सत्यपाल से शादी कर ले। जितना धन दौलत चाहोगी, दूँगा, दहेज में।

पूनम : मैं विनय से ही शादी करूँगी।

डैडी : पक्का फैसला तेरा?

पूनम : पक्का।

डैडी : तो दफा हो। दोबारा मेरी कोठी में पाँव नहीं धरना।

पूनम : नहीं धरूँगी।

(चलती है, आँसू दबाती)

डैडी : मेरे मरने तक।

पूनम : (रुककर) डैडी, मम्मी की डायरी, काग़ज़ वग़ैरा, ले जा सकती हूँ?

डैडी : बिलकुल नहीं। आग लगाता हूँ आज ही तेरी मम्मी के काग़ज़ों को!

(अँधेरा)

दृश्य - 10

(सुबह। बागीचा)

कृष्णा : ये गमले तो मैं ज़रूर ले जाऊँगी। बेशक चोरी उठवाने पड़ें।

बजाज : जल्दबाज़ी क्यों कर रही हो? पहले पता तो चले तेरा बाप यह कोठी किसको दे कर गया है। पाँच करोड़ की होगी।

कृष्णा : नाना ज़िंदा थे जब यह कोठी पूरी हुई। उन्होंने और मम्मी ने प्लैनिंग की थी पूरे गार्डन की। मरने के कुछ बरस पहले तक, मम्मी भी हमेशा यहीं रहती थी। फूलों में, बेलों में। मालियों को इधर से उधर भगाती। हम बच्चों को तो भूल सी गई थी। उसके लिए ये पौधे ही परिवार बन गए थे।

बजाज : अच्छा, सुन। समझ से काम लेना होगा। नाजुक मौक़ा है। इस वक़्त शरमा गए तो ज़िंदगी भर पछताएँगे।

कृष्णा : किस बात के लिए?

बजाज : बहिन का बराबर का हक़ बनता है। अपने हिस्से की पाई पाई माँग लेना। बिना झिझक के।

कृष्णा : मैं क्यों छोड़ने लगी? मगर पूनम का नहीं पता, वो क्या करेगी?

बजाज : पूनम से बात कर।

कृष्णा : क्या बात करूँ?

(पूनम आती है)

बजाज : लो, पूनम तो यहीं आ गई।

पूनम : हैलो, जीजा जी।

कृष्णा : विनय?

पूनम : खर्राटे मार रहा है।

बजाज : पूनम, एक रिकुऐस्ट है, मानोगी?

पूनम : कहिए।

बजाज : तुम तो ऐसी चीज़ों से ऊपर उठ गई हो। पर हमारा नुकसान मत होने देना।

पूनम : किस बात में?

कृष्णा : जायदाद के बँटवारे में।

पूनम : मेरे बस में है ही क्या? जैसे डैडी विल्ल में लिख गए होंगे, वैसे करना पड़ेगा।

बजाज : लैट्स फेस इट। तुम्हें तो जुनेजा साहब कुछ नहीं देकर गए होंगे।

पूनम : कोई बात नहीं। मैं खुद कमा रही हूँ। मुझे किसी से भीख नहीं चाहिए।

बजाज : मगर हमारा शेयर दिलाने में तो मदद करो।

पूनम : कैसे?

कृष्णा : बहिनों का बराबर हक़ बनता है। मेरे साथ खड़ी होकर इतना कह दो। ज्ञान और फूलां से। केवल और सुनीता से।

पूनम : कह दूँगी। मेरा इसमें क्या बिगड़ता है?

बजाज : ज्ञान को तू जानती है। अव्वल नंबर का मक्कार है।

कृष्णा : फूलां का पेट कभी नहीं भरेगा।

बजाज : केवल है तो शरीफ पर पैसे पैसे पर मरता है।

कृष्णा : बेशक बच्चा सुनीता को न अब तक हुआ है न होगा।

बजाज : यों सुनीता ठंडे स्वभाव की है। लालची भी नहीं।

कृष्णा : पर हम अपना हिस्सा क्यों दें किसी को?

पूनम : तुम तीनों बराबर बराबर बाँट लो या तुम अकेली ले लो।

बजाज : थैंक्यू, पूनम। यू आर ए ग्रेट गर्ल।

कृष्णा : वैसे पिता जी के नाम पर मंदिर बनवाने में हम खुलकर रकम लगाएँगे।

पूनम : मंदिर बनवाने जा रहे हो?

बजाज : आलीशान मंदिर बनवाएँगे।

कृष्णा : जो युगों तक अटल रहे।

बजाज : मामूली इन्सान नहीं थे लाला दौलत राम जुनेजा।

पूनम : वाह! ज़रूर बनाओ मंदिर। अल्लामाँ इक़बाल सही फरमा गए—

बजाज : इक़बाल कौन? फूफा तुम्हारा?

पूनम : उर्दू शायर थे।

कृष्णा : नाना जी सुनाया करते थे न?

पूनम : मस्जिद तो बनादी शब भर में
ईमां की हरारत वालों ने,
मन अपना पुराना पापी है,
बरसों में नमाज़ी बन न सका।।

(अँधेरा)

दृश्य - 11

(पूनम और डियाना पीठ पर झोले बाँधे मुसाफिर)

डियाना : यह रहा मोंमात्र।

पूनम : पैरिस! दुनिया भर के लड़के लड़कियों का सपना।

डियाना : कलाकारों का मक्का। जीनियसिज़ का गढ़।

पूनम : हाय!

डियाना : क्या हुआ?

पूनम : मेरा पैर! बिछुओं ने काट खाया।

डियाना : पूनम, उतार फेंक इस जंजाल को।

पूनम : नहीं। उतारूँगी नहीं। अब तो दो तीन हफ्ते में घर पहुँच जाऊँगी! विनय के पास। पाँव में बिछुए नहीं होंगे, तो अपशगुन होगा। मेरी सास बेहोश हो जाएगी।

डियाना : पागल है क्या तू? भेड़ बकरी है? जो ज़ंजीर पहन रखी है? उंगलियाँ सड़ रही हैं।

पूनम : सुन, डियाना। घूमना बहुत हो गया। लंडन देख लिया। ऐमस्टरडैम में ऐश उड़ा ली। अब मेरे पैर जवाब दे रहे हैं। छाले झेले नहीं जाते। मेरा ख़्याल है, कल हिन्दुस्तान की फ्लाईट ले लूँ।

डियाना : वीनस नहीं चलोगी? फलोरेंस नहीं देखोगी?

पूनम : नहीं। हर शहर में, इतना पैदल घूमना पड़ता है। मैं थक चुकी हूँ। उंगलियाँ ज़ख़्मी हैं। तुम घूमो यौरप, अपने प्लैन मुताबिक। तुम्हें साथी बनाने में देर नहीं लगती।

डियाना : अभी नहीं भागने दूँगी तुझे। दो हफ्ते तू और मैं ज़रूर इकट्ठे रहेंगे। तेरे बग़ैर इटली का क्या मज़ा?

पूनम : भई, मेरे बिछुए नहीं चलने देते।

डियाना : पूनम, मेरी मान। एक ही ज़िंदगी मिली है। क्यों बरबाद कर रही है गली सड़ी रिवायतों के पीछे लग कर? भूतकाल के भूतों को

भगा दे।

पूनम : इतना आसान नहीं है प्राचीन संस्कृति को उतार फेंकना।

डियाना : हमारे पास्ट का, भूत का, हर पहलू सही नहीं। जो हिस्सा ग़लत है उससे छुटकारा ले ले। ये बिछुए तुम्हें भूत की दलदल से नहीं निकलने देंगे। तेरा भविष्य नहीं बनने देंगे। तेरी यूनीक पर्सनैलिटी के विकास के दुश्मन हैं ये। उठाके परे मार।

पूनम : डियाना, बहुत कुछ सीखा है मैंने तुमसे। एक साल तुमने मेरी बहुत मदद की। प्यार दिया। शुक्रिया। लेकिन तेरी हर बात मानने लायक नहीं है। विवाह के बंधन भारतीय नारी के लिए अटूट हैं।

डियाना : बंधना है पालतू पशुओं की तरह तो बंधी रह। मगर एक साल में वापस लौट मेरे पास। मैं पूरी कोशिश करूँगी तुझे फैलोशिप मिल जाए। टीचिंग जॉब मिल जाए।

पूनम : हाँ, यह वादा रहा। पी-एच.डी. करने मैं ज़रूर लौटूँगी—अगर तुम मुझे वजीफा दिलवा दो।

डियाना : चल, अब। दो हफ्ते तक मेरा साथ देना होगा। स्विटज़रलैंड, इटली, ग्रीस—

पूनम : हाय, मर गई! मेरे पैर!

(अँधेरा)

दृश्य - 12

विनय : हमें अलग होना ही पड़ेगा।

पूनम : कुछ और सोच लो, विनय। बचपन से इकट्ठे रहे हैं हम।

विनय : बहुत सोच चुका। एक तो चुनना ही पड़ेगा मुझे। या तुम या मेरे माँ- बाप।

पूनम : कुछ देर और कोशिश कर देखते हैं।

विनय : एक साल अलग रहने के बाद, डाइवोर्स की अर्ज़ी दे देंगे। दोनों मिलकर। डेढ़ साल में शादी ख़त्म।

पूनम : अचानक कल से तुमने अलग होने की ठान ली। इतनी जल्दी क्यों मचा दी तेरे माँ बाप ने मुझे घर से निकालने की?

विनय : तेरे कपड़े और किताबें परसों यहाँ पहुँचा देंगे। तुम खुद आकर भी ले सकती हो, अगर तुम्हें झिझक न हो।

पूनम : झिझक मुझे कुछ नहीं। मगर मैं हैरान हूँ। कौन सा क़त्ल कर दिया मैंने? तुम एकदम इतने उतावले कैसे बन गए?

(सुनीता आती है)

सुनीता : क्या वजह, भाई साहब? आपने बैग क्यों उठाया?

विनय : मुझे दफ्तर पहुँचना है। ज़रूरी काम है।

सुनीता : आज नहीं जाने देंगे हम। परसों चले जाना। कल बहाने से सभी रिश्तेदार आपको मिल लेंगे। तीन सालों से पूनम को देखने के लिए तड़प रहे हैं बुआ जी और फूफा जी।

(केवल आता है)

विनय : पूनम ठहरेगी यहाँ।

सुनीता : यह देखो, जी। भाई साहब जाने की तैयारी किए बैठे हैं।

केवल : माथुर साहब, रुक लीजिए। अब हमारी आपकी कोई नाराज़गी नहीं।

सुनीता : आपका घर है। नित्य आओ जाओ।

केवल : नाश्ता किया?

सुनीता : **(उबासी लेती हुई)** तैयार है नाश्ता। लगवाऊँ?... अजीब रात थी। डैडी याद आते रहे। माँ जी भी। पूरी रात नहीं सो पाई।

(फूलां आती है)

फूलां : ये कहाँ गए? गाड़ी लेकर? कृष्णा और देवराज भाई भी नज़र नहीं आते।

सुनीता : ज्ञानचंद जी तो वकील के पास गए हैं। आते होंगे।

केवल : मुझे झील के पास मिले थे। बोले, हरिद्वार जाने से पहले वसीयत नामे की बात साफ हो जाए।

सुनीता : लो आ गए।

पूनम : शोकी और रवि?

फूलां : बैडमिंटन खेलने गए हैं, रोशनारा क्लब।

(कृष्णा, बजाज और ज्ञान चंद आते हैं)

विनय : पूनम, मैं चलूँ।

कृष्णा : क्यों? आप क्यों जाएँगे? सुनो, जी। क्या कह रहे हैं?

बजाज : कमाल करते हो, माथुर साहब। साढुओं वाली बात तो अभी हमने एक नहीं की। आज मैं छुट्टी करूँगा फैक्टरी से। बैठो आराम से। गप्प मारेंगे।

ज्ञान : बतरा अंकल आ रहे हैं। तुम दोनों का यहाँ रहना ज़रूरी है। डैडी की विल्ल पढ़ेंगे। आख़िर जायदाद का मुआमला है। पैसे की बात है। माथुर साहब, पूनम और आप वकील के मुँह से ख़ुद ही सुन लो, जो भी हो।

विनय : मेरे बारे में आपके डैडी की राय सब को मालूम है। पूनम रुकेगी।

पूनम : भैया, विनय की बात कुछ और है।

केवल : कौन सी बात? पता तो चले।

विनय : ऐक्चुअली... मैं और पूनम...

बजाज : छोड़ो, जनाब। आज तो मेल मिलाप का दिन है। सुनीता, करो हमारे नाश्ते का इंतज़ाम।

ज्ञान : सुनो सब। केवल और सुनीता, ध्यान देना। वकील के आने से पहले एक फैसला कर लें।

कृष्णा : किस बारे में?

ज्ञान : डैडी महान थे। ख़ाली जेब आए थे लायलपुर से। करोड़ों का

व्यापार खड़ा कर दिया।

बजाज : राजधानी का एक चौथाई सोने का धंधा तुम जुनेजा ज्यूलर्स के पास है।

केवल : कमाल किया पिता जी ने।

फूलां : डैडी जैसा महापुरुष नहीं जन्मेगा दुनिया में।

कृष्णा : *(रोती हुई)* उस दिन से आँसू नहीं थमते। कुछ अच्छा नहीं लगता। पहले मम्मी छोड़ गई हमें। अब डैडी।

ज्ञान : कृष्णा, धीरज धर। शांति से बात करने दे।—केवल, अगर हम पिता जी की यादगार बनाना चाहें, तुम कितना रुपया दोगे?

सुनीता : उनका ही है सब कुछ। हम कौन सा छाती पर धर के ले जाएँगे? नन्हें मुन्ने तो रोवें नहीं हमारे। अकेली जान हैं।

बजाज : अच्छा, चलो, मैं शुरू करता हूँ। कृष्णा और मैं देंगे दो लाख।

फूलां : कुल दो लाख? दस करोड़ की सामी हो।

ज्ञान : नहीं, बजाज साहब। आप जमाई भाई हैं। कन्या से, बहिन से, कुछ नहीं लेते। डैडी का उसूल था। बेटी को देते हैं कि उससे लेते हैं?

कृष्णा : आजकल बेटे और बेटी में क्या फरक? धन-सम्पत्ति में बराबर हिस्सा होता है। दो का भी ढाई लाख देंगे हम। पचास हज़ार मैं अपने खाते से दूँगी।

केवल : पहले यह तो तय करो—यादगार बनाएँगे किस तरह की।

फूलां : बिरला मंदिर जैसा बनाओ। जुनेजा मंदिर।

ज्ञान : तू मुँह बंद रख। बड़ी अक्लमंद। पता है कितने अरब रुपया चाहिए आजकल बिरला मंदिर बनवाने के लिए?

सुनीता : मंदिर की बात भाभी की है तो बढ़िया।

कृष्णा : मेरा भी यही ख़्याल है। वैष्णो माता के पक्के भक्त थे डैडी। कहा करते थे, माता की मेहर है—हमें भिखारी से करोड़पति बना दिया।

ज्ञान : माथुर साहब, आप बताएँ। पूनम, कैसी यादगार क़ायम करें?

पूनम : आप जो चाहो करो। हमारी कोई सलाह नहीं है।

केवल : फिर भी कुछ तो कहो।

पूनम : ईंटों पत्थरों की यादगार कितनी देर तक चलेगी? असली यादगार होती है इन्सान के ज़िंदगी भर में किए हुए कामकाज।

ज्ञान : हज़ारों साल खड़े रहते हैं मंदिर।

केवल : तेरे विचार में क्या होना चाहिए?

ज्ञान : कनकरीट सज्जैश्न दो।

पूनम : अगर तुमने करना ही है कुछ, तो यूनिवर्सिटी में डैडी और मम्मी के नाम पर वज़ीफा शुरू कर दो। रकम फिक्सड डिपॉज़िट में जमा कर दो। सूद से साल दर साल किसी होशियार ग़रीब स्टूडेंट की मदद होती रहेगी। ज़िंदगी बन जाएगी।

सुनीता : नेक सलाह है।

ज्ञान : अजी छोड़ो। वज़ीफे को कौन जानता है? मेरा विचार है, माता का मंदिर बनाएँ।

केवल : साथ में बारात घर।

सुनीता : हाँ, धर्मशाला हो पिता जी के नाम पर।

ज्ञान : तो कल उठाले पर कर दें ऐलान?

केवल : कर दो।

ज्ञान : पाँच लाख मैं डालता हूँ। सुनीता, पाँच लाख तुम और केवल डालो।

केवल : मंजूर।

फूलां : दस लाख में आलीशान मंदिर बनेगा।

ज्ञान : बतरा साहिब आते हैं, तो उनसे कहेंगे। ग्रेटर केलाश वाले बारह सौ मीटर के पलाट पर मंदिर बनवाएँगे।

(टैलीफोन की घंटी)

बजाज : यैस!⋯अमरीका से?⋯पूनम?⋯है यहाँ। होल्ड ऑन।

विनय : तेरी डियाना होगी।

पूनम : पूनम स्पीकिंग⋯डियाना?⋯ठीक हूँ। तुम सुनाओ⋯फैलोशिप? ⋯पी-एच.डी. के लिए?⋯ग्रेट।⋯थैंक्यू।⋯हाँ⋯डैडी के लास्ट राईट्स के लिए⋯विनय और मैं⋯डैडी के घर⋯नहीं, अभी डिसीज़न नहीं कर सकती⋯लैटर तो आने दो⋯चौबीस घंटे तो दो मुझे⋯कल बताऊँगी⋯अच्छा⋯थैंक्स⋯बाइ!

विनय : जा रही हो डियाना के पास?

बजाज : कैलेफोरनिया से थी कॉल।

पूनम : फैलोशिप तो मिल गई।

विनय : मेरा फैसला सही था। तुम वहाँ सैट्टल करोगी?

पूनम : ज़िंदगी भर के फैसले मैं इतनी आसानी से नही करती।

बजाज : मुझे पार्टनर बना लो। मैं यहाँ से माल भेजूँगा। तुम वहाँ बड़े-बड़े

स्टोर्ज़ को कांटैक्ट करना। इंडियन गार्मैंट्स की बड़ी करेज़ है अमरीका में।

ज्ञान : बतरा अंकल आ गए।

(बतरा आता है)

सुनीता : पाय लागूँ, चाचा जी।

बतरा : खुश रहो, बेटा।

ज्ञान : हमने सोचा, हरिद्वार जाने से पहले आपसे पूछ लें। वसीयतनामे में क्या लिखा है?

बजाज : सबब से सब इकट्ठे हैं।

बतरा : पूनम बेटा, कैसी हो?

पूनम : ठीक हूँ, अंकल। शुक्रिया।

फूलां : हम पाँच-पाँच लाख डालकर पिताजी के नाम पर मंदिर बना रहे हैं।

बतरा : शाबाश! दौलत राम की आत्मा दुआएँ देगी।

ज्ञान : मोटी-मोटी बात बता दीजिए।

बजाज : पूरी विल्ल बेशक न पढ़िए।

बतरा : बताने वाले बात ज्यादा है भी नहीं। तुम्हें पता चल ही गया होगा।

ज्ञान : क्या?

बतरा : मरने से दो दिन पहले, तुम्हारे डैडी ने मुझे और मलहोत्रा को बुलाया। और पुरानी वसीयत रद्द करके, नई लिखवा दी।

केवल : नई लिखवा दी?

ज्ञान : मेरे से तो बात नहीं की डैडी ने।

बजाज : क्या लिखवाया?

बतरा : तुम दोनों भाइयों का कोई नुकसान नहीं हुआ। तुम्हारी दुकानें, कोठियाँ, कारख़ाने, जैसे थे वैसे के वैसे तुम्हारे पास रहेंगे। कृष्णा, तुम्हें भी जुनेजा साहब आप सब कुछ दे गए थे।

ज्ञान : इस कोठी का क्या हुआ?

कृष्णा : और ग्रेटर कैलाश वाले प्लाट का?

बतरा : यह रही नई विल्ल। गवाह हैं बलदेव मलहोत्रा और डॉक्टर अचल भगत।

सुनीता : मन मर्ज़ी करते थे डैडी। सुनते किसी की नहीं थे।

केवल : बात करने दे अंकल को।

बतरा : सबसे बड़ा दुख उन्हें था पूनम को लेकर। बहुत अच्छा हुआ जो तुम अस्पताल में मिलने आ गई। आख़िरी दिनों में, उन्हें अहसास हुआ कि उन्होंने शशि भाभी के साथ बेइन्साफी की। बेरहमी की। पूरी उम्र।

पूनम : मम्मी के साथ?

बतरा : हाँ। पढ़ी-लिखी औरत थी। स्कूल में पढ़ा रही थी। किताबें पढ़ने लिखने का शैक़ था। पर जुनेजा ने उसे घर गृहस्थी में क़ैद कर रखा था। पूनम, तेरे साथ बुरा सलूक करके, जुनेजा साहब अपनी ग़लती दोहराना नहीं चाहते थे।

ज्ञान : यह कोठी पूनम और विनय को दे दी?

बतरा : हाँ। अकेली पूनम को।

बजाज : पूरी की पूरी?

बतरा : पूरी की पूरी। बीस कमरें और बागीचा।

कृष्णा : प्लॉट?

बतरा : प्लॉट भी पूनम का है। लेकिन एक शर्त है।

विनय : कौन सी शर्त?

बतरा : जुनेजा का पाँच करोड़ का एक फिक्सड डिपाज़िट है, ओरियंटल बैंक में।

ज्ञान : वो कब करा दिया?

केवल : पाँच करोड़?

ज्ञान : मुझे तो बताया नहीं।

बजाज : बड़ा चालाक था तुम्हारा बुड्ढा।

बतरा : पूनम, यह पूरी रकम तुझे मिलेगी। मगर निजी इस्तेमाल के लिए नहीं।

विनय : और किस लिए?

बतरा : जुनेजा ने कंडीशन लगाई है—पूनम, इस रुपए से एक गुरुकुल खोलेगी। बच्चों को, विशेषकर लड़कियों को, भारतीय संस्कृति के मुताबिक शिक्षा देगी। वेदों शास्त्रों के अनुसार, पुरातन संस्कारों के अनुसार, बच्चों को विद्या प्रदान करेगी। ग्रेटर कैलाश वाला प्लाट इस काम के लिए इस्तेमाल किया जाएगा।

विनय : अगर पूनम अमेरिका में सैट्टल होना चाहे?

बतरा : इस बारे में जुनेजा साहब साफ लिखा गए हैं। पूनम को सॉलम अंडरटेकिंग देनी पड़ेगी। स्कूल का नाम 'वैष्णो माता विद्या मंदिर'

रखेगी। और हिन्दुस्तान में रहकर, अपनी निगरानी में स्कूल चलाएगी।

विनय : सुन लो, पूनम।

बतरा : अगर पूनम को ये शर्तें मंजूर न हों, पूरी जायदाद एक ट्रस्ट को सौंपी जाएगी। ताकि हिन्दू धर्म अनुसार यह शिक्षा सदन चलाया जा सके।

विनय : पूनम, इट्स ए डैम गुड ऑफर। अमरीका मत जाओ। इतनी बड़ी रकम! और धार्मिक संस्था स्थापित करना! अकेली के लिए मुश्किल होगा। मैं सहायता करूँगा।

ज्ञान : चलो, अच्छा हुआ। हमारे पाँच-पाँच लाख बचे। क्यों, केवल?

बजाज : बतरा साहब, यह वसीयतनामा वैलिड भी है?

ज्ञान : होश में थे डैडी जब लिखवाया?

बजाज : कचहरी में चैलेंज करे अगर कोई?

बतरा : बिलकुल क़ानून के मुताबिक है। एक कॉपी कोर्ट में फाईलड है। मैंने और मलहोत्रा ने तस्दीक की है। डॉक्टर अचल भगत ने सर्टीफाई किया है—"दस्तख़त करते वक़्त दौलतराम जुनेजा के पूरे होशो-हवास क़ायम थे।"

सुनीता : हम यादगार कहाँ बनाएँगे?

ज्ञान : अब पूनम जाने या विनय।

केवल : बनाते रहें मंदिर और शिक्षा सदन।

विनय : पूनम, क्या फैसला है तेरा?

बतरा : अपने पिता की आज्ञा मानकर, करोगी अपना जीवन प्राचीन धर्म को अर्पण?

(सभी पूनम को घेरे में लिए खड़े हैं। पूनम सोच रही है। ख़ामोशी। माँ आती है। डायरी लिख रही है।)

माँ : आज आख़िरी सहारा भी गया। काग़ज़ कलम भी छिन गए। जुनेजा साहब को मैंने अपनी कविता दिखाई, 'धर्मयुग' में छपी। मैं मूर्ख! समझती थी पढ़ के खुश होंगे। आग बबूला हो बैठे। कविता फाड़ डाली—"प्रेम पत्र किस यार को लिखती हो? कल्पना का कौन सा ख़सम पाल रखा है? तुम औरतें कभी किसी एक मर्द की होकर नहीं हर सकती। कोठी मेरी में रहो, सोने मेरे से सजी रहो, सपने दूसरे मर्द के। सतयुग होता तो मैं अभी तुम्हें भगवान राम की तरह जंगल को दफा करता। दो चार लफ़्ज क्या

पढ़ गई, तुम कलियुग की औरतों ने मर्दों का जीना मुश्किल कर रखा है। ख़बरदार जो दोबारा अपनी ख़यालों बदचलनी रसालों में छपाई।'' ··प्रेम विवाह! और ये बेड़ियाँ मैंने खुद अपने पैरों में ठोकीं थीं। काश मैं शादी में जल्दी न करती। काश इश्क़ और अक़्ल इकट्ठे चल पाते। टीचर की बेटी, सादा गरीब-से घर की लड़की, मैं पैसे की चकाचौंध से अँधी हो गई। क्या से क्या बना लिया अपनी ज़िंदगी का। कोठी में ज़िंदा दफन होकर रह गई हूँ। जीने की कोई इच्छा बाकी नहीं रही। मिर्ज़ा ग़ालिब मेरे जैसी बदहाली में होंगे जब उन्होंने गुनगुनाया—

रहिए अब ऐसी जगह चलकर, जहाँ कोई न हो।
हम सुख़न कोई न हो और हम ज़ुबां कोई न हो।
बेदरो दीवार सा इक घर बनाया चाहिए।
कोई हमसाया न हो और पासबां कोई न हो।

··बचपन में पिता जी इक़बाल का शेअर सुनाकर हौसला बढ़ाया करते थे—''तुम शिकारी परिंदे हो। शाहीं बाज़ हो। तुम्हारा काम है आसमानों में उड़ना।'' और अब? अब मैं मायूसी भरी मय्यत हूँ। उम्मीदों की लोथ हूँ :—

सजा कर मय्यते उम्मीद नाकामी के फूलों से
किसी बेदर्द ने रख दी मेरे टूटे हुए दिल में।

(आँसू पोंछती हुई, माँ जाती है)

विनय : पूनम, क्या फैसला है तेरा?

बतरा : अपने पिता की आज्ञा मानकर, करोगी अपना जीवन प्राचीन धर्म को अर्पण?

पूनम : नहीं, बतरा साहब। पाँच करोड़ के बदले, मैं अपना जीवन बलि नहीं चढ़ाऊँगी। आप इस रकम का, कोठी और पलाट का, जैसा डैडी चाहें, इस्तेमाल करें। ट्रस्ट बना दो। स्कूल चलाओ। पर मैं उसमें भागीदार नहीं हूँगी। ख़ूब समझती हूँ मैं डैडी की चालाकी। 'धर्म' के बहाने, मेरे बाप का भूत मेरी पूरी ज़िंदगी निगल जाना चाहता है। मैं अपने आपको बेचूँगी नहीं। दौलत राम जुनेजा के मंदिर के बुतों की रखैल नहीं बनूँगी। देवदासी नहीं बनूँगी। ऐसे ख़रीददारों की मक्कारी मुझसे छुपी नहीं। इनके धर्मशास्त्रों में हम औरतें मर्दों के पैरों की जूती से ज़्यादा नहीं। मनुस्मृति ऐसा ही

'शास्त्र' है न? जो कहता है—कंवारी लड़की बाप की गुलाम रहे। ब्याही औरत पति की गुलाम रहे। विधवा बेटों का हर हुक्म बजाए।''—मुझे ऐसे शास्त्रों से नफरत है। मैं अपनी ज़िंदगी शास्त्रों के ज़हरीले हिस्से जलाने में लगाना चाहती हूँ। जो किताब समाज को सिखाए—

ढोर गँवार शूद्र पशु नारी,
ये सब ताड़न के अधिकारी।

वह किताब दुनिया की आधी आबादी की दुश्मन है। मैं अपने विद्यार्थियों को ऐसे दुश्मनों से लड़ना सिखाऊँगी। जो ग्रंथ विधवाओं को ज़िंदा जलाते रहे हैं, मेरा बाप उनका रखवाला होगा। मैं उनकी ज्वाला बनूँगी। बतरा जी, धन्यवाद। मुझे करोड़पति जुनेजा की उम्र क़ैद क़बूल नहीं। पाँव की बेड़ी तो बेड़ी है बेशक सोने की बनी हो।—और हाँ, विनय नारायण माथुर, थैंक्यू। मुझे तेरी मदद की ज़रूरत नहीं। लोभी पति से औरत अकेली भली। **(बिछुए उतारती है)** अब मैं तेरे माँ-बाप को अपने पंख नहीं काटने दूँगी। तुम्हें अपने पैर नहीं डस्सने दूँगी। पकड़ अपने बिच्छू। भट्टी पड़े सोना जो कानों को खाए।

विनय : मुझे मालूम था। तुम अमरीका जाओगी। डायन डियाना की बग़ल में। छी!

पूनम : नहीं। डियाना भी नहीं। यह निश्चय भी कर लिया है मैंने। पराए मुल्क में एक बरस बिता लिया, काफी है। यौरप घूम लिया, काफी है। अब मैं यहीं रहूँगी। हिन्दुस्तान की ग़रीबी से डरकर, समस्याओं से भागकर, परदेस नहीं जाऊँगी। यहीं जूझूँगी। अकेली सही। कमज़ोर सही। मगर मैं इतनी भी कमज़ोर नहीं। इतनी भी अकेली नहीं। सदियों से सताई हुई औरतों का काफला है मेरे संग। ''ख़िज़ां हर गुल की है, गोया ख़िजां मेरी।'' अपनी माँ का अधूरा काम कुछ तो आगे बढ़ा सकती हूँ। मीरा बाई जैसी, हब्बा ख़ातून जैसी, माँ भारत की बेटियाँ सदियों से सिसकती रही हैं। बिलखती रही हैं। मर्दों के अत्याचार की शिकार। उनको ज़ुबान देना, ताक़त देना, अब मेरी ज़िंदगी का मक़सद होगा। माँ की डायरी ने मुझे नया जनम दिया है। दिशा दी है। उद्‌देश्य दिया है। ज्ञान दिया है। पेट भरना ही जीवन नहीं होता। गहनों कपड़ों से लदना ही जीना नहीं होता। नाना जी इक़बाल के बुलंद ख़याल

दोहराया करते थे। मैं शाही हूँ। शिकारी बाज़ हूँ। मेरा काम है, उड़ते जाना। आगे से आगे। ऊँचे से ऊँचे। आसमानों में। उड़ते जाना :—

तू शाहीं है, परवाज़ है काम तेरा,
तेरे सामने आसमां और भी हैं।

(अँधेरा)

(परदा)

—समाप्त—

(पहला प्रालेख : मार्च, 1986)

29

शास्त्री की दीवाली

समर्पण

उस मेधावी विद्यार्थी को
जिसकी आत्महत्या में
माँ-बाप और शिक्षक
भागीदार हैं

× × ×

सिंहलदीप में बसे पदमनी,
सर्पां शीश मणी सै
सीप में मोती, पत्थर में हीरा,
तू हीरे बीच कणी सै।

—पंडित लखमीचंद 'सांगी'

नाटककार की तरफ से

मेरे कॉलेज के चार प्राध्यापकों के जवान बेटे आत्महत्या कर चुके हैं। मेरे कुछ एक-दूसरे विद्यार्थी भी ज़िंदगी जीने का हौसला खोकर, मौत के मुँह में जा चुके हैं। मेरे लिए अमिताभ सिन्हा, जैसमिन सूरी और लिंडा रीबस को भुला सकना आसान नहीं।

किस क़िस्म के घरों के बच्चे इतने कमज़ोर रह जाते हैं कि वे मौत की गोद में बैठने के लिए मजबूर हो जाते हैं? उनके माँ-बाप, रिश्तेदार, टीचर—किस तरह के होते हैं?

इन सवालों का एक जवाब है : दयाकृष्ण शास्त्री जैसे बाप–जो नई पीढ़ी को, बदलते हुए ज़माने को, समझने में असमर्थ हैं।

मेरे नाटक का नायक/खलनायक तीन चार व्यक्तियों को मिलाकर बना है। उनमें से एक व्यक्ति को मैं पिछले उनतालीस बरसों से जानता हूँ। पंद्रह साल से उसका पड़ोसी हूँ। यह शास्त्री अपनी कंजूसी के कारण, प्रतिक्रियावादी सोच के कारण, हर एक की हँसी ठिठोली का निशाना बना रहा है। मगर बाप के नाते शास्त्री अभागा है। उसके पुराने विचारों ने, कट्टरपने ने, परिवार के ऊपर सदा जुल्म ढाया है। उसने पत्नि, बेटी और पुत्र को विकसित नहीं होने दिया। इस नाटक के ज़रिए मैं ने ऐसी ही पारिवारिक समस्या को समझने और समझाने की कोशिश की है। (इस शास्त्री की पत्नी को मेरा नाटक पसंद नहीं आया। उसने रुक्का भेजा : मनोविज्ञान का और गहरा अध्ययन कर!)

एक बात पर मैं अपने साथी पूरन सिंह वर्मा से सहमत नहीं हूँ। यह तो सही है कि शास्त्री ''अरिसटोटीलियन ट्रेजिक हीरो'' है। अपनी ग़लतियों के कारण अंत में एक-इकल्ला पड़ जाता है। लेकिन पूरन सिंह के लिए 'ब्राह्मण' शास्त्री का 'जमादारिन' चमेली संग संबंध जोड़ना दुखदायक 'गिरावट' है। मेरी नज़रों में, यह रिश्ता शास्त्री का 'मुक्ति' की तरफ, ज्ञान-प्राप्ति की तरफ, उठाया पहला बड़ा कदम है। ऊँच नीच से ऊपर उठकर, हर इन्सान को बराबर समझ सकना, बंदा बनने की पहली पौड़ी है।

चरणदास सिद्धू

इला अपार्टमेंट्स (ए-104)
बी-7, वसुंधरा ऐनक्लेव
नई दिल्ली-110096

निर्देशकों की ओर से

डॉ. सिद्धू के नाटक 'शास्त्री की दीवाली' के टकराव को संक्षेप में कहना हो तो यह है : परंपरा और आधुनिकता की जंग।

भारतवर्ष आज एक चौराहे पर खड़ा है। पुरानी पीढ़ी गली सड़ी पौराणिक मिथों को, खोखले नैतिक विचारों को, चिमटे बैठी है। अपने बचपन की दारुण ग़रीबी से पिसे हुए पिता अपनी व्यथा भूल नहीं पाते और चाहते हैं कि उनके बच्चे जल्दी-जल्दी बड़ा-बड़ा धन कमाएँ। इसलिए वे बच्चों को अंग्रेज़ी माध्यम वाले पब्लिक स्कूलों में दाख़िल करवाते हैं। पहली चीज़ जो ये बच्चे स्कूलों में सीखते हैं वो है पश्चिम के तौर तरीक़ों की नक़ल करना। ये लड़के-लड़कियाँ सदियों पुरानी रिवायतों को, मनाहियों को, सामाजिक बंधनों को, तोड़ फेंकने के लिए उतावले हैं।

जीवन जीने के इन दो रास्तों की असंगति, एक ही परिवार में ये बेमेलपन, माँ-बाप और बच्चों में तीखी झड़पें पैदा करते हैं। इन झड़पों के नतीजे सुखद भी हैं और दुखद भी। दर्शकों के लिए तो ये सुखद हैं, हँसाने वाले हैं। परन्तु युद्ध में सींग फँसाए हुए परिवार के सदस्यों के लिए, इस टकराव के नतीजे घातक त्रासदी साबित हो सकते हैं।

'शास्त्री की दीवाली' का नायक ऐसा ही प्रतिगामी, पाखंडी, कंजूस संस्कृत का अध्यापक है। वह अपने अत्याधुनिक बेटे और बेटी के साथ जान लेवा दंगल में जकड़ा पड़ा है। नाटककार डॉ. सिद्धू इस टकराव को निष्पक्ष रह कर, परन्तु संवेदनशील भाव से, प्रस्तुत करते हैं।

रवि तनेजा
रबिंद्र नारायण माथुर

पहला मंचन

'शास्त्री की दीवाली' पहली बार 14, 15, 16 जनवरी, 1998 के दी लिटल थियेटर ग्रुप, नई दिल्ली ने कॉलेजिएट ड्रामा सोसाइटी के कलाकारों के सहयोग से पेश किया

कलाकार

दयाकृष्ण शास्त्री	:	रवि तनेजा
हेमा रानी	:	वीणा सिद्धू तनेजा
निशी	:	स्मिता नंदा
बिट्टू (अमीताभ)	:	आशुपाल सिंह
पदमा देसाई	:	रचना जैन
पी.के. गुलाटी	:	पवन जैन / अमित दत्त
अंजु गुलाटी	:	दीप्ति गुप्ता / राधिका श्रीमन
चमन भाटिया	:	मनजीत अरोड़ा / उमेश कोहली
चमेली	:	ज्ञान कौर सिद्धू

परदे के पीछे

प्रकाश	:	ऐस.के. बैनर्जी, रबिंद्र नारायण माथुर
वस्त्र	:	प्रमिला सिद्धू साहनी / आशा सिद्धू भगत
शृंगार	:	राजकुमार साहनी, सलोनी सिद्धू तनेजा
मंच सज्जा	:	डॉ. अचल भगत, आई.ऐल. दास
संगीत	:	सारंग व नूपुर सिद्धू माथुर
निर्देशन	:	रवि तनेजा व रबिंद्र नारायण माथुर

पात्र

दयाकृष्ण	:	संस्कृत का अध्यापक, 50
हेमा रानी	:	उसकी पत्नी, 48
निशी	:	उसकी बेटी, 21
बिट्टू (अमिताभ)	:	उसका बेटा, 17
पद्मा देसाई	:	उसकी किरायेदार, 40
पी.के. गुलाटी	:	कॉमर्स का अध्यापक, 45
अंजु गुलाटी	:	बिट्टू की दोस्त, 17
चमन भाटिया	:	निशी का दोस्त, 24
चमेली	:	जमादारिन, 32

× × ×

स्थान : अंधा मुग़ल, दिल्ली
समय : आजकल

× × ×

दृश्य 1

(शास्त्री का घर)

निशी : **(फोन पर, चोरों की तरह)** चमन, मैं ऊँचा नहीं बोल सकती··· पिता जी सुन लेंगे··· मेरी जान निकाल देंगे··· मैं अभी कैसे बता सकती हूँ? ··· जोक समझ रहे हो तुम तो··शादी है, भई। ज़िंदगी भर का मुआमला ··· घर वालों को पूछे बग़ैर, मैं कुछ नहीं कर सकती ··· पिता जी? ··· अरे, आज तो बुधवार है। ब्राह्मण समाज गए होंगे। सभा होती है। उनका भाषण··· आकर स्कूल भी तो जाएँगे··· इतना वक़्त नहीं है मेरे पास··· मेरी भी आज साढ़े आठ बजे की क्लास है। और वह भी रूसो पर··· हाँ, फ्रेंच रैवोल्यूशन वाला रूसो··· शैली का नाटक 'चैंची' लगा है न कोर्स में··· ऐसी क्या इमर्जंसी आ पड़ी तुम्हारे ख़ानदान पर, जो तुमने अभी डिसियन करना है? दो घंटे रुक नहीं सकते?··· ग्यारह बजे मिल सकती हूँ··· नहीं, लायब्रेरी के सामने तो जानने वाले बहुत मिल जाते हैं··· कार ला रहे हो?··· गेट पर मिल जाऊँगा··· ओ. के.··· ज़रा तो शान्ति से चल··· लव?··· रुक ज़रा, कोई आ गया है।

(बिट्टू आता है)

बिट्टू : यह टेलीफोन तेरे अकेली के लिए नहीं लगा, हीरोइन।

निशी : शट अप्प!

बिट्टू : कोई और भी रहता है इस घर में।

निशी : अभी बंद करती हूँ। तू एक सैकंड उधर जा।

बिट्टू : जैसा कि मैं समझता नहीं तू किससे बतिया रही है।

निशी : बिट्टू, प्लीज़। सिर्फ एक मिनट और। देखो, पिता जी तो नहीं आ रहे? या मम्मी?

बिट्टू : छिपाती किससे हो? मम्मी को ज़रूर पता होगा।

निशी : तू जाएगा या नहीं?

बिट्टू : सोई उठी नहीं कि "लव-लव, लव-लव" डायलॉग की रिहर्सल शुरू।

निशी : मैं क्या जानती नहीं तेरी लव के बारे में?

बिट्टू : क्या जाने तू?

निशी : पिता जी और मम्मी खुसर-फुसर कर रहे थे कल। तेरी अंजु गुलाटी को लेकर।

बिट्टू : बको मत।

निशी : शरम कर। स्कूल से निकले नहीं अभी दोनों—

बिट्टू : तुझे शरम नहीं? मेरे लिए बाकी रह गई कुल दुनिया की शरम?

निशी : अमिताभ, सिर्फ एक सैकिंड। जाओ। आई बैग यू।

बिट्टू : फटाफट कर। पिता जी के लौटने से पहले, मुझे अंजु से अर्जंट बात करनी है।

(जाता है)

निशी : सॉरी, चमन··· बिट्टू था··· अरे नहीं··· बिट्टू नहीं बताएगा··· उसका अपना लफड़ा दिखे कुछ··· अपनी क्लासमेट से··· पहले तेरे से पूरी बात सुन तो लूँ··· तरीका?··· तरीके की ज़रूरत पड़ी तो वह भी ढूँढ़ निकालूँगी।··· मेरी 'हाँ' से क्या बनता है?··· पिता जी की इजाज़त के बग़ैर शादी की बात सोचना मेरे लिए इम्पासीबल है··· न, मैं रूसो नहीं··· न ही शैली··· सही कहा तुमने। फ्रैंच रेवोल्यूशन अभी तक मेरे लिए केवल किताबी क्रांति है।··· यों भी तुम अमीर हो, पंजाबी हो। पिता जी अमीरों को चरित्रहीन समझते हैं··· अपनी कास्ट और धर्म के बाहर? कभी नहीं।

(शास्त्री पीछे आकर सुनता है)

कट्टर क्या थोड़े से?··· बात बात पर हिंदू शास्त्र कोट करते हैं··· मैं तेरे बारे में, तेरे परिवार के बारे में, और पूछ लूँ··· फिर वे चाहें तो तेरे घर वालों से बात चलाएँगे··· पिता जी का मानना इतना आसान नहीं··· ग्यारह बजे··· ठीक··· टैलीफोन पर?··· नहीं, नहीं··· अच्छा, बाबा! **(चूमती है। फोन रखती है)**

शास्त्री : कौन था टैलीफोन पर? तुम दोनों कर क्या रहे थे? यह बदमाश है कौन?

(बिट्टू आता है)

बिट्टू : पिता जी, क्या हुआ?

शास्त्री : ये सभ्य घरों के तौर तरीके हैं?

बिट्टू : निशी, हुआ क्या है?

शास्त्री : तेरी भी मुरम्मत करता हूँ अभी। दोनों को दुरुस्त करूँगा। लज्जा नाम की वस्तु तो कोई रह ही नहीं गई इस परिवार में।

बिट्टू : मुझ पर क्यों बरस पड़े?

शास्त्री : बेशरम! बेहया! इसीलिए टैलीफोन लगवाया मैंने? कि तुम प्रातःकाल उठकर कुलटाओं का धंधा करो? इन्हीं शुभ कार्यों के वास्ते पाल पोस कर बड़ा किया तुझको? क्या कहेंगे ब्राह्मण समाज के सदस्य मुझको? उधर मैं सनातन धर्म सभा में ऊँचे चरित्र पर व्याख्यान दूँ। ब्रह्मचर्य का महत्त्व बताऊँ। इधर तुम प्रेमालाप आरम्भ कर दो? गुंडे बदमाशों से?

निशी : गुंडा नहीं, पिता जी। वह तो···

शास्त्री : वह कहाँ गई? तुम्हें जनने वाली?

निशी : मम्मी को टैलीफोन आया था। इमर्जंसी है। किसी लड़की ने आत्महत्या करने की कोशिश की।

बिट्टू : रेणु ढींगरा ने। आप जानते हैं उसके डैडी को। डी ब्लाक, गुलाबी बाग।

निशी : मम्मी को 'सहेली' की प्रधान ने कहा। तुम्हारा पड़ोस है। रेणु को अभी मिलो।

शास्त्री : खूब! अपना घर यहाँ जल रहा है। सपुत्री लुच्चों लफँगों को चाट चूम रही है। वो भी टैलीफोन पर। और इस समाज सुधारक को पराई लौंडिया बचाने की पड़ी है। वही है मुसीबत की जड़। उसी ने बिगाड़ा है तुम दोनों को।

बिट्टू : बात तो पता चले।

शास्त्री : टैलीफोन अश्लील हरकतें करने के लिए होता है? लड़कों संग फुसफुसाने के लिए होता है? बिल पता है कितना आया? सब तुम्हारी वजह से है। तुम मुझे कंगाल बना कर छोड़ोगी। माँ की तरह, पैसा बचाना नहीं। बरबाद करना है। इधर मैंने किवाड़ से बाहर कदम रखा, उधर से तीन मूर्ति लगीं बकबक बकबक करने। अपने-अपने उचक्के यारों से गुफतगू फरमाने।

निशी : पिता जी, मेरी पहली क्लास है। साढ़े आठ बजे वाली।

शास्त्री : और श्रीमान जी, आपका इरादा है कोई पढ़ाई लिखाई करने का? तैयार क्यों नहीं हुए?

बिट्टू : अभी लगा था कपड़े बदलने। एक ज़रूरी टैलीफोन करना है।

गुलाटी अंकल के घर। अंजु को।

शास्त्री : अवश्य! बहिन के बाद, भाई की बारी है। तुम पीछे क्यों रहो? करो टैलीफोन गंदा।

बिट्टू : फिज़िक्स के प्रेक्टीकल के बारे में पूछना था अंजु से।

शास्त्री : दस मिनट में तो तेरी बस आने वाली है। प्रेक्टीकल तू ख़ाक पूछेगा? झूठ बकता है? मुझे उल्लू बना रहा है?

बिट्टू : आप कहते हैं तो नहीं पूछता काम। फिर मत कहना, नम्बर कम आए।

शास्त्री : तेरे जैसे आवारागरद के नंबर नहीं आया करते। वह तेरे साथ ही था—गुलाटी का छोरा। एन.डी.ए. में सिलैक्ट हो गया। दो साल में लैफ्टीनंट बन जाएगा। धेला नहीं ख़र्चना पड़ा बाप को उसकी पढ़ाई पर। इधर तुम दोनों हो। फिज़ूल ख़र्ची के सिवा कुछ धंधा ही नहीं।··तुम कहाँ चली? मैं यहाँ खड़ा बात कर रहा हूँ और तुम मटक मटक कर चल पड़ी।

निशी : मुझे क्लास पहुँचना है, पिता जी।

शास्त्री : रुक, ज़रा। अपनी अम्मा को लौटने दे, पहले तुझे जुए में जोतें।

बिट्टू : मम्मी आ गई।

(हेमा आती है)

हेमा : रेणु बच जाएगी। कीड़े मारने की दवाई पी थी। डॉक्टर बोला, हम देर कर देते तो जीना मुश्किल था। इतनी टैनशन हो घर में तो बेचारी बच्ची क्या करे? उसके मम्मी डैडी हर वक़्त महाभारत छेड़े रखते हैं।

शास्त्री : तू लोगों के घर बचाती फिर। अपने घर को आग लगा दे। अच्छा धंधा शुरू किया है तूने?

बिट्टू : मैं चला स्कूल। **(जाता है)**

(टैलीफोन की घंटी)

हेमा : अंजू?. . . चल ही रहा था—बिट्टू तेरा फोन।

निशी : मुझे देर हो रही है।

शास्त्री : तुझे एक बार नहीं सुना? मैं ज़रूरी बात करना चाहता हूँ।

(बिट्टू आता है)

हेमा : मैं दलिया बना गई थी। मक्खन निकाला है। टोस्ट ले लेते।

शास्त्री : तू भी रुक। दोनों का बंदोबस्त करना है मुझे।

बिट्टू : रोल काफी लंबा है?··· कॉमिक? या ट्रेजिक?··· मर्चंट आफ वीनस? ··· ऐनटोन्यो? ग्रेट!··· मेरे पास बहुत वक़्त है··· एक

पाउंड माँस देने को तैयार हूँ··· क्यों?··· नहीं, मैं छुट्टी नहीं कर सकता··· तुम्हारे घर? ··· इतना सीरियस कौन सा हादसा हो गया? ··· रो रही है तू, अंजु? ··· स्कूल में बता देना··· वहीं मिलते हैं ··· ओके ओके, सी यू।

हेमा : सीरियस क्या बात हो गई?

निशी : गड़बड़ है?

बिट्टू : कुछ नहीं। **(जाता है)**

हेमा : मैं चलूँ, अंजु से बात करने?

शास्त्री : फिर लगी लोगों की लौंडियों को बचाने? पहले अपनी तो बचा।

हेमा : निशी को क्या हुआ?

शास्त्री : दोनों दुष्ट हैं। न जाने किस लोभ में आकर मैंने इन्हें अंग्रेज़ी स्कूल में भरती करवा दिया। परिवार बिगाड़ लिया। सुख चैन खो दिया। पंडित लखमी चंद सही गाया करते थे—

लाड करे तैं बेटा बिगड़ै, भेद दिए तैं नारी।
खुदगर्जी मैं भाई बिगडैं, पड़ै मुसीबत भारी।।
आज़ादी मैं बेटी बिगड़ै, दाग़ नहीं धोए जां।
चित्त बुद्धि ना रहै ठिकाणैं, सब क्याहें तै खोए जां।।

(निशी रो रही है)

हेमा : बेटा, क्या बात हो गई?

शास्त्री : घणा नेक कार्य कर रही थी तेरी सपुत्री। अभी निबेड़ा करता हूँ इस निर्लज का।

हेमा : क्या कर रही थी?

शास्त्री : बता अपनी करतूत, माँ की लाड़ली।

हेमा : उसे बोलने तो दो। जब देखो किसी-न-किसी को डाँटते रहते हो। निशी, रो क्यों रही हो?

शास्त्री : यह क्यों रोएगी? रोऊँगा तो मैं। एक दिन तू भी रोएगी।

हेमा : ऐसा कौन सा गुनाह कर दिया? टैलीफोन किया किसी सहेली को?

शास्त्री : ज़रूर! वह 'सहेली' ही होगी, जिसको सुबह-सुबह रिसीवर में से ही ··· अब क्या अश्लील शब्द बुलावे मेरे मुँह से।

हेमा : अश्लील?··· क्या पहेलियाँ बुझा रहे हो? निशी, क्या किया तूने?

शास्त्री : तू भी सुन। आज से, तुम्हारा नया चोचला बंद। अपने पिल्लों को संभाल घर बैठ कर। हमें नहीं ज़रूरत दुनियां भर की औरतों को बचाते फिरें। मुझे यह तुम्हारी सहेलीबाज़ी क़तई पसंद नहीं।

बदमाश लड़कियाँ आजकल की। उलटी करतूत करें। जब पकड़ी जाएँ, बखेड़े में पड़ जाएँ, आत्महत्या की कोशिश करें। और तेरे जैसी बेकार बैठी समाज सुधारक उनकी रक्षक बन जाती हैं। जिनको न घर का काम है, न आफिस का, न स्कूल का। ऐसी खसमखानी निठल्ली औरतों की लीडर बन रही है तू। यह मैं हरगिज़ नहीं चलने दूँगा।

हेमा : लो, अब मुझ पर नज़ला निकालो। कौन सा काम है घर का जिसको अधूरा छोड़कर मैं संस्था का काम करती हूँ? और अभी एक तो महीना हुआ मुझे 'सहेली' की सदस्य बने।

शास्त्री : और मैं नहीं दूँगा बिल टैलीफोन का। जिनको आत्महत्या से बचाने जाती हो उनसे माँगो पैसे। बाहर से जाकर किया कर टैलीफोन। मुझे कंगाल मत कर अपनी खुराफातों से। ज़हर दिखाई देवें मुझे तेरी ये सहेलियाँ। मुँह फट्ट। पालतू सूखी भैंसें।

हेमा : आप पता नहीं कैसे इन्सान हैं? मेरे पास समय है। बच्चे बड़े हो गए। अगर किसी दुखी बहिन की मैं मदद कर दूँ, इसमें बुरा क्या है?

शास्त्री : तुझे बुरा क्यों दिखेगा, नवाबज़ादी? टैलीफोन का बिल तो मुझे चुकाना है। बेटी और बेटा बदमाश बन गए। लोग पहले मुझी पर उंगली करेंगे। ''लो देखो! शास्त्री जी आचरण पर भाषण देते हैं। प्रतिदिन गीता पाठ करते हैं। सीता सावित्री का गुणगान करते हैं। स्वयं पत्नी न जाने कहाँ-कहाँ पूरे शहर में धूल चाटती घूमती है। और उनकी बेटी, लौंडों के साथ… अब क्या कहूँ?''

निशी : पिता जी, मैं रोमांटिक पोइट्स पर लेक्चर मिस नहीं कर सकती। प्लीज़, मुझे जाने दें।

शास्त्री : माँ पर जाओ! सुनो मत किसी की। भाई बहिन, दोनों घुमंतू! बदतमीज़! निरंकुश!

हेमा : **(जाती हुई, मुड़ कर)** इतनी तरक्क़ी कर ली साइंस ने। किसी ने यह यंत्र नहीं बनाया कि औरत ख़ामख़ा बोलते हुए ख़सम का मुँह बंद कर सके।

शास्त्री : तुझे कहा, बात सुनकर जा… संक्षेप में कहता हूँ। आज विद्यालंकार जी मिले थे। मेरा व्याख्यान सुनने आए थे। मैंने उनको ज़बान दे दी है।

हेमा : किस बात की?

शास्त्री : बहुत सुशील है उनका बेटा, हरिनाम दास। विद्यालंकार जी गुरुकुल में पढ़ते थे, हरिद्वार। एक तरह मेरे सहपाठी थे। मैं ऋषिकेश में सनातन धर्म गुरुकुल का विद्यार्थी था। बहुत बार हमने रोहतक से हरिद्वार तक इकट्ठे यात्रा की। उनका पूरा परिवार सात्विक भोजन करता था। हरिनाम दास ने अभी-अभी आयुर्वेद की परीक्षा पास की है। गुप्त रोग विशेषज्ञ है। विद्यालंकार जी उसे जहांगीरपुरी में दुकान लेकर दे रहे हैं। झुग्गी झोंपड़ी कालोनी में गुप्त रोगों का वैद्य साल भर में सोने चाँदी से खेलेगा। इकलौता भाई है। एक बहिन है। वह ब्याही है। बाल बच्चेदार है। निशी बेटा, मैं और विद्यालंकार जी परम मित्र हैं। एक ही जाति के, एक ही देहात के, एक ही विषय के अध्यापक हैं। तुम जीवन भर सुखी रहोगी। और हाँ। कविराज हरिनाम दास उच्च आदर्शों का पालन करता है। शपथ ले रखी है—दहेज का धेला नहीं माँगेगा। सादा प्राचीन रीति का विवाह करना चाहता है।

निशी : मुझे एम.ए. पूरा करने दो।

हेमा : पढ़ाई पूरी करके, लड़की अपने पाँव पर तो खड़ी हो। इतनी जल्दी क्या आ पड़ी आपको?

शास्त्री : पढ़ाई छोड़ने को कौन कहता है तुम्हें? तीन चार महीने की बात है। ससुराल से जा सकती है रोज़ क्लास। मैंने विद्यालंकार जी से हाँ कर दी।

हेमा : हाँ कर दी? हमें बग़ैर पूछे?

शास्त्री : परसों दीवाली है। शुभ दिन है। ख़र्च ने कुछ करवा नहीं रहे। हरिनाम दास दीवाली मनाने घण्टे भर के लिए यहाँ आएगा। अपने माता-पिता के साथ। सगाई की रसम पूरी कर देंगे, दो मंत्र पढ़कर।

(निशी जाती है)

हेमा : उतावले मत हो इतने। निशी को क्लास से लौटने दो। सहज भाव से मैं पूछूँगी। और अगर निशी की मरज़ी नहीं है, तो रहने दो। ठिगना लड़का है। चार उंगल का। है भी गुप्त रोग विशेषज्ञ। मेरा ख़्याल है निशी नहीं मानेगी। पढ़ी-लिखी लड़की को गोबर में मत दफनाओ।

(बिट्टू आता है, स्कूल बैग उठाए)

बिट्टू : पाँच रुपए दो, पिता जी।

शास्त्री : किस लिए?

बिट्टू : पैन की निब टूट गई।

शास्त्री : झूठे। निब पाँच रुपए की आती है? पचास पचास पैसे में, चल, मैं तुम्हें जितनी चाहो निब खरीद दूँ। साढ़े चार रुपए की चपत लगा रहा है मुझे? चाट खाएगा, चटोरा?

बिट्टू : चार रुपए की रफ कापी खरीदनी है। मैथ्स के लिए।

शास्त्री : मैथ्स का रफ काम तुम स्लेट पर नहीं कर सकते? हम जब गुरुकुल में थे, सारा गणित स्लेट पर करते थे। या ज़मीन पर। रेत में उंगलियों से लिख कर। गंगा मैया के तट पर। और नंबर तेरे से दुगने लाते थे।

बिट्टू : हमारे स्कूल में कोई स्लेट यूज़ नहीं करता। यह कंप्यूटर एज है। पट्टियों के ज़माने गए। ग्रो अप, डैडी।

शास्त्री : तो नवाबज़ादे, ज़रूरी है क्या नई कापी ख़रीद कर ही उस पर रफ काम किया जाए? यह पकड़। मैंने ढेर सारी दफ्तर की सरकारी चिट्ठियाँ, स्कूल के नोटिस, इश्तिहार वग़ैरा इकट्ठे कर रखे हैं। सभी एक तरफ से खाली हैं। देख इधर। तेरी माँ टांका लगा कर सिल देगी। फाइल में रख लेना। कापी बन जाएगी, मुफ्त। पकड़ पचास पैसे। निब ख़रीद। कापी रहने दे। स्कूल से लौट कर ले लेना ये कागज़।

बिट्टू : पुराने गंदे कागज़! पचास क़िस्म के! मैं नहीं इस्तेमाल करूँगा। दस दस साल का कूड़ा कचरा संभाल कर रखते हैं। शरम आती है क्लास मेट्स के सामने।

शास्त्री : बड़ा आया शरम सागर। अच्छा भला पेपर। एक तरफ लिखने में क्या बुरा है? मैं भी तो प्रयोग करता हूँ।

बिट्टू : आप करो। नॉट भी।

शास्त्री : कालिदास ने भोजपत्रों पर महाकाव्य लिख डाले। ये शहज़ादे खरे कागज़ों पर रफ काम नहीं कर सकते।

बिट्टू : मम्मी, हमें दीवाली के पैसे दो। मैं और निशी अब बड़े हो गए हैं। पटाखों और मिठाई के लिए सौ-सौ रुपए से कम नहीं लेंगे।

शास्त्री : बिलकुल नहीं। दो-दो रुपए मिलेंगे। जैसे हमेशा से मिलते रहे हैं। अब तुम बच्चे नहीं कि आग से खेलो। पटाखों से कान फाड़ो। धुएँ से वातावरण दूषित करो। और खाने वाली सब चीजें तुम्हारी माँ घर में बनाएगी। बाज़ार की गंदी चीज़ एक नहीं खरीदेंगे।

विद्यालंकार जी को अपने हाथ से बनी वस्तुएँ परोसना। सात्विक।

बिट्टू : अब हम सौ-सौ रुपए से कम क़तई नहीं लेंगे। **(जाता है)**

शास्त्र : दीवाली है तो क्या मेरा दीवाला निकालोगे?

हेमा : घर पर ही मिठाई और नमकीन बनाने हैं तो रकम निकालो। नहीं तो ख़ुद सामान ख़रीदो दुकान से। घी और चीनी और मैदा। खोया भी। जो खाना हो बनवा लो। दो सौ रुपए दे जाओ।

शास्त्री : दो सौ रुपए? पूरी दिल्ली की हलवाई लग गई हो क्या?

हेमा : बग़ैर सामान के गधों की लीद की बनाऊँ मैं मिठाई?—अच्छा, रहने दो। तुम सस्ती ले आना जहाँ से मिले। बचाओ पैसे। न जाने किसका मुँह देखा सुबह-सुबह। उठते ही उस लड़की की आत्महत्या का संदेश आ गया। और अब तुम निशी को जीवन भर जलाने पर तुले हो।

शास्त्री : तू ज़्यादा सिर मत चढ़ा बच्चों को। पता तुम्हें क्या कर रही थी तेरी सपुत्री?

हेमा : कमरे में अकेली लड़की क्या कर सकती है?

शास्त्री : टैलीफोन का रिसीवर अपवित्र कर रही थी।

हेमा : कैसे?

शास्त्री : चाट चूम कर।

हेमा : रिसीवर चाटकर उसे क्या मिलता?

शास्त्री : हे कृष्ण मुरारी, कभी इस जालंधर की झोटी की खोपड़ी की गरारी भी काम करेगी?—दूसरी तरफ टैलीफोन पर लड़का था!!!

हेमा : लड़का?

शास्त्री : अब समझ में आया तुझे? अक़्ल की दुश्मन। जल्दी जोत इसे किसी बैल संग। और धकेल किवाड़ के बाहर। वरना? शादी से पहले नानी बनोगी! और मुझे बनाओगी नाना!

हेमा : कैसी बदशगुनी बोलते हो। कुमारी कन्या के ख़िलाफ़।

शास्त्री : मेरा फैसला अटल है। स्कूल से लौटते वक़्त मैं विद्यालंकार जी के घर जाऊँगा। उनके आने का वक़्त तय कर दूँ। इस लौंडिया से मुक्ति मिले। और दीवाली मनाएँ।

(निशी कॉलेज जा रही है)

हेमा : यह मैं नहीं होने दूँगी। निशी, कितने बजे लौटोगी?

निशी : इस घर को न लौटना पड़े तो ही अच्छा है। **(रोती जाती है)**

हेमा : चाबी ऊपर होगी। पद्मा गुजरातिन के पास।

शास्त्री : तू कहाँ जा रही है कोठी सूनी छोड़कर? प्रधान मंत्री ने बुलाया है मुझे?

हेमा : आप बिना बात के क्यों बोले जा रहे हैं? मुझे एक बार फिर अस्पताल जाना है। रेणु ढींगरा को देखने। और हाँ, नारी निकेतन से हम सब दो-दो बहिनों को दीवाली मनाने अपने-अपने घर बुला रही हैं। ये अभागिन दीवाली के दिन तो अकेली महसूस न करें।

शास्त्री : यह घर है। यतीमख़ाना नहीं। ऐसा बकवास मैं बिलकुल नहीं चलने दूँगा। बड़ी बनती है सहेली संसार की। बुलाती है छोड़ी हुई, उजड़ी हुई, लुच्ची लफंगी औरतों को। दीवाली मनाने। मेरे ख़र्चे पर।

हेमा : तुम आज फिर उसी बात को लेकर लड़ोगे?

शास्त्री : अच्छा, भाग मेरे आगे से। खाना ला। स्कूल पहुँचें। ऐसी बेवकूफ बीवी और बिगड़े हुए बच्चे भगवान किसी को न दे।

हेमा : संन्यास ले लो। छुटकारा हो बीवी बच्चों से।

शास्त्री : मैं क्यों लूँगा संन्यास? मैं क्यों निकलूँगा अपने घर से? तू निकलेगी। या तेरी बेटी निकलेगी।

हेमा : मैं निकलूँ या न निकलूँ लेकिन अपनी बेटी को उस चार उंगल के गुप्त रोगों के वैद्य के साथ बाँधकर नहीं निकालूँगी।

शास्त्री : नहीं निकालेगी? कौन है तू? रानी झांसी? कि इंदिरा गांधी? तू क्या समझती है, मैं तुम्हें और तुम्हारी छोरी को यह घर तबाह करने दूँगा? सुन लो मेरा आर्डर। सहेली बेली आज से बंद। कही नहीं जाएगी तू। और न तेरी कोई पागल सहेली मेरे घर में क़दम रखेगी। निशामणि शर्मा को जहाँ मैं चाहूँ शादी करनी होगी। तुम माँ-बेटी दोनों को मैंने बहुत ढील दे रखी थी। अब मैं लगाम हाथ में पकड़ूँगा। छाँटा पकड़ूँगा। अपने अधिकार वापस छीनूँगा। कमाता हूँ मैं। घर चलाता हूँ मैं। तो हर फैसला मेरी मरज़ी से होगा। चलो, यह हो जाए निर्णायक दीवाली। देखता हूँ, तू जीतेगी या तेरा यह ख़सम? निशी जीतेगी या उसका बाप?

हेमा : यह ज़िद है तुम्हारी?

शास्त्री : हाँ, ज़िद ही सही। पर चलेगी मेरी। इस दीवाली पर अकेले राम भगवान की वापसी नहीं होगी। मेरी भी अयोध्या वापसी होगी! सब अधिकारों की पुनः प्राप्ति होगी!

हेमा : रावण राज्य मत चलाओ। हैंकड़बाज़ी हद में रखो। गली सड़ी पोथियों में मत घुसे रहा करो। रामायण महाभारत का ज़माना लद गया। हमारे बच्चे नए ज़माने के हैं। ज़माने संग बदलना सीखो। नई हवा के आगे झुकना सीखो।

शास्त्री : झूकूँ? मैं झुकूँ? क्यों झुकूँ? मैं तेरे जैसा कलियुगी दरख़्त नहीं जो हवा के हर झोंके के आगे सिर झुका दे।

हेमा : याद रखना : जो दरख़्त झुकता नहीं, वह टूट कर गिरता है! उसका सिर कीचड़ में धंसता है!

(अँधेरा)

दृश्य - 2

(अंजु गुलाटी स्कूल की लॉन में बैंच पर बैठी है। बिट्टू खड़ा है)

बिट्टू : आई हेट मैथ्स क्लासिज़। ऐंड फिज़िक्स लैब। पिता जी कुछ भी कहें। मैं इंजीनियर नहीं बनने का। जिस काम में मज़ा नहीं आता, वो क्यों करें? और फिर ज़िंदगी भर के लिए? यह नरक मैं नहीं भोग सकता। मैं तो ऐक्टर बनूँगा। मेरा बस चले तो अभी स्कूल छोड़ दूँ। फुल टाइम ऐक्टिंग कोर्स जॉइन कर लूँ। मसूरी का वो ट्रिप! 'दि प्ले बॉय ऑफ दि वैस्टर्न वर्ल्ड' के हीरो का रोल! दून स्कूल के सामने। दि हैप्यस्ट मोमंट ऑफ माई लाइफ। टीचर हो तो बैरी जॉन जैसा। है न, अंजु? ··· अरे? अंजु, तुम रो रही हो?··· व्हट्ट हैपंड?··· बात तो करो··· डैडी ने कहा कुछ?··· उनका डायवोर्स फाइनल हो गया?··· बताओ भी। मैं मदद कर सकता हूँ?

अंजु : अमिताभ, आइम प्रेगनंट!

बिट्टू : प्रेगनंट! ओ नो!

अंजु : तीन महीने हो गए। फिफटीन्थ ऑगस्ट को था हमारा शो दून स्कूल में।

बिट्टू : डॉक्टर के पास गई थी?

अंजु : पचास रुपए फीस भरी।

बिट्टू : अब क्या होगा?··· आईम सो सॉरी?

अंजु : सॉरी? सिर्फ सॉरी?

बिट्टू : अबॉरशन के लिए पूछा?

अंजु : साढ़े पाँच हज़ार माँग रही है।

बिट्टू : साढ़े पाँच हजार??? शिट्ट! तुम साढ़े पाँच हज़ार कहाँ से लाओगी?

अंजु : मैं लाऊँगी? बासटर्ड! तुम ज़िम्मेदार नहीं हो इसके? अब अकेली

मेरी ज़िम्मेदारी रह गई?

बिट्टू : मैंने यह कब कहा?

अंजु : यू सन ऑफ ए बिच्च! मेरी मदद नहीं करेगा?

बिट्टू : मैंने मदद से इनकार कब किया?

अंजु : तो करो मदद। रकम लाओ।

बिट्टू : इतनी रकम? इतनी रकम मैं कहाँ से लाऊँ?

अंजु : तो मैं कहाँ से लाऊँ?

बिट्टू : डैडी से माँग लो।

अंजु : क्या कहूँ? शास्त्री के बेटे ने मुझे प्रेगनंट कर दिया? सिड्यूस किया मुझे मसूरी ट्रिप पर? ही विल किल मी। एंड किल यू।

बिट्टू : तुम तो कहती थी, तुम्हारे फादर लिबरल हैं। खुद फॅरी हैं सैक्स मैटर्ज़ में।

अंजु : तू समझता नहीं फादर्ज़ को? खुद बेशक ख़ाक खाएँ हर वक़्त। बेटी ज़रा सी ग़लती कर दे, क़त्ल कर देंगे।

बिट्टू : तुम्हारे भाई रिंकू को तो कुछ नहीं कहा था गुलाटी अंकल ने? जब उसका टीना पलटा से अफेयर चला था।

अंजु : अमिताभ, वो लड़का था। बेटा चाहे जो मरज़ी करे। मर्द को सब मुआफ है। मगर बेटी को ज़िंदा दफना देंगे। दि हिपोक्रिटिकल हिटलर्ज़।

बिट्टू : अगर इतनी बड़ी रकम इकट्ठी करने में देर हो जाए? इट कैन बि डेंजरस फार युअर हैल्थ।

अंजु : नहीं पता चला मुझे। फिर उस दिन भी। हमारे घर में। बहादुर को फिल्म भेज दिया तुमने।

बिट्टू : आइम रियली सॉरी।

अंजु : सॉरी से काम नहीं चलने का। कल दस बजे तक मुझे साढ़े पाँच हज़ार पहुँचा।

बिट्टू : कल सुबह???

अंजु : परसों अप्रेशन कराना है।

बिट्टू : परसों तो दीवाली है। कलिनिक में छुट्टी होगी।

अंजु : डॉक्टर घर पर अप्रेशन करती है। दीवाली मनाने का बहाना करके—'सहेली के घर जा रही हूँ'—मैं उसे मिल सकती हूँ।

बिट्टू : चंद घंटों में इतनी बड़ी रकम कहाँ से आएगी?

अंजु : मैं क्या जानूँ? मुझे चाहिए साढ़े पाँच हज़ार। कुछ भी करो। माँ के गहने चुराओ। बाप का बटुआ उठाओ। बहन को बेचो।

बिट्टू : तुम अपनी मम्मी को नहीं बता सकती? माँ है आख़िर। मदद करेगी।

अंजु : स्टॉप इट, मैन। पाँच साल से जिसका मैंने मुँह नहीं देखा। जिसे हसबंड ने धक्के देकर घर से निकाल दिया। वो मदद करेगी मेरी? झट वकील को ख़बर कर देगी—टु प्रूव कि मेरा फादर नैगलिजंट है। बदचलन है।

बिट्टू : तुम्हारी नानी? तुम कहती थी बहुत प्यार करती है तुम्हें।

अंजु : हाँ, प्यार करती है नानी। लेकिन जो बुढ़िया ख़ुद अपने बहू बेटे की दया पर जीती हो, वो मुझे साढ़े पाँच हज़ार कहाँ से देगी?

बिट्टू : बहुत मुश्किल में पड़ गए हम।

अंजु : कल तक पैसे का इंतज़ाम करो। वरना मजबूरन मुझे तुम्हारे डैडी को बताना पड़ेगा।

बिट्टू : मेरे डैडी को? अंजु, प्लीज़! यह मत करना। वो पुराने ख़यालों के हैं। पैसे के पीर हैं। ऐसी सीचुएश्न मैं घर में कभी फेस नहीं कर सकता। मुझे घर छोड़कर भागना पड़ेगा।

अंजु : तो फिर मैं क्या करूँ? क्यों किया तूने प्रेगनंट मुझे? तू समझता है तू सूखा छूट जाएगा? यू विल हैव टु पेय फॉर इट। आई विल मेक यू पेय फॉर इट। कल तक साढ़े पाँच हज़ार पहुँचाओ। दीवाली मैं मनाऊँगी इस मुसीबत से छुटकारा लेकर। वरना देखना तू। मैं क्या गुल खिलाती हूँ।

बिट्टू : प्लीज़, अंजु! मेरा नाम मत लेना। मेरी ज़िंदगी तबाह हो जाएगी।

अंजु : तू मेरी ज़िंदगी तबाह कर सकता है। लेकिन मैं तेरा नाम किसी को न बताऊँ! वाह जनाब। इसी हैल्प की उम्मीद थी मुझे अपने लवर से! ब्लडी मेल शोवनिस्ट पिग!

बिट्टू : मैं कोशिश करता हूँ।

अंजु : पूरा साढ़े पाँच हज़ार। कल सुबह दस बजे। नहीं तो—मैं आप मरूँ या जिऊँ, तुझे ज़िंदा नहीं छोड़ूँगी।

(अँधेरा)

दृश्य - 3

(स्कूल का स्टाफ रूम। चमेली के हाथ में झाड़ू और टोकरा)

चमेली : दीवाली मुबारक हो, मास्टर जी।

शास्त्री : अरे चमेली, कैसी हो?

चमेली : भगवान आपके बच्चों की ख़ैर करे। दीवाली मनती रहे हमेशा धूम धड़ाके से।

शास्त्री : तेरी परछाई कहाँ गई?

चमेली : कौन?

शास्त्री : रामपाल।

चमेली : चला गया, साहिब। झुग्गी छोड़कर। बच्चे छोड़कर।

शास्त्री : कमाल है। पति है वह तुम्हारा। तुम तो ऐसे कह रही हो जैसे झोटा खेत में घास चरने घुसा था। डंडा मारा, भगा दिया।

चमेली : पति था, सरकार। मेरे एक बच्चे का बाप था। मेंने इनकार कब किया? मगर क्या करे औरत? ये ससुरे मर्द काबू के नहीं।

शास्त्री : रामपाल तो तेरे आगे आँख नहीं उठाता था।

चमेली : न, साहिब। चुगद था। खाऊ यार। यों ही जोरू किवाड़ के बाहर निकली, लगा घर उजाड़ने। क्या करती? निकालना पड़ा?

शास्त्री : तुमने ख़ुद निकाला?

चमेली : और क्या बसती आती मेरी मदद को?

शास्त्री : तुम्हारी जाति भी अजीब है। कोई मर्यादा नहीं। घर गृहस्थी की पवित्रता नहीं। पशु और पुरुष में अंतर नहीं। धर्म शरम सब ताक पर।

चमेली : यह भी क्या धर्म कर्म हुआ, मास्टर जी? दिवाली के दिन हैं। दस घरों की बेगार करके, बच्चों के मुँह में जलेबी का टुकड़ा डालें। दर्द हो जिस बाप के दिल में, बच्चों के लिए, सौ जोखिम

उठाएगा। मगर यह मुआ रामपाल। भंगी की औलाद। जूए से फुरसत नहीं। शराब से फुरसत नहीं। और तो और। पाँच छः लफंगे पैसे जोड़कर लुगाई पास रखें थे—दीवाली मनाने। काली मैया चढ़ आई मेरे सिर पर। लट्ठ उठाई। रामपाल के कंधे सेंक दिए।

शास्त्री : बड़ी निडर हो। बहादुर हो। लेकिन चरित्र नाम की चीज़ भी होती है कोई। तेरी जाति ने कुछ नहीं कहा?

चमेली : जाति वालों ने क्या लेना-देना? मेरे बच्चों का हगना मूतना करने तो आवें नहीं। ओस पड़ोस की औरतें तो ख़ुश हैं। दूसरे मर्दों को कान हो गए।

शास्त्री : तुम्हारी ज़ात बिरादरी—देखो, चमेली, गुस्सा मत करना। हम सनातन धर्म के अनुयायी ज़ात पात नहीं मानते। गीता में भगवान कृष्ण कहते हैं—

मां हि पार्थ व्याश्रित्य ये पिऽस्युः पापयोनयः।
स्त्रियो वैश्यास्तथा शूद्रा स्तेऽपि यान्ति परां गतिम।।

अर्थात्—"हे अर्जुन, स्त्री, वैश्य, शूद्र वग़ैरा पापयोनि वाले भी मेरी शरण आ कर परम गति को प्राप्त होते हैं"—परन्तु तेरी जाति ने तो धर्म को जड़ से उखाड़ फेंका है।

चमेली : मर्द घरघालन हो तो बीवी क्या करे?

शास्त्री : हमारे हाँ, शास्त्रों में, पति पत्नी दोनों नियमों में बँधे हैं। पत्नी का धर्म है : पति की आज्ञा में रहे। पूजा करे उसकी।

चमेली : ये सब पोथियों ग्रंथों की बातें हैं, साहिब। कौन औरत है जो रोज़ रोज़ शराबी खसम को कमा कर खिलाएगी?

शास्त्री : हाँ, तेरी इस बात का तो मैं प्रशंसक हूँ। ख़ुद कमा कर बच्चे पाल रही हो। हमारे वर्ग की स्त्रियाँ बिगड़ चुकी हैं। यहाँ एक रुपया ख़र्च करना हो, बीस फूँकती हैं। तुम्हारा चरित्र भले न हो। तुम पति पर आश्रित तो नहीं। उसे बलि का बकरा तो नहीं बनाती।

चमेली : दीवाली है, मास्टर जी। बच्चों को मिठाई खिला दो।

शास्त्री : दीवाली की मिठाई तुम मेरे घर से लेना। अरे हाँ। परसों कोठी की सफाई ढंग से करना। विशेष मेहमान आ रहे हैं। निशी को देखने।

चमेली : निशी बिटिया की सगाई कर रहे हैं? दोहरी ख़ुशी का दिन है। बीबी जी से अलग मिठाई लूँगी, आपसे अलग।

शास्त्री : मेरे से तो अभी ले लो। (**अठन्नी मेज़ पर रख कर दूर खड़ा**) उठा लो।

चमेली : अठन्नी? लड्डू जलेबी तो दूर की बात है। अठन्नी से आजकल टाफी तक नहीं आती। तीन मंज़िली कोठी है। मास्टर जी, पचास रुपए लूँगी।

शास्त्री : अरी भली मानस, तू नहीं समझती इन तीन मंज़िली कोठियों के कष्ट। ऊँचा मकान, मालिक परेशान। किराएदार देते कम हैं। मकान पर ख़र्च ज़्यादा करवाते हैं। ऊपर से कमरतोड़ हाउस टैक्स। और समाज में झूठी शान रखने के वास्ते मेहमानों पर, कपड़े लत्ते पर, अंग्रेज़ी स्कूलों पर, हज़ारों बरबाद। और मेरा परिवार है, ससुरा, फिजूल ख़र्ची में सिरताज। मैं तो इतना दुखी हूँ, सोचता हूँ, रोहतक लौट जाऊँ। अपने गाँव। गुरुकुल खोलूँ। ऋषि मुनियों वाला पिता पुरखी कार्य करूँ। घर गृहस्थी के झमेलों से बचूँ।

चमेली : बच्चों का मोह कहाँ छोड़ा जाता है, सरकार।

शास्त्री : अब अकेली रहोगी? कि दूसरा मर्द करने का इरादा है? अभी तो तुम जवान हो। ख़ूबसूरत हो।

चमेली : अकेले कहाँ रहा जाता है, साब। सिर पर मर्द की छाया न हो, तो महल्ले के मुश्टंडे जीने नहीं देते। फिर मुझे तो घर-घर जाकर सफाई का काम भी करना है। यहाँ स्कूल में भी दो साल हो गए, आप लोग नौकरी पक्की नहीं करते।

(**गुलाटी आता है**)

शास्त्री : इनसे कहो। इनका रौब है प्रिंसीपल पर। ये कर देंगे तुझे पक्की।

चमेली : नमस्कार, मास्टर जी।

गुलाटी : चमेली, अच्छा हुआ तू टकर गई। रात हम तुम्हें याद कर रहे थे।

शास्त्री : गुलाटी जी, चमेली को पक्की करवाओ। इसकी दीवाली मने।

गुलाटी : दीवाली तो इसकी जैसे यह कहे मना देंगे।

शास्त्री : अकेली रह गई।

गुलाटी : रामपाल भाग गया?

शास्त्री : भागा नहीं, इसने भगा दिया।

गुलाटी : खुशकिस्मत हो, चमेली। हर दीवाली, शास्त्री सूदख़ोरी की दर बलदता है, तुम ख़सम बदलती हो।

चमेली : आप कौन से कम हैं, साहिब। जब से बीबी जी अलग हुए हैं,

मौज मस्ती से फुरसत नहीं।

गुलाटी : चमेली, हमने तो जनम ही इसलिए धारण किया था। ज़िंदगी के मज़े लूटेंगे। हमारे लिए यही दुनिया जन्नत है। हम इस दया कृष्ण शास्त्री जैसे बेवकूफ तो हैं नहीं।—कि रकमें जोड़-जोड़ कर इस ज़िंदगी को जहन्नुम बना लो। पीछे छोड़ आओ तीन मंज़िला मकान जिसकी बच्चे क़दर न जानें। यहाँ भी नरक, ऊपर भी नरक! हम कंजूसी क्यों करें? किसके लिए करें?

शास्त्री : मैं कंजूसी कहाँ करता हूँ? तुम्हारी तरह कॉमर्स तो पढ़ाता नहीं। संस्कृत में ससुरी धेले की ट्यूशन नहीं मिलती।

गुलाटी : तीन मंज़िला तूने खड़ा किया है कि मैंने? सुना, चमेली? स्कूल का सबसे अमीर टीचर है। आधा स्टाफ कर्ज़ाई है इसका। फिर भी हर वक़्त पैसे का रोना! शिवलिंग की तरह, हर वक़्त गीला!

चमेली : निशी बिटिया की सगाई कर रहे हैं परसों।

गुलाटी : किस से?

शास्त्री : पुराने मित्र हैं मेरे। गुरु—भाई समझो। हमारे गाँव भैंसवाल के बगल में है उनका गाँव, सलियाणा। डी.ए.वी. स्कूल में संस्कृत पढ़ाते हैं। उनका बेटा है।

गुलाटी : विद्यालंकार का बेटा? कविराज हरिनाम दास? चार उंगल का हकीम?

शास्त्री : आप जानते हैं?

गुलाटी : मेरे जैसे महापुरुष को गुप्त रोग विशेषज्ञ का पता न हो? अचम्भे की बात होगी। क्यों, चमेली? ठीक कहा न?

चमेली : दीवाली की मिठाई खिला दो, साहिब।

गुलाटी : पकड़ पचास रुपए। तू कब कब कहगी? अरे हाँ। पिछले साल की तरह, चाहो तो, काचरू के घर आ जाना। दीवाली की रात। दो सौ बन जाएगा।

शास्त्री : महफिल आजकल काचरू के घर जमती है? काश्मीरी भी लगा जुआ खेलने?

गुलाटी : आज का? वो हमेशा से खेलता रहा है। **(उबासी लेकर)** नींद पूरी नहीं हुई। पढ़ाए कौन?

चमेली : मैं आ जाऊँगी, साब। बच्चों को उनकी मौसी के घर छोड़ दूँगी। मौज मस्ती करें।

गुलाटी : आ जाना तू भी। वैसे तो इस बार एक नेपाली लौंडिया बुलाई है।

जीन शीन पहनती है। ख़ूब स्मार्ट है। अंग्रेज़ अमरीकन लगती है। तू भी कमा ले चार पैसे।

चमेली : मैं बीबी जी को बधाई देने आऊँगी। शास्त्री जी, मिठाई के पैसे मैं उनसे लूँगी। पकड़िए अठन्नी।

गुलाटी : अठन्नी दे डाली? होश करो, शास्त्री। घर उजाड़ रहे हो?

शास्त्री : मेरी कोई पत्तों की कमाई तो है नहीं। ईमानदारी की अठन्नी भली है।

चमेली : दीवाली की रात मैं पहुँच जाऊँगी। राम राम, साब। **(जाती है)**

शास्त्री : धन्य हो, गुलाटी। चमेली को भी नहीं छोड़ा?

गुलाटी : क्या बुरी है? चार पैसे इसके हो जाते हैं। दोस्त मौज बहार कर लेते हैं।

शास्त्री : ऊँच नीच, ज़ात बिरादरी, कुछ नहीं देखते? चरित्र भ्रष्ट! धर्म भ्रष्ट!

गुलाटी : छोड़, शास्त्री। इस काम के लिए सब बराबर हैं। फिर चमेली तो है भी चुलबुली।

शास्त्री : आपका फार्मूला क्या है? जिसको देखते हो फंसा लेते हो।

गुलाटी : दिल चाहिए, पंडित जी। पैसा ख़र्चने का जिगर चाहिए। लोगों से आँख बचाकर, रकम पकड़ाओ। जिस औरत को चाहो, तैयार हो जाएगी।

शास्त्री : कभी फुरसत में बताना, कैसे पटाते हो।

गुलाटी : आ जाना तुम भी। चमेली से मिलने।

शास्त्री : चमेली से? शिव शिव शिव! मैं ऐसा जघन्य कार्य कभी न करूँ।

(पीछे पटाखा चलता है)

गुलाटी : **(उबासी लेकर)** ऐसे शोर शराबे में क्लास कहाँ लगेगी?

शास्त्री : दीवाली के दिनों में पढ़ाई? असम्भव! पटाखों से बाज़ नहीं आते विद्यार्थी।

गुलाटी : चूले में जाएँ विद्यार्थी। मैं तो आया था नई म्यूज़िक टीचर से मिलने।

शास्त्री : जॉइन कर लिया मिसिज़ मुकर्जी ने? दिखी तो नहीं।

गुलाटी : चोर को मोर पड़ते हैं। प्रिंसिपल दफ्तर में बैठा बतिया रहा है। छोड़ेगा नहीं।

शास्त्री : सुना है प्रिंसिपल हरिद्वारी लाल भी घाघ है इस मामले में।

गुलाटी : और साला करता ही क्या है? फिर यह मीनाक्षी मुकर्जी कौन सी सीता सावित्री है।

शास्त्री : इसी का हसबंड विदेश गया है? धन कमाने?

गुलाटी : नाइजीरिया में रकमें बटोर रहा है। बाल बच्चा कोई है नहीं। खाने पीने की शौक़ीन है। शकूर बस्ती वाला भल्ला बता रहा था। मैंने सोचा, इसे घर इनवाइट करूँ, दीवाली मनाऊँ।

शास्त्री : घर गृहस्थी से भी आप निश्चिंत हैं। बेटा फौज में अफसर बन गया। अंजु बिटिया अगले वर्ष कॉलेज पहुँच जाएगी।

गुलाटी : तुम्हें कौन सा पकड़ रखा है बीवी बच्चों ने? तुम चाहो तो ऐश करो। एक बेटा और एक बेटी। मकान है। और क्या चाहिए?

शास्त्री : केवल पैसे की बात नहीं। आचरण भी होता है कुछ। तुम जमादारन संग भी··· छिः!

गुलाटी : शास्त्री, पाखंड मत कर।

शास्त्री : काम वासना को इतना महत्त्व दो, तो इनसान और कुत्ते बिल्ली में अंतर ही क्या रह गया?

गुलाटी : अंतर है।

शास्त्री : कौन सा?

गुलाटी : कुत्ता बिल्ली अकेले हों तो एक दूजे को मिलने में शरम नहीं करते। शूद्र और ब्राह्मण का सवाल नहीं उठाते। जिसे तुम घटिया कामवासना कहते हो, मैं इनसान की एक दूसरे के लिए मुहब्बत समझता हूँ। ज़िंदगी का अकेलापन दूर करने का तरीक़ा समझता हूँ। क्या उठा ले जाओगे इस दुनिया से? प्यार करो। मुहब्बत करो। आ जाना परसों तुम भी। हम तेरा परदा रखेंगे। चकला-भाई तो गुरु-भाई से भी ज़्यादा वफादार होते हैं।

शास्त्री : मैं इतना नीचे कभी नहीं गिर सकता कि चमेली संग मुँह काला करूँ।

गुलाटी : कभी ज़िंदगी ने मुँह के बल गिराया, कभी यार दोस्त खो बैठा, तो पूछूँगा मैं—प्यार क्या होता है? दूजे शरीर की गर्माहट क्या होती है? अकेलापन, अधेड़ उम्र का अकेलापन, तुम क्या जानो?

शास्त्री : दुखी से दुखी होकर भी, मैं दुराचारी नहीं बनूँगा। मैं आज की कलियुगी पीढ़ी का व्यक्ति नहीं हूँ। गुरुकुल की दीक्षा पाई है। वेद शास्त्र पढ़े हैं। धर्म का अर्थ समझता हूँ। ब्रह्मचर्य का महत्त्व जानता हूँ। हमारे हरियाणा के पंडित लखमीचंद 'नल-दमयन्ती' सांग में गाया करते थे :

माणस ने मारण की होंसैं नरक निशानी च्यार।

चोरी जुआ जामनी और पराई नार।
लखमीचंद इन तै राम बचावै कै या देवी माई।

गुलाटी : क्या बाबा आदम के ज़माने की हाँक रहे हो।

शास्त्री : आज से चमेली का मेरी कोठी में घुसना बंद।

गुलाटी : तेरी कोठी न सही। काचरू के फ्लैट आ जाना। आडम्बर छोड़। एक बार तू भी जीवन सफल कर ले। ख़र्च से डर रहे हो? चल, पहली दीवाली मेरे ख़र्चे पर। शास्त्री, है मर्दानगी तेरे अंदर?

(अँधेरा)

दृश्य - 4

(यमुना का किनारा)

चमन : निशी, आई नीड यू। मैं मुसीबत में हूँ। इट्स ऐन एस.ओ.एस.। तुम मुझे दस बारह साल से जानती हो। स्कूल बस में इकट्ठे जाते आते रहे हैं।

निशी : गिनने को तो तुम दस बारह बरस कह सकते हो। लेकिन यह भला कोई जानना हुआ? बस अंधा मुग़ल से चलती थी और तुम रोहतक रोड पर लिबर्टी के आगे चढ़ते थे। फिर सीधे स्कूल। कभी ज़्यादा बात नहीं हुई। थे भी तुम चार पाँच साल सीनियर।

चमन : जानना और क्या होता है? जब मैं आप तुम्हें ऑनस्टली अपने बारे में सब कुछ बता रहा हूँ। धोखे में मैं तुम्हें कभी नहीं रखना चाहूँगा। अब भी तीन दिन हैं। दीवाली वाले दिन तुम जो चाहो सैरिमनी कर लो—कोर्ट में एक महीने का नोटिस चाहिए। दीवाली को आई वांट टु इंटरोड्यूस यू टू माई फैमली ऐज़ माई वाईफ।

निशी : तुम तो सचमुच मुझे गुड़िया समझ रहे हो—जिसे तुम बाज़ार से ख़रीद कर ड्राइंग रूम में सजा लोगे। बच्चों के दीवाली पर ख़रीदे दूसरे खिलौनों की तरह।

चमन : मगर, मेरी गुड़िया, मैं तेरे हर सवाल का जवाब देने के लिए तैयार हूँ। तेरे डैडी के पाँव पड़कर उनसे रिश्ता माँगने चलता हूँ। अभी चल। मैं अपने सपनों की परी निशामणि शर्मा को हासिल करने के वास्ते हर मुमकिन कोशिश करूँगा। और फिर तीन दिन का वक़्त दे रहा हूँ। आज शाम को आऊँ तेरे घर? डैडी को मिलने?

निशी : न, बाबा। मेरे डैडी से तू मत मिलना। पहले मैं बात करूँगी। उनका मूड ठीक नहीं आजकल।

चमन : अपने मम्मी डैडी को भेजूँ तेरे मम्मी डैडी के पास?

निशी : अभी नहीं।

चमन : फिर कब? निशी मेरे पास वक़्त नहीं है। मेरे डैडी शाम को लौट आएँगे जालंधर से। पुश्तैनी गाँव गए हैं।

निशी : जालंधर के हो तुम लोग?

चमन : हमारे बाबा थे आदमपुर के। काफी ज़मीन है अभी भी वहाँ। डैडी ने और ताया जी ने दिल्ली शिफ्ट कर लिया। मैं तो यहीं पैदा हुआ था। मम्मी ख़ास जालंधर शहर की है।

निशी : यह एक और मुसीबत है।

चमन : कैसी?

निशी : हमारी माँ भी जालंधर की हैं।

चमन : अरे, हो सकता है हमारी मम्मी एक-दूसरे को जानती हों, बचपन से। शाम को आएँगे हम उनसे मिलने।

निशी : नहीं, चमन, नहीं। हमारे घर की सीचुएशन दूसरी है। पिता जी रोहतक से हैं। ठेठ हरियाणवी। जब से शादी की है, जालंधर की हर चीज़ को नफरत करते हैं। अगर उन्हें पता चल गया तुम जालंधरी हो, कभी तुम्हें जमाई बनाने के लिए राज़ी नहीं होंगे।

चमन : अजीब आदमी हैं।

निशी : पक्के स्नातनी ब्राह्मण हैं। गुरुकुल की प्रॉडक्ट। नो टू फैमलीज़ कुड बी मोर इनकपैटीबल दैन यूअर्ज़ एंड माइन।

चमन : मैं हार नहीं मानूँगा। निशी, मैं इतना बुरा तो नहीं?

निशी : मैंने कब कहा, तुम बुरे हो?

चमन : मैं यक़ीन दिलाता हूँ। मैं तुम्हें पूरी तरह ख़ुश रखूँगा। आई लव यू। मैरी मी, निशा। यू वोंट रिगरट इट।

निशी : अच्छा आधार है शादी का। नैगिटिव। "रिगरट नहीं होगा।"

चमन : सॉरी, माई लव। मुझे रोमांटिक इल्यूयन्ज़ नहीं शादी के बारे में। उम्र में तेरे से मैं तीन चार साल बड़ा हूँ। लेकिन तजरबे में शायद दस साल बड़ा हूँ।

निशी : तजरबा? कैसा तजरबा?

चमन : निशी, तुम नहीं जानती पिछले कुछ सालों से मैं कैसी जैट्ट सैट्ट ज़िंदगी जी रहा हूँ। गैस्स करो, मेरी फैमली की कितनी इनकम होगी।

निशी : एक लाख पर मंथ?

चमन : रॉंग। एक लाख पर डेय।

निशी : यू मीन, साल की तीन चार करोड़?

चमन : येस्स। कुछ सालों से गार्मेंटस ट्रेड में वो बूम आई है कि पैसा संभालना मुश्किल है। हमारी लुधियाना की तीन फैक्टरीज़ अकेले यौरप की एक्सपोर्ट नहीं संभाल पातीं। जालंधर वाले सिर्फ यू.के. पर कन्सैंटरेट कर रहे हैं। यहाँ, नारायणा और नौएडा में, दिन रात तीन शिफ्ट चलाकर भी हम रशिया और अमेरिका और इंडोनेशिया के आर्डर पूरे नहीं कर पा रहे।

निशी : ग्रेट्। पर इस में मेरा रोल कहाँ है? पैसे से ख़रीदना चाहते हो मुझे? सोने की ज़ंजीरों से जकड़ना चाहते हो मुझे? फारगैट्ट इट। नॉट निशामणि शर्मा। रूसो वॉज़ राइट। "इनसान आज़ाद पैदा हुआ था लेकिन हर जगह सभ्यता की ज़ंजीरों में क़ैद है।" नॉट मी! मैं सदा आज़ाद रहना चाहती हूँ।

चमन : तुम्हारी आज़ादी कौन छीन रहा है? तुम्हें ख़रीद कौन रहा है?

निशी : ये फैक्टरीज़, करोड़ों की आमदन—किस लिए बता रहे हो मुझे?

चमन : माई ब्लंडर! सॉरी! काम डाऊन, निशी। मेरा मक़सद बिलकुल दूसरा था।

निशी : कौन सा?

चमन : यही इनकम मेरी मुसीबतों की जड़ है। मेरे लिए फाँसी का फंदा है—अनलस यू सेव माई लाइफ।

निशी : लाइफ? कैसे?

चमन : शान्ति से सुन। मेरा ताऊ शराब से, ड्रग्ज़ से, सेक्स से, मर रहा है। जानती हो क्यों?... कुछ लोगो की हराम की इनकम इतनी ज़्यादा है, और अक़्ल इतनी कम है, वो समझ नहीं पाते, पैसा खर्चें कहाँ? सो आए दिन, बैंकाक जाओ, सिंघापुर भागो। नई ड्रग्ज़, नई लड़कियाँ। नई सेन्सेशन्ज़। मैं भोला नहीं। बुद्धू नहीं। दो तीन बार ताऊ मुझे भी साथ ले गया... आइम सिक ऑफ ऑल दिस। मैं बिलकुल नए तरीके से ज़िंदगी शुरू करना चाहता हूँ। डैडी कहते हैं, पैरिस वाला आफिस संभालो। मुझे फ्रैंच का एक लफ्ज़ नहीं आता। तेरे बग़ैर, मैं अकेला पड़ जाऊँगा। दोबारा ड्रग्ज़ के नरक में गिर जाऊँगा। निशी, मेरे साथ चलो। मुझे बचाओ। मुझे बहुत सख़्त ज़रूरत है तेरी।

निशी : एक बात बताओ, सच सच।

चमन : पूछ।

निशी : जब स्कूल में, पुलिस ने अर्पणा तृखा को ड्रग्ज़ बेचते हुए पकड़ा था, तुम भी उसके गैंग में थे?

चमन : आफ कोर्स, आई वॉज़।

निशी : छूटे कैसे?

चमन : ताऊ ने पुलिस को पचास हज़ार थमाए। अख़बारों में मेरा नाम नहीं छपने दिया।

निशी : अब भी नशा करते हो?

चमन : बिलकुल नहीं। तीन महीने हो गए। अपोलो हस्पताल के डॉक्टर भगत से इलाज करवा रहा हूँ। उसी ने सलाह दी है। अपने पुराने साथियों से दूर रहूँ। पैरिस जाऊँ। पुराने काटैक्ट्स से हज़ारों मील दूर। वरना रिलैप्स हो सकता है।

निशी : मैं तुम्हें विदेश में नशे से कैसे बचा सकती हूँ? मेरी अथॉरिटी क्या होगी तुम पर?

चमन : तुम बचा सकती हो मुझे—अपनी कंपनी से। प्यार से। मुझे अकेलेपन से ख़ौफ है। और अगर तुम मेरा साथ दो, मेरे साथ पैरिस में बसो, दो तीन बरस, मैं अपना एक और सपना पूरा कर सकता हूँ।

निशी : वो कौन सा?

चमन : डॉक्टर ने कहा—"अगर तुम फैमली बिज़नस को इतनी नफरत करते हो, तुम्हारे लिए इसमें नया करने का कुछ नहीं है, तो अपने लिए कोई क्रियेटिव काम ढूँढ़ो। सैल्फ ऐक्सप्रेशन का ज़रिया तलाशो। हॉबी अपनाओ।"—सोच सोचकर, मैंने देखा : मुझे आर्ट फिल्मज़ में बेहद दिलचस्पी है। मैंने ख़ुद शूट किए हैं हिमालय के कुछ ख़ूबसूरत हिस्से। विडियो कैमरा से। गंगोतरी, बदरीनाथ, वैली ऑफ फलावर्ज़, केदारनाथ, पालमपुर के पास ध गौलाधार। और अंधरेटा का इर्दगिर्द। तुम और मैं तीन चार साल फिल्म बनाना सीखेंगे। और हिंदोस्तान लौटकर आर्ट फिल्मज़ बनाएँगे। पूरी ज़िंदगी।

निशी : मगर मैं एम.ए. पूरा करना चाहती हूँ। कम से कम टीचर लगने के क़ाबल तो बनूँ। पढ़ाई अधूरी छोड़ने का रिसक मैं हरगिज़ नहीं लूँगी।

चमन : मैं नहीं कहता, तुम यह रिसक लो। एपरिल में वापस आओ। ऐग्ज़ाम दो। क्लासिज़ में अटैंडंस कंपलसरी है नहीं। ज़रूर करो एम.ए. पास। मगर अभी मेरे साथ मैरिज करो। प्लीज़! मान जाओ।

निशी : हिम्मत नहीं पड़ रही। मैं शैली की हैरियट नहीं। रूसो जैसी

बहादुर नहीं। सामाजिक बंधनों को एक झटके से नहीं तोड़ सकती। फिर, ख़तरा भी है।

चमन : ख़तरा कैसा?

निशी : तुम मुझे साथ ले जाकर, पैरिस की गलियों में बेसहारा छोड़ दो, तो मैं तेरा क्या बिगाड़ सकती हूँ।

चमन : निशी, मैं ऐसा गुंडा बदमाश लगता हूँ तुझे? अरे पगली, मैं ख़ुद बेसहारा हूँ। कमज़ोर हूँ। मुझे तेरी ज़रूरत है। मेरे साथ पैरिस चल।

निशी : इतना बड़ा जूआ! कैसे हिम्मत जुटाऊँ?

चमन : मैं शाम छः बजे पहुँच रहा हूँ तेरे मम्मी और डैडी के पाँव पकड़ने।

(अँधेरा)

दृश्य - 5

(शास्त्री का घर)

पद्मा : दीवाली पर ख़र्च तो होता ही है। भाई साहिब, आप अपने सफेदी कराएँगे, तो किराएदार क्यों न कराएँ? साल भर के बाद आती है दीवाली। तोड़-फोड़, घिस घिसाई, होती ही है। मुरम्मत कराना आपका फ़र्ज़ बनता है। मकान तो आख़िर आपका ही रहेगा। दस रुपए ख़र्च हो भी गए तो हम कौन सा मकान उठाकर गुजरात ले जाएँगे?

शास्त्री : बदली हो रही है देसाई साहिब की? दिखे नहीं एक दो सप्ताह से?

पद्मा : नहीं, बदली की अभी गुंजाइश नहीं। सिर्फ तीन साल तो हुए यहाँ पर। बच्चों की पढ़ाई का हरजा होता है। बच्चे कभी गुजराती पढ़ें, कभी मराठी, कभी बंगाली। अब कुछ वर्ष हम दिल्ली रहेंगे।

शास्त्री : अहमदाबाद गए देसाई जी?

पद्मा : हाँ।

शास्त्री : दीवाली मनाने तो पहुँचेंगे?

पद्मा : शायद न पहुँच पाएँ। पिता साथ न हो तो बच्चों की दीवाली कैसी?

शास्त्री : एक बात कहूँ, पद्मा जी? गुस्सा मत कीजिए।

पद्मा : कहिए।

शास्त्री : तीन साल से कहने की जुर्रत नहीं कर पाया। जब आप आए मकान लेने, मुझे लगा, साक्षात कालिदास की शकुंतला धरती पर उतर आई है। वही मोटी-मोटी आँखें, सुडौल नितम्ब, कमल के समान गाल, और ··· वक्षस्थल के बोझ से झुकी झुकी आप चल रही थीं। भगवान कसम, एक बार तो मैं चकरा गया। इसलिए झट हाँ कर दी मकान को। किराया भी पचास रुपए कम

माँगा—ताकि आप जैसी गौरवर्ण उमा के नित्य दर्शन हो सकें और जीवन सफल हो जाए।

पद्मा : शास्त्री जी, आप भी? और इस आयु में?

शास्त्री : सौंदर्य और प्रेम आयु नहीं देखते। हमारे हरियाणा के सांग खेलने वाले पंडित लखमी चंद ने आपके बारे में लिखा है—

जैसे सोलह कला भरपूर चंदा
खिलिया गगन में।

पद्मा : रहने दो, भाई साहिब।

शास्त्री : प्रभु की सौगंध, मन ही मन, बहुत लड्डू भोरे मैंने। तीन वर्ष! काश, आप मेरी दीवाली मना सकतीं ··· मैं कुछ भी करने को तैयार हूँ। जीवन भर। पद्मा जी, यक़ीन मानिए, मैं यह वार्तालाप तीन साल की घुटन के बाद बोल रहा हूँ। क्या फरक पड़ता है? देसाई को कभी पता नहीं चलेगा। केवल एक बार, सिर्फ एक दीवाली मना लीजिए मेरे संग। कालिदास के मेघदूत की नायका आप ही रही होंगी—

तन्वी श्यामा शिखर दशना पक्क बिम्बाधरोष्ठी।
मध्य क्षामा चकितहरिणी प्रेक्षिता निम्ननाभिः।।

पद्मा : बहिन जी रसोई में हैं क्या?

शास्त्री : मैं आऊँगा ऊपर। बच्चों के सोने के बाद।

पद्मा : निशी भी नहीं दिखती? अकेले हैं घर में?

शास्त्री : बिलकुल अकेले। शुभ आरम्भ कर लें? केवल एक दो मिनट? आप जैसी अप्सरा का स्पर्श प्राप्त करके परम आनंद मिलेगा। मैं डेहड़ी का किवाड़ बंद कर आऊँ।

पद्मा : बिट्टू नहीं लौटा स्कूल से?

शास्त्री : चलिए, इस महीने के किराए से पचास रुपए कम दे दीजिए। साड़ी ख़रीद लो। मेरी तरफ से उपहार।

पद्मा : प्रेम पैसों से खरीदा जाता है क्या?

शास्त्री : पैसे तुम नहीं लेना चाहती, तो मत लो। मेरे संग दीवाली अवश्य मनाओ।

पद्मा : हेमा बहिन जी किस के साथ मनाएँगी दीवाली?

शास्त्री : छोड़ हेमा ससुरी को। मैं रोहतक का सांढ। जुत गया जालंधर की झोटी से। न जाने किस लालच बस। पूरा जीवन बरबाद कर लिया। कहीं तुम मिल गई होती···

पद्मा : अच्छा, बहिन जी 'सहेली' की मीटिंग में गई होंगी। मुझे भी कह

रही थीं सदस्य बनने के लिए।

शास्त्री : तुम उस सिरफिरी औरत के चंगुल में मत फंसो।—देसाई वाक़ई भाग्यशाली है।

पद्मा : हर पति दूसरे की पत्नी के बारे में यही कहता है। हमारे देसाई आप से स्पर्धा करते हैं। पंजाबिनों को आकर्षक समझते हैं।

शास्त्री : देसाई को सौंदर्य की परख नहीं। कभी चलो हमारे गाँव। हरियाणा की जाटनी दिखाऊँ। तुम्हारी तरह, खजुराहो की प्रतिमा हैं। कोणार्क की अप्सरा हैं। और सेहत देखो उनकी :

देसां माँ देस हरियाणा।
जित दूध दही का खाणा।।

पद्मा : खेती का काम करने वाली तगड़ी तो होंगी।

शास्त्री : साड़ी ख़रीद ही डालो एक मेरे नाम की। ध्यान रखना। बारह बजे, दीवाली की रात।

पद्मा : क्या कहूँ मैं आपको? कौन यक़ीन करेगा, आप ऐसी भोंडी बातें कर सकते हैं।

शास्त्री : नाराज़ मत हो, पद्मा। मैं बेबस हूँ। मेरा दिल मत तोड़। सब दुनिया मौज मस्ती करती है। हम क्यों पीछे रहें? जमादारन का सुना?

पद्मा : चमेली का? क्या हुआ उसे?

शास्त्री : तीसरा मर्द भी भगा दिया। यों ख़सम बदलती है जैसे तुम साड़ी बदलती हो। करो कृपा मुझ पर। बारह बजे तक सामने वाला सिख भी सो चुका होगा।

पद्मा : नहीं, वो सरदार जी जल्दी सोने वाले नहीं। और हाँ, उसने संदेशा भेजा है। एक महीने का किराया तो वो मकान की सफेदी पर लगा ही सकता है। क़ानून है। लेकिन वो कहता है, संडास की मुरम्मती पर उसने चौदह सौ ख़र्चे हैं। रसीद है उसके पास। किराए से काटेगा।

शास्त्री : चौदह सौ रुपए!!! उसके बाप का राज है? क्यों कराई मुरम्मत उसने मेरे बग़ैर पूछे? मैं धेला नहीं दूँगा।

पद्मा : यह आप जानों या आपके जालंधरी किरायेदार। वो तो मुझे भी कह रहा था। सारी मुरम्मती करा लूँ और रसीद पेश कर दूँ। किराए से काट लूँ।

शास्त्री : इस दुष्ट सरदार को तो मैं निकाल कर दम लूँगा। धोखा किया। कहने लगा, पक्का राधा स्वामी हूँ। मांस शराब के नज़दीक नहीं

जाता। मेरी मूर्ख बीवी का दिल पिघल गया। दोनों जालंधर के जो हैं। मैं मकान दे बैठा, साला समझकर। एक महीना नहीं गुज़रा था। ससुरों ने मांस खा- खा कर हड्डियाँ नीचे फेंकनी शुरू कर दीं। काम भी ट्रक्क और टैक्सी का है। बदमाश ड्राइवर और कंडक्टर रोज़ शराब चढ़ाकर माँ बहिन की गालियाँ बकते हैं। अभी जाता हूँ मैं वकील से मिलने। इन्हें निकाल कर, आपको अगला पोरशन दे दूँगा। आप इनसे अलग रहो।

पद्मा : सरदार सही कह रहा था।

शास्त्री : क्या?

(हेमा आती है)

पद्मा : बहिन जी, 'सहेली' गई थीं?

शास्त्री : क्या कह रहा था ससुरा उलटे बालों वाला?

पद्मा : आप सीधी तरह मुरम्मती के पैसे देने वाले नहीं।

शास्त्री : क्यों दूँ? हद हो गई! चौदह सौ!

पद्मा : वो मुक़द्दमा करने जा रहा है आप पर।

हेमा : मुक़द्दमा? कैसा मुक़द्दमा?

पद्मा : रैंट कंटरोल के लिए अर्ज़ी देना चाहता है। बोला—हम किराया देना बंद कर दें। दोनों तीनों किराएदार। कचहरी घटा कर दो हज़ार से दो सौ कर देगी। फिर हमें तो आपने बहिन-बहिनोई बता रखा है। बलवंत सिंह कहता है, वो हाउस टैक्स दफ्तर को लिख देगा। आपकी चोरी पकड़ी जाएगी।

शास्त्री : इस लुच्चे लफंगे से दो-दो हाथ करने ही पड़ेंगे। कचहरी इस अकेले की है? मेरी ख़ून पसीने की कमाई। लाखों लगाए मैंने। चला है मेरी कोठी ग़रक करने।

हेमा : आप शांति से बात नहीं कर सकते? झगड़ा क्यों बढ़ाते हो?

शास्त्री : तू चुप रह। तूने घुसेड़ा सरदार को मेरे घर में। बना रही थी भाई भतीजा जालंधर के बन मानुस को।

हेमा : बहिन जी, मुक़द्दमा क्यों करना चाहता है बलवंत सिंह हम पर?

शास्त्री : तू फिर बीच में टाँग अड़ा रही है?

पद्मा : मैंने सिर्फ सफेदी कराई। वो भी पहले आपको बता दिया था। रसोई काली हुई थी धुएँ से।

(बिट्टू आता है)

शास्त्री : आपकी बात अलग है। लेकिन इस टाबर को मैं निकाल के छोड़ूँगा। कीलें ठोक-ठोक कर सारी दीवारें ज़ख़्मी कर रखी हैं।

कोई कुंडी साबुत नहीं। कोई चिटखनी अटकती नहीं। लोहे पीतल की चीज़ें काँच की तरह तोड़ते हैं। और किराया देते हैं तीन-तीन महीने लेट। अभी फोन करता हूँ वकील को। पैसा पैसा वसूल करूँगा।

बिट्टू : पिता जी, मुझे आपसे बात करनी है। ज़रूरी।

पद्मा : हेमा जी, भाई साहिब ख़ामख़ा गर्म हो रहे हैं। बात बढ़ने से पहले इन्हें ठंडा करो।

हेमा : वकील की बात छोड़ो। तीज त्योहार पर प्रेम बढ़ाते हैं पड़ोसियों से कि मुक़द्दमेबाज़ी शुरू करते हैं? मैं करूँगी बलवंत सिंह से बात।

शास्त्री : तेरी सालसी की ज़रूरत नहीं है। तूने मेरे मकान का सत्यानाश कराया।

पद्मा : **(बाहर देखकर)** मैं चलूँ। बच्चे स्कूल से आ गए। शास्त्री जी, सरदार से सींग मत भिड़ाओ। भारी नुक़सान होगा। **(जाती है)**

शास्त्री : पद्मा जी, आप ज़रूर सहायता करो मेरी। अनुगृहीत हूँगा··· तू ही है मुसीबत की माँ। संभाल ले मायके के लफंगे को। मेरा मकान कोला हो गया। **(रुआँसा)** कौड़ी कौड़ी जोड़ी ज़िंदगी भर। एक जून खाना खाया। सोचा, कल को मर गया, छत तो होगी बच्चों के सिर पर। बेटी और बेटा ज़लील न हों किराए के मकान में। अब गई कोठी हाथ से। तू ऐसी चांडाल निकली। फनाह कर दिया मुझे।

(बिट्टू रो रहा है)

हेमा : बिट्टू, तुझे क्या हुआ? रो क्यों रहा है?··· बोलेगा भी?··· बता, मेरे लाल।

बिट्टू : मम्मी!··· पिता जी!

हेमा : हुआ क्या? धीरज रख। बता।

शास्त्री : कसूर करके आया कोई?

हेमा : बोल, बेटा।

शास्त्री : स्कूल से निकाल दिया?

हेमा : चोट लगी कहीं?

शास्त्री : पुलिस केस बन गया?

बिट्टू : मम्मी, मैं फिर कभी ऐसा काम नहीं करूँगा··· एक बार हैल्प कर दो।

शास्त्री : किया क्या तन्नै?

हेमा : हैल्प कैसी?

बिट्टू : मुझे रुपए चाहिए।

हेमा : दीवाली के लिए?

शास्त्री : हर ससुरे को रुपए चाहिएं। इस घर में हर हरामी रक्में डकार कर जीता है। एक मैं ही रह गया सबका गुलाम।

बिट्टू : बहुत से रुपए चाहिएं। फिर कभी ऐसा नहीं करूँगा।

(निशी आती है)

हेमा : पूरी बात बता। क्या जुर्म हो गया तुझ से?

बिट्टू : साढ़े पाँच हज़ार चाहिएं।

शास्त्री : क्या कहा???

निशी : अंजु से लड़ाई हो गई तेरी?

शास्त्री : साढ़े पाँच हज़ार???

हेमा : कहाँ है अंजु?

निशी : बस स्टॉप पर खड़ी थी। मैंने कहा, आ घर चल। बोली, बिट्टू को जल्दी भेज दो।—रो रही थी।

हेमा : कुछ गड़बड़ ज़रूर है। तुम दोनों को इकट्ठे चाहिए साढ़े पाँच हज़ार?

बिट्टू : हाँ।

हेमा : किस वास्ते?

शास्त्री : दे दे। पचास हज़ार दे दे। मकान बेच ले। खुद को गिरवी रख ले। कोठे पर बैठ जा। मुझे ले चल सदर बाज़ार, जी.बी. रोड। नीलाम कर दे। लगा दे आग सब कुछ को। बचा लाडला।

हेमा : ओ हो! आप बच्चे से बात करने देंगे कि नहीं?

निशी : बिट्टू, इतनी रकम का क्या करोगे अंजु और तुम?

बिट्टू : प्लीज़, डैडी। इस मुसीबत से निकालो मुझे। दोबारा मौक़ा नहीं दूँगा।

शास्त्री : कौन सा जुर्म किया तूने? जल्दी बक, नहीं तो एक झांपड़ पड़ेगा जबड़े पर।

निशी : पिता जी! आप उबल क्यों रहे हैं?

शास्त्री : चुप रह! लगी मदद करने लुच्चे की। सुन ले तू भी। पाँच बजे आ रहे हैं विद्यालंकार जी और हरिनाम दास। दीवाली वाले दिन। सगाई कर। और दस पंद्रह दिन में, दफा हो। मेरा पिंड छोड़ो तुम। माँ भी और बदचलन बेटी भी और बदकार बेटा भी।

निशी : लेकिन मैंने कुछ और बात करनी है।

शास्त्री : कुछ नहीं सुनूँगा मैं। लड़का मिल गया है। भांवरे ले और भाग जा ··· ओए, तू अपनी टैंटैं बंद करेगा कि नहीं? डाका डाल जाकर कहीं। माँ को बेच आ, कुतुब रोड पर।

हेमा : रेणु बच गई। निशी, मैंने रेणु को और जैसमिन सूरी को दीवाली पर यहाँ बुलाया है। दोनों ने आत्महत्या की कोशिश की है। चलो, तुम्हारी सगाई पर रौनक हो जाएगी। उनका दिल भी बहल जाएगा।

शास्त्री : किसको न्योते दे रही हो? उन लफंडरों में से कोई नहीं घुसेगी मेरे घर। लट्ठ मार मार के निकाल दूँगा। तुझे भी और तेरी ऊसर सहेलियों को भी। और तेरे यार ऊपर वाले सरदार को भी। हो जाए एक बार मल्ल युद्ध। सीधा करके छोड़ूँगा सबको।

हेमा : आप पागल तो नहीं हो गए? कैसे बोले जा रहे हो, बेलगाम।

बिट्टू : पिता जी, प्लीज़ हैल्प मी। आई नीड मनी।

शास्त्री : **(थप्पड़ मारकर)** जुर्म करे तू! और रकमें ख़र्चूं मैं?

निशी : पिता जी!

हेमा : क्या करते हो?

शास्त्री : **(धक्का देकर)** निकल मेरे घर से। थाने के अंदर दे रहे हैं तुझे, तो अच्छा है। अक़्ल ठिकाने आए तेरी। मैं ब्राह्मण का बेटा नहीं जो तुझे छुड़ाऊँ। निकल मेरी कोठी से!

(बिट्टू रोता हुआ जाता है)

हेमा : जवान बेटे पर हाथ चलाते हो?

निशी : कहाँ चला?

हेमा : बिट्टू, रुक।

शास्त्री : पंडित लखमी चंद की रागनी सही कहे। चोर नहीं, चोर की माँ को मारो। मेरे जीवन की सब मुसीबतें तूने जनी हैं। **(थप्पड़ मार के)** निकल तू भी!

निशी : पिता जी!

शास्त्री : तू भी निकल! करो मेरी कोठी ख़ाली!

(हेमा और निशी भूखी शेरनी की तरह शास्त्री को ताक रही हैं)

(अँधेरा)

(मध्यांतर)

दृश्य - 6

(शास्त्री का घर। निशी बाहर से आती है)

निशी : मम्मी!

हेमा : मिला?

निशी : नहीं।

हेमा : अंजु क्या बोली?

निशी : अंजु भी घर में नहीं। बहादुर कहता, बिट्टू और अंजु इकट्ठे घर आए। लड़ रहे थे। बिट्टू रो रहा था। अंजु कह रही थी, मैं अपने डैडी को बताने जा रही हूँ।—दोनों बेहद घबराए हुए थे। फिर बिना बताए कहीं चले गए।

हेमा : बिट्टू को कभी मैंने इतना बेचैन नहीं देखा। करूँ तो क्या करूँ?

निशी : मामा के घर नहीं गया?

हेमा : नहीं। इतनी बड़ी रकम। पता तो चले किस लिए चाहिए।

निशी : वे कहाँ हैं?

हेमा : खुर्राटे ले रहे हैं अंदर। रत्ती दर्द नहीं। फिक्र नहीं। बच्चा है आख़िर। कुछ कर बैठे। क्या करूँ इनका? तेईस बरस हो गए तानाशाही झेलते। कभी दिल खोलकर जी नहीं सकी। हँस नहीं सकी। **(आँसू पोंछती है)**

निशी : मम्मी, मैंने एक फैसला किया है।

हेमा : क्या?

निशी : मैं इनके हरिनाम दास से शादी नहीं करूँगी।

हेमा : मत कर। मगर सोच ले। इस घर में जीना मुश्किल हो जाएगा।

निशी : तुम मेरा साथ दे सकती हो?

हेमा : मैं तेरे साथ हूँ। पर तू बताएगी कैसे? वो लोग परसों आ रहे हैं। मना करना है तो आज ही करना होगा। अभी बिट्टू का पता

नहीं कहाँ मारा-मारा भटक रहा है।

निशी : मैं अभी बता रही हूँ इनको। बिगाड़ लें जो मेरा बिगाड़ना है।

हेमा : तू ने खाया भी कुछ?

निशी : मेरा जी नहीं है। एक तरफ बात करके ही खाऊँगी।

हेमा : कहाँ ढूँढूँ अपने बच्चे को? ऐसा निष्ठुर बाप भी होगा कोई? बाहर जाते हैं, हँस-हँस कर बातें करते हैं। ब्राह्मण सभा में भाषण झाड़ते हैं। शांति प्राप्त करने के ढंग बताते हैं। प्रेम से जीवन बिताने के शास्त्रीय नुसखे समझाते हैं। श्लोक पर श्लोक ठोकते हैं। घर घुसते ही न जाने क्या साँप सूँघ जाता है। काट खाने को दौड़ते हैं।

निशी : तुम जगाती क्यों नहीं? कहो, बिट्टू को ढूँढ़ कर लाओ।

(टैलीफोन की घंटी)

हेमा : अभी उठाती हूँ। **(जाती है)**

निशी : चमन?··· चैन नहीं पड़ती तुम्हें?··· बहुत उतावले हो रहे हो··· नो, यू कांट कम हियर··· हंगामा है हमारे घर में··· बिट्टू को पीटा ··· कहीं भाग गया··· मेरी क्या मरज़ी है, यह भी पूछा तूने?··· मेरा बाप हाँ भी कहदे किसी लड़के को, तो क्या मैं झट से शादी कर लूँगी?···आइम नॉट हिज़ सलेव। नॉर यूअर्ज़··· तुम बात ही ऐसी कर रहे हो··· अच्छा, बाबा आ जाओ··· अकेले··· मम्मी डैडी के बग़ैर··· नहीं, पार्क में नहीं···हर ऐरा ग़ैरा सूंघ सूंघ कर जाएगा···तो ऐसा करो··· ऊपर गुजरातिन आँटी हैं··· पद्मा देसाई··· फस्ट फलोर, पीछे··· उनसे कहना, निशा को बुला दो ··· चुपके से ··· तब तक मैं पिता जी से बात कर चुकी हूँगी।

(शास्त्री आता है)

शास्त्री : फोन फोन फोन! इस घर में किसी को दूसरा काम ही नहीं रह गया।

निशी : फैसला मैं करूँगी। न तुम, न डैडी।

(फोन रखती है, हेमा आती है)

शास्त्री : आँख तक नहीं झपकने देते।

निशी : पिता जी, मुझे बात करनी है आपसे।

हेमा : आपका दिल है कि पत्थर?

शास्त्री : क्या आफत आ गई तुझे?

हेमा : बिट्टू न जाने किस शिकंजे में फँसा है। तुम्हें चिंदी भर चिंता नहीं?

शास्त्री : उस आवारागरद छोकरे के लिए मेरे दिल में धेला भर दया नहीं है। जूते खाएगा ज़िंदगी से तो संभल जाएगा।

हेमा : अगर मेरे बेटे को कुछ हो गया, मैं पूरी उम्र तुम्हारा मुँह नहीं देखूँगी।

शास्त्री : धमकी किसे दे रही है? जा, तू भी मार कुएँ में छलाँग। या सिर दे दे गाड़ी के नीचे।

निशी : मुझे बात करनी है आपसे।

शास्त्री : न जाने क्या चरस अफीम खाता है। या गश्ती लौंडियों को खिलाता है। हर वक़्त पैसे पैसे पैसे!

हेमा : मेरा बिट्टू ढूँढ़ के लाओ।

शास्त्री : मेरा जूता जाता है तेरे पिल्ले के पीछे।

हेमा : हाय मैं क्या करूँ?

निशी : मुझे आपसे कुछ कहना है।

शास्त्री : बछड़ा हल को जुतना नहीं चाहता। ख़स्सी करके जोता जाता है। दो दिन फुटपाथ पर सोने दो। भीख माँग कर पेट भरने दो। क़दर हो जाएगी बाप की ख़ून पसीने की कमाई की।

हेमा : नहीं जाओगे ढूँढ़ने?

शास्त्री : नहीं नहीं नहीं!

हेमा : तो ठीक है। यहाँ मेरा बेटा, वहाँ मैं। मेरा क्या धरा है इस बांबी में? फन फैला कर बैठो तिमंज़िले के ऊपर।

(हेमा जाने लगती है। चमेली और बिट्टू आते हैं)

शास्त्री : बाप की बेटी हो तो दोबारा मेरी चौखट मत लांघना।

हेमा : बिट्टू! मेरा लाल!

चमेली : बुखार है ज़ोर का। उलटी आई।

हेमा : कहाँ रहा तू, मेरे बच्चे? मेरी जान सूख गई तेरी तलाश में। **(अंदर ले जाती है)**

चमेली : अंजु है न, गुलाटी साहब की बेटी? दोनों यमुना किनारे बैठे थे। मजनू टिल्ले। मैं बच्चों को खिलौने दिलाने निकली। लड़ रहे थे। रो रहे थे। अंजु कहे, मैं अपने बाप को बताने जा रही हूँ। वो करेगा तेरे परिवार को सीधा—मैं डर गई। कुछ कर न बैठें। ऑटो रोका। बिट्टू यहाँ आने को मान नहीं रहा था। ज़बरदस्ती बैठाया।

शास्त्री : मरने देती ससुरे को।

चमेली : कैसी बात करते हैं? जल रहा है शरीर। झट डॉक्टर के ले जाओ।

आटो वाले ने पंद्रह लिए।

शास्त्री : लूट लिया तुम्हें। आठ रुपए से अधिक नहीं बनते।

चमेली : कोई बात नहीं। जैसे मेरा बेटा वैसे आपका। पैसे रहने दीजिए। बिटिया, ख़याल रखना भाई का। ख़ौफ खाया हुआ है किसी बात का। कच्ची उम्र है। न जाने क्या कर बैठे। राम राम, साब। **(जाती है)**

निशी : मुझे आपसे बात करनी है।
(टैलीफोन की घंटी)

शास्त्री : बकदे जो बकना है। हैलो!··· गुलाटी?··· कहो, कैसे याद किया? ··· गाली क्यों देते हो, भई?··· चमेली छोड़कर गई है, अभी-अभी ··· आ जाओ··· खुद आ कर पूछ लो··· मैं भागूँगा क्यों?··· क्या किया बिट्टू ने?··· वह जाने और तू जाने और तेरी छोरी जाने ··· बैठा हूँ। **(टैलीफोन रखता है)**

निशी : मैं उस हरिनाम दास से शादी नहीं करूँगी।

शास्त्री : मत कर। यमुना में डूब। भट्टी में झुलस। मेरी बला से। आज़ादी चढ़ी है तेरे सिर पर। बिगड़ रही है। माँ की तरह। भाई की भांति। मेरा क्या बिगड़ता है? बेटा, मैं तो जीवन व्यतीत कर चुका। ग़रीबी काटी, बेइंतहा की। मेरा बाप कहने को तो ब्राह्मण था। पुजारी था। पर जाटों के आगे, ज़मींदारों के सामने, भिखमंगे से ज़्यादा बिसात नहीं थी। हर कोई खिल्ली उड़ाता था। मैंने मेहनत की। दिनरात शास्त्रों का अध्ययन किया। यहाँ तक पहुँचा हूँ। अपनी कोठी है। समाज में मान प्रतिष्ठा है। चार छः आदमी पूछते हैं। पास आकर बैठते हैं। तू और तेरी माँ और तेरा भाई मिलकर मुझे मिट्टी में मिलाने पर तुले हो। हुक्म अदूली कर रहे हो। क्या समझ रखा है मुझे? बोझा ढोने वाला ख़च्चर? ज़र ख़रीद ग़ुलाम? तुम तीनों हरामज़ादों का दास? यह मैं नहीं होने दूँगा। मेरे जीते जी, तू ब्याह करेगी तो मेरी बिरादरी में। मत ले फेरे विद्यालंकार जी के सपुत्र से। कह दूँगा मैं अभी जाकर। न आएँ यहाँ परसों। अब तो खुश हो?

निशी : थैंक्यू। पहले एम.ए. करूँगी। **(चलती है)**

शास्त्री : पक्का फैसला तेरा?

निशी : हाँ, जी।

शास्त्री : जा कहाँ रही हो? इतना सरल नहीं है पिता को काटकर शून्य

कर जाना। मेरी भी एक शर्त है।

निशी : शर्त? कैसी शर्त?

शास्त्री : जो दिल में आए करो। पढ़ाई करो। अथवा माँ बेटी कोठे पर बैठो। परसों के बाद मेरे घर में नहीं घुसना। मन्जूर है?

निशी : मन्जूर है।

शास्त्री : चलो, अच्छा हुआ। आत्महत्या कर रही हो। मुझे कोई दोष नहीं दे सकता। पढ़ा दिया। खिला-पिला कर जवान कर दिया। इससे अधिक एक पिता क्या कर सकता है? कमाओ और खाओ और जो जी चाहे करो।—निशा बेटी, तू एक बाप के दिल का दर्द नहीं जान सकती। खाते-पीते घर में तुम्हें ब्याहना मेरा कर्तव्य था। अपनी निष्ठुरता से तू खुद मुझे इस कर्तव्य से मुक्त कर रही है। भगवान तेरा भला करे। बेटियों के बड़े दुख होते हैं। मेरे पिता पच्चीस बरस की क्वांरी बेटी को लिए घर में बैठे रहे। दहेज नहीं जुटा पाए। आख़िर एक हस्तरेखा पढ़ने वाले ग़रीब ब्राह्मण के लड़ बाँधी। एक बार पंडित लखमी चंद ने हमारे गाँव में "शाही लकड़हारा" सांग खेला। तीजां के दिन थे। दीन दुखी मेरी बहिन हमारे घर आई हुई थी। लखमी चंद ने प्रसंग छेड़ा कैसे बाप ने राजकुमारी वीणा को निर्धन लकड़हारे संग ब्याह दिया—

गरीब आदमी निर्धन बन्दा
धन पैसे बिना खाली।
आगे जाणै के के दुख होगा
निर्धन के संग घाली।।

मैंने देखा, मेरा बाप, मेरे बग़ल में बैठा, रो रहा था। फूट फूटकर रो रहा था। पूरा गाँव रो रहा था। बेटी की ग़रीबी बर्दाश्त करना बिरले बाप के बस की बात है।

(हेमा और बिट्टू बाहर आते हैं)

बिट्टू : छोड़ माँ। मैं नहीं जाऊँगा डॉक्टर के।

हेमा : तुम इसको लेकर जाते क्यों नहीं? सिर जल रहा बुख़ार से।

शास्त्री : कहीं नहीं जाएगा अभी।

हेमा : मैं आप ले जा रही हूँ डॉक्टर दीवान के।

शास्त्री : क्या करतूत की है, ओए? तूने और अंजु ने?

बिट्टू : आपको किसने बताया?

शास्त्री : वो स्कूल से रस्टीकेट करवाने जा रहा है। क्या गुल खिलाया

तूने?

बिट्टू : मुझे नहीं पता। मम्मी, छोड़ मुझे। मैं अकेला जाऊँगा।

हेमा : इतने बुख़ार में?

निशी : बिट्टू, मैं चलती हूँ।

शास्त्री : कोई नहीं हिलेगा। पीछे चल। वो जूएबाज़, रंडीबाज़, यहाँ आ रहा है। अभी!

बिट्टू : यहाँ?

शास्त्री : अंजु भी साथ आ रही है। टैलीफोन पर ही बकवास कर रहा था। बोला, ज़िंदा नहीं छोड़ूँगा?—कौन सी रासलीला रचाई तूने अंजु संग? यमुना के तीर?

बिट्टू : मम्मी, हटो। मुझे जाने दो।

हेमा : कहाँ?

बिट्टू : कहीं भी।

शास्त्री : **(थप्पड़ मारकर)** चल, अंदर बैठ। कुत्ता! दुखी कर रखा है।

निशी : पिता जी!!!

हेमा : क्या करते हो? बुख़ार से काँप रहा है।

बिट्टू : मुझे इस घर से जाने दो, माँ। मुझे मरने दो! मुझे मरने दो!

शास्त्री : सीधा मुड़कर अंदर चला जा। नहीं तो एक झांपड़ और पड़ेगा थूथनी पर।

बिट्टू : **(झपट कर गर्दन पकड़ता है)** आई विल किल यू! आई विल किल यू!

हेमा : बेटा!

निशी : बिट्टू!

शास्त्री : तुझे तो मैं सीधा करूँ!

बिट्टू : ज़िंदा जला दूँगा मैं! तुझे और तेरे पैसे को!

शास्त्री : सोटी पकड़ाओ मेरी!

बिट्टू : आग लगा दूँगा तेरे तिमंज़िले को?

शास्त्री : जान निकालूँगा तेरी।

बिट्टू : यू बास्टर्ड! आई विल मर्डर यू!

हेमा : बिट्टू! अंदर चल!

निशी : मैं डॉक्टर को बुलाती हूँ।

शास्त्री : लुच्चे साले! निकलो तीनों मेरे घर से!

(पद्मा आती है)

पद्मा : निशी, ऊपर आना एक मिनट।... क्या बात है, भाई साहिब?

निशी : अभी आई, आंटी।

पद्मा : बिट्टू को क्या हुआ?

निशी : बुख़ार है बहुत तेज़।

पद्मा : बुख़ार? पर वो तो·· लड़ाई सुनी मैंने?

निशी : चलो, आंटी। **(पद्मा जाती है)**

शास्त्री : एक बात सुन जा। **(निशा रुकती है)** तू भी, तेरा भाई भी—गुलाटी ससुरा कुछ भी कहे—तेरे बारे में मेरा फैसला है : अगर तूने मुझे विद्यालंकार जी के आगे शरमिंदा किया, तू इस घर की दहलीज़ के भीतर पाँव नहीं रखेगी! पूरी ज़िंदगी!

(अँधेरा)

दृश्य - 7

(पद्मा देसाई का फ्लैट)

चमन : निशी, गुस्से मत हो। मैं जल्दी में हूँ। मगर इतनी भी जल्दी नहीं कि तुम्हें या तुम्हारे पेयरंट्स को सोचने का मौक़ा न दूँ।

निशी : मैं ख़ुद आकर बता देती। तुम हो कि मना करने पर भी यहाँ भागे चले आए।

चमन : इसकी वजह भी तुम हो।

निशी : मैं? कैसे?

चमन : तुम इतनी अच्छी हो। साथी के तौर पर, वाइफ के तौर पर, तुम मुझे इतनी सूट करती हो, मैं तुम्हें हाथ से जाने नहीं देना चाहता। किसी क़ीमत पर नहीं।

निशी : क़ीमत? मतलब, मैं भी तेरे व्यापार में एक सौदा हूँ। कमॉडिटी हूँ।

चमन : यही समझ ले। पर कल मेरे से शादी कर ले।

निशी : तुझे मेरे बारे में काफी ग़लतफहमियाँ हैं। मैं वो स्कूल ड्रैस्स पहनने वाली लड़की नहीं रही, जिसे तू बस में चोरी-चोरी घूरा करता था। मैं जवान हो चुकी हूँ। और कुछ मुआमलों में मैं अपने बाप की बेटी हूँ।

चमन : सो मच दा बैटर। आई वांट ऐ मैच्यूर गर्ल ऐज़ ऐ लाइफ पार्टनर।

निशी : बिज़नस पार्टनर नहीं?

चमन : बिज़नस पार्टनर भी बन सको तो कहना ही क्या?

निशी : मैंने हाल ही में रूसो पढ़ा है। शैली, ब्लेक, बायरन, पढ़े हैं। मेअरी वूलस्टोनकरैफट की औरतों के अधिकारों पर किताब पढ़ी है। मेरी शर्तें सुनोगे तो भौंचक्के रह जाओगे।

चमन : शर्तें? वैरी गुड। बोलो।

(पद्मा चाय लाती है)

निशी : दुम दबाकर भाग जाओगे।

पद्मा : भागना—लेकिन चाय पीकर।

निशी : आंटी, इसकी क्या ज़रूरत थी?

चमन : ज़रूरत है। थैंक्यू, आंटी। बिना चाय के मैं शायद निशी की दलीलों का मुक़ाबला न कर सकूँ।

पद्मा : दलीलें! मुक़ाबला! तुम दोनों ब्याह रचाने बैठे हो कि कुरुक्षेत्र का युद्ध लड़ने?

निशी : कुरुक्षेत्र दूर नहीं। नीचे मेरे घर चलो। भीषण महाभारत छिड़ा है।

चमन : आंटी, इस बुद्धू को समझाइए। भला मेरे से अच्छा लड़का इसे कहाँ मिलेगा?

पद्मा : चमन जी, यह अकल दिए नहीं आती। निशा चुपचाप रहने वाली लड़की है। ऐसी लड़कियाँ, हर क़दम सूंघ कर, फूँक फाँक से, रखती हैं। पर मुझे तुम बहुत अच्छे लगे। शादी करनी है तो लटकाना क्या? हमारे देसाई साब ने दो साल मेरा पीछा किया। फैसला करने का हौसला न जुटा पाएं। हार के, मुझे झूठ बोलना पड़ा।

निशी : क्या?

पद्मा : मैंने कहा, मेरे घर वाले परसों मेरी सगाई किसी दूसरे लड़के से पक्की कर रहे हैं। तब जाकर देसाई साब को फिक्र हुई और मेरे मम्मी डैडी से बात की।

निशी : मुझे झूठ बोलने की ज़रूरत नहीं। मेरी सगाई सचमुच परसों हो रही है।

चमन : थैंक्यू।

निशी : तेरे से नहीं।

चमन : और किससे?

निशी : मेरे बाप के दोस्त के बेटे से।

पद्मा : निशी, ऐसी ग़लती मत करना।

चमन : तुम शर्तें बताने लगी थी। बोलो झटपट।

पद्मा : चमन, हौसला बढ़ाने के लिए चाय का जाम चाहिए तो आवाज़ दे देना। **(जाती है)**

निशी : चमन, मैं तेरे साथ पैरिस चलने को तैयार हूँ।

चमन : ग्रेट!

निशी : **(कागज़ निकाल कर)** यह रही शर्तें।

चमन : लिखकर लाई हो?

निशी : घबराओ नहीं। शर्तें ऐसी नहीं कि तुम पूरी न कर सको। मैं सिर्फ अपना बचाव करना चाहती हूँ।

चमन : मैं बहुत ख़ुश हूँ, निशा। तुम भावना में बहकर बात नहीं कर रही। मैंने भी ख़ूब सोचा है। पहले मेरी एक शर्त सुन।

निशी : कहो।

चमन : मैंने डा. भगत से यह मैरिज डिसकस की। उसने मेरे फैसले को वैलकम किया। हौसला जुटाने पर शाबाश दी। मगर एक वार्निंग भी दी।

निशी : कैसी वार्निंग?

चमन : पक्का रिश्ता बनाना हो तो 'पिटी' के बेसिज़ पर नहीं बन सकता। पिटी इज़ अकिन टु कटैम्प्ट। अगर तुम आज मुझे दया की भीख देती हुई, मेरे से शादी कर लो, कल तुम इस बात को रिज़ैंट्ट करोगी। पश्चाताप करोगी। मैं यह नहीं चाहता। आदर्श विवाह हर पहलू से बराबर का संबंध होना चाहिए। इसलिए मैं तुम्हें हक़ देता हूँ : तुम इनकार कर सकती हो। तुम्हें रत्ती भर भी शक हो—कि मैं ईमोश्नल ब्लैकमेल कर रहा हूँ, मेरे से शादी मत करो। मैं तुम्हारे बग़ैर भी ज़िंदगी गुज़ारने की ताक़त जुटा सकता हूँ।

निशी : चमन, तुमने तो मेरा काम बहुत आसान कर दिया। मैं भी इसी नतीजे पर पहुँची हूँ। यह दीवाली न जाने कैसी रौशनी लाई है मेरे लिए। मुझे मम्मी डैडी की शादी के बारे में, माँ-बाप और बच्चों के बारे में, इन गहरे घनिष्ठ संबंधों के बारे में, एक ही झटके में कई कुछ पता चल गया। पिता वाला पाखंड छोड़कर, माँ वाली कायरता छोड़कर, फैसला ले रही हूँ। मैं तुम्हारे साथ शादी करने को तैयार हूँ, लेकिन कांट्रैक्ट बेसिज़ पर।

चमन : डिलाइटिड! कितनी देर का कांटरैक्ट?

निशी : तीन साल। अगर हमारी कोशिश के बावजूद हम सफल नहीं हुए, हम अपना रिश्ता रिव्यू करेंगे। और बग़ैर रंज और गुस्से के अलग हो जाएँगे।

चमन : मन्ज़ूर। मगर तीन साल नहीं।

निशी : और कितने?

चमन : पाँच बरस। अरे भई, इन्सानों से डील कर रही हो। रैडीमेड कपड़ों से नहीं।

निशी : ठीक है। पाँच साल सही।

चमन : आगे बोलो।

निशी : कल तुम अपने घर, कुछ सयानों की मौजूदगी में, शादी की रसम पूरी कर लो। मेरे पिता नहीं आएँगे। हाँ, मम्मी और मामा जी और पद्मा आंटी चलेंगे।

चमन : परफैक्ट। कल तुम्हें पूरा इंतज़ाम मिलेगा।

निशी : लेकिन आज की तारीख़ में मुझे अपाइंटमैंट लैटर दो।

चमन : फाइन। क्या लिखें लैटर पर?

निशी : भाटिया गार्मेंट्स इंटरनेशनल की पैरिस ब्राँच की मैनेजर। तन्ख़्वाह गिनकर लूँगी और अलग बैंक में रखूँगी।

चमन : मार्वलस्स! पत्नी भी मिल रही है और कमाऊ शेरनी भी। आइम लक्की।

निशी : और कुछ मामूली है। मैं रिटर्न टिकट पर जाना चाहती हूँ। चार महीने बाद लौटकर एम.ए. का ऐग्ज़ाम दूँगी।

चमन : ठीक।

निशी : तुम्हारी आर्ट फिल्मज़ वाली बात मुझे जँचती है। साथ में कुछ और जोड़ूँगी।

चमन : क्या?

निशी : हमारे मुल्क को हर पहलू में क्रांति की ज़रूरत है। फ्रांस से कुछ क्रांतिकारी विचार इम्पोर्ट करूँगी ताकि यहाँ की चंद एक बैस्टिल जेल गिरा सकूँ।

चमन : कैसे?

निशी : फ्रेंच रैवोल्यूशन पर किताब लिखूँगी।

चमन : निशा डार्लिंग, यू आर ए जीनियस। सुबह दस बजे मैं तुम्हें, मम्मी और बिट्टू को पिकअप करने आ रहा हूँ।

निशी : पद्मा आंटी भी। और मेरी नौकरी की चिट्ठी भी।

चमन : ऑफ कोर्स।

निशी : थैंक्यू! **(हाथ मिलाती हैं)**

पद्मा : **(दूर से)** निशी!

निशी : आ जाओ, आंटी।

चमन : हमारी बात हो चुकी।

निशी : कल सुबह तैयार रहना। हमारी शादी करवा दो। लेकिन पिता जी को भनक न पड़े।

पद्मा : बधाई हो। मुँह मीठा करके जाना।—तुमने नीचे की आवाज़ें नहीं सुनी?

निशी : लड़ाई हो रही है? बिट्टू पर बरस रहे होंगे।

पद्मा : मुझे अंजू भी दिखी और उसके डैडी भी।

निशी : गुलाटी अंकल?

पद्मा : हाँ। ख़ूब गर्मा गर्मी है।

निशी : अच्छा, चमन। सी यू ऐट टैन्न टुमॉरो।

चमन : थैंक यू, आंटी। आपने मेरी दीवाली मनवा दी।

(अँधेरा)

दृश्य - 8

(शास्त्री का घर)

गुलाटी : तेरी बेटी गाभिन करूँगा। दो टके के शास्त्री, तेरी बेटी उठाऊँगा। तेरी बीवी को चकले पर बिठाऊँगा। हरामज़ादे! तेरे पिल्ले की यह हिम्मत! मेरी बेटी को सिड्यूस किया? प्रेगनंट किया?

(निशी आती है)

शास्त्री : गन्दे शब्द मत बोल, गुलाटी। देखो, मैं इतनी देर से शांति से बात करने की कोशिश कर रहा हूँ।

गुलाटी : जो कुछ तेरे हरामी लौंडे ने मेरी बेटी से किया है, वो मैं करूँगा, तेरी बेटी के साथ। औरों से करवाऊँगा।

हेमा : भाई साहिब, आप ठंडे होकर बात नहीं कर सकते? बच्चों के सामने इस तरह बोलना। कुछ तो सोचिए।

निशी : हुआ क्या है, गुलाटी अंकल? अंजु, तुम बताओ।

हेमा : बिट्टू, दूसरे कमरे में चलो। निशी, अंजु को अपने कमरे में ले जाओ। भाई साब, बैठो ज़रा। अगर बच्चों से ग़लती हो भी गई, उसका इलाज हो सकता है। धीरज से काम लें। अमिताभ, चल उधर।

शास्त्री : नहीं। तू कहीं नहीं जाएगा। जिसने किया है सो भुगते। मैं क्यों दूँ अपना सिर फाँसी के फंदे में?

गुलाटी : तू निकल कैसे सकता है बचकर? सिर तो तेरा मैं दूँगा फाँसी के फंदे में। तेरे पिल्ले का सिर दूँगा।

निशी : अंजु, इधर आ। मुझे बता।

गुलाटी : कहीं नहीं जाएगी, अंजु। मैं बदला लूँगा। साँढ बनने चला। साला गीदड़ का बीज।

शास्त्री : गुलाटी, अपशब्द बंद करो।

हेमा : गुलाटी साब, मैं अभी सुलझा देती हूँ मामला। अंजु बेटा, शरम

छोड़। बता, कितनी देर हो गई?

अंजु : तीन महीने।

हेमा : अबॉरशन हो सकती है।

बिट्टू : साढ़े पाँच हज़ार माँगती है डॉक्टर।

गुलाटी : बस तेरे लिए इतनी बात है? साढ़े पाँच हज़ार? बहिन न उठवाई तेरी तो मेरा नाम पी.के. गुलाटी नहीं।

निशी : अंजु, आई विल हैल्प यू। रो मत।

हेमा : डॉक्टर की फीस हम देंगे।

शास्त्री : मैं एक दमड़ी नहीं दूँगा। जिस चांडाल ने करतूत की है, उसी से लो। **(थप्पड़ मारकर)** गुंडा बने ससुरा। गाभरू बने। ज़लील किया मुझे ऐसे लोगों के सामने।

निशी : पिता जी!

हेमा : हाथ क्यों उठाते हो?

निशी : मुँह से कहो जो कहना है।

हेमा : मैं दूँगी पैसे। गुलाटी साब, मेरा गहना बेच लो। मेरे बच्चे से ग़लती हो गई। माफ कर दो। ऐसी हालत में हमें दोनों बच्चों को परेशान नहीं करना चाहिए। रेणु ढींगरा, आपके पड़ोस वाली, आत्महत्या की कोशिश की उसने। बात मत बढ़ाइए। अपनी बच्ची को बदनाम क्यों करते हो? अपना ख़ून है। दया करो। क्षमा करो।

निशी : इतनी भयंकर बात नहीं है। अंजु, मैं दूँगी साढ़े पाँच हज़ार।

शास्त्री : तू किस यार से लाकर देगी? इतनी बड़ी रकम?

निशी : पिता जी! आप भी तमीज़ खो बैठे?

हेमा : आप दोनों अलग बैठो। मैं देख लूँगी।

शास्त्री : तू कैसे देख लेगी? तू है कौन? हरामज़ादी, अगर तूने इन सुअरों का ध्यान रखा होता, मुझे यह दिन देखने को न मिलता। साली चली है औरतों की सहेली बनने। समाज सुधारक बनने। खुद के बच्चे व्यभिचारी बना लिए। बेचने चली गहने! जिसकी बेटी है, वो जाने। बिट्टू अकेला नहीं था इस कुकर्म में। यह अपनी बेटी को संभालता—जो बाप पर गई है। माँ पर गई है।

गुलाटी : **(गला पकड़ कर)** तेरी तो बहिन को··· कुत्ते! ठहर ज़रा!

निशी : अंकल!

हेमा : हटो इधर!

अंजु : डैडी!

शास्त्री : मैं अभी पुलिस बुलाता हूँ। बिट्टू, फोन कर। फलाइंग सुकाड बुला।

गुलाटी : बुला ले पुलिस। लाश उठेगी तेरी यहाँ से! तेरी और तेरे बछड़े की!

शास्त्री : मेरे ही घर में घुसकर!

अंजु : डैडी, प्लीज़! घर चलो।

हेमा : भाई साब, मैं हाथ जोड़ती हूँ आपके आगे। मामला बढ़ाइए मत। —क्या करते हो तुम? रख दो टैलीफोन। पुलिस को बीच में मत लाओ।

शास्त्री : हमला करने आया!

गुलाटी : मैं बोटी-बोटी नोच लूँगा। आ, निकल बाहर।

हेमा : गुलाटी साब, शांत हो जाइए।

गुलाटी : हड्डियाँ तोडूँगा तेरी। पूरे महल्ले के सामने।

निशी : अंजु! बिट्टू! तुम भीतर चलो।

हेमा : किस डॉक्टर को दिखाया?

बिट्टू : मिसिज़ महता को।

अंजु : घंटा घर वाली।

हेमा : हो जाएगा आपरेशन।

निशी : अंजु, अभी तुम छोटे हो। पढ़ाई करो। बाद में, तुम चाहो तो शादी कर सकते हो।

हेमा : अभी कुछ नहीं बिगड़ा।

शास्त्री : **(निशी को)** तू कौन होती है इनकी शादी कराने वाली? इस छिनाल को मेरी बहू बनाओगी? ऐसी नीच कुल को तो मैं फाटक के भीतर पाँव न धरने दूँ।

गुलाटी : **(मारने को तैयार)** तुझ उच्च कुल के बाहमन को देख लूँ एक बार।

निशी : अंकल! क्या करते हैं आप?

गुलाटी : सुन ओए छोकरी। मैं पेशाब नहीं करता इसके साढ़े पाँच हज़ार पर। इस कंजूस की तो कौड़ी की सौंफ मुँह में डाल लो, अफरे से पेट फट जाए।

निशी : बिट्टू, बता। तुम बताओ, अंजु। अंकल, एक मिनट। बैठ जाओ। —शादी करना चाहते हो?

हेमा : अपरेशन हो जाएगा।

निशी : मैं तुम्हारा साथ दूँगी।

हेमा : मैं भी।

गुलाटी : साले, बिसात क्या है तेरी? दमड़ी दमड़ी बटोर कर मकान खड़ा किया है। प्राइमरी के बच्चों की ट्यूशन करके। पहाड़े सिखा कर।

शास्त्री : मैं गणित पढ़ाऊँ या संस्कृत। विद्या दान में कैसा अपमान? मैं तेरी तरह शराबी नहीं। जूएबाज़ नहीं। रंडीबाज़ नहीं।

निशी : आप चुप नहीं रह सकते? बोलो, बिट्टू।

बिट्टू : मैं तैयार हूँ। स्कूल से निकलते ही, मैं जॉब ले लूँगा। ईवनिंग कॉलेज से बी.ए. करूँगा।

शास्त्री : कर शादी। मगर आज से मकान ढूँढ ले। नया बाप ढूँढ़ ले।

निशी : अंजु, तुम करोगी अमिताभ से शादी—कुछ बरसों बाद?

अंजु : डैडी पूछो इससे। मेरा कसूर बिलकुल नहीं।

शास्त्री : हाँ-हाँ। दूरबीन से गर्भ ठहरा दिया तुझे बिट्टू ने।

गुलाटी : तेरा भौंकना बंद कराऊँ पहले।

अंजु : भाँग वाली सिग्रेट पलाई। धोखे से। होश नहीं रही मुझे।

बिट्टू : झूठ है। सिग्रेट तो तू लाई थी संजय से माँग कर।

अंजू : बोला : शादी करूँगा। अकेला बेटा हूँ। डैडी मरते ही, पूरी प्रापर्टी मेरी हो जाएगी।

शास्त्री : कुत्ता! अभी से मार रहा है मुझे?

अंजु : मैंने कहा : मैं ब्याह नहीं करूँगी। ओल्ड एज में डैडी अकेले होंगे। सेवा करूँगी।

बिट्टू : बकवास करती हो अब? क़िस्से तूने नहीं सुनाए अपने डैडी के बारे में? पराई औरतों के साथ सोते हैं? इसीलिए डाइवर्स हो रहा है?

अंजु : लायर! कब कहा मैंने यह सब?

बिट्टू : बताया नहीं? और रिंकू के बारे में भी? बोली, "मेरी सन साइन टॉरस्स है। डैडी वाली। हम दोनों का वीनस स्टराँग है। वी आर लक्की इन लव लाइफ।"

अंजु : झूठ है! सब झूठ है! इसने धोखा दिया।

शास्त्री : सुन ले बेटी के कारनामें। दूसरों के घर पर पढ़ाई करने से पहले, ख़ुद को देख ले।

निशी : अंजु, पिछली बातें भूल जाओ। अभी की समस्या का हल ढूँढ़ो।

हेमा : सगाई कर लो चाहे, अपरेशन से पहले।

गुलाटी : सगाई? और शादी? इस गूह के कीड़े से? उससे पहले तुझे ज़हर

न दे दूँगा मैं। दोबारा बात करती हुई देख ली मैंने, गर्दन मरोड़ दूँगा। —(**मुँह पर हाथ फेरकर**) दया कृष्ण शास्त्री, पूरे स्कूल के सामने तेरे मुँह पर न थूका, तो मैं अपने बाप का नहीं, कुत्ते का जना हूँ। (**दोनों जाते हैं**)

निशी : बस, पिता जी। आप कुछ मत बोलना।

शस्त्री : (**थप्पड़ मारकर**) निकल मेरे घर से!

हेमा : क्या करते हो?

निशी : हटो इधर!

शास्त्री : तुझे मैं मालिक बनाता हूँ तीन मंज़िले मकान का!

हेमा : अक्ल करो कुछ!

बिट्टू : (**कुर्सी उठाकर**) आ! आ मार! खोपड़ी फाड़ डालूँगा! हरामज़ादे। दोबारा मार थप्पड़। आग लगा दूँगा! भस्म कर दूँगा! तुझे और तेरे मकान को! क़त्ल करूँगा तुझ राक्षस को!

निशी : बिट्टू!

हेमा : छोड़ो कुर्सी!

शास्त्री : बचाओ! पलिस!

हेमा : निशी, बलवंत को बुला।

(**निशी जाती है**)

शास्त्री : पागल हो गया!

हेमा : बिट्टू! पीछे हट

बिट्टू : शाइलॉक, ख़ून पिऊँगा तेरा!

शास्त्री : (**टैलीफोन पर**) पुलिस!

बिट्टू : (**गर्दन से पकड़कर**) एक पाउंड माँस खाऊँगा तेरा!

हेमा : बेटा! हट जा पीछे!

(**पद्मा और निशी आती हैं**)

पद्मा : बिट्टू, रुको!

हेमा : नर्वस ब्रेकडाऊन है!

निशी : बुख़ार तो पहले था ही।

पद्मा : इधर आ, मेरा लाल।—धीरे से पकड़ो।

हेमा : बच्चे, मैं तेरे साथ हूँ।

निशी : वी लव यू, अमिताभ।

पद्मा : इधर आओ। बैठो। पानी ला, निशी। (**तीनों पकड़ती हैं**)

बिट्टू : छोड़ दो मुझे! मैं सबको क़त्ल करूँगा!

निशी : काम डाउन, बिट्टू।

हेमा : डरो मत, कुछ नहीं होगा।

पद्मा : डॉक्टर को बुलाओ।

निशी : अंजु और तुम जो चाहो करना। हम तुम्हारे साथ हैं।

हेमा : पकड़े रखना। मैं 'सहेली' को फोन करती हूँ। डॉ. भगत इस वक़्त वहीं होंगे। **(फोन छीनती है)**

पद्मा : उस कमरे में।

बिट्टू : जान से मार डालूँगा सबको!

पद्मा : आराम कर।

निशी : बिट्टू, अंदर चल।

पद्मा : बहुत अच्छा बच्चा है।

(पद्मा और निशी अंदर ले जाती हैं। हेमा फोन पर)

बिट्टू : आग लगा दूँगा सबको!

शास्त्री : भगवान, उठा ले इस चांडाल को। ऐसी संतान से मैं निपूता भला।

(अँधेरा)

दृश्य - 9

(शास्त्री अख़बार पढ़ रहा है। चमेली बालटी पोचा लेकर आती है)

चमेली : नमस्ते, साब। पोचा लगा दूँ?

शास्त्री : देर कर दी आज? रात गुलाटी के पास थी?

चमेली : नहीं, साब। उन्होंने तो दीवाली पर बुलाया है।

शास्त्री : दो सौ रुपया बनाओगी?

चमेली : बिट्टू का बुख़ार उतरा?

(निशी आती है। कुछ किताबें झोले में डालती है)

शास्त्री : बिट्टू जाने। बिट्टू की माँ जाने।

चमेली : क्या बात करते हैं? पिता हैं आप।

शास्त्री : मैं किसी का पिता विता नहीं रहा। यहाँ सब अपने बाप आप बन रहे हैं।

चमेली : निशी बीबी, कल चार बजे आ जाऊँगी।

निशी : किस लिए?

चमेली : मेहमान आ रहे हैं न।

निशी : कोई नहीं आएगा।

चमेली : सिगाई हो रही न तुम्हारी?

निशी : नहीं।

चमेली : साब, क्या बात हुई? लड़के वालों ने मना कर दिया?

शास्त्री : **(उठकर)** भाड़ में जाएँ। लड़की और लड़का और उनको जनने वाली। **(जाता है)**

चमेली : उखड़े उखड़े दिखें मास्टर जी?··· बीबी जी मंदिर गई हैं?

निशी : हस्पताल में है। बिट्टू के साथ।

चमेली : हाय राम! हस्पताल भरती कराना पड़ा?

(हेमा और चमन आते हैं)

निशी : मैं तैयार हूँ।

चमन : गुड।

चमेली : बेटा कैसे है?

निशी : जगा नहीं?

हेमा : अब कुछ ठीक है।

चमन : नींद की गोली दे रखी है। घबराओ नहीं। डॉ. भगत बहुत बढ़िया साइकायटरिस्ट है। उसने मुझे नई ज़िंदगी बख़्शी है।

निशी : चमेली, ऊपर से देसाई आंटी को बुलाओ।

चमेली : अच्छा, जी। **(जाती है)**

चमन : यह रहा तुम्हारा अपॉइंटमैंट लैटर। और तीन महीने की तनख़्वाह। फ्रैंक्स में। यह है रिटर्न टिकिट।

निशी : थैंक यू। मम्मी, तुम चल सकती हो थोड़ी देर के लिए?

हेमा : कहाँ?

चमन : निशी, तुमने बताया नहीं?

हेमा : कहाँ जा रही हो?

निशी : चमन और मैं शादी कर रहे हैं।

हेमा : शादी???

निशी : हाँ, शादी। मैरिज।

हेमा : ऐसे ही? अभी?

चमन : हैरानी की कोई बात नहीं, आंटी। हम यह क़दम सोच समझ कर उठा रहे हैं।

हेमा : **(आँसू पोंछती)** तुम्हारी मरज़ी, बेटा। मुझे तो बता दिया होता। मैं तो दुश्मन नहीं।

निशी : बता तो दिया। चलो अभी हमारे साथ। बाद में हम हसपताल छोड़ आएँगे। मैं कपड़े और किताबें उठाने आई थी।

चमन : सूट केस रखूँ कार में?

निशी : हाँ। यह बैग भी।

चमन : चलिए, आंटी। **(जाता है)**

हेमा : मैंने भी एक बात बतानी थी तुझे।

निशी : बताओ।

हेमा : तूने बड़ी झटपट की?

निशी : मेरी चिंता छोड़। हम पैरिस जा रहे हैं। चमन की फैमली का कपड़ों का स्टोर है वहाँ। मैं हर तरह सुरक्षित हूँ।

हेमा : मैंने भी फैसला कर लिया।

निशी : घर छोड़ने का?

हेमा : हाँ।

निशी : कहाँ जा रही हो?

हेमा : 'सहेली' के दफ्तर, लाजपत नगर।

निशी : मधु किश्वर के साथ?

हेमा : हाँ। बिट्टू भी वहीं रहेगा।

निशी : तो हम तीनों इनका तिमंज़िला छोड़ रहे हैं?

हेमा : और चारा ही क्या छोड़ा है इन्होंने? ज़िंदगी बरबाद कर ली मैंने—एक ग़लत आदमी से शादी करके। सदियों पुराने विचार। पैसे पैसे की कंजूसी। ऊपर से पाखंड। प्रपंच।

(पद्मा आती है)

हेमा : मै कपड़े उठा लूँ। बिट्टू के और अपने। अभी आई। **(जाती है)**

पद्मा : बताया नहीं शास्त्री जी को तुमने?

निशी : बिट्टू की जो हालत इन्होंने की है, मैं कभी माफ नहीं कर सकती।

पद्मा : पहुँचे नहीं रात को हस्पताल? मैंने लौटकर बताया तो था।

निशी : पिता थोड़ी हैं। राक्षस हैं।

पद्मा : हैं कहाँ?

निशी : बताना मत, आंटी।

पद्मा : शादी का? अरी नहीं। मैंने तो कुछ और बताना है।

निशी : आ रहे हैं... मैं कार में हूँ। **(जाती है)**

शास्त्री : पद्मा जी की आवाज़ सुनाई दी। **(इधर उधर देखकर)** दीवाली की रात! याद रखना। मेरा कल्याण अवश्य करना। पंडित लखमी चंद सांग में दो प्रेमियों का मिलन यूँ बताते हैं—

आनंद होण लगे काया मैं।
ज्यब हाथ मिलै हाथां मैं।
मिसरी कैसी डली घुलण लगी
आपस की बातां मैं।

पद्मा : शास्त्री जी, कल्याण चाहते हो तो ज़िद छोड़ो। सिर्फ चौदह सौ की बात है।

शास्त्री : क्या कहा? चौदह सौ लोगी? एक रात के?

पद्मा : वो सरदार मुक़द्दमा कर रहा है आप पर। मुरम्मती के पैसे दे दो उसे। पिंड छूट जाएगा।

शास्त्री : वह जालंधर का जटाधारी समझता क्या है अपने आपको? मुझे

क्या वकील करने आते नहीं?

पद्मा : वो तो मुझे भी कह रहा था, दस्तख़त कर दो। मैंने इनकार कर दिया। अभी भी वक़्त है। बलवंत सिंह से सींग मत फँसाओ।

शास्त्री : उस जामवंत से मैं निबट लूँगा। तुम मेरी तरफ से साड़ी ख़रीद ही डालो। शोख रंग की। देसाई लौटा तो नहीं न?

पद्मा : अभी तक तो नहीं लौटे।

शास्त्री : दीवाली पर हमारा मंगल मिलन अवश्य होना चाहिए। मेरी इंतज़ार करना।

(अँधेरा)

दृश्य - 10

(शास्त्री का घर। बाहर पटाखों, फुलझड़ियों की आवाज़ें। शास्त्री मोमबत्ती जगाता है। हाथ में रंगदार साड़ी है। ऑटो की आवाज़)

शास्त्री : पद्मा जी!··· पद्मा!

पद्मा : (दूर से) बच्चो! ··· पापा आ गए! पापा आ गए!

शास्त्री : बेड़ा ग़रक!··· देसाई ससुरे, तैने मेरी दीवाली गुल कर दी। **(बत्ती बुझाता है। अँधेरे में बैठता है। दरवाज़े पर खटखट। थोड़ी देर बाद चमेली अंदर आती है। बनी सँवरी है)**

चमेली : आप घर में हैं, साब?··· अँधेरे में बैठे हैं?··· अकेले? ··· दीवाली है। दुनियाँ मौज-मस्ती कर रही है, और आप? ··· मैं तो डर गई। पास से जा रही थी। देखा, आपके घर में अँधेरा है। सोचा, बिट्टू हस्पताल में है। भगवान न करे, बुरी बात न घट गई हो। मैं घबरा गई। किवाड़ देखे। ताला भी नहीं लगा··· बहिन जी कहाँ हैं?··· बिटिया भी नज़र नहीं आती··· हुआ क्या है?

शास्त्री : दो सौ कमाने जा रही हो?

चमेली : बच्चे पालने हैं, मालिक। अकेली जान है। शरम काहे की?

शास्त्री : ऐसी हो तुम लुगाइयाँ!

चमेली : बत्तियाँ जगा दूँ? दीवाली पर घर भुतहा नहीं होना चाहिए।

शास्त्री : नहीं, रहने दो। अँधेरा ही ठीक है।··· हे भगवान, क्या किया तूने मेरे साथ? यह फल दिया मुझे? जीवन भर के पुण्य कर्मों का? **(सिसकी लेता है)**

चमेली : आप रो रहे हैं।··· ऐसी क्या बात हुई? परिवार कहाँ है?··· किसी को कुछ हो तो नहीं गया?

शास्त्री : किसी को कुछ नहीं हुआ। भाग्य तो मेरे फूटे हैं। पूरा जीवन परिवार की देखरेख में ख़र्च किया। बचपन में ग़ज़ब की ग़रीबी काटी। क्या होता है गाँव का भूमिहीन ब्राह्मण? मेरी पढ़ाई तक

का ख़र्च नहीं उठा पाते थे। मजबूर थे। सरकारी स्कूल से हटाकर, मुझे गुरुकुल में दाख़िल कराया। दिन रात परिश्रम किया। घोर तपस्या की। कक्षा में कभी किसी काम में पीछे नहीं रहा। ब्रह्मचर्य का पालन किया। सात्विक भोजन खाया। सर्वदा। मांस नहीं, शराब नहीं। बीड़ी सिगरेट नहीं। हर समय पूजा अर्चना, वेद पाठ। कभी ढील नहीं होने दी। स्कूल में नौकरी मिली। कोई सिफारिश नहीं। योग्यता के बल पर सब कुछ प्राप्त किया है, हमेशा। इस औरत से शादी की। जाति अलग। भाषा अलग। मैंने उदारता दिखाई। देखने में, ऊँचे कुल की, सुशील। पढ़ी-लिखी समझती थी अपने आपको। मगर उजड्ड निकली। दया का अंश नहीं दिल में। **(सिसकी दबाता)** मेरे बूढ़े माता-पिता। इस निष्ठुर ने रत्ती भर ध्यान नहीं रखा। बेचारे वहीं गाँव में सड़ गए। मर गए। अकेले। रोहतक में। भतीजे भतीजियों का मुँह ताकते। मेरे पास रहने को नहीं माने। बहू जो मैं ग़लत ले बैठा। स्वार्थी। निर्मोही।··· चार ईंट लगाकर, सिर छुपाने को यह जगह बनाई। किराएदार भी जान के दुश्मन निकले। मुक़द्दमें कर रहे हैं। बेटा मेरा, इतने महँगे स्कूल में पढ़ाया। मुझे क़त्ल करने पर उतारू है। बेटी को जी भर के प्यार दुलार दिया। छोड़कर भाग गई। यह मिला मुझे वेद शास्त्र पढ़ने पढ़ाने का फल! हिंदुत्व की परम्पराएँ क़ायम रखने का नतीजा! पापी हैं सब! दुराचारी! शरीफ आदमी के ज़िंदा रहने का ज़माना नहीं। चमेली, आज मैं ज़िंदा मुआ बराबर हूँ।

चमेली : ऐसा क्यों कहते हैं? बोलचाल हर घर में होती है। दिल को मत लगाइए। उठिए, बत्तियाँ जगाइए। लड़ता भी बंदा अपनों से ही है। लौट आएँगे कल—बेटा और बेटी और बहिन जी।

शास्त्री : चूल्हे में जाएँ सब। मुझे किसी की ज़रूरत नहीं। किसी की परवा नहीं। क्या नहीं है मेरे पास? मकान है। पक्की नौकरी है। पैनशन मिलेगी। समाज सेवा करूँगा, नित्य प्रति।

चमेली : गुस्से में बंदा बहुत उलटी सुलटी सोचता है। जाने दीजिए। खा पीकर सो जाइए। सवेरे वो लोग घर आ जाएँगे। बत्ती जला दूँ? **(चलती है)**

शास्त्री : नहीं। अँधेरा सुखद है··· जा रही हो?

चमेली : हूँ।

शास्त्री : रुको··· दूर क्यों खड़ी हो? क़रीब आओ।

चमेली : आप छुआछूत मानते हैं।

शास्त्री : चमेली, मैं इतना मूर्ख नहीं। हाड़ माँस का प्राणी हूँ। यूँ तो कृष्ण भगवान गीता में कहते हैं :

चातुर्वर्ण्यं मया सृष्टिं गुण कर्म विभागशः

अर्थात् "ब्राह्मण, क्षत्रिय, वैश्य और शूद्र मैंने रचे हैं, उनके गुणों और कर्मों के विभाग से।"—ज़ात पात कभी ख़त्म नहीं होगी। जो व्यवस्था भगवान ने आप बनाई हो, वह कभी नष्ट नहीं होती। आजकल के नास्तिक बेशक लाख कोशिश करें। परन्तु, चमेली, मैं ज्ञानी हूँ। शास्त्रों का ज्ञाता हूँ। साथ में भगवान यह भी कह गए हैं :

विद्याविनयसंपन्ने ब्राह्मणे गवि हस्तिनि।
शुनि चैव श्वपाके च पण्डिताः समदर्शिनः।।

अर्थात् "ज्ञानी जन विद्या और विनय युक्त ब्राह्मण में तथा गौ, हाथी, कुत्ते और चाण्डाल में भी समभाव से देखने वाले होते हैं।" —मैं तुम्हें अपने बराबर समझता हूँ··· एक बात मानोगी?

चमेली : क्या?

शास्त्री : रुक सकोगी?··· आज की रात?

चमेली : आप के पास?

शास्त्री : हाँ। **(साड़ी उसके कंधों पर सजाता है)** बताना मत किसी को। गुलाटी को तो भूल कर भी नहीं बताना। तुम्हारा नुक़सान नही होने दूँगा। दो सौ मैं दूँगा··· चलो, दो सौ पाँच सही।

(चमेली दूर खड़ी रहती है। बाहर दीवाली का ज़ोरदार धमाका और फुलझड़ी)

(परदा)

—समाप्त—

(पहला प्रालेख : अप्रैल, 1987)

30

पहाड़िन का पुत्र

हिमाचल जैसी सुंदर शख़्सियत
किशोरी लाल दत्तियाल 'शगूफा'
को
छियालीस साल के स्नेह
के
आभार से

नाटककार की तरफ से

1965-66 में हम तीन दोस्तों ने अंग्रेज़ी की ग्रामर और कंपोज़ीशन लिखी। इसके दूसरे खंड में नमूने के निबंध लिखने थे। मेरे हिस्से आया 'माई अंबिशन इन लाईफ'। मैंने इनकार कर दिया। कपिल कपूर और प्रेमनाथ ने पूछा, क्यों?—मैं ने कहा, "मेरी तीखी इच्छा ऐसी है जो आम छात्र की नहीं हो सकती। अगर मैं अपने जीवन का ध्येय सच-सच लिखूँ तो वह किसी विद्यार्थी के इम्तिहान में काम नहीं आएगा।" "पर तुम्हारी यह अनोखी अंबिशन है क्या?" कपिल ने पूछा। मैं ने बताया : "स्कूल में मेरे सहपाठी तारीख़ और जुगराफिये से बहुत दुखी थे। बरसों से मैं कुछ सवालों के जवाब ढूँढ़ रहा हूँ : (1) हिंदुस्तान के इतिहास को, भूगोल को, केसे पढ़ाएँ? छात्रों के अंदर इन विषयों के लिए दिलचस्पी कैसे पैदा करें?—(2) मुल्क में हो रहे नित्य के दंगे फसादों को केसे रोकें? भिन्न-भिन्न सूबे, मज़हब, ज़ातें, बोलियाँ, ख़ुराक, पोशाक, वाले विशाल भारतवर्ष में से आपसी वैर विरोध, ईर्ष्या, द्वेष, कैसे भगाएँ? एक-दूसरे के बारे में ज्ञान—और मुहब्बत—कैसे बढ़ाएँ?"

"इन सवालों का मुझे एक हल सूझा है। मैं हिंदुस्तान का मॉडल बनाना चाहता हूँ—एक शिक्षा-पार्क जिसके अंदर भारत का हर बड़ा दरिया, पर्वत, जंगल, झील, मरुस्थल, बने हुए हों। हर शहर, कसबे, गाँव का नमूना हो। रेलगाड़ियाँ और सड़कें हों। स्केल : एक मीटर = एक किलोमीटर। कुल चार वर्ग किलोमीटर में हूबहू हिंदुस्तान! दूर दूर से बच्चे आएँ। गाड़ियों में घूमें। पूरे भारत के दर्शन करें। आपसी ज्ञान बढ़ेगा। प्यार बढ़ेगा।"

कपिल कपूर को यह विचार बहुत अच्छा लगा। उसने कहा, "यह निबंध मैं लिखूँगा। और इसी जीवन ध्येय के बारे में लिखूँगा। इस आईडिये को लिख कर, छपाकर, ज़िंदा रखना ज़रूरी है।"

बरसों बाद मैं ने इस महत्त्वकांक्षा को अपने सहपाठी किशोरी लाल के साथ जोड़कर नाटक का रूप दे दिया। अपने गाँव के एक परिवार की सच्ची कहानी साथ में

जोड़ दी। मेरा विश्वास है, तजरबा है : सिम्मल पेड़ जैसे ऊँचे और घमंडी व्यक्ति 'सफल' जीवन जीने का राज़ नहीं जानते। यह भेद तो खुलता है किसी ग़रीब-से, विनम्र, र च न ा क ा र पर :

फल नम्र पेड़ों को लगते,
सिम्मला, घमंड मत कर।

इला अपार्टमेंट्स (ए-104)
बी-7, वसुंधरा ऐनक्लेव
नई दिल्ली-110096

चरणदास सिद्धू

निर्देशक की ओर से

'पहाड़िन का पुत्र' डॉ. चरणदास सिद्धू का लिखा तीसवाँ नाटक है और मेरे निर्देशन का नौवाँ नाटक।

नौवाँ नाटक? हैरानी हुई। क्या मैं इतने नाटक खेल चुका हूँ? और डॉ. सिद्धू लिख चुके हैं? पता ही नहीं चला। "आधे अधूरे, क़िस्सा पंडित कालू कुम्हार, भगत सिंह शहीद नाटक-त्रयी, कल कॉलेज बंद रहेगा, पूनम के बिछुए, शास्त्री की दीवाली"—और अब 'पहाड़िन का पुत्र'।

घर के लड़ाई-झगड़े, पड़ोसियों की तकरार, महल्ले के मसले, दफ्तर के झमेले, रिश्तेदारों के दुख-सुख—एक इन्सान कितने काम कर सकता है? क्या इन सब समस्याओं में से कला के लिए वक़्त निकल सकता है? कैसे हो गया ड्रामे का इतना ज़्यादा काम?

इन सारे सवालों का जवाब दिया डॉ. सिद्धू के 'पहाड़िन का पुत्र' ने।

यह नाटक कई छोटी-छोटी और कुछ एक बड़ी समस्याओं को हल करता हुआ, मनुष्य को सुखी जीवन जीने का ढंग बताता है।—जो ढंग हम जानते बेशक हों पर अपनाते नहीं। लड़ाई झगड़ों से, ईर्ष्या नफरत से, हट कर, पहाड़िन का पुत्र किशोरी लाल अपने 'सुंदर मुल्क' के सपने को साकार करता है। समाज को पाखंडियों की लड़ाइयों से बचाकर, हरा भरा और खुशहाल बनाने का यत्न करता है। मुश्किल से मुश्किल काम को पूरा करने का तरीका सिखाता है यह नाटक।

मेरे कलाकार दोस्त अमित दत्त ने हमारी बड़ी सहायता की। संगीत और लोक गीतों में नूपुर, सारंग, रबिंद्र और सलोनी ने विशेष योगदान दिया। सब का धन्यवाद।

रवि तनेजा

पहला मंचन

'पहाड़िन का पुत्र' पहली बार 27, 28 जनवरी, 1999 को श्रीराम सेंटर, नई दिल्ली में खेला गया। कॉलेजिएट ड्रामा सोसाइटी, दिल्ली के कलाकार थे :

किशोरी लाल : रवि तनेजा
गुलाबी : रचना जैन
मद्दो : सलोनी सिद्धू तनेजा
बचन सिंह : सतीश भल्ला
लच्छो : डॉ. नीरा सहगल
तेगवीर सिंह : गौरव ग्रोवर
भाग सिंह : मनजीत अरोड़ा
प्रीतो : ज्ञानकौर सिद्धू
अंबो : इंद्रजीत सिद्धू / चरणीता कौर
बाबा भंडारी : रबिंद्र नारायण माथुर / पवन जैन
महेंद्र सिंह रंधावा : उमेश कोहली / डॉ. रवेल सिंह

संगीत : वीणा सिद्धू तनेजा और नूपुर सिद्धू माथुर
टोली : नव सिंगल (ढोलकी), सलोनी, सारंग व कलाकार

परदे के पीछे

मंच कला : अमित दत्त, राजकुमार तथा प्रमिला साहनी
प्रकाश : उमेश कोहली, डॉ. अचल भगत, आशा भगत
श्रृंगार : गुरदीप सेहरा, सरबजीत सिंह
वस्त्र : वीणा, रचना, पंकजा सिद्धू गोयल
वस्तुएं : ज्ञान कौर सिद्धू, सुहानी सिद्धू गोयल
निर्देशन : रवि तनेजा

पात्र

किशोरी लाल	:	उम्र 41 बरस
गुलाबी	:	उसकी घरवाली, 38
मद्दो	:	उसकी बेटी, 14
बचन सिंह	:	उसके कुनबे से, 45
लच्छो	:	बचन सिंह की बीवी, 44
तेगवीर सिंह	:	बचन सिंह का पुत्र, 19
भाग सिंह	:	बचन सिंह का भाई, 40
प्रीतो	:	भाग सिंह की बीवी, 35
अंबो	:	भाग सिंह की बेटी, 17
बाबा भंडारी	:	साधु, 45
महेंद्र सिंह रंधावा की आवाज़		

× × ×

ज़माना : आजकल

जगह : गाँव भाम, जिला होशियारपुर, पंजाब।

मंच : तीन घरों का साझा आंगन। शहतूत के नीचे तख़्त। सामने किशोरी लाल के कोठे का दरवाज़ा। दीवार पर लटकता हुआ भाम गाँव का मॉडल। सीढ़ी चढ़कर कोठे पर जाओ, तो आप देखेंगे : पड़ोसियों के चबारे की दीवार पर बनाया हुआ हिंदुस्तान का नक्शा। बायें, बचन सिंह के घर का दरवाज़ा। दायें, भाग सिंह का घर।

× × ×

गवैये

बंदा था एक बावला, मन की करता मौज।
निश्चय संग हरा गया, तक़लीफों की फौज।।

जीवन युद्ध को जीतता, दुश्मन हमले झेल।
सिरजक ऊँची कल्पना, ताक़त जिगर अटल।।

फुरना एक दिन फुर गया, सिरजूं एक संसार।
मॉडल मां-भू हिंद का, सुंदर स्वाद भंडार।।

देखें बच्चे बुढड़े, जुड़ें भीड़ अविगत।
जानें प्यारें मुल्क को, जागे दिल अपनत्व।।

लोग समझें बावला, सच्चा था फन्नकार।
सुखी जीवन जीने का, भेदी गुरु अवतार।।

मौत डायन को जीतती, उसकी कला कमाल।
माँ-भूमि ने रखली, सदियों तक संभाल।।

× × ×

झाँकी - 1

(अपने कोठे पर खड़ा किशोरी लाल नक़्शे को आख़िरी स्पर्श दे रहा है)

बचन सिंह : **(आँगन में)** भाग सिंह!⋯ भाग सिंहा!

प्रीतो : **(थोड़ा घूंघट निकालती)** स्नान करके, पाठ करने लगे हैं।—बताइये!

बचना : पाठ पर फिर बैठे। आप बुलाओ ज़रा।

प्रीतो : हुआ क्या?

बचना : लंबू-नाक की हड्डियों में खुजली हो रही है। उसकी पस्सलियाँ सेंकने वाली हैं।

प्रीतो : इस किशोरी लाल की? क्या किया है इसने?

बचना : करना ससुरी के ने अपनी माँ का⋯ गौना! आ जाये हाथ मेरे! पहाड़िन के पुत्र के टुकड़े करूँगा।

प्रीतो : मैं ने कहा, आना ज़रा⋯ लड़ाई झगड़ा हो गया किसी बात पर।

बचना : झगड़ा तो अभी होगा। अगर न साले हाथी-मुख को अम्मा पार्वती याद कराई, मेरा नाम भी सूबेदार बचन सिंह नहीं।

(भाग सिंह आता है)

भाग : वीर जी, क्या हुआ?

बचना : इस चपड़ासी माँ के यार की मौत बातें करवा रही है। लोहा जड़ी लाठी ला तू निकाल कर। सिर फाड़ दूँगा।

प्रीतो : सहज से चलो ज़रा। वजह भी पता लगे।

बचना : वो हमारी ज़मीन है न कुएँ वाली?

भाग : शाहों के पिछवाड़े?

बचना : हाँ। साले ने बाड़ें गाड़ लीं। क़ब्ज़ा कर लिया। नींवें खोदी पड़ीं।

भाग : नींव खोद लीं? कब?

बचना : मैं ने तो आज देखी हैं, बाहर अंदर से आते हुए। पता नहीं कब

के क़ब्ज़ा करके बैठे हैं, जोरू ख़सम। कोठे छतने की स्कीमें गढ़के बैठे हैं। लट्‌ठ निकाल तू। पूछें गुंडी गुलाबी के ख़स्सी ख़सम को।

प्रीतो : आप ख़ुद आगे होना। इसकी बांह तो पाँच सेर भार नहीं उठा सकती।

भाग : डंडा पकड़ा तू अंदर से।

बचना : अव्वल तो किरपान निकाल।

प्रीतो : वाहे गुरु बचाए! किरपान रहने दो।

बचना : आप जिगरा रखो। मैं कौन सा म्यान से खींचने लगा हूँ। डराना है सिर्फ। लंबू-नाक को तलवार देख कर कपकपी छिड़ जाएगी।

भाग : वह क्या करेगा, वहाँ कोठा बना कर? रक़में इसके पास कहाँ से आ गईं? चपड़ासी लगा है। गवर्नर तो नहीं।

(प्रीतो अंदर से लाठी और किरपान लाती है)

बचना : चुप्पा है। घुन्ना है साला। ठग्ग कर लाई होगी कहीं से बदमाश ज़नानी। उसने भी कोई भूतनाथ बाबा फँसा लिया होगा, पहाड़ों में जाकर। जैसे सास ने फँसाया था। ऊपर के डेरे वाला।

प्रीतो : डरा देना सिर्फ। ख़ामख़ा ख़ून मत सिर लेना।

भाग : स्कूल तो नहीं चला गया?

प्रीतो : अभी कहाँ? समय है अभी तो। अंबो को तो मैं ने अभी उठाया।

बचना : ओए पहाड़िन के पूत!

भाग : बाहर निकल, ओए, कंजरी के।

बचना : नाजायज़ कब्ज़े ज़मीनों पर करवाते हैं तुझ से।

भाग : लंबू-नाक!

बचना : दंताल! बाहर निकल एक बार।

(किशोरी लाल और गुलाबी बाहर आँगन में आते हैं)

गुलाबी : हाय रे! क्या हुआ? तुमने लट्‌ठ क्यों उठाए हैं? किरपान! हाय माँ बचा ले! अंदर चल! बूचड़ है बचना! किवाड़ लगा। मैं करती हूँ लोग इकट्‌ठे कोठे पर चढ़ कर।

बचना : **(धफ्फा मारकर)** नींव क्यों खोदी हैं, ओए? कुएँ वाली ज़मीन में?

किशोरी : सहज कर, भई।

गुलाबी : हाय लोगो! हमें मार दिया!

किशोरी : हाथ चलाने का क्या काम? मुँह से बात कर।

भाग : नींवें किस वास्ते खोदी हैं?

बचना : हमारी पुश्तैनी ज़मीन में पैर क्यों डाला तूने?

किशोरी : नींव नहीं, भई, वो तो—

बचना : दो नालियाँ गहरी—इकट्ठी होती हैं एक जगह जाकर। बग़ल में लेती हैं पूरे स्थान को।—क्या बाहर की दीवार बनाने के लिए है? बोल। फसील की नींव नहीं हैं वो?

किशोरी : अरे नहीं, बचन सिंह। मैं मकान बना कर कया करूँगा?

गुलाबी : देखो तो, धींगो ज़ोरी। हम मकान किस लिए छत्तेंगे? हमारे पास पहले नहीं है कोठा?

प्रीतो : बाहर की बैठक बनाने की स्कीम गढ़ी होगी। आते जाते के लिए।

किशोरी : नहीं, प्रीतम कौर। हमारे कौन आए जाएगा?

भाग : फिर तू ने नींव क्यों खोदीं?

किशोरी : नीवें नहीं। वो तो दरिया हैं। ब्यास और सतलुज।

भाग : ब्यास और सतलुज?

बचना : **(धक्का मारकर)** पहाड़िन का जना! पाखंड कर रहा। बनावे दरिया। बड़ा आया ब्रह्मा! संसार सिरज रहा।

प्रीतो : दरिया किस वास्ते?

गुलाबी : सच में खोदी है तूने जगह?

बचना : बाड़ क्यों गाड़ी है चारों तरफ?

किशोरी : बच्चों ने चालीस साल से टट्टीखाना बना रखा है। झाड़े जाता है मसंदों का महल्ला। उनको रोकना था, बाड़ गाड़ कर।

बचना : ज़मीन तो वो हमारी है। सारी की सारी। तू बाड़ें क्यों गाड़े?

भाग : तू साला लगता है हमारे स्थान पर क़ब्ज़ा करने का?

किशोरी : नहीं। यह बात झूठी। वो हमारे हिस्से की पुश्तैनी ज़मीन है। मेरे बापू ने बँटवाई थी तुम्हारे बाप के साथ।

बचना : नाजायज़ क़ब्ज़े करवाऊँ मैं तुझसे? पकड़ना, प्रीतम कौर। **(किरपान पकड़ा कर किशोरी को नीचे गिराता है)**

किशेरी : न, भई।

गुलाबी : हाय मेरा आदमी मार डाला।

भाग : वो सारी ज़मीन हमारे भाइये के हिस्से आई थी। तू ने क्यों खोद-खुदाई की?

किशोरी : मर गया! हाय माँ ले ले।

(मद्दो बसता उठाए बाहर आती है, बाप को छुड़ाती है)

मद्दो : हाय मेरा भापा।

गुलाबी : बचाओ, रे लोगो, हमें।

मद्दो : भापा जी! उठो!

गुलाबी : कसाई क़त्ल करने लगे हैं।

प्रीतो : चलो, जाने दो।

भाग : बस करो, वीरा जी।

बचना : शाम तक उखाड़ फेंक बाड़। और साफ कर दे गड्ढे और टीले। नहीं तो यह, लंबा सा नाक, किरपान से काट डालूँगा।

किशोरी : देखो, धींगो ज़ोरी। बुलाओ पंचायत। ज़मीन मेरे भाइये के हिस्से की है। मैं अभी देता हूँ अर्ज़ी। बुलाओ सालिस—जिसको मरज़ी। बुलाओ गाँव को।

गुलाबी : तू दरिया और पहाड़ काहे के लगा था बनाने? पागल हो गया है?

मद्दो : दुआबे का नक्शा बनाने लगे थे भापा जी। सत्तलुज और ब्यास। दोनों नदियों के बीच के पूरे गाँव बनाने हैं।

गुलाबी : किस वास्ते?

बचना : बकवास करे साला। संभाले हमारी पिता पुरखी जायदाद।

किशोरी : झगड़ा मत सहेजो मुफ्त का। उस टुकड़े के तुम दोनों भाई कुछ नहीं लगते।

बचना : मौत बातें करवा रही है तेरी।

किशोरी : तुम्हें कहा, बंदे बुला लो। सियाने। मैं पंचायत में देता हूँ अर्ज़ी। जो वो फैसला देंगे, क्या मन्ज़ूर होगा तुम्हें?

भाग : हम क्यों बुलाएँ पंचायतें? हमारी तो वो ज़मीन हमेशा रही है। अब भी है।

किशोरी : हमेशा कैसे, भई? तीस चालीस साल से वहाँ हमारे परिवार में से किसी ने भैंस तक नहीं बाँधी। न हम ने, न तुम ने।

गुलाबी : तुम्हें ज़रूरत क्या थी वहाँ खेल खेलने की?

प्रीतो : हम तो पहले से यही सुनते आए हैं। कुएँ वाली सारी ज़मीन हमारे ससुर की है।

बचना : पूरे का पूरा खित्ता हमारा है। हड्डियाँ तुड़वानी हैं इस कंजर ने मेरे से।

किशोरी : यों ही हड्डियाँ तोड़ेगा तू लोगों की? बड़ा सांढ जन्मा है। महिषासुर!

बचना : एक बार और पिटाई कर ही दूँ।

किशोरी : आ, लगा हाथ। अभी जाऊँगा मैं माहिलपुर, थाने। परचा कटवाऊँगा। दोनों भाइयों को सीखचों के अंदर बंद करवाऊँगा।

बचना : थाने पहुँचाऊँ तुझे। **(गला पकड़ता है)**

मद्दो : हाय मेरा भापा मार डाला! मेरा भापा मार डाला!

भाग : जाने दो, वीर जी। मर मरा गया तो ख़ामख़ा फँसेंगे—इस चूहे के कारण।

किशोरी : मेरी जगह है। मैं वहाँ बच्चों को जुगराफिया समझाने के लिए नक़्शा बना रहा हूँ। तुम्हारा इस में कोई दख़ल नहीं। न मुझे वहाँ कोठा छत्तने का लोभ है। तुम्हें मेरे साथ टकराने की ज़रूरत नहीं। तुम्हें बोला, पंचायत में अर्ज़ी देता हूँ मैं। नहीं तो, तुम जैसे कहो।

प्रीतो : देखो, मुक़द्दमे करे! शरीक!

गुलाबी : एक ही परिवार के बंदे हो तुम। भाई-भाई लगते हो।

किशोरी : चलो, पंचायत न सही। मैं महाराज को बुलाता हूँ, बाबा भंडारी को। उनके आगे सारा मामला रखते हैं। जो फैसला दें, तुम क़बूल करना।

बचना : हमें नहीं कोई ज़रूरत सालिसों की। और पंचायतों की। तू चूतड़ों तक ज़ोर लगा ले। पुश्तैनी जगह की हम एक उंगल नहीं छोड़ेंगे।

प्रीतो : तोते वाले बाबा जी को बीच में क्यों फँसाते हो? महाराज सब के साझे हुए।

किशोरी : साझे करके ही तो कहता हूँ। संध्या को बुलाऊँ यहाँ?

बचना : तेरी चालाकियाँ मैं समझता हूँ। बाप दीवान की तरह, ठग्ग है तू। जैसे तेरी माँ जगह-जगह के साधुओं को फँसा-फँसा कर ऐश उड़ाती थी, वही कुछ तू करना चाहता है। लोगों के हिस्से हथिया कर।

किशोरी : मैं लोगों का क्यों हथियाऊँगा? यह सारा स्थान है ही मेरा। फिर न मैं ने हवेली बनानी है, न कोठा। बच्चों के लिए दुआबे का नमूना बना रहा हूँ। चाहिए सारे हिंदुस्तान का मॉडल बनाना। पर चलो, खाली बैठा, अगर मैं यह पार्क बना दूँ, बच्चों के वास्ते, तो हरज क्या है?

गुलाबी : सिर फिर गया है तेरा? उलटी सोचे?

बचना : सब पौलिसी है तेरी। सिखावे बच्चों को!

भाग : लगा है चपड़ासी स्कूल का। समझे अपने आपको हैडमास्टर।

बचना : दसवीं फेल।

भाग : पढ़ावे जुगराफिए।

बचना : सीधी तरह जगह खाली कर दे। नहीं तो हड्डी पस्सली एक्र कर दूँगा।

किशोरी : इतना नरम तो मैं भी नहीं, बचन सिंह। अपना हक़ नहीं मैं

छोड़ूँगा। फिर मैं अपने लोभ के लिए कुछ नहीं कर रहा। सिर्फ मुझे एक फुरना फुरा। विचार आया। तारीख़ जुगराफिया पढ़ाने का तरीका सूझा। पूरा करके हटूँगा। बेशक डी.सी. की कचहरी में मुक़द्दमा लड़ना पड़े।

बचना : बाप का बेटा नहीं बचन सिंह सूबेदार—अगर तेरा, पहाड़िन के पुत्र का, सूंड न काटा। इस तलवार से। रखना खुर तू हमारी ज़मीन में।

किशोरी : ऐसे तो ऐसे ही सही। अगर न प्रण पूरा करके दिखाया, तो मैं भी किशोरी लाल नहीं! अपने सपनों का संसार तो मैं सिरज कर दिखाऊँगा, बेशक पूरी ज़िंदगी दिन रात मेहनत करनी पड़े!

(अँधेरा)

झाँकी - 2

गवैये : (1) साढ़े तीन हाथ धरती तेरी, ओए बहुत सी जागीरों वाले।
(2) क्या मीयादें तेरी, पानी के बुलबुले रे।
(3) ज़िंद मेरी, मिट्टी की ढेरी, तू ख़ाक में मिल जाएगी।
(4) जिसने काल पाये से बाँधा, एक दिन चलता बना।
(5) कहीं भूल मत जाना, मन मेरे, मोतियों के ढेर देख कर।

(बाबा भंडारी तोते का पिंजरा पास रख कर, तख़्त पर बैठा है)

बाबा : **(तोते को)** बोल गुरुमुख, सत्यनाम वाहे गुरु।

किशोरी : महाराज, मुझे आपके डेरे की क़सम। बाबा औघड़ की सौगंध। वो ज़मीन मेरे पिता के हिस्से की है। बचने और भागू के बाप मँगते का तो यह हिस्सा है, जहाँ इनके कोठे हैं।

बाबा : गुरुमुख, उस जगह नींव खोदने से पहले, तू हमारे दरबार पहुँचता। हमें बुलाता। हम अरदास करते। प्रसाद बाँटते। नास्तिकों वाली करतूत तो तू आप करता है। फिर भागा आया। बोला, बाबा जी, फैसला मेरे हक़ में देना।

किशोरी : तोते वालो, नींव नहीं हैं वो। आपको दिखाई थी मैं ने—मूर्तियाँ, बंदे, पशु। ढेर कूड़े में से टूटी फूटी चीज़ें उठा कर—प्लेटें, कप, बोतलें, वंग—उनको सरेश से जोड़ा। मैं गाँव बना रहा हूँ। शहर बना रहा हूँ। दरिया, पहाड़, दरख़्त। बच्चों को हिंदुस्तान का जुगराफिया पढ़ाने के लिए।

बाबा : बोल गुरुमुख, सत्यनाम वाहे गुरु।

किशोरी : आप के चरणों की क़सम। मैं क़ब्ज़ा नहीं जमा रहा।

बाबा : शर्त सुन संतों की।

किशोरी : उचरो।

बाबा : फैसला हम तेरे पक्ष में दे देंगे, मगर तू वादा कर।

किशोरी : क्या?

बाबा : कचहरी के अंदर तू हमारे पक्ष में गवाही देगा। परसों है तारीख़। डी.सी. रंधावे की कचहरी में।

किशोरी : मुझे क्या कहना पड़ेगा?

बाबा : सच बोल तू, हमारे हक़ में। कहना, "स्वर्गपुरी सिधारने से पहले, गुरु भूतनाथ जी साफ-साफ उचरे—हमारे बाद तख़्त पर तोते वाले बाबा भंडारी बिराजें।"—तू कहना, हमारा नाम बोला, महाराज ने। तुझे बताया, बडेसरों वाला राम राय पलंग के सिरहाने खड़ा था। उसने गवाही हमारे पक्ष में भुगती। लेकिन पाखंडी बिहाले वाला। गद्दी हथिया कर बैठ गया। हमारा क़ानूनी हक़ छीन लिया। हम गंगा गए हुए थे, महाराज के चोला छोड़ने के समय। पीछे से, बिहाले वाले ने बदमाशी की। लोभ देकर, डेरे के कई साधु अपने गवाह बना लिए। हम ने भी क़सम खा रखी है। गद्दी छीन कर दम लेंगे। बेशक हाई कोर्ट तक मुक़द्दमा लड़ना पड़े।

किशोरी : बाबा जी, मुझ पर मेहर करो। अपना मुक़द्दमा मेरे केस से अलग रखो। मैं बुलाता हूँ बचन सिंह और भाग सिंह को।

बाबा : अलग कैसे, भई? क्या तू हमारे से बेमुख हो गया है?—संसार जानता है, तू भूतनाथ के वरदान से जन्मा था। तेरी माँ पार्वती हमारे गुरु की घनिष्ठ चेली थी। अब तू उनके दरबार से धोखा कर रहा है। पाखंडी बिहाले वाले का पक्ष पूर रहा है।

किशोरी : नहीं, बाबा जी। अब मैं औघड़ के डेरे नहीं जाता। छः महीने हो गए, मैं फाटक नहीं लांघा।

बाबा : कुफर मत तोल संतों के सम्मुख। सूबेदार बचन सिंह ने बताया—हर इतवार, चूहे जैसे साइकल पर चढ़कर, तू पहाड़ को जाता है।

किशोरी : नहीं, महाराज। मैं डेरे नहीं जाता। मैं तो कुक्कड़ां बीहड़ां के पास जाता हूँ। अपनी दादी के गाँव के नज़दीक।

बाबा : वहाँ कौन सी चुड़ैल का दूध चूसा करता है?

किशोरी : पहाड़ी है न? खड्ड के साथ लगती? मुर्ग़े की कलगी जैसी? वो पहाड़ी हूबहू हिंदुस्तान की शक्ल सूरत दिखती है। अगर उसको गढ़ तराश कर, भारतवर्ष का ढाँचा बनाया जाए—

बाबा : हमारे साथ द्रोह कमाएगा, तो नरकों में धूल खाएगा। परसों पहुँच महेंद्र सिंह रंधावा की कचहरी। तू हमारा मुक़द्दमा जिता, हम तेरा मुक़द्दमा जिताएँगे।

(मद्दो स्कूल से आती है)

मद्दो : गंगा राम, चूरी खाएगा?

बाबा : उरे आ। मर जानी। कितनी बड़ी हो गई। बाबा जी को नमस्कार नहीं करनी?

किशोरी : प्रणाम कर, मद्दो।

बाबा : निकट बैठ संतों के। बारह बरस की हो गई? या तेरह की?

किशोरी : मैं दूध लाऊँ आपके लिए। **(जाता है)**

बाबा : संतों को याद भी किया करती है?

मद्दो : मैं आपको किस लिए याद करूँ? अपनी किताबें याद कर सकूँ तो थोड़ी हैं?

बाबा : है जनमा खानी! सुंदर कितनी निकली। माँ की तरह। जा, अंदर से, माँ अपनी को भेज।

मद्दो : मैं तो स्कूल से आई हूँ। क्या पता माँ कहाँ होगी।

बाबा : संदेशा देना उसे। कहना, संतों ने दरबार साहिब बुलाया है।

मद्दो : किस वास्ते?

बाबा : मेरी बुलबुल, बाबा जी की सहायता नहीं चाहिए, तेरे भापा को? झगड़ा जो मोल ले लिया, शरीकों से।

मद्दो : झगड़ा भापे का होगा। आपने माँ को डेरे बुलाकर काहे की सहायता देनी है?

(गुलाबी बाहर से आती है, पैर छूती है)

बाबा : दिमाग़ देख कितना तीखा हो गया है। संतों संग सवाल जवाब करती है।

गुलाबी : कृपा करो, बाबा जी, मुझे बचाओ। तू चल, री अंदर। रोटी खा ले। छींके पर टंगी है।

बाबा : सुंदर, जवान निकली। माँ जैसी।

गुलाबी : इसके सिर पर क्या मसान डाल दिया किसी ने? पागल हो गया। पंजे फँसा बैठा कौरवों संग। मुझे विधवा बना कर छोड़ेगा।

मद्दो : ज़मीन सारी हमारे दादा के हिस्से की है।

गुलाबी : तुझे ज़्यादा ख़बर है? बनती है दादा की दादी। सौदाई की सुनती है।

मद्दो : भापा जी बढ़िया काम कर रहे हैं। पार्क बना रहे। अजाइब घर। मैं ने भी भापा जी के साथ मनुष्य बनवाए। जंगल के शेर, बाघ, बंदर, बनवाए। शिवालिक की पहाड़ियों के बीच। बचना बूचड़ खार खाता है। भापा जी को अच्छे काम से रोकता है।

बाबा : आँखें और होंठ, गुलाबों, बिलकुल तेरे पर गए।

गुलाबी : ज़बान देखो इस लड़की की। बाप की तरह, उलटी पट्टी पढ़े। जा अंदर। मैंने बाबा जी संग दो बचन करने हैं।

मद्दो : अगर सच्चे साधु हो आप, फैसला भापा जी के हक़ में देना।

बाबा : सच्चे साधु? और क्या हम झूठे हैं? उरे आ। गला काटूँ तेरा।

मद्दो : बोल दुर्मुख, अगड़म बगड़म। **(जाती है)**

गुलाबी : महाराज, धागा तावीज़ दो। इसको उलटे कामों से हटाओ। चुड़ैल चिमट गई। बेसिर पैर की सोचता है। चपड़ासी लगा है। मास्टर हो तो भी कहें। खाने लायक जुड़ता नहीं। यह गुड़िया गुड्डे गढ़ रहा है। नन्हा चूज़ा बने। बंद कराओ इसका कंजरखाना। नहीं तो बचना बूचड़ इसे क़त्ल कर देगा।

बाबा : सूट ख़ूब जँचता है तुम पर। शहर से ख़रीदा था?

गुलाबी : फेरी वाला देकर गया। हंदोवालिया।

बाबा : डेरे आ जाना। मंत्र सिखाऊँगा मैं एक तुम्हें। रोज़ सवेरे और संध्या को हमें अंग संग समझ कर, मंत्र का जाप करना। यह पहाड़िन का पुत्र सदा तेरी सलवार संग बंधा रहेगा। बिल्लौटा बन कर।—बोल, गुरुमुख, सत्यनाम वाहे गुरु।

गुलाबी : यह ज़िद्दी नहीं पिघल रहा। आपके हक़ में गवाही देने के लिए। मैं ने बहुतेरा सिर खपाया रात को।

बाबा : नास्तिक। मंदे ग्रह। पाखंडी बिहाले वाले ने बरगला लिया। हमारी तरफ से बेमुख हो गया। बता, ज़मीन का फैसला हम तेरे ख़सम के हक़ में कैसे दे दें?

गुलाबी : मत दो। बल्कि बेहतर है। सौदाइयों वाली खेल छुड़ाओ।

(लच्छो आती है)

लच्छो : माथा टेकती हूँ, बाबा जी।

बाबा : बोल, गुरमुखा, गुरु मेहर बख़्शे।

गुलाबी : मैं दूध लेकर आती हूँ। **(जाती है)**

लच्छो : तू रहने दे। आज हमारे दूध को होंठ छुआएँगे बाबा जी। बेटा! तेग़वीर! बाबा जी के चरण पड़े हैं। नमस्कार करके जाना कॉलेज। और दूध की लुटिया पकड़ा दे।

बाबा : कठार से आया कोई?

लच्छो : संदेशा आया, मणसो के हाथ। भाइया पहुँचेगा सीधा कचहरी। परसों। आपके पक्ष में गवाही भुगतेगा।

बाबा : गुरु भला करे। बिहाले वाले चांडाल से तख़्त न छीना तो हमारा

नाम भी तोते वाले बादशाह नहीं।

लच्छो : बाबा जी, तावीज़ पहने को भी आज आठ दिन हो गए। जेठे मंगल को पहना था। तड़के, नहा कर। फरक बिलकुल नहीं पड़ा।

बाबा : हटा नहीं तेरा साईं तेरी देवरानी के पीछे घूमने से?

लच्छो : घूमना? निरा घूमना?... कितने बरस हुए मेरी सौत मरी को? भुंगरनी वाली नामी को? तब से प्रीतो संग धूल चाट रहा है। जब भी छुट्टी आता है। इतनी बरसों से लुच्ची कमाई खा रही है जेठ की। सारी पड़ोसिन यही बताती हैं।

बाबा : बातें तो हमारे दरबार में भी रोज़ यही होती हैं। सेवक बताते हैं : भाग सिंह की प्रीतो सूबेदार बचन सिंह की सारी कमाई हड़प्प किए जा रही।

लच्छो : टोने हारन है। बदकार को नत्थ पहनाओ किसी हीले।

बाबा : यंत्र बड़े सख़्त हैं हमारे पास। अच्छा, कल संध्या को, दिवाबत्ती करने आना हमारे डेरे। तावीज़ दूँगा मैं भैरोंवली का। इसके सरदल के आगे दबाना है। जहाँ से यह हर वेला आती जाती है। इतना ज़बरदस्त यंत्र है—तेरा ख़सम तुझे छोड़कर, उस गुंडी संग कुछ नहीं कर सकेगा। हम सारी नाड़ियाँ ढीली कर देंगे। न रहे बचने का बाँस, न बजे प्रीतो की बाँसुरी।

(तेगवीर आता है। हाथ में किताबें और लुटिया)

तेगवीर : सतश्री अकाल, बाबा जी।

बाबा : बोल, गुरुमुख, सत्यनाम वाहे गुरु। **(दूध पीता है)**

लच्छो : इसके सिर पर भी हाथ फेरो। नज़ला रुके इसका।

तेगवीर : मुझे कोई नज़ला फज़ला नहीं हुआ।

लच्छो : यह जो आँख से पानी गिरता है हर वक्त?

तेगवीर : वो तो काक लैंहदर है। भापा जी कहते, माणको वाले हकीम हरिए को बुलाएँगे। वो इलाज कर देगा।

लच्छो : भूरी भैंस का मक्खन घी खिलाती हूँ नित्य। फिर वही, लोहलड़! बोदा! नज़राये जा रहा।

बाबा : बुरी नज़र तो दीवारें फाड़ देती है।

लच्छो : नहीं कुछ लगने देती मेरे पुत्र को, गुंडी चाची। देख लो, दिनों दिन, खुरे जा रहा। टोने जादू रांड मेरे पुत्र के सिर आप करती है। लोगों के पास चुगलियाँ लगाती रहे। कहे—सौतेली लच्छो तेगवीर को खाने के लिए कुछ नहीं देती।

तेगवीर : अम्मा, क्यों तुम दोनों लड़ाई झगड़ों में फँसी रहती हो?

लच्छो : यह जो जन्मते हुए के, बाल चिट्टे हुए जा रहे हैं, कभी सोचा है?

तेगवीर : मेरे अकेले के बाल सफेद हो रहे हैं क्या? हमारी क्लास के आधे लड़कों के बाल अभी से धौले होने शुरू हो गए हैं।

बाबा : पीढ़ी सारी संतों से बेमुख हो रही है। बाल तो झड़ेंगे।

लच्छो : बेशरम, बाबा जी से तावीज़ धागा ले ले। नहीं तो, बाप की तरह, झट गंजा हो जाएगा। चार बाल हैं उसके, इर्द-गिर्द। बीच में, थाली की तरह, खोपड़ी चमकती है।

(बचन सिंह आता है)

तेगवीर : गंजापन तो विद्वान होने की निशानी है। हमारे आधे प्रोफेसर गंजे हैं। और आधे, चश्मदीन। उल्लुओं जैसे डेलों में से झाँकते हैं। नज़ला हो चाहे न हो। आई.ए.एस. पास करके दिखाऊँगा तुझे। डी.सी. बनूँगा। **(चलता है)**

बचना : पैर देखो कैसे धरे। लंगड़ों की तरह। डी.सी. बनेगा यह गधे का खुर। एक बार फौजी अफसर के क़ाबू आ जाए, तो तेरी हड्डियाँ सदा के वास्ते, सीधी कर दे।

तेगवीर : **(मुड़कर)** सिवल का बड़ा अफसर बन कर दिखाऊँगा आपको। **(जाता है)**

बाबा : बोल, गुरुमुख, सत्यनाम वाहे गुरु।

(किशोरी, गुलाबी, मद्दो आते हैं)

किशोरी : वीरा, भाग सिंह को भी बुला लो।

मद्दो : मैं बुलाती हूँ।

बचना : आ जाएगा भाग सिंह भी। चढ़ा ले तू हमें जो फाँसी चढ़ाना है।

मद्दो : आ गए।

(भाग सिंह और प्रीतो आते हैं)

बचना : सुनाओ, महाराज, फैसला।

किशोरी : सच और झूठ को अलग-अलग कर दो, सच्चे बादशाह।

भाग : सतश्री अकाल, जी।

प्रीतो : पाय लागूँ, सत्यगुरु।

किशोरी : महाराज, फिर सुन लीजिए। मैं सबके सामने साफ-साफ रख देता हूँ। हमारे दादा सगे भाई थे। फिंडी और बोल्हा। ये दोनों भाई बोल्हे के पोते हैं। मँगता, इनका बाप, बोल्हे का इकलौता बेटा था। मैं हूँ फिंडी का पोता, दिवान का पुत्र। बोल्हे के हिस्से की इस आधी ज़मीन में इन दोनों ने कोठे बनाए हुए हैं। कुएं पर की, वो सारी ज़मीन, मेरे दादा फिंडी के हिस्से पड़ी थी।

अकेले मेरे हिस्से आती है।

बचना : ओए झूठे! क्यों तू संतों के सम्मुख मेरे से जूते खाता है?

भाग : जूते खाए बग़ैर यह पहाड़िन का हरामी नहीं टलेगा।

किशोरी : बाबा जी, इन्साफ करो।

बाबा : तारीख़ भुगतेगा हमारे हक़ में परसों को?

गुलाबी : कह दे, हाँ।

मद्दो : भापा जी, जो आपका दिल सच्च मानता है, वही करना।

किशोरी : मैं सच्चा सौदा करूँगा। रंधावे की कचहरी के अंदर, झूठ नहीं बोलूँगा।

बाबा : संतों को झूठे बनाता है?

बचना : हिम्मत तो देखो चूहे की!

भाग : शेरों से टक्कर लेता है।

बाबा : पापी का बेड़ा भर कर डूबा करता है। चाचे ताए के पुत्रों से वैर कमाता है? कोरा कुफर तोल कर, उनकी ज़मीन हथियाना चाहता है? जा, दूर हो जा, बाबा जी की आँखों से। नहीं तो, हमारा तप तेज तुझे भस्म कर देगा।

बचना : जय हो, सच्चे बादशाह।

भाग : दूध का दूध, पानी का पानी कर दिया।

बचना : धन्य धन्य बाबा तोते वाला।

किशोरी : बाबा कोई रब्ब नहीं है। मैं पंचायत बुलाऊँगा। गाँव के सियाने सब जानते हैं। बाहर की जगह बाबा फिंडी की थी। मैं अपना हिस्सा क्यों छोड़ूँ? हिंदुस्तान का ढाँचा बना कर हटूँगा। महेंद्र सिंह रंधावा के आगे अर्ज़ करूँगा। ऊपर की सरकार को कहूँगा।

बचना : लगा ले ज़ोर।

भाग : बजा ले ढोल।

बचना : ज़मीन हमारी रहेगी।

किशोरी : गाँव मर गया? पंचायत भंग हो गई? कचहरियाँ बहुत हैं।

बाबा : बोल, पहाड़िन की नास्तिक संतान, संतों के पक्ष में गद्दी की गवाही भुगतेगा?

किशोरी : मैं पाखंडी साधु के पक्ष में झूठी गवाही नहीं भुगतूँगा। कल ही बैठेगी पंचायत यहाँ। अपनी ज़मीन ज़रूर जीतूँगा। आख़िर में जीत सच्च की होगी!

(अँधेरा)

झाँकी 3

गवैये : आ रे यारा, जा रे यारा,
रखूं कंत से प्यारा।
कंत मेरे ने कुछ न देखा,
तू रस ले गया सारा।
कंत तो मेरा थर थर कांपे
ज्यों बोतल में पारा।
रात को धाड़ पड़ी,
लूट लिया तख़्त हज़ारा।

(भाग सिंह का घर)

अंबो : बीबी जी, मैं रैडीमेड सलवार कुरता ज़रूर ख़रीदूँगी। जैसा अंग्रेज़ी वाली बहन जी लाए हैं। घंटाघर के पास से। काश्मीरी बाज़ार से।

प्रीतो : भापे अपने को कह। मैं कोई रुपए गढ़ती हूँ?

अंबो : मैं नहीं। तू आप कह। हर वक़्त जले सड़े रहते हैं। कहे, हट्टी नहीं चलती। सारा गाँव उधार ले जाता है। देने का नाम नहीं लेते।—वो नहीं कुरता ले कर देंगे। तू आप कह।

प्रीतो : पैनशन लेने जाएँगे जब शहर, इस महीने, तब कहेंगे।

(बचन सिंह आता है)

अंबो : **(रोती)** तू रोज़ बहाने बना देती है। कभी कोई ढंग की चीज़ नहीं लेकर देती। **(बसता फेंक कर)** जा, मैं नहीं जाऊँगी स्कूल। कर ले जो करना हो।

बचना : मेरी बेटी अमृत कौर क्यों रूठी खड़ी है?

अंबो : कपड़े नहीं ख़रीद कर देते सुंदर से। भापा जी झिड़कते रहते हैं।

बचना : मैं नहीं भापा जी तेरा? बोल, क्या ख़रीदना है? मुझे बता।

प्रीतो : फैशनों की मारी अंग्रेज़ी वाली बहन जी इनकी। राजपुर वाली। रोज़ नया सूट ख़रीद कर ले आती है शहर से। यह रीस करती है। इतनी शरम नहीं कि बाप, गोली लगवा कर, घर आ गया, पैनशन। बाँह नाकारा हो गई। दुकान चलती नहीं। और इसके नित्य कुरते सलवारें नहीं ख़त्म होते।

अंबो : अच्छा? पिछले साल की है यह सलवार।

(मद्दो बसता उठाए आती है)

बचना : कितने का लाई है सूट तेरी मास्टरनी?

मद्दो : अंबो, स्कूल नहीं चलना?

अंबो : मैं ने नहीं जाना।

बचना : जाना क्यों नहीं?

अंबो : नए सलवार कुरते के बग़ैर नहीं जाना।

बचना : अच्छा, मेरा वादा रहा। कल तारीख़ पर जाना है मैं ने, तोते वालों के साथ। मैं लाऊँगा ख़रीद कर। जा स्कूल को। बहन जी से दुकान पूछ कर आना।

अंबो : लाना ज़रूर।

बचना : मद्दो, तेरा भापा शहर गया?

मद्दो : हाँ।

बचना : क्या करने? कचहरी मुक़द्दमा करने? हमारे ख़िलाफ?

प्रीतो : साथ में पंचों के घरों के चक्कर लगा रहा है कल का।

अंबो : सरपंच की हवेली बैठा मैं ने देखा शाम को।

मद्दो : वो तो दरख़ास्त देने गए। महेंद्र सिंह रंधावा को।

बचना : फौजदारी? मेरे और भाग सिंह के ख़िलाफ?

मद्दो : नहीं। नक़्शा बनाकर, डी.सी. को मिलने गए हैं।

प्रीतो : हमारी ज़मीन का नक़्शा?

मद्दो : औघड़ बाबा के डेरे के निकट की पहाड़ी का नक़्शा।

बचना : किस वास्ते?

मद्दो : उस पहाड़ी को समतल करके, हूबहू हिंदुस्तान का मॉडल बनाना है। सरकार को स्कीम समझाना चाहते हैं भापा जी।

प्रीतो : पहाड़िन का पुत्र टीलों पर ही टपूसी मारेगा।

(तेगवीर आता है)

बचना : तुम्हें नहीं पता हाथी-मुहें चपड़ासी का। करे कुछ, बतावे कुछ।

हमारी ज़मीन पर जबरन क़ब्ज़ा करने के तरीके ढूँढ़ रहा है। अफसरों को घूस खिलाने गया है।

मद्दो : बिलकुल नहीं। मेरे भापा जी ऐसे बेईमान नहीं।

तेगवीर : भापा जी, मैं ने फीस देनी है दो महीने की। और तीन चार किताबें ख़रीदनी हैं।

बचना : लो, इसका रोज़ यही काम रहता है—पैसे माँगना।

तेगवीर : रोज़ कहाँ माँगता हूँ?

बचना : टकसाल तो मैं ने लगा नहीं रखी घर में।

तेगवीर : वक़्त पर न दी फीस तो नाम कट जाएगा। पच्चीस रुपए फाईन भरना पड़ेगा।

बचना : लच्छो बंदरी से माँग ले। रखे होंगे ट्रंकी में छिपा कर।

तेगवीर : माँ के पल्ले एक पैसा नहीं।

बचना : अच्छा, सुन। बस पास तो है तेरे पास। आज कॉलेज से कठार चले जाना। रात को नानी का घी मक्खन उड़ाना। और नाने से फीस के लिए, किताबों के लिए, रुपए माँग लेना।

तेगवीर : नहीं। मैं नहीं माँगूँगा। शरम आती है। हर बार उनसे माँगने के लिए भेज देते हैं।

बचना : बहुतेरे हैं सालों के पास। पाँच एकड़ गन्ना बेचा। भोगपुर खांड मिल को। चावल बेचे।

तेगवीर : आप दो।

बचना : नख़रा करे, साला हिजड़ा-सा। ऐसे रोएगा, तो ज़रूर ही सरकार आई.ए.एस. अफसर बना देगी तुझे।

प्रीतो : इसके नाना ने भी पहुँचना होगा। संतों के हक़ में भुगतने।

बचना : हाँ। जा, ओए। कहना, मैं संतों का संदेशा याद कराने आया हूँ।

तेगवीर : लज्जा लगे मुझे। हर वेला लोगों के आगे हाथ फैलाओ।

बचना : बड़ा ससुरा ख़ुद्दार पैदा हुआ है। शरम रखने वाला भूखा मरा करता है। ननिहाल पर हक़ बनता है बंदे का।

मद्दो : इस के असली ननिहाल तो भुंगरनी हैं।

अंबो : पिछले इतवार आया तो था इसका मामा, मुकंद सिंह। हाल चाल पूछ कर चला गया। चाय भी नहीं पी।

मद्दो : बोला, मरी हुई बहन के घर की चाय क्या पीनी है। भानजे को देखने आ जाता हूँ, कभी कभी।

प्रीतो : स्नेह तो बड़ा करता है मुकंदा।

बचना : जा फिर, भुंगरनी वाली बस चढ़ जाना। मुकंदे को बना मामा। कहना, प्यार है भानजे से, तो सबूत दे। निकाल रक़म फीस के लिए। और किताबों के लिए।

तेगवीर : **(रुआँसा)** मेरा जी नहीं मानता।

बचना : दफा भी हो। खोपड़ी खाए जा रहा। नासें डुसकाए, नन्हों की तरह।

अंबो : मेरा सलवार कुरता ज़रूर लाना।

(तेगवीर, मद्‌दो और अंबो जाते हैं)

बचना : करी बात भाग सिंह से?

प्रीतो : आप ख़ुद कहो। मेरे कहने पर नहीं मानेगा। इतनी रकम कहाँ से निकालेंगे? पक्के कोठों और चबारों के वास्ते?

बचना : रकम का तो मैं, आसान हो या मुश्किल, कुछ करता हूँ। हाँ तो कहे। आधे-आधे की हामी तो भरे। कुछ हैगा मेरी बैंक में। कुछ मैं लच्छो लंगूरनी को भेजता हूँ, कठार। मायके से निकलवाए।

प्रीतो : हमारे पल्ले तो जो था दुकान में सामान डाल लिया। बिकता बचता कद्‌दू नहीं।

(भाग सिंह आता है)

भाग : वीरा, सरपंच कहता है, तुम बेफिक्र रहो। पूरे मैंबर हमारे पक्ष में भुगतेंगे।

बचना : मिन्नत किए भुगतना है सरपंच ने? जीताया तो हम ने था। इस चपड़ासी के कहने पर तो काला कुत्ता भी वोट न डालता।

भाग : पटवारी के पास काग़ज़ों का रिकार्ड बिलकुल नहीं है। पता नहीं कौन से युग की ऐसे ही ख़ाली पड़ी है ज़मीन।

प्रीतो : तहसील से निकलवा लो काग़ज़।

बचना : तहसील जाए वो जिस ससुरे के खुजली होती हो। इस वक़्त तो, सबूत के लिए, पहाड़िन के पुत्र के पास, काग़ज़ का पुर्ज़ा भी नहीं।

भाग : इसकी बाड़ उखड़वा कर, जैसे कैसे, ईंटें ख़रीदो। फसील बना जाओ। अपनी छुट्‌टी ख़त्म होने से पहले।

बचना : यही तो मैं स्कीमें बना रहा हूँ। इसने जो देहात के कार्टून से बनाए हैं, वो पंचायत को कह कर, ढहा दें। और झटपट, पक्के कोठे और चबारे बनाने के लिए नींव भरवा दें।

भाग : मेरे पास तो, वीरा जी, सौगंध खाने के लए पैसा नहीं।

बचना : भाग सिंह, इन कच्ची कोठड़ियों से परिवार की गंदगी नहीं उठाई जाएगी।

प्रीतो : लड़की अभी से ब्याहने लायक हो गई। और कह रही है, कॉलेज में पढ़ूँगी।

भाग : उधार ले जाते हैं साले। उतारने का चित्त चेता नहीं। बाँह उठाई नहीं जाती। मैंने पक्की कोठियाँ छत्त कर, कौन से तख़्त पर बैठना है?

प्रीतो : वही बातें करे कि नहीं? सौदाइयों वाली?

बचना : लड़की का रिश्ता नहीं करना है कल को? भला कोई पढ़ा-लिखा लड़का आए, अफसर आए, बिठाएँगे कहाँ?

प्रीतो : बेटी मेरी कच्चे मुंडेर नहीं लीपेगी। मेरी तरह। शरम से डूबी जा रही हूँ मैं। जीजा जी मेरे पुणे सितारे से आए जब। सात आठ दिन रहे पिपलां वाले। हमारे घर नहीं, पहुँचे। बोले, साली के घर में बैठने के लिए कुर्सी तक तो है नहीं।

भाग : जो मेरे घर आकर खाट पर नहीं बैठ सकता, वो नवाब का पुत्र, मेरे आँगन न घुसे।

बचना : बावला मत बन, भाग सिंह। मैंने प्रीतम कौर से सलाह बनाई है। तेरे साढू को समधी बनाना है। उस से बड़ी लड़की का रिश्ता माँगना है। तेगवीर के लिए।

प्रीतो : इन कच्ची खोलियों में नहीं बसने लगी मेरी भानजी। अंग्रेज़ी स्कूल में पढ़ती है। पुणे किरकी।

बचना : डी.सी. का कोर्स, करवाऊँगा मैं तेगवीर से। मेजर साहिब को मनाओ आप दोनों। बेटे के लिए रिश्ता लाओ, प्रकाश कौर का। मैं निकालता हूँ कुनबे की गंदगी। सुंदर, कहता कहलाता, घर बनाएंगे। उस ज़मीन पर। बाहर की तरफ, कुएँ के पास, बैठक। छः खाट बिछाने लायक। पीछे, शाहों की दीवार के साथ, कोठड़ियाँ और दालान। ऊपर चबारा।

भाग : आप जो मरज़ी बनाओ। मेरे पल्ले पैसा नहीं है।

बचना : वाहे गुरु का नाम लेकर, पहले ज़मीन तो छीनो इस कमज़ात से।

प्रीतो : मैं ने कहा, आपने देखा? जोरू भी हाथों से खिसक रही है।

बचना : गुलाबी?

भाग : बाबा भंडारी के तहखाने जाने लगी है।

प्रीतो : बाबा तो, मुझे दिखे, बेटी भी नहीं छोड़ेगा। इस काम के लिए बाबा बड़ा जुगती है।

बचना : खरा है। होए ख़्वार साला चपड़ासी। जो दूसरों का हक़ मारे, उसके साथ मंदी ही हुआ करती है।—मैं तो कहूँ, भाग सिंह, इसका बाईकाट करवाएँ, सारी बिरादरी से।

भाग : कैसे?

बचना : तरीका तो है। चल, सरपंच के पास दोबारा चलें, तू और मैं। ज़रा सीबे को आवाज़ मार। हमारे साथ चले।

भाग : हट्टी बैठ पल भर।

प्रीतो : हूँ मैं। जा तू। **(भाग सिंह जाता है)**

बचना : **(बांह पकड़ कर)** ज़रा अंदर तो चलो।

प्रीतो : लौट कर आओ सरपंच के घर से। तुम्हारी कालो चली जाएगी बाबे के डेरे। मैं तुम्हारे अंदर आऊँगी।

बचना : प्रीतम कौर, दिन रह गए छुट्टी के थोड़े, कस्स कर डाल जफ्फियाँ।

प्रीतो : अगर ज़्यादा मौज मारनी है, कालो को भेजो कठार।

बचना : लच्छो लंगूरनी का फिक्र मत किया कर। यह सोच लो, प्रीतम जी, मैं दिल, माल, सब कुछ आप पर लुटा रहा हूँ। मिलटरी की नौकरी ससुरी। साल के दस महीने तेरे बग़ैर काटने बहुत कठिन हैं। हर वक़्त मैं तेरे ध्यान में मग्न रहता हूँ।

प्रीतो : मैं भी आपके सहारे यहाँ टिक गई। सौगंध आपकी, मेरे जीजा जी कहते थे, दोनों बहनें मेरे बसो। बंबई और पुणे किरकी।

बचना : अगर वो मेजर साहिब है तो सूबेदार तो मैं भी हूँ।

प्रीतो : स्वभाव के बादशाह हैं मेजर साहिब। जान छिड़कते हैं मेरे पर।

बचना : मैं सब जानता हूँ। भूल जा जीजे को। मेरी ज़िंदगी तेरे निमित्त है। दिल पर बस नहीं है मेरा। तेरे हुस्न ने मोहिनी मंत्र चलाया हुआ है मेरे पर। क़िस्से मैं ने तेरे और मेजर साहिब के बहुतेरे सुन रखे थे। एक ज़िंदगी दी है वाहे गुरु ने। ईर्ष्या द्वेष में क्यों गँवाएँ? अब तू मेरी है। आख़िरी स्वांस तक मेरी रहना। मैं लड़की भी पढ़ा दूँगा। अफसर बना दूँगा। डट कर ब्याह करूँगा। पक्का मकान भी छत्त दूँगा। ज़मीन खाली करा लेने दे मुझे पहाड़िन के पुत्र से। क़सम खा, मेरी बनकर रहेगी, पूरी उम्र।

प्रीतो : प्यार में जो धोखा करे, कीड़े पड़के मरे।

बचना : "यारा तेरा घूंट भर लूँ, तुझे देखकर सब्र न आवे।"

प्रीतो : चुप! टुंडी लाट आ गया।

(भाग सिंह आता है)

भाग : सीबा नहीं मानता। बोला, ज़मीन असल में किशोरी के बाप दीवान की है। पंचायत में भी यही बोलेगा।

प्रीतो : है कंजर का पूत, सीबा।

भाग : पंचायत उलटा फैसला न दे दे।

प्रीतो : ज़मीन छिन जाएगी हमारे हाथ से।

बचना : घबराओ मत आप। संभाल लेंगे सीबे सांपोलिये को। और साध ुओं के जने पहाड़िन के पुत्र को। ज़मीन तो हम छीन कर साँस लेंगे।

(अँधेरा)

झाँकी 4

गवैये : न तो मेरी ली गवाही, न सब बात पहचानी।
कान से बहरी दिखे अदालत, आँखों से है कानी।
सच्चे फैसले कैसे करे, रिश्वत हो जिस खानी।
नरकों में पड़े ज़िंदड़ी, मिले न प्यासे को पानी।

(किशोरी लाल बीच में हाथ जोड़कर खड़ा है। उसके पीछे गुलाबी और मद्दो। बाएँ, बचन सिंह और उसके पीछे लच्छो और तेगवीर। दाएँ, भाग सिंह, प्रीतो और अंबो। पंचायत—सामने बैठे दर्शक)

किशोरी : सरपंच साहिब, यह शर्त न लगाओ।

बचन : लगाएँ क्यों न?

भाग : पंचायत है या मख़ौल?

किशोरी : अपील का हक़ तो हर कचहरी से होता है। आख़िर सुप्रीम कोर्ट तक।

बचना : सुना, सरपंच साहिब? ढीठ है। अपने आप अर्ज़ी दी आपको हमारे ख़िलाफ।

भाग : फिर आपका फैसला मानने को भी तैयार नहीं।

किशोरी : भला यह भी कोई शर्त हुई?—कहें, अगर फैसला मन्जूर न किया, सारा गाँव हमारा बाई काट कर देगा।

बचना : ज़रूर होना चाहिए बाईकाट। जो भी पंचों की हुक्म उदूली करे।

भाग : हम न मानें फैसला तो बेशक हमारा बाईकाट कर देना।

किशोरी : महाराज, फैसला सुनाओ तो सही।·· **(सुनकर)** नहीं, जी। काग़ज़ तो बुज़ुर्गों के साथ ही चले गए कहीं। तहसील में हों शायद। इन दोनों भाइयों के पास हैं तो ये दिखा दें।

बचना : हम क्यों दिखाएँ? तू मुक़द्दमें करता फिरे, तू निकाल फरदें।

भाग : जब पटवारी के पास नहीं है फरद, हमारे पास कहाँ से आ गई?

किशोरी : तहसील में ज़रूर होगी। मैं दरख़ास्त दूँगा नक़ल के लिए।

बचना : सुना, जनाब? यह कचहरियाँ से बाज़ नहीं आएगा। आप लोगों को घर बुलाकर बेइज़्ज़ती कर रहा है।

भाग : बताओ, सरपंच जी। बुज़ुर्ग क्या कहते हैं?

किशोरी : **(सुनकर)** क्या??? पूरी ज़मीन बचन सिंह और भाग सिंह की! मेरा कोई हक़ नहीं!

बचना : सुन लिया? कूद रहा था, बंदर की तरह। घुमा रहा था लंबी सी नाक।—कहे, पंचायत के आगे केस करूँगा।

भाग : धरना पैर हमारी जगह में। टाँगें काट दूँगा।

बचना : अभी उखाड़ता हूँ तेरी बाड़ें।

भाग : गिराओ इसके घरौंदे-से। खेल खेले! गाँव बनावे। चिड़ियाघर।

बचना : छुट्टी ख़त्म होने से पहले, सफाई करके जाऊँगा। दो महीने में आया मुड़कर। पक्का मकान बनाएँगे।

किशोरी : यह ज़ुल्म किया, सरपंच जी, आपने। क़सम दिला लो मुझे, जिस चीज़ की मरज़ी। पूरी ज़मीन मेरे बाप दीवान के हिस्से आती है।

बचना : निकाल काग़ज़।

किशोरी : कागज़ होते तो रोना काहे का था?

भाग : अगर अब कचहरी गया, आगे, पूरे गाँव के ख़िलाफ, सदा के लिए बिरादरी से बाहर। है न, सरपंच जी?

किशोरी : इतनी बेईमानी न करो, बचन सिंह। चलो, पूरा दुआबा न सही। तुम जालंधर और कपूरथला संभाल लो। ज़िला होशियारपुर रहने दो मेरे हिस्से। शांहों की दीवार के साथ-साथ।

बचना : साला पहेलियाँ बुझा रहा है। दुआबे माँगे।

भाग : पागलख़ाने दाख़िल करो।

किशोरी : कंजर इकट्ठे हुए हैं। बेईमान। ग़रीब-मार करें।

बचना : चलिए, सरपंच साहिब। नहीं तो, अगर इसने आप सियानों के ख़िलाफ, और बुरे शब्द बोल दिए, मेरे से दो जड़ हो जाएँगी। हड्डी पस्सली टूट गई तो फिज़ूल फौजदारी का मुक़द्दमा खड़ा हो जाएगा।

भाग : मुँह मीठा तो कर जाओ।

बचना : धन्यवाद जी, पूरी बिरादरी का।

(बचन सिंह और भाग सिंह और उनके परिवार जाते हैं)

किशोरी : सब कुत्ते के पुत्र हैं। घूस खा गए। बेईमान के बीज।

गुलाबी : तू ही एक ईमानदार रह गया! माँ का चाँद!

मद्दो : **(रोती)** भापा जी, ये हमारे बनाए सारे गाँव गिरा देंगे?

किशोरी : गिरा कर दिखाएँ। अभी तो मुक़द्दमा चल रहा है। पूरा हक़ मेरा है। काग़ज़ होंगे तहसील में। बापू के नाम। मैं कल ही नकलों के लिए अर्ज़ी देता हूँ।

गुलाबी : क्यों तू ने वैर सहेज लिया? पूरे गाँव से? क्यों तू मेरे मुँह सिर धूल डलवा रहा है बिरादरी से? जीने लायक छोड़ेगा या नहीं तू मुझे?

मद्दो : भापा जी पागल नहीं। देख चल कर। कितने सुंदर आदमी औरतें बनाए हैं। बच्चे बनाए। हम दोनों ने मिलकर। घर बनाए।

गुलाबी : कोठे जितनी लंबी हो गई। बच्ची बनती है। यह तो सौदाई हो गया है। तू क्यों सौदाइन बन रही है? गुड्डे गुड़िया जमा रही है? रेत के घर बसा रहे हैं, बाप बेटी मिलकर। पूरे गाँव से हुक्का पानी बंद करवा बैठे। कल को रिश्ता करना है तेरा। भला कोई हामी भरने लगा है इस जैसे सौदाई की बेटी से रिश्ते के लिए?

किशोरी : मैं किसी साले की परवाह नहीं करता। पूरा गाँव जैसी-तैसी मराए।

गुलाबी : लानत हो ऐसे कमज़ात पर। चतुर बने। यह ले, हाथ जोड़ती हूँ मैं तेरे सामने। मत कर ख़्वार मुझे और मेरी बेटी को। तोते वाले महाराज को बुलाकर लाया। उनकी नहीं मानी। वो नाराज़ होकर चले गए। पंचायत को अर्ज़ी दी। वे बैरी बन गए। अब कसर रह गई कोई? चुप चाप बैठ जा अंदर घुसकर। ढहा फेंक गुड़िया पटोले। संभाल लें पूरी ज़मीन कौरव बचना और भागू।

किशोर : क्यों संभाल लें साले, अंधे धृतराष्ट्र के पुत्र? मेरा धर्म है मैं अपना हक़ लड़कर जीतूँ। फिर मैं कौन सा वहाँ बसने के लिए कोठा छत्त रहा हूँ? फुरना फुरा मुझे एक बच्चों की पढ़ाई के वास्ते। मनोरंजन के वास्ते। पार्क बनाऊँगा। अजूबा। अमरीका के डिस्नी लैंड जैसा। बना कर हटूँगा। पूरी ज़िंदगी ख़र्च दूँगा इस समाज सेवा पर। कल दूँगा दरख़ास्त उपर की कचहरी में। अपना हठ तो पूरा करूँगा, बेशक मुक़द्दमे के कारण, मेरा घर घाट बिक जाए!

(अँधेरा)

झाँकी 5

(चरखा कात रही लड़कियाँ)

गवैये : मांये, संत पाहुने आ गए।
इन संतों को भोजन छका
संत मिला देते जी राम को वे-हो-ए।
बेटी, संतों का बैठना छोड़ दे।
तेरे लगेगी पिता जी को लाज
संत मुका देते जी जान को वे-हो-ए।
मांयें, संतों का बैठना नहीं छोड़ना
चाहे लगे पिता जी को लाज
संत मिला देते जी राम को वे-हो-ए।
बेटी, संतों का बैठना छोड़ दे
ये संत बड़े हैं दग़ाबाज़
ले जाएँगे देस परदेस को वे-हो-ए।
मांये, संतों का बैठना नहीं छोड़ना।
ये संत बड़े हैं जानकार
संत मिला देते जी राम को वे-हो-ए।
बेटी, नाग पटारी खोल ले
जो खोलती वही मर जाए
संत मुका देते जी जान को वे-हो-ए।
बेटी, संतों का बैठना छोड़ दे
ये संत बड़े हैं दग़ाबाज़
ले जाएँगे देस परदेस को वे-हो-ए।

(बाबा और तोता तख़्त पर विराजमान)

अंबो : देव दानव था। छाती पर चढ़कर बैठा रहा। सारी रात।

प्रीतो : ऐसे ही पिछले मंगलवार हुई। चीखें मार-मार कर उठी।

अंबो : सांस घुट गया। मैं ज़ोर से आवाज़ मारकर भापा जी को जगाना चाहती थी। दानव ने मुझे बोलने ही नहीं दिया।

प्रीतो : कालो के कारज हैं ये। बचावो, बाबा जी, मेरी बच्ची को।

अंबो : शक्ल तो लंबू-नाक किशोरी से मिलती थी।

बाबा : बोल, गुरुमुखा, सत्यनाम वाहे गुरु।

प्रीतो : लच्छो कलमुँही आप के वैरी बिहाले वाले के साथ भी गाँठें बाँधे रखती है। उस से कारज करवा रही है मेरी बेटी के साथ।

अंबो : रात को दैत्य ने अपना छुरा मेरी छाती पर रख दिया। आर पार किए जाए। आर पार किए जाए। उसकी शक्ल कभी-कभी ताई लच्छो के पुत्र तेगवीर जैसी बन जाती थी।

प्रीतो : तेगवीर? बस उसकी जननी की करतूत है। चोरी छिपे मसान खिला दिया मेरी बेटी को। बिहाले वाले से लाकर। पहाड़िन का पुत्र जाया करता है ऊपर वाले डेरे। उस से मँगवाई होगी सिवे की राख।

बाबा : बिहाले वाले का तो हम तुख़्म मिटा देंगे। हमारा यंत्र-मंत्र वैरी के डेरे की चोटी गिरा देगा। प्रीतम कौर, दूध दिखा हमारे तोते को।

प्रीतो : अभी देती हूँ, बाबा जी। **(जाती है)**

बाबा : मेरी अमृत कौर, तू है निरा अमृत का घूँट। मधु-सी मीठी। देव-दानव बेचारा क्या करे? इतनी सुंदर है तू! माँ जैसी! हम ने डेरे बैठे हुए, अपना जादू का डंडा, तेरी तरफ घुमाया। पूरी रात तेरे ध्यान में मग्न रहे। हम ने देख लिया।

अंबो : क्या देखा, बाबा जी?

बाबा : बाबे से तेरा कोई अंग छिपा नहीं रह सकता। हमारा तीसरा नेत्र सब कुछ देखता रहता है।—बता, रात सोते वक़्त, तूने तेगवीर के बारे में सोचा था?

अंबो : सोचा तो नहीं।

बाबा : है मर जानी। बाबे के आगे झूठ बोलती है?

अंबो : अंग्रेज़ी की कविता पढ़ाई थी मुझे तेगवीर ने। वर्ड्ज़वर्थ और उसकी बहन डोरोथी के आपसी प्यार के बारे में बताया था। जवानी के समय का प्यार।

बाबा : बस! रब्ब तेरा भला करे। यह बात हमारे तीसरे नेत्र ने देख ली।

बोल, अकेले बैठे थे तुम दोनों? रात को?

अंबो : हाँ। भापा जी हट्टी सोते हैं।

बाबा : माँ तेरी और···?

अंबो : ताया जी और बीबी छत पर बैठे पक्के मकान बनाने की स्कीमें गढ़ रहे थे। मद्दो और किशोरी लाल की मूर्तियाँ तोड़ कर।

बाबा : रात के समय लड़का और लड़की अकेले नहीं होने चाहिए! दैत्य का दबाव तो आप ही पड़ेगा। कैसी कोमल हो! मिश्री की डली! संतों के पास पहुँच, डेरे। हम तुझे बूटी सूंघाएँगे।

अंबो : अंग्रेज़ी आ जाएगी मुझे उस बूटी से?

बाबा : अंग्रेज़ी क्या, अंग्रेज़ी की माँ भी भागी आएगी। हमारी बूटी दिमाग़ के किवाड़ खोल देती है। बूटी बरत कर, बेशक जो मरज़ी पढ़ना। स्कूल से लौटती हुई, हमारी कुटिया आना। और हाँ, बूटी दर्द घटा देती है। चाहे तो हर महीने आ कर बूटी ले जाया कर। दो दिन पहले।

(मद्दो और किशोरी लाल आते हैं। मद्दो बसता उठाए है)

मद्दो : मियाँ मिट्ठू, बोल, राजा गोपगपंगम।

बाबा : आ री, मदनो। तू असली भगतनी है महाराज की।

किशोरी : अर्ज़ी ध्यान से हैडमास्टर साहिब को आप देना। कहना, ज़रूरी काम पड़ गया।

बाबा : बोल, बेमुख, सत्यनाम वाहे गुरु।

किशोरी : बेमुख मैं नहीं, ओए साध। बेमुख तू है। बेईमान तू है। या तेरे चमचे, बचना और भागू।

(गुलाबी आती है)

बाबा : बुरी क़िस्मत तेरे परिवार की।

अंबो : मैं ताऊ जी को बताऊँगी। कहूँगी, गालियाँ निकाल रहा था किशोरी चाचा।—बाबा जी, बूटी तैयार रखना। **(जाती है)**

गुलाबी : इस सिर-फिरे को रोको, तोते वालो। मुक़द्दमेंबाज़ी से नहीं रुकता। घर का नमक तेल चलता नहीं। आग लगनी चपड़ासी की तन्ख़ाह। मैं तबाह हो गई।

किशोरी : मुक़द्दमा तो आज मैं ज़रूर करूँगा। ज़मीन खाली करवाकर, कला घर बनाऊँगा। बेशक चंडीगढ़ तक मुक़द्दमा चले।

गुलाबी : बिरादरी ने बाईकाट कर दिया। रोको, बाबा जी।

किशोरी : बाबे ने मुझे गधी का थन रोकना है? यह अपना मुक़द्दमा जीत

कर दिखाए। बड़ा आया करामाती! झूठा वैर कमा रहा है गुरु भाई संग। गद्‌दी के बदले।

बाबा : गुरु भाई? सौ जगह का छटा हुआ बदमाश है! झूठा चांडाल! तेरे जैसा। मैं दोनों पर मूठ चलाऊँगा। तड़प तड़प कर मरोगे।

गुलाबी : मत छेड़ युद्ध बाबे संग। पछताएगा। मत दुश्मनी पाल पूरे गाँव से। गुड्डे गुड़ियों के लिए।

किशोरी : मद्‌दो, तू भाग स्कूल को।

मद्‌दो : शाम तक लौट आओगे?

किशोरी : मैं पहुँचा मुड़ रही मोटर। वकील को मिलकर मुक़द्‌दमा करना है। मैं कौन से महीने लगाऊँगा। **(अंदर जाता है)**

मद्‌दो : सरेश मत भूलना। मूर्तियाँ जोड़ने वाला। और रंग रौगन भी। **(जाती है)**

गुलाबी : **(रोती)** बाबा जी, यह क्या कोढ़ मेरे लड़ लगा दिया आपने? ज़िंदगी भर का?

बाबा : न न न! मेरी कबूतरी, दिल मत तोड़ सत्यगुरु का। मुरझाया क्यों है बाबा का गुलाब? ज़िंदगी भर तुम क्यों दुखी होगी? इस पगलाए हुए घर-गँवाऊ संग क्यों बँधी रहना है? छोड़ गृहस्थ के बखेड़े। आ जा संतों की शरण में। हम गंगा जा रहे हैं। हरिद्वार, ऋषिकेष, वृंदावन। चल हमारे साथ। दर्शन करना भांति-भांति के संतों के। और आप सबको दर्शन देना। पुण्य कमा। एक ही मनुष्य योनि मिली है। योनि संवार। आज़ाद पंछी बन कर, मार उड़ान, डाल डाल। छुड़ा चुनरी इस कांटेदार सूखे टहने से। ऐसी यारी टूटी हुई बेहतर।—संगत कर हमारी। तीर्थ कर। स्नान कर। बोल, चलेगी?

(लच्छो आती है)

लच्छो : जय हो तोते वाले सत्यंगुरु की।

बाबा : सीख, भगतनी, तांत्रिक विद्या।

गुलाबी : कल जाना है आपने गाड़ी चढ़कर?

बाबा : जब दिल किया चढ़ जाएँगे।

गुलाबी : दिया जलाने आऊँगी मैं 'रहरास' वाणी की वेला। **(जाती है)**

बाबा : पकड़, लछमन कौर। यंत्र भी बाबा ने ऐसा फूँका है, प्रीतो का अंदर बाहिर हिला देगा।

लच्छो : महाराज, मेरा दुखड़ा तो बल्कि बढ़े जा रहा है।

बाबा : कैसे?

लच्छो : लुच्ची ने पता नहीं बिहाले वाले से लाकर इस के सिर पर कौन सी राख डाल दी।

बाबा : हुआ क्या, गुरु प्यारी?

लच्छो : ज़िंदगी भर की बच्चत कमाई ख़र्च करके, पक्के चबारे बनवा कर देने लगा है।

बाबा : किस को?

लच्छो : मेरी सौत प्रीतो को। **(रोती है)**

बाबा : बोल, कामनी, शिवलिंगम्!

लच्छो : मेरे माँ-बाप से बीस हज़ार माँग रहा है। सगे पुत्र को कापियाँ किताबें ख़रीद कर देता नहीं। भतीजी बेशक लत्ते उतरवा ले। निगल गई डायन प्रीतो मेरे परिवार को। पहले जीजे संग रहती थी। लोग बताते हैं मुझे। जब मुकलावे आई थी, कहने लगी, भाग सिंह नामर्द के नहीं रहूँगी। मेजर साहिब के बसूँगी। बड़ी बहन की सौत बनकर।—अब, कंजरी, मेरे पुत्र को मेजर का जमाई बनाना चाहती है। अपनी भानजी को मेरी बहू बनाकर, हमेशा के लिए, मेरे तेगवीर को गुलाम बना लेगी। लड़का भी छिन जाएगा मेरे हाथों से। मेरा पिछलग्गू ख़सम तो पहले ही सूअरनी ने नेफे से बाँधा हुआ है। मेरी रक्षा करो, करनी वालो। **(रोती है)**

बाबा : चुपकर, गुरुमुखी। संतों का तीसरा नेत्र सब कुछ देख रहा है। डेरे का तख़्त आ लेने दे हमारे हाथ। हम इलाके के पूरे पापी सोध लेंगे। पापिन प्रीतम कौर और पापी पहाड़िन का पुत्र, किशोरी लाल। धीरज धर तू। बाप और भाई को पक्के रखना। हमारी गवाही दें।

(किशोरी आता है, शहर जाने को तैयार)

लच्छो : अंग संग रहना, बाबा जी। **(पैर हाथ लगाकर जाती है)**

बाबा : ओए नास्तिक, मत चढ़ ऊपर की कचहरी। अभी भी है वक़्त। हमारे मुक़द्दमें की तारीख़ तीन महीने आगे पड़ गई। जिस दिन तू हमारे पक्ष में भुगत गया, उसी दिन ज़मीन दिला देंगे तुझे।

किशोरी : झूठ बोलकर, मैं नाख़ून जितनी जगह नहीं क़बूलूँगा। सच्चे काग़ज़ निकलवा कर, तहसील से, पूरी ज़मीन पर क़ब्ज़ा करूँगा। अपनी कला की शक्ति से, सपनों का हिंदुस्तान सिरजूँगा!

(अँधेरा)

गवैये : (1) फल नम्र पेड़ों को लगते, सिम्मला, घमंड मत कर।
(2) सिर धर के तली पर आ जा, लांघना जो प्रेम की गली।
(3) मानस देह तूने सबब से पा ली है, कौड़ी मोल खो न देना।
(4) हीरा जनम चंदन की गेली, महकें बाँट, रे बंदे।

—आधी छुट्टी—

झाँकी 6

गवैये : (1) जो मैं जानती, तिलों ने गिर जाना, संभल के मुट्ठी भरती।
(2) जैसे टूटे घड़े का पानी, औध तेरी बीत रही।
(3) धन, मान, फूलों की वाड़ी, सदा न आबाद रहें।
(4) बंदा मुट्ठियाँ भीच कर आया, दोनों हाथ झाड़ चला।
(5) तेरा चाम न किसी काम आवे, पशुओं के हाड़ बिकते।

(किशोरी और मद्दो बंदे, पशु, पक्षी बनाने में व्यस्त)

मद्दो : भापा जी, आपको यह विचार सूझा ही क्यों?

किशोरी : इस करके कि स्कूल के मेरे सारे जमाती तारीख जुगराफिये को बड़े गंदे मज़मून समझते थे। मैं ने बहुत कम टीचर देखे हैं जो इन रूखे विषयों को दिलचस्प बना सकें।

मद्दो : बचन सिंह ताऊ कहता है, आप तीन बार दसवीं में इसी कारण फेल हुए थे। क्या वह सही कहता है? यों तो वैर कमाता है हमारे साथ, ख़ामखा। झूठ भी बोल सकता है।

किशोरी : नहीं, पुत्र। इस बात को मैं छिपा कर क्यों रखूँ? दुखी किया मुझे जुगराफिये ने। स्थानों के नाम, इलाकों की उपज, जलवायु। मेरे लिए घोटा लगाना मुश्किल था। नक़्शा कभी मास्टर ने दिखाया नहीं था। समझने वाली इस में कोई बात है नहीं। गणित अलजबरे वाले फारमूले हों तो भी कहें। निरा तोते की तरह रटना पड़ता है जुगराफिया। सो मैं फेल होता रहा।

मद्दो : इतिहास को भी हमारी पूरी कलास बोर समझती है। फिर बिषनदास बाबा, टेप रिकॉर्डर की तरह, एक बार शुरू करता है—"अलाउद्दीन ख़िलजी, मुहम्मद तुग़लक़, जलाल-उलदीन अकबर"—चुप ही नहीं करता। सब छात्र उकता जाते हैं।

किशोरी : पहले तो मैं ने सोचा, बड़ा होकर, सारी तारीख़ और पूरा

जुगराफिया कविता में लिखूँगा—जो झटपट हर बच्चे को याद हो जाए। हमारे एक मास्टर ने एक छंद बनाकर हमें याद भी करवाया था। गोंदपुर के दलीप सिंह ने।

मद्रदो : छंद? आपको याद है। सुनाओ तो।

किशोरी : हाँ। इतने बरसों के बाद भी याद है। अच्छा, हिंदुस्तान की बड़ी-बड़ी झीलों के नाम बता। कितनी झीलें हैं?

मद्रदो : झीलें? मुझे क्या पता? आप बताओ।

किशोरी : सुन—"छः झीलें हैं हिंद में, याद दिल में रख।"

मद्रदो : "छः झीलें हैं हिंद में, याद दिल में रख।"

कशोरी : "चिलका, सांभर, कुल्लर, वुल्लर—"

मद्रदो : "चिलका, सांभर, कुल्लर, वुल्लर—"

किशोरी : "पलीकाट रन कच्छ।"

मद्रदो : "पलीकाट रन कच्छ।"—वैरी गुड्ड!

किशोरी : "छः झीलें ·"

मद्रदो : "छः झीलें हैं हिंद में, याद दिल में रख।
चिलका, सांभर, कुल्लर, वुल्लर, पलीकाट रन कच्छी"

किशोरी : देखा! कितनी जल्दी याद हो गया।

मद्रदो : सचमुच! कविता भी एक जादू है।

किशोरी : जादू ही हुआ जो इतने बरसों के बाद भी मैं भूला नहीं।

मद्रदो : हर विद्या गीतों में होनी चाहिए।

किशोरी : पुराने समय के ऋषि मुनि बड़े सियाने थे। हर किताब छंदों में लिखते थे। चिकित्सा विज्ञान हो चाहे ज्योतिष। इतिहास हो चाहे मिथिहास। ग्रंथ कविता में ही लिखे जाते थे। और विद्यार्थियों को मुँह ज़बानी याद कराए जाते थे। पीढ़ी दर पीढ़ी।

मद्रदो : तभी तो वेद शास्त्र हमारे तक पहुँच सके। बग़ैर छापेख़ाने के। बग़ैर टेपरिकॉर्डर के।

किशोर : और क्या। तुकबंदी की करामात है सब। पिंगल के छंदों की।

मद्रदो : आपने बड़े होकर, यह काम किया क्यों नहीं? हमारी छात्रों की सहायता हो जाती।

किशोरी : शुरू तो किया था। सुन। अशोक महान ने अपने फरमान उकेर कर लाठें किस-किस स्थान पर गाड़ीं थीं—

धन्य धन्य तू अशोक महान,
लाठें गाड़ी छः स्थान।

पहली थी अंबाला पास,
नगर तोपरा जीवे ख़ास।
दूसरी लाठ को मेरठ भाया,
फीरोज़ तुगलक हुकम सुनाया।
दोनों पहुँचीं दिल्ली शहर,
आज तक वहाँ रही हैं ठहर।
तीसरी बीच अलाहाबाद,
कौशंबी को करती याद।
राम पुरवा, मथिया, रधिया,
तीनों जगह हैं लाठें बढ़िया।
ज़िला चंपारन बीच बिहार,
छः का बुनना मन में हार।

मद्दो : शाबाश, भापा जी।
किशोरी : अंग्रेज़ों के ख़िलाफ हमारी पहली जंग कहाँ कहाँ भड़की थी?
मद्दो : अठारह सौ सत्तावन का ग़दर?
किशोरी : हाँ। सुन—

अठारह सौ सत्तावन का बरस महान,
बाग़ी बन गया हिंदोस्तान।
मंगल पांडे बैरकपुर में गर्ज उठा,
मेरठ अंदर बिगुल बग़ावत बज उठा।
मुग़ल बहादुर शाह दिल्ली संभालता,
बीच जहन्नुम सब गोरों को घालता।
लखनऊ ने अंग्रेज़ों को ज़बाह किया,
अलाहाबाद ने सब गोरों को तबाह किया।
कानपुर में नाना साहिब दहाड़ रहा,
तांतीया तोपे का खंडा शत्रु काट रहा।
पकड़ बंदूकें लड़ गई बाँस बरेली भी,
बनारसियों ने ख़ून की होली खेली थी।
कूदा बीच बिहार सूरा कंवर सिंघ,
क़त्ल कर दिए गोरे ज़ालिम नंग धड़ंग।
लक्ष्मी बाई झाँसी झंडा गाड़ती,
दुर्गा बन कर दैत्य विदेशी फाड़ती।

यह थी अपनी आज़ादी की पहली जंग,
शूरवीरता हिंद की कर दिया गोरा दंग।

मद्दो : कमाल है, भापा जी। यू आर ए जीनियस! मगर आपने काम पूरा क्यों नहीं किया? बाकी इतिहास और जुगराफिया क्यों नहीं छंदों में पिरोए?

किशोरी : ऐसे ही रह गए। मैं कौन सा शायर हूँ। है भी यह काम लंबा चौड़ा। नहीं था इतना बड़ा हौसला। बीच में ही छोड़ दिया, अध ूरा।

मद्दो : और यह जो आपने दो तीन किलोमीटर लंबा चौड़ा हिंदुस्तान का नमूना बनाने का बीड़ा उठा लिया? यह कोई आसान है? कैसे पूरा करोगे?

किशोरी : है तो, बेटा, मुश्किल। लंबा चौड़ा भी। मगर अब मैं कौन सा जवान हूँ। अब तो मैं अधेड़ उम्र हो गया हूँ। अब वक़्त है मेरे पास ऐसे लंबे चौड़े करतबों के लिए।

मद्दो : उलटी बात करते हो आप, भापा। लोग तो कहते हैं, जवानों में ज़्यादा ताक़त होती है। उम्र बढ़ने के साथ, शक्ति कम होती जाती है। फिर आपने पूरे गाँव से वैर सहेज लिया। अब अपनी शिक्षा पार्क कैसे पूरी कर सकते हो? बूढ़े हो जाओगे, इस धंधे में लगे।

कशोरी : नहीं, मद्दो पुत्र। कुछ काम हैं जो जवान बंदे नहीं कर सकते। सिर्फ सियाने ही संपूर्ण कर सकते हैं।

मद्दो : वो कैसे?

किशोरी : जवान था मैं जब, बेसब्र था। उतावला था। लड़ाई झगड़ों में उलझा रहता था। दूसरों की तरफ देख-देखकर, उन जैसे काम करने। रीस करनी। दूसरों से अलग होने का हौसला नहीं था। औरों जैसा निकम्मा बना रहा। ऐश-परस्त। खाने का कुत्ता।— लेकिन जैसे-जैसे मैं बड़ा हुआ, चालीस पार किए, मुझे मौत नज़दीक आती दिखी। बाप मेरा मर गया। माँ भी मर गई। लगा, अब मैं अगली क़तार में आ खड़ा हुआ हूँ—जिस क़तार की अब मरने की बारी है। मौत ने मुझे कान से पकड़ कर झकझोड़ा, "मैं आ रही हूँ! जीना सीख!" —मुझे होश आ गई। मैं संभल गया। अब मैं छक कर जीना चाहता हूँ। अब मुझे दूसरों जैसा बनने की इच्छा नहीं रही। अब मै अपनी ज़िंदगी आप जिऊँगा। जैसे मेरे

मन को भाती है।

मद्दो : इसीलिए आपको परवाह नहीं कि पूरी पंचायत, पूरा गाँव, आप के ख़िलाफ हो गया है?

(बचना, भागू और उनके कुटुंब एक तरफ खड़े सुनते हैं, हँसते हैं)

किशोरी : हो जाएँ साले ख़िलाफ। मुझे इन गुड़ियो पटोलों में स्वाद आता है। देहात बनाने, शहर बनाने। नदियाँ, नाले, पहाड़ बनाने। मुझे अब सुख प्राप्त करने के लिए बाहर के बंदे के समर्थन की ज़रूरत नहीं। दूसरों की नज़रों में अच्छा या बुरा होने की बजाए, मैं अपनी नज़रों के मुताबिक सुखी होना चाहता हूँ। और इस कार्य को मैं निभा रहा हूँ। कठिन हो या सरल।

मद्दो : तो कल अगर आप रंधावे की कचहरी में भी केस हार गए? डी. सी. ने भी आपको ज़मीन से बेदख़ल कर दिया? फिर क्या करोगे?

किशोरी : नहीं, पुत्र। रंधावा हमारे सरपंच जैसा बेईमान नहीं है। बचना बूचड़ और जोरू-का-गुलाम भागू डी.सी. को नहीं ख़रीद सकते। ज़मीन कल मुझे पक्की मिल जाएगी। और अपना यह फुरना मैं ज़रूर साकार करूँगा। कुछ एक सालों के अंदर, दूर-दूर से, स्कूल अपने विद्यार्थियों को लाया करेंगे। बसें भर-भर कर। शिक्षा पार्क के अंदर घुमा कर अपने मुल्क का भूगोल सिखाएँगे।

मद्दो : कल मैं भी चलूँगी आपके साथ कचहरी।

किशोरी : चली चलना। और लौटते वक़्त, कबाड़ी से और टूट फूट ख़रीदेंगे। मूर्तियाँ सिरजने के वास्ते।

मद्दो : गर्मियों की छुट्टियों में दो महीने मैं आपके बराबर काम कराऊँगी।

किशोरी : हाँ। पूरे दो महीने मिल जाएँगे। उत्तरी भारत तो फतेह कर लेंगे हम। काश्मीर से अरुणाचल तक।—देखो रब्ब के रंग। बंदे के दिमाग़ का भी पता नहीं चलता, कब फुरना फुर जाएगा। तुझे मालूम है, यह फैसला मैं ने कब किया था?—कि अपनी ज़िंदगी जिऊँ, दूसरों की परवाह किए बग़ैर?

मद्दो : बताओ।

किशोरी : हँसनीय बात है यों तो। मैं तब तक मूर्ख होता था। इन दोनों बाबाओं की गद्दी के लिए जंग शुरू हुई थी। मैं बिहाला वाले का पक्ष पूर रहा था। पहाड़ में डेरे से लौट रहा था। कुक्कड़ां-बीहड़ां गाँव के निकट, शीशम और कीकर के जंगल के बीच में। मुझे हाजत हुई। मैं झाड़े बैठ गया। स्वतः, मेरा ध्यान चला गया

शीशम और कीकर के पेड़ों की तरफ। कैसे फंसी पड़ी हैं सब की टहनियाँ! टेढ़ी-मेढ़ी! एक-दूसरे से सींग फंसाए। सब जैसे भीड़ भड़क्के में मुक्का मुक्की हो रही हों।

मद्‌दो : क्यों?

किशोरी : ख़ुराक के लिए। हवा के लिए। धूप के लिए। और इस भागा दौड़ी के कारण, कंपीटीशन में, मारधाड़ में, दरख़्त अपने हाथ बांह टेढ़े-मेढ़े करवाए बैठे हैं।—यही हाल इन्सानों का है। ग़रीबों का है। जो तंग महल्लों में बसते हैं। संकरी गलियों में रहते हैं। एक-दूसरे से टकरा कर निकलते हैं। मैं ने अपने गाँव के बारे में सोचा। ओस-पड़ोस के परिवारों के बारे में सोचा। देखो, लछमन कौर के घर खाने को बहुतेरा है। मगर वह प्रीतो को सुखी देख कर दुखी होती रहती है। उधर प्रीतो है—अपने घर को छोड़कर, हर वेला, जेठानी के बारे में सोचती रहती है। कहती है, जो भी मिले, लच्छो के खसम बचने को मोहित करके, अपने अंदर डलवाती जाऊँ।

मद्‌दो : कौरवों पांडवों की तरह जूझते रहते हैं दोनों परिवार—ऊपर-ऊपर से सगे बतावें एक-दूसरे को।

किशोरी : हूबहू यही हालत है दुनिया की। हर बंदा चाहता है : मैं पड़ोसियों से ज़्यादा अमीर बनूँ! ज़्यादा रसूख रखूँ। अधिक ऐश लूटूँ! हर सुख को मापने का मीटर? पड़ोसी! अगर मेरी एक आँख मारी जाती है, तो मारी जाए। लेकिन पड़ोसी के नेत्रों की दोनों पुतलियाँ ज़रूर बाहर निकल जाएँ।

मद्‌दो : सच! ऐसे ही करते हैं हमारे स्कूल के सब बच्चे। भागू की अमृता चाहती है मैं आप बेशक फेल होती फिरूँ, लेकिन मद्‌दो के नंबर हमेशा मेरे से कम आने चाहिएं।

किशोरी : सो जंगल के दरख़्तों को ताक कर, मैं ने फैसला किया : दूसरों के साथ ईर्ष्या करके, मुक़ाबिला करके, मैं अपने अंग टेढ़े-मेढ़े नहीं करूँगा। मैं इस तरह जीऊँगा—जैसे नाले के किनारे वाला नंबरदार का आम का वृक्ष। अकेला! चारों तरफ अंग उछाल रहा। हवा पानी से लापरवाह! अडोल!

मद्‌दो : कितना मोटा है। एक घुमाओं ज़मीन संभाले बैठा है।

किशोरी : ऐसे जीवन जीओ, जैसे कि या आप हो या आप का धंधा। उड़ा लें मख़ौल आप के पड़ोसी। ठिठोली करें आपके दोस्त। अपना काम करते जाओ। चुप-चाप। सब्र संतोष के साथ।

मद्दो : मस्त हाथी की तरह—चलते चलो!

किशोरी : हाँ, जी। कुत्ते भौंकते हैं तो भौंकते रहें। आप चलते चलो।

मद्दो : गौतम बुद्ध को बरगद के पेड़ के नीचे ज्ञान प्राप्त हो गया था। आपको कीकर और शीशम के झुंड में। टट्टी बैठे!

किशोरी : ज्ञान प्राप्ति ही समझ तू एक तरह।

(दोनों परिवार हँसते हैं)

बचना : तेरी गुलाबी भाग गई, ओए!

भाग : साधुओं के साथ निकल गई।

बचना : जैसे तेरी पहाड़िन माँ भूतनाथ की जोरू बनी हुई थी।

[illegible] : तेरे असली बाप भूतनाथ की रखैल।

प्रीता , तोते वाले महाराज कहते हैं, उधर से ही नाथों के साथ निकल गई।

बचना : कल डी.सी. की कचहरी में यह अर्ज़ी भी दाख़िल कर देना।

भाग : कहना, बचन सिंह और भाग सिंह मेरी गुलाबी को निकाल कर बुलंदशहर बेच आए।

किशोरी : कंजरो, कल कचहरी में टक्करूँगा! ऐसी तैसी मराए गुंडी गुलाबी। और साथ ही गुंडे साधु। ज़मीन तो मैं तुम से जूते के ज़ोर पर छीनूँगा। अगर न सिरजा आलीशान हिंदुस्तान, तो मैं भी दीवान चंद का पुत्र किशोरी लाल नहीं।

बचना : दीवान चंद का नहीं, ओए!

भाग : तांत्रिक भूतनाथ का पुत्र!

बचना : हाथी-नाक वाला!

भाग : चूहे सवार!

सब : पहाड़िन का पुत्र!

(अँधेरा)

झाँकी 7

गवैये : लंबे रे, तेरी क़ब्र खुद रही
साथ खुद रहा खाता।
भर भर ढेले छाती पर रखते
छाती का पड़े तड़ाका।
सुंदर शक्लों का,
मिट्टी के अंदर वासा।

(महेंद्र सिंह रंधावा की कचहरी। रंधावा कहीं सामने दर्शकों के बीच में)

किशोरी : रंधावा साहिब, यह ज़मीन ज़रूर मेरे पिता के हिस्से की थी। आप मुझे जो मरजी कसम दिला दें।

बचना : कसमों को चाटेंगे? तेरी है तो काग़ज़ निकाल।

भाग : तहसील में कोई रिकार्ड नहीं है। फिर तेरी कैसे हो गई?

किशोरी : जनाब, तहसील में आग से हमारे गाँव के रिकार्ड सब जल गए थे। आप को मालूम है।

बचना : गवाह भुगता है एक भी तेरे हक़ में?

किशोरी : कलैक्टर साब, मैं ने इलतजा की थी आपके आगे। मैं ग़रीबड़ा। स्कूल की ड्यूटी के बाद, अपने इस काम में व्यस्त रहता हूँ। ये ज़ोरावर हैं। पूरी पंचायत इन्होंने ख़रीद रखी है। कोई नहीं माना। सच का साथ देने के लिए। इन्होंने सीबे पंच को भी तोड़ लिया। डराया, धमकाया। खाने का कुत्ता सीबा। बिक गया। इनके टुकड़ों पर। **(सुनकर)** बिलकुल जनाब। मेरे बाप दीवान चंद के हिस्से आई थी। मेरे बाबे फिंडी का है यह पूरा खित्ता। ··· नहीं, जी। न मैंने कोठा बनाना है, न बैठक। ··· हाँ, जी। धर्म के लेखे। ·· भूगोल सिखाना हो। ··· या इतिहास समझाना हो। ··· किधर

से आर्य लोग आए। सिकंदर आया। मुग़ल दाख़िल हुए।··· बाद में, समुंदर के रास्ते अंग्रेज़ आए।··· क्लास को इर्द गिर्द खड़े करके, मास्टर समझाए।—और फिर एक सूबे से दूसरे सूबे। दूसरे शहर।··· जी, पूरी पहाड़ियाँ।—रोपड़ से कमाही देवी··· दौलतपुर, हाजीपुर, झीमर की कुइंयाँ तक।··· ऐन तलवाड़े के डैम तक।—शिवालिक का पूरा हिस्सा··· बरसाती नालों समेत।··· अकेला अकेला गाँव बसाया।··· काली बेईं, चिट्टी बेईं··· होशियारपुर, गढ़शंकर, मुकेरियाँ, टांडा, गढ़दीवाल बना चुके हैं।··· रंधावा साहिब, आपका गाँव बोदलां बना चुका हूँ··· एक बार आप चल कर देखो तो सही।··· कई बरसों की मेहनत है मेरी और मुद्दो की।

बचना : लेकिन, जनाब, यह हमारी ज़मीन पर कब्ज़ा कैसे कर सकता है? ढहाने का हुक्म कीजिए। हम पक्का कोठा छत्तेंगे।

भाग : वीरा जी तो इंटों का आर्डर भी दे आए, रहल्ली भट्टे पर।

किशोरी : सुनाओ, जी, फैसला।

बचना : **(सुन कर)** वाह वाह!

भाग : धन्यवाद, जनाब।

बचना : सच की जीत हुई।

किशोरी : **(रोता)** यह ज़ुल्म है मेरे साथ!··· सच का क़त्ल किया है आपने!

बचना : इसका कूड़ा कबाड़ा उठाकर फेंकने की आज्ञा दीजिए, जी।

भाग : मेहरबानी, सरकार।

(दोनों भाई जाते हैं)

किशोरी : रंधावा जी, एक बार आँखों से देख लो। **(आँसू पोंछता है)** मैं अपने लिए बिलकुल नहीं कर रहा। सिर्फ कला है—बच्चों के वास्ते—विद्यार्थियों के लिए।··· नहीं, जी। चपड़ासी की तन्ख़ाह।··· अपील करने के लिए मेरे पास रकमें कहाँ हैं?··· वैसे मैं चंडीगढ़ अर्ज़ी दे आया हूँ।··· शिक्षा विभाग को लिखा है।··· अच्छा, जी। दिल्ली भी अर्ज़ी भेजूँगा।··· मुझे अपने लिए कुछ नहीं चाहिए।··· हाँ, जी। बोदलां बनाया। ढोलवाहा, जनौड़ी के नीचे!

मद्दो : बोदलां के बाहर, गरना साहिब का गुरुद्वारा मैं ने आप बनाया है।

किशोरी : हाँ, जी। मेरी इकलौती बेटी।

मद्दो : सातवीं में।··· अपने गाँव भाम के स्कूल में।

किशोरी : माँ इसकी भी छोड़ गई हमें।··· मेरे इस धँधे से दुखी होकर।···

· पूरे रिश्तेदार परे परे हट गए। · · नहीं, जी। मेरा सगा कोई नहीं। · · एक इकल्ला हूँ।

मद्दो : पूरे गाँव ने बाईकाट कर रखा है।

किशोरी : हिम्मत न रखूँ तो और करूँ क्या? · · मजबूरी है मेरी। · · दिल मेरा दूसरे किसी काम में लगता ही नहीं। · · हाँ, जी · · पहाड़ी है सत्तनौर के ऊपर · · · कुक्कड़ां बीहड़ां।

मद्दो : बाबा जी का ननिहाल था।

किशोरी : मेरी दादी का मायका। · · उस पहाड़ी को समतल करके, हिंदुस्तान बन सकता है। · · दो किलोमीटर। · · स्केल?

मद्दो : एक मीटर बराबर है एक किलोमीटर।

किशोरी : चार पाँच वर्ग किलोमीटर में पूरा हिंदुस्तान बन सकता है। · · कूड़ा करकट सिर्फ · · · ढेरों से उठा कर।

मद्दो : टूटी हुई प्लेटें, बोतलें, प्लास्टिक।

किशोरी : आदमी औरतें बनाते हैं।

मद्दो : जंगली जानवर भी।

किशोरी : आप या आपका अहलकार। · · चब्बेवाल से सीधी सड़क पक्की। हमारे गाँव भाम पहुँचती है।

मद्दो : जल्लोवाल से दो किलोमीटर।

किशोरी : आप आओगे? · · बहुत-बहुत मेहरबानी! **(झुकते हैं)**

मद्दो : कबाड़ी से सामान ख़रीदना है, भापा जी? या काम बंद कर देना है?

किशोरी : रंधावा साब के बारे में मैं ने बड़ा सुना है। नए विचारों की हौसला अफ़ज़ाई करते हैं। होशियारपुर के देहात के साथ, कांगड़े से, रंधावे को बहुत प्यार है। यह ज़रूर आएगा। · · नहीं, मद्दो। अभी काम बंद नहीं करेंगे। अच्छा, बात सुन। तू पैदल चल सकती है। पंद्रह बीस किलोमीटर?

मद्दो : भाम तक?

किशोरी : हाँ। पैसे कम पड़ गए। एक तो किराया बचेगा। दूसरे, रास्ते में बड़े-बड़े गाँव आते हैं। शेरगढ़, बोहन पट्टी, जल्लोवाल। उनके कूड़े के ढेर जाँचते जाएँगे।

मद्दो : ठीक! टूटी फूटी चीज़ें इकट्ठी करके ले जाएँगे।

किशोरी : हाँ! कूड़े से कलाकृतियाँ गढ़ें। मौत से ज़िंदगी ढूँढ़ें।

मद्दो : भापा, अगर भला आप न पूरा कर सके अपना सपना? अगर भारत का मॉडल अधूरा रह गया?

किशोरी : रह जाए फिर। अफसोस काहे का? इस बहाने मेरी ज़िंदगी तो बीत गई। अच्छा काम करते वक़्त, हार जीत को क्या देखना? आप काम को निश्चय से लगे रहो। यही काफी है। और नहीं, तो मैं ने बाबाओं के पीछे पड़कर, वहमों भ्रमों में फँसकर, ज़िंदगी तो नहीं बरबाद की। कुछ बनाने की कोशिश कर रहा हूँ। बचने और भागू की तरह, ढहाने पर तो कमर नहीं कस्स रखी।

मद्दो : अच्छा, मेरा वादा रहा, भापा। अगर आप के जीते जीते, शिक्षा पार्क न भी पूरी हुई, तो मैं पूरी करूँगी।

किशोरी : यह हुई न बात बहादुरों वाली। एक शायर कह गया है :—

माना कि इस ज़मीन को, न गुलज़ार कर सका,
कुच्छ कांटे कम तो कर दिए, गुज़रा जिधर से मैं।

(अँधेरा)

झाँकी 8

गवैये : ले दे के मेरे पास, यही इक नज़र तो है,
क्यों देखूँ ज़िंदगी को, किसी की नज़र से मैं?
माना कि इस ज़मीन को, न गुलज़ार कर सका,
कुछ ख़ार कम तो कर दिए, गुज़रा जिधर से मैं।

(बाबा भंडारी अंबो की झाड़-फूँक कर रहा है। तोता पास है)

बाबा : बोल गुरु मुखी, सत्य करतार!

अंबो : मैं अब नहीं डेरे आया करूँगी।

बाबा : शिव शक्ति शिवलिंगम्! क्यों नहीं आएगी, मेरी मैना?

अंबो : पहाड़िन के पुत्र ने उस दिन हमें देख लिया होगा। कुटिया के पीछे।

बाबा : नहीं देखा! नहीं देखा! शिव लिंगम शिव शक्ति!

अंबो : आप तो कहते थे, प्यार करने से नंबर बढ़ जाएँगे। मैं तो बल्कि फेल हो गई बारहवीं में।

बाबा : जय अर्ध-नारीश्वर! प्यार करने से सब अंग बढ़ जाते हैं। बढ़े या नहीं?

अंबो : तेगवीर बी.ए. में पास हो गया। मैं फेल हो गई।

बाबा : तेरी शक्ति बढ़ा रहे हैं बाबा जी। बोल, अब कभी दर्द हुई है?

अंबो : **(रोती)** आप ने फेल कराया मुझे।

(प्रीतो आती है)

बाबा : खोल, बालके, तीसरा नेत्र!

प्रीतो : बाबा जी, तगड़ा मंत्र चलाओ। कालो कुलक्षणी ने मेरी बेटी के सिर के ऊपर झुरलू घुमा दिया। मायके से लाई होगी तावीज़ ध ागा।

बाबा : नहीं, भगतनी प्रीतम कौर। यह झुरलू है बिहाले वाले चांडाल का। जो कंजर हमारा डेरा छीने बैठा है।

प्रीतो : किशोरी की करतूत है यह। हमारी बेटी का यतित्व सतीत्व सूत लिया।

बाबा : सत्य भाखा तू ने, गुरु मुखे। धूप ला और संतों के लिए।

प्रीतो : बहुत पड़ा है हट्टी में। धूप जितना मरज़ी धुंआओ। **(जाती है)**

अंबो : पहाड़िन का पुत्र बाड़ के पीछे खड़ा था। देखता रहा। मुझे पक्का पता है। आप हटे ही नहीं। वो भापे को बता देगा। ताऊ जी के पास शिकायत लगा देगा। मेरी पिटाई होगी। **(रोती है)**

बाबा : न, मेरी अप्सरा। रोना नहीं। यह नास्तिक हमारा चिराग़ नहीं बुझा सकता। ससुरे की जोरू निकल गई, साधुओं के साथ। हरिद्वार ऋषिकेष। हमारे साथ तो तीर्थ करने गई थी। पुण्य कमाने। स्वर्ग के हिलोरे लेने। मगर भाग गई हमें छोड़ कर। उस ज़नानी के शरीर की भूख नहीं मिटती।—अब यह नास्तिक हमें झूठा बदनाम कर रहा है। हम तांत्रिक बिद्या बरत कर, फनाह कर देंगे।

अंबो : अब नहीं मैं दरबार साहिब आऊँगी। मुझे डर लगता है।

बाबा : सच्चे बादशाह का साथ नहीं छोड़ना, गुरु मुखे। अगले साल तू मोटे नंबर लेकर पास होगी।

(किशोरी और मद्दो अंदर से आते हैं। किशोरी के हाथ में सफर पर ले जाने वाला थैला है)

मद्दो : इतवार तक लौट आओगे?

किशोरी : हाँ। दो दिन चंडीगढ़ लग जाएँगे। अगर गवर्नर ने मुलाकात न की, अगर मुख्य मंत्री न माना—सीधा दिल्ली।

मद्दो : शिक्षा मंत्री को मिलने?

किशोरी : पहले तो शिक्षा मंत्री को मिलूँगा—क्योंकि असल में यह पार्क होगी विद्यार्थियों के लिए। शिक्षा का साधन। पूरे देश को एक ही नज़र में हर नागरिक ताक सके! पूज सके! अपना बना सके।

मद्दो : लेकिन अगर शिक्षा मंत्री न माना?

किशोरी : एक और फुरना फुरा है मुझे।

मद्दो : कौन सा?

किशोरी : अगर यह पार्क बन जाए, कंढी यानि पहाड़ के किनारे वाले इलाके की क़िस्मत खुल जाएगी। दूर-दूर से यात्री आएँगे, छोटा हिंदुस्तान देखने। बसें, गाड़ियाँ, सड़कें, दुकानें, बाज़ार, होटल! देखना तू। ज़िला होशियारपुर संसार की नज़रों का केंद्र बन जाएगा।

मद्दो : अमरीका के डिसनीलैंड की तरह?

किशोरी : शिवालिक के पैरों के बीच के सैंकड़ों देहात की ग़रीबी उठ जाएगी। पिछड़े हुए लोगों की तरक़्क़ी के लिए यह स्कीम सफल साबित होगी। सो मैं ने—

मद्दो : ज़रूर होगी तरक्की।

किशोरी : सो मैं ने सोचा है, दिल्ली पहुँच कर दूसरे मंत्रियों को भी मिलूँ। पलैनिंग कमिश्न के मैंबरों को। खेती मंत्री, विकास मंत्री।

मद्दो : खर्चा भी है इतने दिनों के लिए आप के पास?

किशोरी : तू अपना ख़्याल रखना। बुढ़िया पालो के घर ही सोना। अपने लिए ख़र्चा है मेरे पास।

मद्दो : लोग आपको बावला समझते हैं।

किशोरी : ऐसा स्वाद भरा बावलापन भगवान रोज़-रोज़ दे। मद्दो पुत्र, नया विचार बड़ी कीमती शै होती है। नए ख़्याल को मरने नहीं देना चाहिए। सुखी सृजक ज़िंदगी जीने का इस बावलेपन से आसान ढंग और कोई नहीं है। मेरा घर घाट बिक भी गया अगर, हिंदुस्तान के वास्ते, तो खरी वाहवाह!—अच्छा, हैडमास्टर साहिब को हफ्ते की छुट्टी के लिए अर्ज़ी पकड़ा देना।

बाबा : शिव शक्ति शिवलिंगम!

किशोरी : ओए लड़की, क्यों तू इस कंजर के पीछे लगकर ख़्वार हो रही है? माँ तो ऐसी थी। तू तो नेक निकलती। **(जाता है)**

बाबा : लानत है तुम पर! सिवा फूँकूँगा! तेरा और तेरे बिहाले वाले का!—चुप कर, मेरी अमर बेल। मैं तुख़्म उड़ा दूँगा लंबू-नाक का।

मद्दो : दुर्मुख, मैं तेरे तोते की गर्दन उड़ा दूँगी!
(जाती है। छिप कर सुनती है)

अंबो : **(रोती)** किशोरी ने ज़रूर देख लिया होगा हमें। मैं ताऊ को बता दूँगी। भापे को बता दूँगी। तेरे बारे में।

बाबा : न, मेरी मेनका। महाराज से नाता नहीं तोड़ना। कहो—हे शिवलिंगम्, शक्ति दो!

मद्दो : बदमाश बाबे की भक्ति दो।

बाबा : खड़ी हो! ख़सम खानी। संतों को मख़ौल करती हो?

मद्दो : संत नहीं। सांढ है तू। मस्ताया हुआ। लौट कर आ लेने दो भापे को दिल्ली से। गाँव को इकट्ठा करके, तेरा और अंबो का क़िस्सा सुनाएँगे! तुझ महिषासुर को उलटा लटकाएँगे!

(अँधेरा)

झाँकी 9

गवैये : काले हिरना, बाग़ में चरना, तेरे पैर झांजर पहनाई।
सींग तेरे पर क्या कुछ लिखा, तीतर और मुरग़ाई।
पहले तो फाँदता था नौं नौं कोठे, अब नहीं फाँदे खाई।
खाई फाँदते काँटा चुभ गया, देता है राम दुहाई।
मांस मांस तेरा कुत्तों ने खाया, हड्डियाँ रेत मिलाईं।
हड्डियों तेरी का महल चिनवाया, बीच रखाई मोरी—
तेरा दुख सुन कर,
हीर हो गई पोरी पोरी।

मद्दो : एजूकेशन मनिस्टर को मिले, आप, दिल्ली?

किशोरी : बहुत से कंजरों को मिला। चंडीगढ़ भी और दिल्ली भी। किसी साले को फुर्सत नहीं—कि मुल्क की बेहतरी सोचे। हार कर, सब जगह धक्के खाकर, लौट आया हूँ।

मद्दो : अब क्या करोगे? छोड़ दोगे विचार?

किशोरी : विचार छोड़कर, और मेरे पल्ले है क्या? ज़िंदगी में और रह क्या गया है?—तेरे सिवा। बतालीस बरस का हो गया हूँ। चपड़ासी मुश्किल से लगा था स्कूल में। चपड़ासी रिटायर हो जाऊँगा—अठारह साल के बाद। ऐसे ही मर मुक जाऊँगा। करोड़ों मक्खी मच्छरों की तरह। आज सिवा जला, दूसरे दिन लोग भूल जाएँगे—कि किशोरी लाल भी कोई हुआ करता था भाम गाँव का। लंबू-नाक! पहाड़िन का पुत्र! **(आँसू पोंछता है)**

मद्दो : दो महीने की तन्ख़ाह भी ख़र्च हो गई। दिल्ली में ख़्वार होते हुए।

किशोरी : ढहा तो नहीं दिया अभी इन्होंने जिला होशियारपुर?

मद्दो : अभी तक तो नहीं। मगर ईंटे गिरवा रहे हैं कल के।

किशोरी : बैठक बनाने के लिए?

मद्दो : जो आदमी, औरतें, भैंसें, गायें, हम ने इतनी मेहनत से बनाए थे,

उनका क्या करना है? फेंक देंगे?

किशोरी : फेंकेंगे क्यों? छुट्टियाँ होने वाली हैं। दोनों चलेंगे, ऊपर के डेरे। उसी पहाड़ी पर काम शुरू करेंगे।

मद्दो : सरकार इजाज़त दे देगी?

किशेरी : हम कौन से माश उखाड़ेंगे सरकार के? पहाड़ी तो नहीं उठा कर घर लाने लगे? खड्ड से पानी ऊपर चढ़ाया करंगे। जहाँ हिमालय बनाना है। विंध्याचल बनाना है। सतपुड़ा, अरवली। वहाँ दरख़्त लगाएँगे। जंगल उगाएँगें। सिर मुंडी पहाड़ी का शीश सजाएँगे।

मद्दो : हठ है तेरा, भापा। पहाड़ को गढ़ना तराशना। फरहाद की तरह। आसान थोड़ी है?

किशोरी : सदा जीवित रहने वाला कोई काम आसान नहीं होता, मद्दो पुत्र। — फिर मैं, खाली बैठ कर करूँ क्या? हर वक़्त सोचूँ क्या? बल्कि पहले ही, साधुओं के डेरों में पंखा डलाते, आधी ज़िंदगी बरबाद कर ली। मूर्तियाँ बनाऊँगा तो वक़्त निकलता रहेगा। नहीं तो, गाँव के निठल्लों संग, बरगद के नीचे, ताश खेलना। गप्प हाँकना। चुग़लियों का चसका।

(तेगवीर आता है)

तेगवीर : किशोरी चाचा! बाहर की सड़क पर डी.सी. की कार खड़ी है!

किशोरी : रंधावा साहिब???

मद्दो : वाह वाह!!!

तेगवीर : तुझे बुलाया। साथ सिपाही हैं।

मद्दो : सिपाही? पकड़ने तो नहीं आए आप को?

किशोरी : है बावली! मुझे क्यों पकड़ेंगे? मैंने कौन सा जुर्म किया है?

तेगवीर : आई.ए.एस. का फार्म मँगवाया है मैं ने। डी.सी. लगूँगा।

किशोरी : महेंद्र सिंह रंधावा क्या आप आया है? गंजा है सिर से?

तेगवीर : हाँ। मेरे भापे की तरह। बीच में से टोटर घोनमोन।

किशोरी : हो सकता है, बात बन ही जाए! शायद मैं हिंदुस्तान सिरजने में कामयाब हो जाऊँ! बोल मेरे मद्दे—

व्यस्त रह, भई, व्यस्त रह
काम काज में व्यस्त रह
चढ़ते सूरज, ढलते सूरज
व्यस्त रह
काम काज में व्यस्त रह!

(अँधेरा)

झाँकी 10

गवैये : बांहों में तेरे सुंदर चूड़ा, बीच गलियों के गाये।
एक दिन ऐसा आएगा, छोहरी, लदी सीढ़ी पर जाए।
अर्ध बीच में किया उतारा, घर से दूर ले आए।
गेड़ा देकर तोड़ी घड़िया, कुत्ती पिंडों को खाए।
आए झोंका ले जाए तुझ को, राख जोहड़ को जाए।
बेटी कबूतरिये,
सोना रेत मिल जाए।

लच्छो : कुड़माई करे लुच्ची! मेरा बेटा भी निगलना चाहती है। पहले हरामज़ादी सारी उम्र मेरे ख़सम की कमाई खाती रही। अब तेगवीर को दाढ़ों के नीचे रखना चाहवे। भानजी से बाँध कर। देख लेना, प्रीतो बंदी, कोढ़ लग कर मरेगी तू। पीप पड़ेगी तेरे अंग अंग के अंदर। जो तूँ मर्द खाए जा रही है। पहले जीजे को खाया। फिर भागू नामर्द को खाया। बचने बेशरम को खाया। अब तेगवीर के लिए काँटा फँसा रही है। आ, निकल बाहर! कुत्ती! तेरे आग लगाऊँ। कमाई खिलाऊँ तुझे बाप की और बेटे की।

(प्रीतो और परिवार आते हैं)

प्रीतो : क्यों री, कालो! मेरे मर गए?—जो मैं तेरों की कमाई खाऊँगी?

लच्छो : कोठे पर बैठ जा, कंजरी! ऐसे नहीं पेट भरेगा तेरा। बेटी और अम्मा दोनों कंजरपने की दुकान खोल लो। टुंडी लाट को कह, गाहक ले आए। माँ बेटी के लिए। यही दुकान चलानी आती है तुम वेश्याओं को।

प्रीतो : सुना, भाई जी? फिर तुम कहोगे, प्रीतम कौर छेड़ती है लड़ाई।

बचना : कालो बेशरम, अंदर घुस जा। चुप करके—अगर जान चाहिए

तुझे।

भाग : वीरा, मैं ने तो पहले ही कहा था आपको। जाने दो सगाई की स्कीम अभी। और मकान की। आपकी ज़नानी नहीं बख़्शेगी किसी को।

लच्छो : देखो तो! बुड्ढा खूसट हो गया, बकरा बचना। प्रीतो की घाघरी में घुसा रहता है हर वेला।

बचना : करेगी नहीं थूथना बंद तू?

लच्छो : कोठे छत्त रहा पक्के! रखैल के लिए!

प्रीतो : हाय रे लुच्ची। रखैल किस को कहा, अरी कुतिया?

लच्छो : तुझ छिनाल को। जो सारे होशियारपुर ज़िले के मरद डकार गई। दादा हगौने पुणे किरकी तक पहुँची। सलवार खोल कर।

प्रीतो : मैं खड़ी को आग लगा दूँगी, अगर ज़्यादा ज़बान चलाई।

लच्छो : ज़बान जलाऊँ मैं तेरी वेश्या की? आ तेरा चोंडा काटूँ!

(दोनों एक दूसरी की चुटिया पकड़ती हैं)

तेगवीर : बीबी! हट जा पीछे!

अंबो : हाय मेरी माँ मार डाली! हाय कलमुहीं चिमट गई!

बचना : **(लच्छो को पीटता)** तेरी तो माँ की ऐसी तैसी!

भाग : हट जा, वीरा। किशोरी कुत्ते ने भड़काई है कालो। उस का सिर फाड़ो पहले।

लच्छो : नींव खोद! चल! कंजरी को चबारे बना कर दे! अगर न ईंट मार कर खोपड़ी खोली तेरी रखैल की! और साथ में तेरी! मैं भी कठार वाले दुम्मण सिंह की बेटी नहीं।

प्रीतो : पहाड़िन के पुत्र ने सीख दी है सांपनी को।

बचना : आ लेने दो साले को। पहाड़िये की टाँगें तोड़ूँगा। साथ में इस कमज़ात की।

लच्छो : करे कुड़माई! समधी बनाए मेरी सौत के यार को। सारी उम्र मेरे पुत्र की कमाई अपने घर में डालेगी।

बचना : या रब्ब, सुनते गिनते! पागल ज़नानी मत लड़ बाँधना किसी के।

भाग : हम ने कहा था रिश्ते के लिए? क्यों, तेगवीर? करवानी है सगाई कि नहीं? मेजर साहिब की बेटी के साथ?

लच्छो : नहीं, बेटा। हम नहीं शगुन लेंगे इनका। तेरा नाना ला रहा है रिश्ता। कठार वाला। भुंगरनी वाला मामा भी लड़की बता रहा था। सारंगवाल से।

प्रीतो : तू मामी लगती है? बिचौलिन बने?

भाग : लड़के से पूछ।

बचना : तू बता, बेटा।

तेगवीर : मैं ने क्या बताना है? मेरी अंबिशन क्लीयर है। एम.ए. पास करते ही, मैं आई.ए.एस. का इम्तिहान दूँगा। डी.सी. लगूँगा। अनपढ़ लड़की तो मैं ब्याहूँगा नहीं—जैसी कठार वाला नाना मेरे गले में मढ़ रहा है। न ही भुंगरनी वाला मामा मुकंद सिंह कभी ढंग की सलाह देता है। डी.सी. की वाईफ अगर अंग्रेज़ी स्कूलों के अंदर नहीं पढ़ी होगी, मेरे साथ चलती हुई अच्छी लगेगी? मैं तो प्रकाश कौर के साथ ही आनंद कारज पढ़वाऊँगा।

प्रीतो : सुन लिया, लच्छो बंदरी? लड़का आप मेरे पीछे पड़ा रहता है। दिन रात।

अंबो : मेरे से चिट्ठी लिखवाई बहन प्रकाशो को।

भाग : वीरा जी की ज़िद्द कारण ही तो मैं शगुन लाया हूँ।

बचना : छोड़ो काली चुड़ैल को। ला, बेटा, लड्डुओं की परात। अंदर पड़ी है पेटी पर। बिरादरी इकट्ठी हो गई होगी। मकान की नींव खोदें, और साथ ही तेरे मुँह को छुआरा लगवाएँ।

(किशोरी और मद्दो आते हैं)

भाग : कर दिया खाली हाता हमारा?

बचना : उठा लिए गुड्डे गुड़ियाँ? नहीं तो हम मलियामेट कर देंगे।

किशोरी : भाइयो, उठा लिए सब। तुम ज़ोरावर हो। मेरा क्या उजर है?

मद्दो : रंधावा साहिब इतनी सिफ्तें कर रहे थे अपने गाँव बोदलां की। बोले, भापा जी ने वाक़ई ख़ूबसूरत मॉडल बनाया है, उनके बाग़ों से घिरे गाँव का।

किशोरी : लेकिन महीना बीत गया। लौटकर ख़बर नहीं दी।

तेगवीर : डी.सी. क्या तेरे जैसे चपड़ासी से बातें किया करें?

बचना : हार भी मान लेते हैं कभी। मुका झगड़े। आ, पहाड़िन के पुत्र, लड्डू खिलाएँ तुझे।

भाग : नींव की खुदाई के।

तेगवीर : साथ ही मेरी कुड़माई के।

मद्दो : तेरी मौसी की बेटी से?

अंबो : हाँ। बहन प्रकाशो से।

(तोते वाला बाबा आता है)

बचना : लो, तोते वाले महाराज भी पहुँच गए।

प्रीतो : चलो जी, डालो धूप। अरदासा साधो।

बाबा : बोलो गुरमुखो, सत्यनाम वाहे गुरु।

किशोरी : अच्छा, भई बचन सिंह। मैं ने तुम्हारा बिगाड़ा तो कुछ नहीं था। पर तुम मेरे बाप की पूरी ज़मीन हड़प्प गए।

बचना : रस्सी जल गई मगर बट नहीं उधड़ा।

बाबा : नास्तिक, अभी भी मुड़कर आ जा, गुरु चरणों में। गवाही भुगत हमारे हक़ में। बिहाले वाले से गद्दी छीनने में सहायता कर हमारी।

(गुलाबी आती है)

मद्दो : भापा! अम्मा आ गई!!!

किशोरी : गुलाबी???

मद्दो : माँ! **(दोनों गले लग कर रोती हैं)**

गुलाबी : मेरा मद्दा!

किशोरी : **(पीटने को तैयार)** तू क्यों आई, बदमाश?

गुलाबी : नांह! मुझे पीटना मत। मैं क़िस्मत की मारी! मूर्ख! इस लुच्चे की उखाड़ी चली गई। इसने ख़्वार कराया मुझे नशयी साधुओं से! मैं गुनाहगार तेरी। मैं पापिन! माफ कर दे!

मद्दो : भापा, अब मत जाने देना अम्मा को।

गुलाबी : कर दे क्षमा। **(पैर पकड़ती है)**

मद्दो : मान जा, भापा।

बचना : अगर तेरे बाप ने पहाड़िन घर में घुसेड़े रखी, पूरी उम्र, तू गुलाबी को क्यों नहीं क़बूल करता?

भाग : जो सात घाट का पानी पी कर आई है।

बचना : तजरबेकार बनकर।

गुलाबी : मैं भोली। वहमी। झाँसे में आ गई, इस गुंडे बाबा के।

किशोरी : अच्छा, जा अंदर। रोटी पका। **(बाबे को पीटता)** तेरी तो झूठे बादशाह की माँ—

बाबा : नहीं, गुरु मुख!

मद्दो : **(पिंजरा खोल कर)** तोते, उड़ जा। बदमाश की क़ैद से आज़ाद हो जा।

किशोरी : तेरी झूठे साध की बहन की—

बाबा : बचाओ भई, गुरमुखो।

भाग : हट जा, ओए लंबू-नाक।

अंबो : नहीं, भापा। यह बाबा सचमुच लुच्चा है।

मद्दो : लड़कियों से गंदी-गंदी बातें करता है।

अंबो : (रोती) मुझे झूठी किया। कई बार। भूतों का डरावा देकर।

किशोरी : निकल बाहर, कुत्ते।

(बाबा पिंजरा उठाए भागता है। वक़्फ़ा)

मद्दो : वो कार किसकी है?

तेगवीर : डी.सी. की लगती है।

अंबो : पीछे एक और गाड़ी है।

मद्दो : हुर्रे!

किशोरी : रंधावा साहिब ही हैं।

मद्दो : हिप हिप हुर्रे!

किशोरी : क्या हुकम है, रंधावा जी?

रंधावे की आवाज : किशोरी लाल जी, आप महान हो। सिरजक हो। जीनीयस हो। आपका प्रॉजैक्ट केंद्रीय सरकार ने मन्जूर कर लिया।

मद्दो : वाह वाह!

रंधावा : कंढी के पहाड़ी इलाके के विकास के लिए वर्ल्ड बैंक ने पंद्रह करोड़ डॉलर की गरांट सैंक्शन की है।

किशोरी : मेरा हिंदुस्तान का नमूना?

रंधावा : यूनैस्को ने इस शिक्षा पार्क के लिए, पाँच करोड़ डॉलर अलग दिए हैं।

मद्दो : ग्रेट! **(तालियाँ)**

रंधावा : आपका विचार नया है। अनोखा है। पूरा करो। आपको इसका डायरैक्टर बनाया जाता है। आज से आपकी तन्ख़ाह पच्चीस हज़ार रुपए। आपकी सहायता के लिए इंजनीयर और मज़दूर लगाए जाएँगे। इस में भारत का हर बड़ा गाँव, कसबा, शहर, अपना हिस्सा डालेगा। उसकी पंचायत, म्यूंसिपल कमेटी, अपने कसबे का मॉडल बनाकर भेजेगी। रेल विभाग छोटी गाड़ियाँ चलाएगा। सड़क बनाएगा। आप सिरजो अपने सपनों का भारतवर्ष।

किशोरी : बहुत-बहुत धन्यवाद! मैं पूरी कोशिश करूँगा कि आने वाली पीढ़ियों के वास्ते मैं यह तोहफा तैयार कर सकूँ।

रंधावा : मेरे साथ कुछ रिपोर्टर आए हैं। यह आप से कुछ सवाल पूछना चाहते हैं।

किशोरी : ज़रूर, जी।... आईडिया बंदे के दिमाग़ के अंदर कहाँ से आता है? ... यह तो मैं नहीं जानता। हाँ—एक शाम—मैं डेरे से लौट रहा था। ... हाँ, बाबा औघड़ का डेरा... पक्खोवाल से

ऊपर ·· कुक्कड़ां बीहड़ां के निकट। ·· उदास था। बाप को दो दिन पहले फूँका था। माँ दो साल पहले छोड़ गई थी।—और फिर, बाबा ओघड़ की मौत के बाद साधों की गद्दी के लिए लड़ाई। मुक़द्दमेबाज़ी। बाबा बिहाले वाला। और बाबा तोतेवाला। गृहस्थियों से ज़्यादा लोभी। ज़्यादा ईर्ष्यालु। मैं बड़ा उदास था। क्या मतलब है ज़िंदगी का? कैसे जीऊँ यह जीवन? बाकी बच रही उम्र कैसे व्यतीत करूँ? मौत ने आख़िर एक दिन सब कुछ निगल जाना है। जिधर देखो ईर्ष्या! द्वेष! लड़ाई! झगड़े! भागू बचने को देखकर जलता है। बचना भागू का हिस्सा छीन रहा है। किशेरी दोनों को देखकर कुढ़ता है। गुलाबी प्रीतो की चुग़लियाँ करती है। प्रीतो लच्छो को कोसती है!—और ज़िंदगी? कैसे बीती मेरे बाप की ज़िंदगी? माँ की ज़िंदगी? और करोड़ों लोग? ताको इर्द गिर्द। क्या लक्ष्य निर्धारित करते हैं लोग अपने जीवन के लिए? बच्चे जमाओ, पालो, पढ़ाओ, विवाहो, और मर जाओ! ·

·· क्या ज़िंदगी में इस से अलग और कुछ नहीं किया जा सकता?—अचानक मैं ने इस पहाड़ी की तरफ देखा। टहकता हुआ चाँद। ऊँची चोटी से मुझे पहली बार यह टीला हिंदुस्तान का छोटा रूप नज़र आया। मेरे पैरों के नीचे पूरा ज़िला होशियारपुर—बिसत दुआब—लाहौर—पेछावर—पूरा पंजाब! रात—चाँद की चाँदनी—मैं अकेला! पहाड़ियों में! जंगलों में! महात्मा बुद्ध की तरह! लौ दिखी मुझे! फुरना फुरा!—क्यों न मैं अपनी ज़िंदगी आप जीऊँ? लोगों के लड़ाई-झगड़े छोड़कर? बचना करे जो करता है। भागू करे जो करता है। मैं किशोरी लाल, अकेला जन्मा था, अकेला मरूँगा। किसी का साथ काहे का? और वैर विरोध किस लिए? चूल्हे में गिरे बाबा भंडारी। भट्टी में गिरे बाबा बिहाले वाला। ज़िंदगी का कितना हिस्सा मैं वहमों में, भ्रमों में, गला चुका हूँ। पत्थर पूजता! पोथियाँ पूजता! पाप पुण्य की भूल भुलैया में फँसा। स्वर्ग के, नरक के, मन गढ़ंत क़िस्सों को सच्चे माने बैठा। कवियों की कल्पना को असलियत माने बैठा।—मैं झंजोड़ा गया। संभल गया!—क्यों न मैं इस पहाड़ी को गढ़ कर, तराश कर, बच्चों के लिए, अगली पीढ़ियों के लिए, अजूबा बनाऊँ? तोहफा सिरजूँ? ·· नहीं, नहीं। बरसों तक मेरी मदद के लिए कोई नहीं पहुँचा। बल्कि मख़ौल उड़ाते रहे। मेरी बेवकूफी पर हँसते रहे। लोगों ने हर रुकावट खड़ी की मेरे

रास्ते में। मगर मैंने हिम्मत नहीं हारी। अपनी खिल्ली उड़ती हुई कोई सूरमा ही सहन कर सकता है। वह इन्सान कैसा जो कठिनाइयों के कारण अपने लक्ष्य से भटक जाए? वह कील कैसी जो हथौड़ी की एक ही चोट से टेढ़ी हो जाए?··· हाँ, हाँ। यह काम लंबा चौड़ा है। वर्ष लग सकते हैं··· गेहूँ का लंबा चौड़ा खेत काटना हो तो खेत के परले सिरे के बारे में मत सोचो। जहाँ खड़े हो, बैठो, और दांती से हाथ की फसल काटो।··· चीनी भाषा की एक कहावत भी मुझे प्रोत्साहित करती रहती है। "लंबे से लंबा सफर पहले एक क़दम से शुरू होता है। पहला क़दम भरो।"··· नहीं, भाई साहिब। मैं दावा नही करता कि मेरा विचार नया है। या बहुत भला करेगा मेरे मुल्क का।··· अगर और कुछ नहीं, इन पड़ोसियों जैसी तोड़- फोड़ से तो बेहतर है, मैं, नित्य, एकांत में बैठकर, कुछ जोड़ूँ। कुछ रचूँ। कुछ सिरजूँ।··· अगर लोगों का फायदा न भी हुआ, कम से कम, मेरे श्वासों तक, मेरा वक़्त तो अच्छा गुज़र गया।··· आप सब का बहुत-बहुत धन्यवाद!

(अँधेरा)

गवैये : (1) फल नम्र पेड़ों को लगते,
सिम्मला, घमंड मत कर।

(2) सिर धरके तली पर आ जा
लांघना जो प्रेम की गली।

(3) मानस देह तू ने सबब से पा ली है,
कौड़ी मोल खो न देना।

(4) हीरा जनम चंदन की गेली,
महकें बाँट, रे बंदे।

—**ख़त्म**—

(पहला प्रालेख : जनवरी, 1990)

31

पाँच गठड़ी एक पुत्र के सिर

पम्मी और राजकुमार के बेटे
युगांतर सिद्धू साहनी
को

नाटककार की तरफ से

एक बार मुझे बुख़ार हो गया। बेचैन था, बड़बड़ा रहा था। पाँच बेटियों के पालने, पढ़ाने का ख़र्च। एक तन्ख़ाह में कैसे गुज़ारा हो? माता-पिता मर चुके थे। कोई सगा भाई नहीं, चाचा-ताया नहीं। एक आदमी के सिर पर इतना बोझ? मुझे अपनी माँ का बार-बार दोहराया वाक्य याद आ गया। वह अपनी पोतियों को कहा करती थी : "तुम तो पाँच गठड़ियाँ हो मेरे इकलौते पुत्र के सिर पर।" मुझे विचार सूझा : क्यों न अपने परिवार को लेकर नाटक लिखा जाए?—मैं ने पंकजा को बुलाया। पाँचों लड़कियों के बारे में नोट्स लिखवा दिए। यह 1983 की बात है।

सात साल तक इन नोट्स को गाहे बगाहे देखता रहा। दूसरे विचार साथ जोड़ता रहा। नतीजा था मार्च, 1990 का लिखा पहला ड्राफ्ट।

इस ड्राफ्ट पर आठ साल की सोच तथा इंतज़ार और ख़र्ची। जुलाई, 1998 को दूसरा ड्राफ्ट पूरा किया। उसे जनवरी, 1999 में मंच पर परखा।

शायद सोलह साल का समय ज़रूरी था ताकि इस आलेख को भावुकता से बचाया जा सके। हज़ारों दूसरे परिवारों की कहानी बनाया जा सके। अनगढ़ निजी जीवन को सर्वव्यापी कला का स्वरूप दिया जा सके।

इला अपार्टमेंट्स (104 ए) **चरणदास सिद्धू**
बी-7, वसुंधरा ऐनक्लेव,
दिल्ली-110096

निर्देशक की ओर से

'पाँच गठड़ी एक पुत्र के सिर' डॉ. चरणदास सिद्धू का इकत्तीसवाँ मौलिक पूरा नाटक है। सतेही नज़र से यह नाटक डॉ. सिद्धू और उनकी पाँच बेटियों के बारे में दिखेगा। असल में यह कहानी है भारतवर्ष के करोड़ों परिवारों की।

इस सुखांत नाटक का नायक परस राम एक सरकारी हस्पताल में नौकरी करता है। वह आँखों को ऐनकें लगाता है। परस राम को उसकी बेटियों अथवा 'गठड़ियों' ने लाचार बना रखा है। वह अपनी थोड़ी-सी तन्ख़ाह से पाँच बेटियों को पालने, पढ़ाने, का कठिन काम कर रहा है।

परस राम अपने माता-पिता के ख़िलाफ जीवन भर भीषण युद्ध लड़ता रहा है। उसके माता-पिता अपनी बहू सुरतो को तांत्रिकों और साधुओं के पास ले जाने की ज़िद करते हैं ताकि वे लोग अपने जादू टोने से सुरतो की कोख से एक 'लड़का' जमा सकें। परस राम की उतनी ही दृढ़ प्रतिज्ञा है कि वह अपने सिर पर छठे बच्चे का बोझ नहीं लदने देगा।

वास्तव में परस राम अपना एक अनोखा सपना संजोए हुए है। वह अनुसंधान में व्यस्त है : इन्सान का तीसरा नेत्र कैसे खोला जाए? दिव्य दृष्टि कैसे प्राप्त की जाए?

अंत में परस राम के निरंतर परिश्रम को फल लगता है। उसकी बेटियाँ मेहनत और शिक्षा के बल पर तगड़ी और आत्मनिर्भर बन रही हैं। उसकी पहली दोहती सलोनी के जन्म लेने पर, परसराम का तीसरा नेत्र खुल जाता है। अपनी नई अक़्ल-आँख से परसराम ज़िंदगी को नए ढंग से देखना सीखता है।

बेटी के जनम को दुर्भाग्य समझना और पुत्र के जन्म को सौभाग्य समझना, हमारे देशवासियों की, सदियों से, महा मूर्खता चली आ रही है। 'पाँच गठड़ी' नाटक हमारी बहनों और बेटियों को सशक्त तथा स्वावलंबी बनाने की ओर महत्त्वपूर्ण योगदान है।

रवि तनेजा

पहला मंचन

'पाँच गठड़ी एक पुत्र के सिर' पहली बार 11, 12 व 13 जनवरी, 1999 को श्रीराम सेंटर (**तलघर**) में पंजाबी अकादमी की सहायता से खेला गया। कॉलेजियेट ड्रामा सोसाइटी के कलाकार थे :—

परसराम : रवि तनेजा
सुरतो : वीणा सिद्धू तनेजा
लाला जवाहरमल : डॉ. चरणदास सिद्धू
बेबे : ज्ञान कौर सिद्धू
रागनी : रचना जैन / इंद्रजीत सिद्धू
रम्मी : रचना जैन / योगिता अग्निहोत्री
गौरजां : दिव्या पुष्करना / आरती कपूर
मुन्नी : निष्ठा भूषण
घुंघरू : सलोनी सिद्धू तनेजा

परदे के पीछे

मंच : रवि तनेजा, मनजीत अरोड़ा।
श्रृंगार : राजकुमार साहनी, आशा सिद्धू भगत
संगीत : नूपुर सिद्धू माथुर, सारंग सिद्धू माथुर
वस्त्र : वीणा, रचना जैन
वस्तुएँ : प्रमिला सिद्धू साहनी
प्रकाश : रबिंद्र नारायण, डॉ. अचल भगत
निर्देशन : रवि तनेजा

पात्र

परसराम	:	उम्र 37 बरस
सुरतो	:	उसकी पत्नी, 36
लाला जवाहर मल	:	उसका बाप, 65
बेबे	:	उसकी माँ, 60
रागनी	:	उसकी बेटी, 16
रम्मी	:	उसकी बेटी, 15
गौरजां	:	उसकी बेटी, 14
मुन्नी	:	उसकी बेटी, 13
घुंघरू	:	उसकी बेटी, 11
सलोनी	:	उसकी दोहती, अभी जन्मी

× × ×

समय	:	आजकल
स्थान	:	होशियारपुर, पंजाब

× × ×

झाँकी 1

(परसराम का घर। परसराम योगियों की तरह समाधि लगाए बैठा है)

परसा : ओम् नमः शिवाय! ओम नमः शिवाय!

सुरतो : उठो भी अब। देर हो रही है।

परसा : तुझे मेरे से ज़्यादा पता है, उठने का और देर का?

सुरतो : मत उठो फिर। मुझे क्या? आप ही रोज़ बड़-बड़ करते हैं—कि लेट हो जाऊँ तो बड़ा डॉक्टर बौं-बौं करता है।

परसा : तेरे जैसी ज़नानी हो तो ज़रूर बंदा योग कमा लेगा। ज़रूर तीसरा नेत्र खोल लेगा।

सुरतो : तीसरा नेत्र? दो कम हैं क्या?

परसा : तुझ गाय भैंस के लिए दो ही काफी हैं। बरतन माँजने हैं, कपड़े धोने हैं। और तू ने कौन सा कैलाश पर्वत पर चढ़ना है, तीसरा नेत्र खुलवा कर?

सुरतो : और आपने? आपने कौन सी पार्वती ब्याह कर लानी है, शिवजी बनकर? रांड नरसों के ही चिकोटियाँ काटनी हैं, हस्पताल में। वो दो आँखों से ही बहुतेरी काट लेते हो।

परसा : तुझे यही दिखता है? सरकार इसी काम की तन्ख़ाह देती है न मुझे, चार हज़ार? नरसों के साथ इश्क़ माशूक़ियाँ करने की? घर में बैठी चऊँ-चऊँ करती रहा कर। तन्ख़ाह कमानी पड़े, भीड़ भड़क्के में, खड़ी टाँग से, सारा दिन, तो तुझे सारी नरसें भूल जाएँ।

सुरतो : सारी दुनिया तन्ख़ाहें कमाती है। तुम कोई अलग हो दुनिया से? हल तो नहीं चलाते? शीशे फिट्ट करने हैं आँखों को? कुर्सी पर बैठे-बैठे। ज़ोर लगे क्या?

परसा : तुझे रसोई के अंदर पीठ टिका कर बैठी को यही लगता है। आ,

चल मेरे साथ। सौ बंदे की लाइन होती है रोज़, आँखों वाले हिस्से में। आँख झपकने की फुर्सत नहीं मिलती सारा दिन। **(घड़ी देखकर)** साढ़े नौ? झटपट कर। रोटी डाल दी?

सुरतो : डिब्बा तैयार है। खाओगे नहीं?

परसा : हस्पताल जाकर खा लूँगा। पकड़ा फटाफट।

सुरतो : मैं ने कहा···

परसा : पैसे चाहिए? तुझे पैसे माँगने के सिवा और भी कुछ आता है?

सुरतो : पैसे भी चाहिए··· कल की छुट्टी की अर्ज़ी दे कर आना।

परसा : छुट्टी? क्यों? तूने मेरे से लाल किला फतेह करवाना है?

सुरतो : किले फतेह करने हैं तुमने, सिर मूओं का। एक काम है जो कमज़ोर से कमज़ोर मर्द कर लेते हैं। तुम वो नहीं कर सके, पूरी उम्र।

परसा : तेरे किले किस लिए फतेह करूँ मैं? देखना तू। तीसरा नेत्र खोलकर दिखाऊँगा मैं एक दिन। तुझ अनपढ़ को, हर-बरस-ब्याने-वाली भैंस को, मेरी क्या क़दर? मैं वो चमत्कार ला दूँगा, साइंसदान देखते रह जाएँगे। और योगी पुरुष और देवता फूल बरसाएँगे। शिवजी का मंत्र हाथ आ गया मेरे। योग द्वारा, भक्ति द्वारा, तीसरा नेत्र खोल कर हटूँगा। पहले अपना। फिर दूसरों का। ऋषि मुनि झूठ नहीं लिख कर गए वेदों शास्त्रों के अंदर। आजकल के विदेशी विद्या प्राप्त डॉक्टर तो पागल हैं। ऐनकों से नज़र ख़ाक बढ़ेगी? काटैक्ट लैन्ज़ कुछ नहीं बनाएँगे। मैं वो आविष्कार करूँगा, नई खोज निकालूँगा! पुरातन विद्या पुनः जीवत कर दूँगा। कुल दुनिया की ऐनकें बंद! योग द्वारा, शिवजी की भांति, तीसरा नेत्र खोलूँगा।

सुरतो : चालीस रुपए दे जाओ। सब्ज़ी के लिए। फल भी लाने हैं आपके लिए। बेबे की सांस की दवाई भी ख़त्म होने वाली है।

परसा : परसों तो ख़रीदी अभी दवाई बेबे की।

सुरतो : अच्छा, दवाई छोड़ो। बीस ही दो। छुट्टी की अर्ज़ी ज़रूर देना। कल कहीं जाना है।

परसा : कहाँ जाना है? तेरे मायके? नहीं। कोट फतूही नहीं घुसूँगा मैं। एक बार गया था, ब्याह मुकलावे। उन्होंने तेरे जैसी झोटी बाँध दी मेरे लड़। एक ही ज़नानी काफी है एक जन्म के वास्ते। दोबारा नहीं घुसूँगा तेरे मायके। कहीं दूसरी काटड़ी न हाँक दें मेरे साथ।

सुरतो : ख़ामख़ा ज़बान चलाए जा रहे हैं। जो मैं कहती हूँ, वो नहीं करते।

परसा : ढंग की कहे तो मैं करूँ। बता, तू छुट्टियाँ क्यों करवा रही है मेरे से?

सुरतो : बाबा छबीलदास के डेरे जाना है। पहाड़ में।

परसा : बाबे के डेरे? क्यों? तू बाबे का चिमटा खड़काएगी?

सुरतो : लाला जी और बेबे का हुक्म है। उनको पूछ लो। उन्हों ने कहा—दोनों जावो।

परसा : किस वास्ते?

सुरतो : डेरे में साधु आया है। दूर से। नांगा। जटाधारी। यंत्र-मंत्र फूँकता है। स्वाह की चुटकी देता है। कहते हैं, शर्तिया लड़का जन्मेगा।

परसा : मैं नही जमाऊँगा लड़के। माफ कर।

सुरतो : मैं कहती हूँ, लड़के जमाने को? बापू अपने को पूछ जाकर। अम्मा को पूछ। जो कहते हैं, "लड़कियाँ जमा-जमा कर फेंके जा रही है। पाँच गठड़ियाँ धर दीं हमारे पुत्र के सिर।"—मैं अकेली नहीं जमाती लड़कियाँ। बेटा चाहिए तो मेरे साथ चल साधु के पास। मेरे बराबर कोशिश कर।

(घुंघरू आती है)

घुंघरू : भूती, चालीस रुपए निकालो।

परसा : संभाल ले। आ गई तेरी पाँचवीं कोशिश।

घुंघरू : पैसे निकालो। झटपट। संज्ञा खड़ी है बाहिर। हम दोनों सेठी की दुकान से पेसट्रियों का डिब्बा ख़रीद कर ले जाएँगी।

परसा : वो किस लिए?

सुरतो : चौदह सितंबर नहीं है आज?

परसा : चौदह सितंबर तो हर साल आता है। इसका मतलब हर चौदह सितंबर को केक पेसट्रियाँ खाए दुनिया?

घुंघरू : भूतनाथ, तुझे मेरा बर्थ डे भी याद नहीं? सौ रुपए और दो।

सुरतो : बच्चों के जन्म दिन भी याद नहीं रहते तुम्हें? यों तीसरा नेत्र खुलवाते फिरते हो।

परसा : एक आध बच्चा हो तो बंदा जन्म दिन भी याद रखे। हर महीने तो तेरी कोशिशों का बर्थ डे मनाया जाता है।

सुरतो : रत्ती भर प्यार नहीं किसी बच्चे संग। हर वेला काटूँ-चीरूँ, काटूँ-चीरूँ। जो अपने जने से प्यार न कर सके उस जैसा अंधा कौन होगा?

घुंघरू : चालीस रुपए तो मैं क्लास की सहेलियों के लिए ले जा रही हूँ। चावला मैडम ने कल क्लास को याद कराया, मेरा बर्थ डे।

परसा : लाला जी से ले जा। पेसट्रियाँ मत बाँट। महँगी हैं। टॉफियाँ दे दो।

घुंघरू : लाला जी ने बीस रुपए दिए हैं। पूरी जमात को टॉफियाँ बाँटूँगी।

परसा : बस, काफी हैं। भाग जा। टकसाल नहीं खोल रखी तेरे बाप ने।

घुंघरू : भूती, हैड मिसट्रैस्स हमारी रोज़ कहती है। जो माँ-बाप बच्चों की पढ़ाई का ख़र्च नहीं दे सकते, उन्हें फैमली प्लैनिंग सेंटर जाना चाहिए।

परसा : अनपढ़ माँ को अक़्ल दो।

सुरतो : घुंघरू, ज़्यादा मत छणछण छणछण किया कर। बाप की तरह, ज़रा नहीं सोचती बोलते वक़्त।

परसा : जा, बेबे से ले ले चालीस रुपए। वो रखती है लाला जी से चुरा कर।

घुंघरू : अच्छे माँ बाप हो तुम। दुखी कर रखा है हम बच्चों को। तुम्हारे पास आओ तो तुम कहते हो, "लाला जी और बेबे से माँग लो पैसे।" उनके पास जाओ तो वे कहते हैं, "अपने जनने वालों से जाकर माँग लो पैसे।" हम बीचम बीच ख़्वार होते हैं।

सुरतो : चलती नहीं करते, पैसे देकर। फिज़ूल में श्लोक सुनते हैं।

परसा : पकड़। बीस बहुत हैं। इस कंजरख़ाने से बेहतर है बंदा पैदा होते ही संन्यास ले ले।

घुंघरू : पूरे चालीस चाहिएं। गिद्धा नाच का पूरा ग्रुप बड़ी देर से मेरे बर्थ डे का इंतज़ार कर रहा है। चावला मैडम के सामने मैं बेइज़्ज़ती नहीं करवाऊँगी।

परसा : ले। दफा हो। तू और तेरी चावला मैडम। कंगाल कर छोड़ा।

घुंघरू : शाम को मेरी सहेलियाँ घर आएँगी। सौ रुपए दे जाना, मम्मी को। पार्टी के लिए। **(जाती है)**

परसा : और जा साधुओं के डेरों में। पाँच के पेट भरे नहीं जाते। अब छटे के लिए थूथनी खोल रही है। भूखा मारना चाहती है अपनी पाँचों प्यारियों को और मुझे?

सुरतो : जो बख़्शता है बच्चे वो आप ही करेगा हीला उनके खाने पीने का। दाने-दाने पर नाम लिखा होता है बहमाता ने।

परसा : बहमाता ससुरी ने मेरे नाम के आगे तेरे जैसी हर-बरस-ब्याने-वाली भैंस क्यों लिख छोड़ी? हर साल काटड़ी! हर बरस बछड़ी!

सुरतो : फिर वही माला फेरनी शुरू कर दी। जाओ अब। कल पहली मोटर जाएँगे। माहिलपुर से डेरा चार कोस है। पहाड़ियों में। जेजों के निकट।

(रागनी आती है)

रागनी : डैडी, दो सौ रुपए! ऐट वन्स!

परसा : किस वास्ते?

रागनी : बाजे के वास्ते। भूल गए? आप को बताया था, हारमोनियम ख़राब पड़ा है। मुझे स्कूल में चाहिए। ड्रामा हो रहा है। मैं गाने गाऊँगी। झटपट करो।

सुरतो : तेरे रोज़ बाजे ही ख़राब हुए रहते हैं?

रागनी : मम्मी, तुम बीच में दख़ल नहीं दोगी।

सुरतो : स्कूल वाले ड्रामा करवा रहे हैं, तो वो आप लाएँ बाजे। हमें चट्टी पड़ी है रक़में खर्चें? उनके डरामों पर?

रागनी : तुम कभी स्कूल में पढ़ी हो तो तुम्हें पता हो। अनपढ़ों ने मार लिया।

परसा : सुन ले अपनी पहली कोशिश के महा वाक्य। और कर कोशिशें। नंगे साधुओं के डेरों में जाकर।

रागनी : ड्रामे में संगीत डालना मेरा आईडिया था। गीत मैं ने लिखे, तीन। ट्यून बनाईं। डैडी, आज पूरी रिहर्सल है। प्लीज़। दो सौ रुपए दे दो।

परसा : उतने का तो बाजा भी नहीं जितने की तू मरम्मत करवा रही है।

रागनी : आपको इल्म है कोई बाजों की बाबत? ख़ाहमख़ाह के सवाल जवाब क्यों किए जा रहे हो? अभी तो रवि ने अपने फूफा खेमचंद की दुकान पर दिया है ठीक होने के लिए। दूसरे दुकानदार तो तीन सौ माँग रहे थे।

परसा : यह रवि कौन हुआ, भई?

सुरतो : वो है नहीं तनेजों का लड़का? गुलाबी बाग वाला? पढ़ता है इसके स्कूल, बारहवीं में।

परसा : जिसके साथ गोल गप्पे खा रही थी? कंपनी बाग के पास? परसों, लंच के वक़्त?

रागनी : आप ने कब देख लिया हमें?

परसा : जन्मी है नहीं। अभी से हर वक़्त लड़कों संग घूमने के सिवा तुझे और कोई काम ही नहीं?

रागनी : माँ बाप इस तरह की फिजूल चैं-चैं किया करते हैं बच्चों संग?

टाईम बरबाद कर रहे हैं मेरा। रवि बाजा ले आएगा आज, उधार करके फूफा से। कल उसको मुझे पैसे ज़रूर देने हैं।—और हाँ! अगले शनिवार आप छुट्टी करना हस्पताल से। मेरा नाटक देखने आना। सब पेयरेंट्स आ रहे हैं। **(मुड़कर)** दो सौ रुपए! कल! **(जाती है)**

परसा : शिव शिव शिव! बेचकर खा जाएँगी ये पाँचों, तुझे और मुझे।

सुरतो : मेरी बेटियाँ कोई अनोखा करती हैं? ख़र्च होता ही है पढ़ाइयों पर। वो देख तो वर्मा की बेटी। चौदह सौ रुपए की ट्यूशनें रखी हैं। वो भी तो देते ही हैं ख़र्च। नौकरी करे वर्मा भी, तुम्हारी तरह।

परसा : वर्मा साला तो रिश्वत लेता है। कचहरी में लूट मचा रखी है। वो रखाए ट्यूशनें। मेरे पल्ले नहीं है बेईमानी की कमाई तेरी पाँच चुड़ैलों के ऊपर ख़र्चने के वास्ते।

सुरतो : तुम क्यों लोगे रिश्वतें? रांड नरसों को खिलाओ बरफियाँ और आईसक्रीमें।

परसा : तू घर के अंदर तीसरा नेत्र खोल कर बैठा करती है? संजय की तरह, तेरी आँखें कुरुक्षेत्र का युद्ध दूर से देख लेती हैं?

सुरतो : मेरी आँखें वहाँ नहीं होतीं तो क्या दूसरों की आँखें बंद हो गईं? वो जगन्नाथ की बुड्ढी माँ बता रही थी। बोली, घंटा भर मुझे कुर्सी पर बैठा रखा। दवाई डालकर। आँखें चुंधिया कर।—कहती, शीशे फिट्ट करने पर दो दिहाड़े लगा दिए। आप तेरा ख़सम नरसों संग हिड़हिड़ हिड़हिड़ करता रहा।

परसा : मैं इस चुग़लख़ोर बुड्ढी को अँधी कर दूँगा। आए सही मेरे पास हस्पताल में। एक तो मैं ने पड़ोसिन समझ कर, इतना वक़्त लगाया। ऊपर से यह कुटनी चुग़ली करती है मेरी। हे शिव जी, क्या तू ऐसा संसार नहीं सिरज सकता था, जिस में ज़नानी न हो?

(रम्मी आती है। हाथ में छत्त से लटकाने वाला फानूस या सजावट)

रम्मी : देखो मैं क्या लाई!

सुरतो : अरी, यह क्या है? बड़ा सुंदर है यह तो।

रम्मी : सिर्फ पच्चीस रुपए का। पूरा कमरा खिल उठेगा।

परसा : पच्चीस रुपए? तेरी अम्मा ने बैंक लगा कर दी है मेरे नाम?

रम्मी : राजू के कज़िन हरीश की दुकान से लाई हूँ मैं। उसने कहा, पैसे

जब मरज़ी हो दे देना।

सुरतो : घुंघरू बहुत ख़ुश होगी। पार्टी है उसकी शाम को।

परसा : यह राजू कौन हुआ, भई?

सुरतो : राजू साहनियों का? प्लासटिक की जूतियाँ बनाते हैं जो, खानपुर दरवाज़े?

रम्मी : अलटरा मॉडर्न टेलर्ज़ वाले 225 रुपए माँग रहे हैं, सलवार कमीज़ के। लेटैस्ट डीज़ाईन। मैं ने फिल्म-फेयर में से फोटो दिखाई। कहते, बिलकुल ऐसा ही सूट स्टिच कर देंगे।

परसा : सवा दो सौ रुपए सूट की सिलाई! ओए, क्यों तुम माँ और बेटियाँ मुझे संन्यास लेने पर मजबूर कर रही हो?

रम्मी : संन्यास लेने लगे हो, डैडी? फिर तो आप जॉब रिज़ाइन करके जाओगे। आप का पूरा प्रॉवीडेंट फंड भी मिल जाएगा। उस में से जो मेरा हिस्सा होगा, मैं उसके साथ इंटीरियर डेकोरेशन का कोर्स करूँगी। स्कूल की पढ़ाई का कोई फायदा नहीं। मैं ब्यूटी पार्लर खोलूँगी। राजू बोला, यह ब्रिलियंट आईडिया है।

परसा : ज़रूर! ज़रूर खोल ब्यूटी पार्लर। पहले अपनी माँ का मेक-अप करना, सुंदर सा।

रम्मी : शुयर करूँगी मम्मी का मेक-अप। मगर किस वास्ते?

परसा : ताकि इसको दूसरा दूल्हा पसंद कर सके।

रम्मी : आप कब संन्यास लोगे?

सुरतो : क्यों टर्र-टर्र किए जा रहे हो बाप बेटी?—कल छुट्टी करो। छबील दास के डेरे जाने के लिए।

परसा : हे भूतनाथ भगवान! मेरा तीसरा नेत्र खोल दो। इस औरत से, इसकी पाँचों बलाओं से, मेरा पल्लू छुड़ाओ!—मैं आज ही जाता हूँ छिंदी के बाप के पास।

रम्मी : वकील के पास?

सुरतो : किस लिए?

परसा : डाईवोर्स का मुक़द्दमा करने। कचहरी को दरख़ास्त दूँगा—मेरे ऊपर ज़ुल्म हो रहा है। सरकार ज़ुल्म बंद करवाए। नहीं तो मुझे तलाक दिलवाए। मेरी मुक्ति हो। छे गठड़ियों का भार मेरे सिर से उतरे।

(अँधेरा)

झाँकी 2

लाला : डैडी तेरा बेवकूफ है।

गौरजां : मैं आपके साथ सहमत हूँ। मगर, लाला जी, आप अपनी वजह बताओ।

लाला : "उत्तम खेती, मद्धम व्यापार, निषिद्ध चाकरी, भीख गँवार।" नौकरी के सिर सौ जूते। बँधी तन्ख़ाह से क्या गुज़ारा होता है? क्या बनता है बड़े कुटुंब का? इसी कारण तेरा डैडी खीझ में रहता है। लड़ता है घर में। गद्दी पर बैठा दुकानदार राजा होता है। किसी का रौब नहीं। अफसरी नहीं। भली करता, हट्टी चलाता रहता, मेरे साथ। बढ़ा लेता काम जितना मरज़ी। हर वेला बटुए में रकम रहती। ख़ुश रहता। बच्चे ख़ुश, रिश्तेदार ख़ुश। अब नौकरी में? हर वक़्त रंडी रोना।

गौरजां : डैडी कहते हैं, वो रिसर्च कर रहे हैं। तीसरा नेत्र खोलने का तरीका ढूँढ़ कर हटेंगे। पुरातन वेदों शास्त्रों में लिखा है, शिव जी का तीसरा नेत्र खुलता था।

लाला : नेत्र खोलेगा यह, गधों की लीद! सौदाई है। "जिसने बनाई बातें, उसी के साथ बिताई रातें।"

गौरजां : डैडी कहते—योगियों के पास एक रहस्य होता है। अगर उन्होंने तरीका खोज निकाला, हम करोड़पति बन जाएँगे। ऐनकें कोई नहीं लगवाएगा। सब डैडी से तीसरा नेत्र खोलने का ढंग सीख कर जाया करेंगे।

लाला : शेख़ चिल्ली के बाद, बस, तेरा डैडी परसराम ही जन्मा था। बनेगा यह करोड़पति! गीदड़ों का गूह! नौकरी भी ढूँढ़ी—ऐनकें फिट्ट करने की। डॉक्टर होता, तो भी कहते। ऐनकें तो लोग गली गली बैठे फिट्ट करते हैं। मशीन से नंबर निकाल कर।—चलो, अपनी दुकान होती तो भी कहते। सरकारी हस्तपाल में

मूआ पूछता है? दस मरीज़ आएँ चाहे बीस। इसकी तन्ख़ाह तो महीने के बाद वही रहेगी। व्यापार की रीस है कोई?

गौरजां : मैं तो बिज़नेस करूँगी। कॉमर्स पढूँगी। या ईकोनॉमिक्स। मैं अपनाऊँगी आपका धंधा।

लाला : और क्या! तू तो मेरा मद्दा पुत्र है। तू पूरी करना अपने नालायक बाप की कमियाँ।

गौरजां : अब कभी बीजक में ग़लती की है मैं ने?

लाला : नहीं। बीजक बनाना तो तुझे आ गया।

गौरजां : और डाकखाना का, बैंक का—सारा काम सीखा या नहीं? वी पी कराने का? माल छुड़ाने का?

लाला : हाँ। यह तो तू ने बड़ी जल्दी सीख लिया।—वैसे बचपन में बेटा भी सारा काम सही किया करता था। कितना ही बड़ा बीजक हो, जोड़ में गलती नहीं था होने देता। बहियें बड़ी सुथरी रखता था। लेकिन बीएस.सी. पूरी की नहीं, दिमाग़ ख़राब हो गया। दुकान पर बैठना बंद कर दिया। उलटी संगति में पड़ गया। नौकरी ले ली। हस्पताल के अंदर।

गौरजां : डैडी कहते हैं, लोक भलाई का काम है, हस्पताल में सेवा करना।

लाला : खाली जेबों से राख और मिट्टी भलाई करेगा लोगों की? बापू हमारा सही गुर बताया करता था सुखी ज़िंदगी का।

गौरजां : सुख प्राप्त करने का तरीका? मुझे बताओ।

लाला : बापू कहा करता था—रक़म तो बंदे की ताक़त हुआ करती है। अगर जेब के अंदर रुपया है, तो मरा हुआ बंदा भी उठकर बैठ जाता है। लेकिन, अगर जेबें खाली हों, पीछे परिवार रोटी के लिए कपड़े फाड़े, तो बड़े से बड़ा गामा पहलवान भी हार जाता है। पीठ लगवा लेता है।

गौरजां : मैं हमेशा बैंक में बिग बैलंस रखूँगी। तिकड़म करूँ या ईमानदारी, करोड़पति बनूँगी।

लाला : बापू से अगला गुर मैं ने ढूँढ़ा।

गौरजां : अपने तजरबे से?

लाला : हाँ। अगर तुम कमाओ पचास पैसे, और ख़र्च करो उनचास, तब तो तुम रहोगे सुखी। अगर कमाओ पचास, ख़र्च करो इकावन, तो हमेशा रहोगे दुखी।

गौरजां : दैट्स ग्रेट! लाला जी, मेरा तीसरा नेत्र तो खुल गया।

लाला : इसी के बल पर, मैं गाँव से शहर पहुँचा हूँ। खेत मज़दूर से

आढ़तिया बना हूँ।

गौरजां : खेत मज़दूर?

लाला : बड़ी ग़रीबी काटी मैं और बापू ने। माँ मेरी मर गई थी, प्लेग में। मुश्किल से साल भर का था। सारी सारी रात मैं और बापू शांहों के खेतों में सिंचाई करवाते थे।

गौरजां : सिंध में भी तो रहे आप?

लाला : हाँ। जगतू और मैं रहीम यार खाँ रहे। चौदह पंद्रह बरस। दुकानें चलाईं। फिर, बलवों के बाद, यहाँ आढ़त की दुकान खोली।

गौरजां : पर, लाला जी, अब आपकी इन्कम कम क्यों हो गई?

लाला : प्लास्टिक आ गया। मशीनी बूट आ गए। देशी जूते कौन पहनता है आज? मगर हिम्मत वाला बंदा हो, तो अब भी हमारा व्यापार चोखा चल सकता है।

गौरजां : मैं चलाऊँगी आपका बिज़नेस्स। कंप्यूटर बरतूँगी।

लाला : आढ़त वाला नेत्र खोलना है, तो मेरी नसीहत पर चलना। मूर्ख बाप से उलटी मत सीखना।

(बेबे आती है)

बेबे : मुन्नी कहाँ है? मैं तो सोच रही थी, तुम्हारे पास बैठी होगी।

लाला : स्कूल से आ गई?

गौरजां : स्कूल से तो मेरे साथ आई थी।

बेबे : रोटी मेरे साथ खाई। घंटा हुआ, कहीं नज़र नहीं आई।

लाला : बाज़ार न चली गई हो, बच्चों के साथ।

बेबे : गौरजां, जा। आवाज़ मार। बाज़ार में इतनी भीड़ है। रिक्शे, ठेले, मूये मोटर सैकल। निकला तो जाता नहीं। भाग। ढूँढ़ कर ला मेरी मुन्नी को। मेरे साथ चले। डॉक्टर के।

गौरजां : मैं छिन्नी के घर जाती हूँ। मुन्नी को छिन्नी ले गई होगी।

बेबे : कहना, भाग कर आ। और तेरे लाला जी के लिए शूगर की गोलियाँ भी लानी हैं। गौरियाँ गेट से।

(गौरजां जाती है)

लाला : यह साला डॉक्टर भी ठग्गी मारता है। झट सौ रुपए निकलवा लेता है। बीमारी का कोई अता पता नहीं चलता।

बेबे : हस्पताल जा तो। बेटा कहता है, मैं आप सब टेस्ट करवा दूँगा। बड़े डॉक्टर से।

लाला : नहीं। मैं हस्पताल नहीं जाऊँगा। चारों तरफ मरीज़ और मौतें। जी ख़राब हो जाता है।

बेबे : अब क्या करें? बुरी हुई।

लाला : क्या?

बेबे : परसराम तो मानता नहीं।

लाला : बोला, साधु के डेरे नहीं जाऊँगा?

बेबे : कहे, पाँचों ने खा लिया मुझे तोड़-तोड़ कर। छटा बच्चा नहीं जमाऊँगा।

लाला : सुरतां ने बताया नहीं, साधु बड़ा करनी वाला है? लब्भू सिंगड़ी वालिये की बहू के लड़का जन्मा है।

बेबे : सुरतो रो रही है। रसोई में बैठी।

लाला : रो रही? क्यों?

बेबे : कहती, सवेरे लड़ पड़ा।

लाला : साधु के पास जाने पर?

बेबे : वो भी। फिर एक ही बार में तीन गिद्ध मेरे पुत्र को खाने आ धमकीं। छोटी भी और बड़ी भी और दूजड़ भी।

लाला : क्या बोलीं?

बेबे : पैसे माँग रहीं थीं। किसी को कुछ चाहिए, किसी को कुछ। दुखी कर रखा है मेरे बेटे को भीड़ ने। क्या करे वह भी? सुरतो कहती है, लाला जी ने बिगाड़ डालीं, खुला ख़र्च दे दे कर। और बेबे ने भी।—भला बताओ। बच्चा पैसा माँगे, तो देखा जाता है तड़पता हुआ? हों खीसे में पैसे तो कैसे मना करे कोई?

लाला : हम ने तो काट ली पाँचों संग। हमारे पास थे, हम खिलाते रहे। हमारे बाद में क्या करेगा यह? एक तन्ख़्वाह से? किधर किधर होगा? मेरी पोतियाँ दर-दर भटकेंगी। मेरी बहू भी। क्या क़िस्मत ने चक्कर में डाला है। बुढ़ापे में फिक्रों ने मार लिया। मैं कुछ करने लायक रहा नहीं। सारी सारी रात नींद नहीं आती यही सोचकर। एकम एक पुत्र मेरा। न सगा भाई, न चाचा, न ताया। आज आँखें बंद हुईं मेरी, कौन बेली वारिस है मेरी पोतियों का?

बेबे : सभी कहती हैं, कॉलेज में पढ़ेंगी। अभी तो बड़ी मुश्किल से ग्यारहवीं में पहुँची है। घुंघरू के एम.ए. पास करने तक, पंद्रह साल लग जाएँगे। मेरा पुत्र ग़रक जाएगा, पाँच गठड़ियों को सिर पर संभालता।

लीला : हीला भी तो कोई नहीं सूझता? कैसे इनको पढ़ाएगा? कैसे ब्याहेगा?

बेबे : बेटियों का धन है। सगे मर्दों का एतबार नहीं। लड़कियों को

ख़राब करेंगे। मेरा लाडला भी क्या करे? इसीलिए तो पछताता है नित्य।

लाला : लड़का एक ज़रूर चाहिए जो साथ में सहारा बने। परसे का और सुरतां का बुढ़ापा तो न शापग्रस्त हो।

बेबे : लड़कियों का क्या है? एक बार ब्याह हो गए, बच्चे जन्म पड़े, सारी उम्र के लिए ससुराल की हो रहती हैं। मेरे पुत्र की योनि ख़राब।

लाला : लब्भू बता रहा था, इस साधु की राख की चुटकी है निरा जादू। शर्तिया लड़का जन्मेगा। अच्छा, बुला सुरतां को।

बेबे : सुरतो!··· लाला जी बुला रहे हैं। **(आवाज़ देकर)** मुन्नी!··· अरी मुन्निया! भई, इस छोरी ने तो मेरा फिक्रों से साँस सूखा दिया। एक मुझे पहले ही दमे की बीमारी है। दूसरे इस मुन्नी को ढूँढ़ती सारा दिन हाँपने लगती हूँ मैं।

(सुरतो रोती आती है)

लाला : है पगली! रोना क्यों? क्या कहता है?

सुरतो : कहते, तलाक ले लूँगा। कचहरी दरख़ास्त दूँगा, वकील को पूछ कर।

बेबे : लो यो हीं। हँसता होगा वैसे ही। तलाक लेगा! ऐसा नहीं है मेरा पुत्र।

सुरतो : मुझे जो पता है। मुझे छोड़कर, दूसरी करनी चाहता है। पढ़ी लिखी। या रब्ब, मैं क्या करूँ?

लाला : बस चुप कर। छूट छुटईये क्या यों ही हो जाते हैं? डरा रहा है तुझे, ख़र्च का मारा हुआ। तन्ख़ाह थोड़ी है। खाने वाला कुन्बा है। फिर लड़कियों की पढ़ाई का ख़र्च। हो भी जाता है बंदा दुखी। खीझ में कह दिया होगा। फिक्र मत कर।

सुरतो : लाला जी, मैं जानती हूँ। ज़रूर छोड़ देगा मुझे। छिंदी के बाप के पास जा रहा है।

बेबे : ब्रह्मानंद वकील के पास?

सुरतो : हाँ। कचहरी अर्ज़ी देने। तलाक की।

लाला : ओए, नहीं। गीदड़ वाली हुआं हुआं है।

सुरतो : बुड्ढी ने जो बताया मुझे।

बेबे : जगन्नाथ की माँ ने?

सुरतो : हूँ।

बेबे : देख तो, किसकी सुनती है। अँधी बहरी की।

लाला : क्या बताया?

सुरतो : नरस है कंजरी। उसके कमरे चले जाते हैं शाम को। और हमें बुद्धू बनाते हैं : "साधु आश्रम में योगासन करता हूँ। तीसरा नेत्र खोलता हूँ।"

लाला : नहीं, मुनिया। साधु आश्रम ही जाता है।

बेबे : बेटे का धंधा ही ऐसा है। नरसों को बुलाना पड़ता है।

लाला : चलो, जवान लड़कियों संग हँस खेल लिया तो बुरा नहीं।

सुरतो : मुझे घर से निकाल कर, देख लेना, वह पढ़ी-लिखी ब्याह लेगा।

बेबे : इतना मूर्ख नहीं है मेरा बेटा। झूठा बदनाम मत कर।

सुरतो : हर बच्चे को नफरत करते हैं। किसी से मोह प्यार नहीं। कहें, संन्यास ले लूँगा।

लाला : नहीं लेता संन्यास। किसी पाखंडी साधु के झाँसे में फँस गया। प्रातः संध्या आँखें मूँद कर बुड़बुड़ बुड़बुड़ करने लग पड़ा। आता है आज तो करते हैं बात। भेजते हैं तेरे साथ नंगे के डेरे।

बेबे : **(तरीका ढूँढ़ कर)** बोतल लाओ। दुखी रहता है। घूंट पिएगा, तो चित्त खिल जाएगा। तब बात छेड़ना।

लाला : अच्छा। मीट भी लाता हूँ। थैला पकड़ा। सहज से समझाएँगे। मान जाएगा। उसे क्या पता नहीं? बेटियों से कहीं वंश चलेगा? सिद्धू परिवार का नाम उड़ जाएगा जगत से। झंडा राम का महल्ला खंडहर बन जाएगा। बाबे आले का वंश जाता रहेगा।

बेबे : पोते के बग़ैर पित्रों को पानी कौन पिलाएगा?

लाला : ओ जी, पुत्र पौत्र के बग़ैर, बंदा बुलबुला है मेंह की बूँदों का। जैसा संसार में आया, जैसा नहीं आया।

बेबे : लहसुन छील तू। मसाला कूट। मांस बनाएँ। कुछ सूखा भून लेना।—यह मुन्नी नहीं मिली। डॉक्टर के जाने को देर हो रही।

लाला : मेरी भी आँख दुखने लगी। पीड़ा हो रही।

बेबे : आँख? दाहिनी?

लाला : नज़र बहुत कम हो गई। अप्रेशन न कराना पड़े।

बेबे : डॉक्टर तो कहता है, शूगर वाले को अप्रेशन सोच समझकर कराना चाहिए।

(मुन्नी और गौरजां आती हैं)

लाला : कहाँ था मेरा मुन्ना?

बेबे : **(बांहों में लेकर)** हाय मेरी लाली! मैं तो डर ही गई थी। भीड़ भड़क्के में कुछ हो न गया हो।

सुरतो : कहाँ थी? इतनी आवाज़ें मारीं।

गौरजां : जगन्नाथ के चबारे में।

बेबे : यहाँ सामने?

लाला : वहाँ क्या कर रही थी?

गौरजां : यह नावल पढ़ रही थी। चोपड़े की दुकान से किराए पर लाई है।

बेबे : आवाज़ें नहीं सुनीं तुझे?

मुन्नी : नहीं।

लाला : इतनी मग्न थी तू पढ़ने में?

मुन्नी : ख़त्म होने वाला था नावल। वापस देना है चोपड़े को। नहीं तो वह एक दिन का किराया और लगा लेगा।

लाला : किराए का तो कोई नहीं। दे देंगे। तू स्कूल से आई है। खेला भी तो कर कभी।

गौरजां : मुन्नी को, लाला जी, खेलने की बिलकुल तमीज़ नहीं है। स्कूल में भी थूथनी बंद किए बैठी रहती है। किसी से बात नहीं करती। किताब अंदर गड़ी रहती है।

लाला : नांह। ज़्यादा किताबें नहीं पढ़नी चाहिएं।

बेबे : बाप की तरह पागल मत हो जाना, किताबें पढ़ती।

सुरतो : घुंघरू ने कल चपेड़ मारी।

बेबे : हाय, किस लिए?

लाला : चपेड़ नहीं। हँस रही थी। बोली, मेरे जन्म दिन की तैयारी करा।

सुरतो : उसके सहेले सहेलियाँ आएँगे शाम को।

बेबे : चल मेरे साथ, डॉक्टर के।

लाला : नहीं तो आ मेरे साथ। मीट लेने चलें, घंटाघर। तेरे डैडी के लिए।

मुन्नी : मैं ने स्कूल का काम करना है।

बेबे : लौटकर कर लेना।

मुन्नी : ओ गॉड! किताब छोड़कर, बुड्ढे बुड्ढियों से बतियाना पड़ेगा?

लाला : सुरतां, मसाला कूट। कपड़ा परसराम का हो कोई धोने वाला तो धो ले। मैं मनाऊँगा। मान जाएगा। डेरे जाने के लिए। जहाँ पाँच हैं, वहाँ भगवान ने छटा जीव बख़्श दिया, तो क्या लाला जवाहरमल की कोठी के अंदर दाने नहीं हैं?

(अँधेरा)

झाँकी 3

बेबे : सोडा डालूँ और?

परसा : पानी करोगी निरा?

सुरतो : सूखा खाओगे थोड़ा सा?

परसा : नहीं। पक जाने दे तू। कच्चा रह जाता है सूखा।

बेबे : कलेजी जो लाए हैं तेरे लाला जी। कलेजी गल गई होगी।

सुरतो : पकड़ो। नमक देख लो।

परसा : लाला जी नहीं पियेंगे?

बेबे : बावड़ियों की तरफ गए हुए हैं। मुन्नी और गौरजां को लेकर।

सुरतो : भंडारी की बावड़ी अखाड़े में कुश्तियाँ होंगी।

परसा : आज मुझे एक किताब मिली। साधु आश्रम, लाइब्रेरी में। संस्कृत का श्लोक मिला। शिवजी की पूजा करने का। मृत्युंजय मंत्र कहते हैं उसको। अगर सवा लाख बार पाठ करो, तीसरा नेत्र खुल जाता है।

बेबे : ध्यान से पी। झटपट। गर्म हो रही। सौदाइयों की तरह लगा रहता है, उलटी-सीधी हाँकने।

सुरतो : साधु योगी शराबें पीते हैं? माँस खाते हैं?

परसा : तुझ अनपढ़ भैंस को बैंगन पता है योगियों के बारे में? और शिव जी महाराज के बारे में?

बेबे : चुप कर, सुरतो। बेटे का खाना पीना मत टोका कर।

परसा : शिव जी आप भांग पीते हैं। तांत्रिकों के, जादू टोने वालों के, रक्षक हैं। गले में ज़हर का घड़ा दबा लिया था। इसी लिए नीलकंठ कहलाते हैं। काली माता के पति हैं। मदिरा, माँस, भांग, पोस्त, सब हज़म है साँपों वाले शंकर को। इसी कारण तो मैं नेत्र खोलने वाले यंत्र मंत्र सीख रहा हूँ। एक दिन मैं वो करिश्मा कर दूँगा, जो ऋषि मुनि नहीं कर सके। रजनीश आविष्कार नहीं कर

सका। महेश योगी नहीं कामयाब हुआ। मगर परसराम सिद्धू सन ऑफ लाला जवाहरमल सिद्धू ऑफ होशियारपुर पूर्ण योगी बनेगा। अक़्ल का तीसरा नेत्र खोलेगा।

बेबे : डाकटर कहता है, गोलियों के बग़ैर मेरी सांस की कसर नहीं हटेगी। पीने वाली दवाई भी दी।

सुरतो : डेढ़ सौ निकलवा लिया।

परसा : बेबे, घर उजाड़ने लगी हो तुम। मैं ख़ुद हस्पताल में नौकरी करता हूँ। भला डॉक्टर मेरी माँ का इलाज नहीं करेंगे?

बेबे : नांह, जाने दे तू। सरकारी डॉक्टर घास काटे हैं। सिर्फ हरबंस लाल की दवाई लगेगी मुझे।

सुरतो : लाला जी को मनाकर दिखाओ। कहो, आँखें तुम्हारे डॉक्टरों को दिखाएँ।

परसा : नहीं। बाप को संभालना मेरे बस का रोग नहीं है। लाला जी हमारे उलटे जन्मे थे। लोगों के घरों में बच्चे बिगड़ते हैं। हमारे घर में मेरा बाप बिगड़ा हुआ है। बोला, सरकारी डॉक्टर का हाथ शरीर को लगवाए बग़ैर मरूँगा।

बेबे : शूगर की कसर भी हम दोनों को निकली। मेरा तो ब्लड प्रैशर भी बहुत बढ़ गया है। हरबंस लाल कहता है, इसीलिए तो नाक से ख़ून बहता है बार-बार।

परसा : फिर, बेबे, तू कह रही थी, महलांवाली का सियाना बुलाओगी?

बेबे : उस से भी झाड़ फूँक करवाऊँगी। सियाने के बिना मेरा दमा नहीं ठीक होगा। डॉक्टर के पल्ले वो विद्या नहीं है जो पिछले सियानों के पल्ले है।

परसा : वहमों ने मार लिया तुम अनपढ़ो को। सास-बहू-ससुर, तुम तीनों वहमी हो। ओझाओं के, साधुओं के, पाद सूंघते हो।

सुरतो : ये तुम्हारे तीसड़े नेतड़ वहम नहीं हैं क्या? जो सुबह शाम बुड़बुड़ बुड़बुड़ करते हो?

परसा : तुम बड़ी माँ की ज्ञानो ध्यानो हो? देवनागरी में दस्तख़त कर नहीं सकती।

सुरतो : तुम अंग्रेज़ी में दस्ख़त करने वाले कौन से करोड़पति बन गए हो। महीना निकलता नहीं तन्खाह से। अगर लाला जी दुकान की कमाई से कपड़े लत्ते न ख़रीद कर दें, मैं और मेरी बेटियाँ नंगे घूमें।

परसा : अच्छा, सुरत कौर, तू खा ले ससुर की कमाई। रह ले ससुर के।

जा, जो तुझे ज़्यादा तन्ख़ाह लाकर देता है, उसके रह ले। मैं तो इस से ज़्यादा तन्खाह कमा नहीं सकता।

बेबे : चुप कर, लड़की। फिजूल मत ज़बान लड़ा मेरे पुत्र से।—पकड़, बर्फ का टुकड़ा और ले ले।

(रागनी और रम्मी आती हैं)

रम्मी : तुझ फिल्म कुमारी की तो बंबई वाले बैठे इंतज़ार कर रहे हैं—कि रागनी सिद्धू आए तो हम लता मंगेशकर को रिटायर करें।

रागनी : अगर मैं फिल्मों में संगीत नहीं दे सकती, तेरी तो ज़रूर करिश्मा कपूर और शाहरुख़ खां इंतज़ार कर रहे हैं—कि रम्मी सिद्धू आए और हमारी मेक-अप करे।

रम्मी : ब्यूटी पार्लर खोलकर दिखाऊँगी तुझे। करिश्मा कपूर तो दो टके की ऐक्टरेस है। बड़ी-बड़ी हीरोइनें आएँगी रम्मी से सुंदरता बढ़वाने।

रागनी : बंबई से नहीं। हॉलीवुड से आएँगी।

बेबे : तुम ने क्या महाभारत छेड़ रखा है? हर वक़्त सींग फँसाए रखती हैं।

रागनी : बेबे, यही छेड़ती है मुझे। भला मैं बदमाश हूँ? रवि के साथ मैं डरामे के म्यूज़िक के बारे में बात कर रही थी, गली में खड़ी। **(रोती)** बोली, रोज़ भांति भांति के लड़कों को मिलती है।

रम्मी : झूठ है कोई? मिलती हो। मुझ से क्या छिपा है?

परसा : ओए, तुम घर में बैठने दोगी कि नहीं? लाला जवाहरमल की फौज?

रागनी : तू? तू राजू के साथ किधर किधर ख़ाक खाने जाती हो?

रम्मी : ख़बरदार जो मुझे अपने जैसी समझा।

(घुंघरू, मुन्नी, गौरजां आती हैं)

घुंघरू : मुन्नी, मैं तेरे थप्पड़ मारूँगी।

गौरजां : मारकर दिखा। तेरे मैं थप्पड़ जड़ूँगी।

बेबे : लाला जी आ गए। चुप करो, चुड़ैलो।

घुंघरू : माई गौरजां, तू कौन होती है मुन्नी को मेरी चपेड़ों से बचाने वाली?

गौरजां : कसूर तो बता तू मुन्नी का।

घुंघरू : कसूर है। बहुत बड़ा गुनाह कर रही है मुन्नी। भूती, सुनो। इन्साफ करो एक हमारा। बोल, मुन्नी। तुझे तबला बजाना आता है या नहीं?

मुन्नी : आता है। लेकिन मैं तेरी बर्थ डे पार्टी पर नहीं बजा सकती।

घुंघरू : क्यों?

मुन्नी : मैं ने विल देओरां की 'स्टोरी ऑफ फिलॉसिफी' शुरू की है। पहले यह ख़त्म करूँगी।

परसा : क्या-क्या-क्या? मुन्नी, क्या पढ़ रही हो?

मुन्नी : आपको नहीं समझ आएगी यह किताब।

बेबे : मुन्नी, डैडी को ऐसे बोलते हैं?

परसा : सुन लो बेटी के कारनामे। "माँ जन्मी नहीं, पुत्र कोठे पर।"

मुन्नी : तुम गले सड़े हिंदोस्तानी वहमों भ्रमों के अंदर धंसे रहो। तीसरा नेत्र खोलते हुए। तुम प्रेगमैटिक वेस्टर्न फिलॉसिफी नहीं समझ सकते।

परसा : यह किताब तुम्हें मिली कहाँ से? मैं ने तो ख़रीदी नहीं इस नाम की किताब।

मुन्नी : तुम्हारी ख़रीदी हुई किताबें पढ़ें हम, तो घर का कोई बच्चा प्राइमरी स्कूल न पास कर सके।

घुंघरू : अगर मैं टीचर होती, मेरी मैडम चावला अगर ऐगज़ामिनर होती, तुझे चौथी जमात में कभी पास न करती।

बेबे : चूल्हे में गिरे तेरी सिर सड़ी चावला। मेरी मुन्नी फस्ट निकली है जमात में। क्यों न करती पास?

घुंघरू : भूती, इस बदतमीज़ से पूछो। क्या इसका फर्ज़ नहीं कि अपनी छोटी बहन की सहायता करे?

गौरजां : क्यों करे?

घुंघरू : तू चुप रह, कालो माई। भूती, तुम फैसला करो।

बेबे : अरी, तू अपने डैडी को 'भूती' क्यों बुलाती हो?

घुंघरू : ये हैं ही भूतनाथ। जब घर में घुसते हैं, डर के मारे, सारे बच्चे चुप कर जाते हैं। छिप जाते हैं।

गौरजां : यह तो सही है। मगर 'भूती' क्यों? सिर्फ 'भूत' क्यों नहीं?

घुंघरू : डैड-डैडी, भूत-भूती।

बेबे : ठुकाई करने वाली है तुम पाँचों की। नमक हराम।

घुंघरू : चल, बजा तबला।

परसा : हाँ भई मुन्नी। तुम्हें छोटी बहन की मदद करनी चाहिए।

मुन्नी : बेशक मेरा मूड हो या न हो?

घुंघरू : एक थप्पड़ पड़ा मेरा, तो तेरा सारा मूड ठीक हो जाएगा।

बेबे : नहीं। मेरी कोमल-सी मुन्नी। दशशिर की तरह धमकाती रहती

है।

घुंघरू : मैं ने सितार सीखना है। रविशंकर बनना है। इसकी ड्यूटी नहीं कि तबले पर संगत करे? मुझे महान बनाए?

रागनी : सितार कब से सीखना शुरू किया तू ने?

रम्मी : जब से इसे पंडित सर म्यूज़िक सिखाने लगे हैं।

परसा : तुम सब तानसेन बन जाओगी। खाओ सिर बाप अपने का। लड़ लड़कर, हर वक़्त, करो मेरी तपस्या भंग।

(लाला आता है)

घुंघरू : लाला जी, इन्साफ करो एक मेरा और मुन्नी का।

बेबे : रोटी भी नहीं खाने देतीं मेरे पुत्र को। हर वेला कांय-कांय, कांय-कांय। ऐसी हैं कि इनको भगवान भी नहीं उठाता।

लाला : सुरतां, गल गया होगा मीट फटाफट? छेरा तो नर्म था।

सुरतो : पूरी तरह गल गया। आपके लिए डालूँ?

लाला : रुक ज़रा। तुम सब खा चुकीं?

रागनी : हमारा भी फैसला करो, लाला जी। मेरा और रम्मी का।

रम्मी : शिकायती टट्टू।

बेबे : इन पाँचों के लिए डाल दे, सुरतो। जाओ, ऊपर जाकर खाओ। आँगन खाली करो।

लाला : क्यों? यहाँ बैठो। इकट्ठे खाते हैं।

गौरजां : मैं आपके साथ खाऊँगी।

लाला : तू और मुन्नी, हम इकट्ठे खाएँगे।—पकड़, बेटा, गर्म गर्म।

बेबे : जलेबियाँ?

परसा : लाला जी, आप भी उलटे काम करते हो। कभी कोई शराब के साथ भी जलेबियाँ खाता हुआ सुना है?

लाला : सुना? सुनना किस ससुरे से है हम ने? भीलो हलवाई जैसी जलेबी पूरे पंजाब के अंदर कोई नहीं बना सकता। ताज़ी ताज़ी। मैं ने सोचा, ले चलूँ।

परसा : तभी तो शूगर की बीमारियाँ होती हैं तुम दोनों को। जल्दी मरोगे।

लाला : मरने से बड़े-बड़े वली नहीं बच सके। अगर मरना ही है, खा पी कर तो मरें। क्यों, मेरा मद्दा पुत्र?

गौरजां : शाबाश, लाला जी।

घुंघरू : बच्चो, ताली बजाओ। **(तालियाँ)**

बेबे : थूथनियाँ बंद रखो ज़रा। बात करने दो लाला जी और बेटे को।

लाला : ज़्यादा बातें कया करनी हैं?··· बेटा, छुट्टी की अर्ज़ी दे दी?

परसा : किस लिए?

लाला : अल्होबुल्होवाल वाले ईसर ने भी बताया मुझे। जेजों वाले महाराज के पास दैवी शक्ति है। एक बार तुम और सुरतां नमस्कार कर आओ।

बेबे : लब्भू की बहू के, कहते हैं, सात लड़कियों के बाद लड़का जन्मा है। इसी नंगे की राख से।

परसा : इसी लिए, आज, इतनी ख़ातिर हो रही है मेरी? मैं नहीं जाऊँगा किसी साधु के पास। ये पाँच कोशिशें थोड़ी हैं? **(रोता)** तुम मेरे माँ बाप हो या दुश्मन? तुम आप दोनों मर जाओगे। मैं अकेला! न सगा भाई, न चाचा, न ताया। न ज़मीन, न जायदाद। मैं कहाँ से पढ़ाऊँगा, लिखाऊँगा, इस फौज को? सारी उम्र मैं इनके तन ढकता सौदाई हो जाऊँगा। ओए, कोई तरस करो मेरे पर। पहले ही मुझे तुम ने पाँच कोढ़ लगा दिये। लड़के जमाते हुए। अब तो दया करो। मैं, इन पाँच गठड़ियों के नीचे दबा हुआ, पूरी उम्र, सांस नहीं ले सकता। मैं ने योग कमाना शुरू किया। तजरबे कर रहा हूँ। तुम मुझे किसी कार्य में कामयाब नहीं होने दोगे। मैं जैसा संसार में आया, जैसा नहीं आया। तुम्हारी पोतियाँ पालते हुए, ब्याहते हुए, कीड़े पतंगे की तरह, गुमनाम मर जाऊँगा। मैं नहीं जाऊँगा किसी साधु साले के पास। मुझे नहीं चाहिए पुत्र। मत योनि गलाओ मेरी। माँ बाप बनकर, मत वैर कमाओ मेरे साथ। मुझे चैन से जी लेने दो।—नहीं तो? मैं घर छोड़कर चला जाऊँगा। शिवजी के चरणों में बैठ जाऊँगा। फिर रोना ज़िंदगी भर मेरी इंतज़ार करते हुए!

(रोता हुआ जाता है)

लाला : बेटा!

बेबे : कहाँ चला?

लाला : परस रामा!

बेबे : रोटी तो खा जा!

लाला : **(रोता)** ओए बेटा! तेरे बग़ैर, हमारा और कौन है? हम यहाँ अकेले क्या करेंगे? हमें भी साथ ले चल, जहाँ जा रहा है!

(अँधेरा)

झाँकी 4

(बेबे खाट पर, मरने वाली)

बेबे : बेटा!!!

सुरतो : बेबे, खाना है कुछ?··· चाय दूँ? डबल रोटी बीच में डाल देती हूँ।

बेबे : बेटा!!!

सुरतो : लैबरेड़ी गए।

बेबे : (ऊँचे) बेटा!!!

सुरतो : मत आवाज़ें मारो। मैं भेजती हूँ किसी को।

बेबे : परस रामा!

सुरतो : पहले ही साँस नहीं आती आपको। आराम से लेटी रहो।

(लाला आता है)

लाला : लौटा नहीं?

सुरतो : अभी कहाँ।

बेबे : बेटा!!!

लाला : अंत बुरा है हम दोनों का। एक पुत्र दिया भगवान ने। माँ मरने वाली है। यह नहीं कि घड़ी भर पास बैठ ले।

बेबे : पुत्र, पाँच गठड़ियाँ है तेरे सिर पर!

लाला : लड़कियाँ कहाँ गई?

सुरतो : इधर उधर होंगी।

लाला : बाप पर गईं। निर्मोही।

बेबे : नमक हराम।

लाला : सारी उम्र घड़ी भर उपेक्षा नहीं की, पाँचों पोतियों की। हर वेला गोद में उठाए रखना। मेरी मुन्नी और मेरी गौरजां और मेरी रम्मी। इस वक्त एक नहीं निकट पहुँची। ऐसे ही मेरे साथ होगी। **(रुआँसा)** अकेला तड़प तड़प कर मरूँगा मैं भी।

सुरतो : लाला जी, यह बेला हौसला ढहाने की है? बच्चियों को क्या

समझ?

लाला : बाईस साल की रागनी बच्ची है? इक्कीस की रम्मी?

सुरतो : रागनी तो रवि के साथ गई, ड्रामे की रिहर्सल। रम्मी राजू के साथ गई पिकनिक, शाह नूर जमाल।

लाला : इतना जुल्म! दादी मौत किनारे है। पोतियाँ ड्रामे खेल रही हैं। पिकनिक मना रही हैं।

सुरतो : मुन्नी किताबें ख़रीदने गई है, वकील बाज़ार।

लाला : बस, वहाँ खड़ी सारी दुकान की किताबें उलटम पलटम कर रही होगी।

बेबे : बेटा!!!

लाला : गोरजां भी नहीं दिखती।

सुरतो : कंप्यूटर सीखने चली गई। गोयलों के सुबोध के साथ।

लाला : घुंघरू?

सुरतो : माथुरों के रबिंद्र के साथ गई।

लाला : कहाँ?

सुरतो : उसके गुरु हफीज़ साहिब राग गाएँगे आज।

बेबे : मुन्नी!

सुरतो : पीने वाली दवाई दूँ?··· बेबे!··· बोलती नहीं?

लाला : अब क्या बोलेगी। पाठ सुनायें, गुरुवाणी। या गीता का अठारहवाँ अध्याय। गंगा जल?

सुरतो : सिरहाने पड़ा है। लुटिया में।

लाला : नीचे उतारते हैं।

(परस राम आता है)

सुरतो : डालूँ गंगाजल मुँह में?

लाला : बेटा, तू कहाँ रहा?

परसा : किताब ढूँढ़नी थी लाइब्रेरी में?

लाला : यह वक़्त किताबें बाँचने का है? हालत तो देख अपनी माँ की।

सुरतो : सांस लेना कठिन है।

परसा : यही तो मैं ने सोचा। बेबे मरने वाली है। मैं ने कहीं पढ़ा था—जो मनुष्य मृत्यु किनारे हो, उसका तीसरा नेत्र खुल जाता है। मैं बेबे को पूछूँगा।—चैक किया मेंने शिव पुराण में। शंकर का तीसरा नेत्र उस वक़्त खुलता है जब प्रलय आती है। मतलब, बंदे की मौत के क़रीब उसका दसवाँ द्वार खुल जाता है।—बेबे!!!

लाला : ओए सौदाई! क्यों तू बेचारी का अंत ख़्वार कर रहा है?

सुरतो : अक़्ल ठिकाने है तुम्हारी? बेबे की दो सांस नहीं बाकी। तुम्हें तीसड़े नेतड़ सूझ रहे हैं।

परसा : बेबे!!!

लाला : मैं गीता लाता हूँ। पंज ग्रंथी भी। सुरतां, गंगा जल पिला, चमचे से। **(जाता है)**

सुरतो : तुम अपने हाथ से पिलाओ।

परसा : रुक ज़रा। कुछ सवाल जवाब कर लेने दे।

बेबे : बेटा!

परसा : हाँ, बेबे।

बेबे : पाँच गठड़ियाँ हैं तेरे सिर पर! निर्मोही।

परसा : इस समय, बेबे, तुम्हें क्या दिखता है?··· मेरा मतलब—कोई रूह, आत्मा ··· है क्या? ··· यम देवता·· आस पास घूम रहा है?

सुरतो : क्या कर रहे हो तुम?

परसा : तू थूथनी बंद रख। अनपढ़ हर-बरस-ब्याने-वाली भैंस। ऐसा मौक़ा क्या बार-बार मिलता है? ज़िंदगी में हर बंदे की माँ सिर्फ एक बार मरती है। बाप सिर्फ एक बार मरता है। ए यूनीक अप्परचुनिटी फॉर साईकिक रिसर्च।

सुरतो : तुम्हें तो पागलख़ाने बंद करना चाहिए।

परसा : बेबे, क्या तुम्हें कोई वह चीज़ दिखती है जो तुम ने ज़िंदगी भर कभी नहीं देखी?··· ज़िंदगी क्या है? मौत क्या है?··· तीसरा नेत्र खुल गया तेरा?

सुरतो : है टलते उलट वाणी बकने से।

परसा : कोई स्वर्ग या नरक की झांकी दिखी? पित्र तुम्हें बुलाने आए हैं? तुम्हें ले जाने? बापू रेलू राम? झंडा राम? बाबा बुग्घा? बाबा आला? बराड़? या बाबा सिद्धू?

(लाला चिटाई और गीता लाता है)

लाला : उतरो नीचे। बेटा, गीता पढ़। बाद में मैं जपुजी साहब का पाठ सुनाऊँगा।

परसा : नहीं। नीचे नहीं उतारेंगे।

सुरतो : गति नहीं होती, अगर खाट पर मरे।

लाला : नहीं तो पहेवे जाना पड़ेगा। खटिया बिस्तर दान करने पड़ेंगे।··· बेटा, मैं मिन्नत करता हूँ तेरी। अभी होश हैगी। क्या बिगड़ जाएगा तेरा? रूह ख़ुश हो जाएगी इसकी। वादा कर दे जाती हुई के साथ।

परसा : काहे का वादा?

लाला : वही... एक लड़का... संतों की स्वाह बरत कर। पोता हो जाए। न तरसती जाए संसार से। कह दे :"बेबे, मैं और सुरतां जाएँगे जेजों, नंगे के पास। पोता ज़रूर होगा तेरे।" कह दो, मेरे लाल। आत्मा को शांति मिल जाएगी।

परसा : नहीं, लाला जी। यह मैं क़तई नहीं मानूँगा। बेबे को मरती हुई देखकर, आप मुझे ब्लैकमेल कर रहे हो। इतना कमज़ोर नहीं हूँ मैं।

लाला : पोता पानी देने वाला न हो, तो रूह तड़पती हुई घूमती है। भूत प्रेत बनकर।

परसा : बेबे भूतनी बने चाहे चुड़ैल। मैं छटा वैरी नहीं जमाऊँगा। पाँच पहाड़ बहुत हैं मेरी गर्दन मरोड़ने के लिए।

सुरतो : (रोती) कभी तो ज़िद छोड़ा करो। देखो! सांस लेनी मुश्किल है।

लाला : होश है अभी। परसराम, फूँक मार दे कान में।

परसा : बिलकुल नहीं। दुखी कर दिया तुम ने। बेबे की अंतिम रस्म होते ही, मैं अप्रेशन करा लूँगा। बच्चे जमाने का टंटा सदा वास्ते मुका दूँगा।

लाला : न ओए! यह जुल्म मत कमाना हमारे साथ।

सुरतो : कहीं कहीं, देर के बाद, सांस मुड़ती है।

लाला : बेटा, उठा उधर से। नीचे उतारें।

परसा : नहीं। यह नहीं मैं होने दूँगा।

लाला : तू नया धर्म चलाएगा? नास्तिक, क्यों तू माँ की हड्डियाँ ख़्वार कर रहा है?

परसा : लाला जी, अगर यह आपकी पत्नी है, तो मेरी भी माँ है। मैं इसको यह महसूस नहीं होने दूँगा कि—"तू मर रही है। तुम्हें हमने नीचे उतार दिया है। पाठ सुना रहे हैं। तू श्मशान में जलने के लिए तैयार हो जा।"—जीवित व्यक्ति के ऊपर यह घोर अत्याचार है। गति हो चाहे न हो। इस औरत ने सारी उम्र मेहनत मुशक़्क़त की। चार बेटियाँ पालीं। एक पुत्र। पाँच पोतियाँ। दुकान आपकी तो कल चलने लगी है। मैं बचपन से देखता रहा हूँ। बेबे रोज़ घास काटा करती थी। चक्की पीसा करती थी। सिला चुगा। पूरी उम्र मज़दूरी की मेरी माँ ने। दुख झेले। दो-दो बीमारियाँ झेलीं। अब इसका हक़ है, यह चैन से मर सके। इसको पाठों और पाखंडों से दुखी मत करो। रहने दो खाट पर पड़ी हुई।

सुरतो : **(गंगाजल डालती)** गंगा जल मुँह से निकला जा रहा है।

परसा : गंगा जल मौत नहीं रोक सकता।

लाला : नब्ज़ तो बंद हो गई।

सुरतो : **(दो हाथों से अपने को पीटती)** हाय री मेरी अम्मा। मत जा मुझे दुखों में छोड़ कर!

परसा : मैं बंदे बुलाता हूँ। झटपट ले चलें श्मशान को।

लाला : ओए बेगुरे! हड़बड़ी मत मचा। बेटियों को तो बुला लें। माँ का मुँह देख लें आख़िरी बार।—अच्छा, गोपालिये, तेरा भाग्य। एक पुत्र दिया प्रभु ने। वो भी नास्तिक! पत्थर दिल! तू आवाज़ें लगाती मर गई। तुझे मरी हुई को भी पानी देने वाला नहीं है कोई। बस नहीं मेरा कुछ चला। ऐसे ही मेरे साथ होगी। हाड़ ख़ाक में ख़्वार होंगे, तेरी तरह।

परसा : लाला जी, मनुष्य मरता कौन से तरीके से है, यह महत्त्व नहीं रखता। यह सोचो, मनुष्य पूरी ज़िंदगी जीता किस तरीके से रहा। अब तो यह मिट्टी है। मिलाओ मिट्टी में फटाफट।—मेरी बदक़िस्मती देखो। माँ भी मरी, सवाल-जवाब भी किए, मेरा तीसरा नेत्र फिर नहीं खुला!

(अँधेरा)

(आधी छुट्टी)

झाँकी 5

मुन्नी : मैं नहीं जा सकती तेरा कत्थक देखने। सॉरी। मैं ने पढ़ाई करनी है।

घुंघरू : मैं बालों से पकड़ कर, घसीट कर, ले जाऊँगी। चलती हो शराफत से या उखाड़ूँ बाल?

गौरजां : क्यों तंग करती रहती है तू उसको? हर वक़्त दादागिरी दिखाती है।

घुंघरू : माई गौरजां, तू बकना बंद कर। जा, तू लाला जी के बिल बनाना सीख। ब्लैक मार्कटिंग के तरीके सीख। मेरा कत्थक और संगीत तेरे जैसी पैसे की पुत्री के पल्ले पड़ने वाली कलाएँ नहीं। **(बाल खींचती)** चल मेरे साथ।

मुन्नी : ममा!

गौरजां : छोड़ती है बाल या नहीं? मैं लाला जी को बताऊँगी।

मुन्नी : मम्मी!

घुंघरू : लाला जी को बता दे, चाहे लाला जी के पुत्र को बता दे। मुन्नी को अपनी छोटी बहन का कत्थक देखना चाहिए। बड़ी बहन होने के नाते, यह मुन्नी का है परमो धर्मः।

मुन्नी : मैं ऐसा उलटा धर्म नहीं सीखूँगी।

घुंघरू : नहीं सीखेगी? **(बाल खींचती है)**

मुन्नी : हाय माँ! बचा ले!

गौरजां : हटेगी नहीं तू?

(सुरतो आती है)

घुंघरू : बुड्ढी, अपनी चौथी को समझा ले। नहीं तो मैं पीट-पीट कर लूली लंगड़ी बना दूँगी।

सुरतो : क्या हुआ?

घुंघरू : बाप की भांति पत्थर दिल बनती जा रही है। बहन से प्यार नहीं

करती। मेरा कत्थक देखने नहीं चल रही।

मुन्नी : मैं ने पढ़ना है।

सुरतो : जा, मेरी मुनिया। दिन-रात किताबों से चिमटी रहती हो। आँखों की लौ गंवा बैठोगी, लाला जी की तरह।

गौरजां : बुढ़ऊ इसके ऐनकें फिट कर देंगे।

मुन्नी : नांह। मुझे नहीं ज़रूरत नेत्र खुलवाने की।

घुंघरू : सीधी तरह नहीं मानेगी फिर तू?

सुरतो : चुप करो! आ गए!

(परस राम आता है)

गौरजां : भूती, अपनी निक्की के नुकेल डालो। हर वक़्त मुन्नी को पीटती है। मैं हड्डी पस्सली तोड़ दूँगी।

सुरतो : हस्पताल तो पाँच बजे बंद हो गया था। इतनी देर किसकी गोद में बैठे रहे?

परसा : **(देखकर, चुप)** बरसों की पढ़ाई बेकार होती जा रही है। रीसर्च चोखा कठिन काम है। बहादुरपुर किसी बंदे के पास एक ग्रंथ का पता चला था। भोज पत्रों पर लिखा हुआ। शिव पुराण की व्याख्या। मैं ने सोचा उसमें तीसरे नेत्र के बारे में कुछ लिखा होगा। लगता है, मैं ने फिजूल वक़्त बरबाद किया इतने बरस।

सुरतो : सब बहाने हैं तुम्हारे। किसी नरस रांड के कमरे में घुसड़े होगे।

परसा : तू ने थप्पड़ खाने हैं मेरे से? तोहमतें लगाती रहती हो?—चल, चाय बना।

(सुरतो जाती है)

घुंघरू : मुन्नी, चल मेरे साथ।

परसा : रुक ज़रा। मुन्नी, तू वैस्टर्न फिलॉसिफी पढ़ रही थी। कहीं तू ने उसमें थर्ड आई को रेफरेंस पढ़ी है?

मुन्नी : नहीं। उनके ज़्यादा मॉडर्न दार्शनिक प्रेक्टीकल हैं। वे तो नेत्र खुलने का मतलब लेंगे, ऐनक लगा कर निगाह बढ़ाना। सो आप हस्तपाल में बढ़ा रहे हो।

परसा : शारीरिक दृष्टि तो मैं बरसों से प्रदान कर रहा हूँ। लेकिन दिव्य दृष्टि कैसे मिलती है? तीसरा नेत्र कैसे प्राप्त होता है?

मुन्नी : मेरा ख़्याल है, आपने ग़लत ट्रेल पकड़ रखी है। दूसरी डाइरेक्शन पकड़ो।

परसा : वो कैसे, भई? कौन सी डाइरेक्शन?

मुन्नी : तुम तीसरी आँख का मतलब साधारण ले रहे हो। लिटरल।

इसका अर्थ कुछ और होगा।

परसा : कौन सा? समझा तो।

मुन्नी : आईम नॉट शुयर। पर जो कुछ मैं ने अभी तक पढ़ा है, उसके मुताबिक, माईथॉलोजी को लिटरली इंटरप्रेट करना सरासर बेवकूफी है। ए मिथ इज़ ए पोइम, ऐ मैटाफर। शिवजी की तीसरी आँख का मतलब होगा : "गूढ़ ज्ञान। ज़िंदगी के बारे में किसी सच्च की खोज। दी डिसकवरी ऑफ ए न्यू आईडिया अबाऊट 'हाऊ टू लिव?' सुख प्राप्त करने का राज़। इनसाईट।"

गौरजां : हमारे पल्ले कुछ नहीं पड़ा।

घुंघरू : भैंसे के आगे अंग्रेज़ी बीन बजा रही है?

परसा : चुप्प! मुन्नी, तेरी बात में बड़ी सच्चाई दिख रही है। तुम्हें यह कैसे सूझा कि मिथ का मतलब पोऐटिक होता है? मैटाफॉरिक होता है?

मुन्नी : ऐवरी फूल नोज़ दैट टुडे।

गौरजां : लेकिन बुढ़ऊ तो नहीं जानते।

परसा : तू ने कहाँ पढ़ी यह बात?

घुंघरू : अचल ने बताई होगी।

परसा : अचल कौन?

गौरजां : भगतों का पुत्र। जो डाकटरी सीख रहा है।

मुन्नी : नहीं, जी। अचल को बल्कि मैं ने समझाया।

घुंघरू : क्या?

मुन्नी : अचल भी आजकल के हर बुद्धू डॉक्टर की तरह, भूती की तरह, रोगों को सिर्फ शारीरिक समझता है। लिटरल समझता है। जब कि फरायड के मुताबिक, अधिकतर रोगों की जड़ मानसिक है। मानसिक रोगों को दूर करना शारीरिक रोगों के इलाज से कहीं बड़ा चैलंज है।

गौरजां : अचल मान गया तेरी सलाह?

मुन्नी : और क्या? इसी लिए, वह अब साईकायट्रिस्ट बन रहा है। फरायड पढ़ रहा है।

परसा : यह फरॉड कौन था?

मुन्नी : एक जर्मन जीनियस। उसके 'चेत' और 'अचेत' मन के बारे में विचार पढ़ो। फरायड, जुंग, ऐडलर, ऐरिक फरॉम, ऐरिक बर्न—सब मनोवैज्ञानिक तीसरे नेत्र का मतलब कुछ और ही निकालेंगे।

परसा : क्या?

मुन्नी : तीसरा नेत्र होता है हमारे 'इड' का प्रक्टाव। अनकॉनश्यस की शक्ति। दबी हुई ताक़त, हमारे अंदर की।—जिसका इस्तेमाल करके जीनियस आविष्कार करते हैं। कलाकार नई कृतियाँ गढ़ते हैं। दी यूज़ ऑफ दी पावर्ज़ ऑफ बैरीड सैल्फ फॉर मेकिंग डिसकवरीज़ ऐंड इनवैनशन्ज़ इन साइंस ऐंड आर्ट्स।

परसा : माई गॉड! क्या कुछ जानती है यह लड़की!

गौरजां : मुन्नी की शक्ल इसी लिए तो ममा से मिलती है। आपके साथ बिलकुल नहीं मिलती।

(सुरतो चाय और बिजली का बिल लाती है)

परसा : तुम ने मुझे इस रास्ते पहले क्यों नहीं डाला? ख़ामख़ा मैं भूल भुलैया में भटकता रहा इतने साल।

सुरतो : आज बिल ज़रूर जमा कर देना। नहीं तो वो बिजली काट देंगे।

घुंघरू : भूती, मेरे सितार वाले सर मेरे लिए नया सितार बनवा रहे हैं। साढ़े पाँच हज़ार लगेगा।

गौरजां : साढ़े पाँच हज़ार! तू ने सितार ख़रीदना है कि हाथी?

परसा : साढ़े ग्यारह सौ!!! साढ़े ग्यारह सौ बिजली का बिल कहाँ से आ गया?

सुरतो : मुझे क्या पता।

परसा : तुझे नहीं पता तो और किस कंजर को पता है?

सुरतो : मैं खाती हूँ बिजली?

परसा : तू बिजली नहीं खाती अगर, तो छः गुना बिल कैसे आ गया? कहाँ से निकालूँ इतनी बड़ी रक़म?

सुरतो : बेटियों से पूछ—जो हर वक़्त कपड़े प्रेस करती हैं।

गौरजां : रम्मी घड़म्मी की शौकीनियाँ नहीं ख़त्म होतीं। दिन रात प्रेस गर्म रखती है।

(रम्मी आती है)

घुंघरू : रागनी कौन सी कम है। दोनों अपने आप को फिल्म कुमारी समझती हैं।

रम्मी : मेरी क्या चुग़ली हो रही है?

परसा : यह बिजली का बिल इतना कैसे आ गया?

(रागनी आती है)

रागनी : डैडी, मुझे दो हज़ार रुपए चाहिएं। किसी को देने हैं। उसकी सिसटर की मैरिज है।

रम्मी : किसी की कैसे? सीधा कह; रवि की बहन सुमन की शादी है।

हाँ, ममा, मुझे कल तुम्हारी साड़ी चाहिए। बनारसी। मैं ने एक सहेली के बर्थ डे पर जाना है।

रागनी : सहेली? वाह! झूठ क्यों बक रही है। साफ कह, राजू का जन्म दिन मनाने पार्क होटल जाना है।

रम्मी : मैं चांटा मारूँगी, अगर मेरी लाईफ में दख़ल दिया।

रागनी : मैं भी चांटा ठोकूँगी, अगर मेरी लाईफ में देख़ल दिया।

परसा : मैं तुम्हारे पाँचों के थोबड़े तोड़ दूँगा। साथ में तुम्हारी माँ का।

सुरतो : क्यों? मैं ने क्या किया?

परसा : जमा-जमा कर फेंकती गई। सूअरनी की तरह। अब इस रेवड़ को संभाल भी।

सुरतो : ज़बान देखी इनकी? मुझे तो अनपढ़ कहते हैं। ऐसी बोली तो झुग्गी झोंपड़ी के वालमीकिये भी नहीं बोलते।

परसा : चुप कर तू। नहीं तो मैं डंडा पकड़कर अभी सब की चमड़ी उधेड़ दूँगा।

रागनी : क्यों उधेड़ दोगे आप चमड़ी?

रम्मी : हम ने क्या कसूर किया है?

परसा : कसूर नहीं तो और तुम कौन से पुण्य कमा रही हो? माँ की तरह। बदचलनों वाली करतूतें।

सुरतो : मैं ने कौन सी बदचलनी की?

रागनी : ख़ामख़ा पीछे पड़ गए।

सुरतो : जाओ! लाला जी को बुलाकर लाओ। यह पगलाया हुआ मनुष्य मेरा कुटुंब काट खाएगा।

परसा : **(रागनी के थप्पड़ मारकर)** ख़ामखा बताऊँ मैं तुझे? उस तनेजों के छोकरे को तुम ने क्या पट्टियाँ पढ़ाई हैं?

रम्मी : पट्टियाँ कैसी? रवि को शायद यह शादी के लिए पटा रही है।

परसा : घर वालों से बग़ैर पूछे?

रागनी : पूछने तो लगी थी मैं रात को। तुम फिर तीसड़ा नेतड़ खोलने घर से निकल गए। आधी रात को लौटे।

रम्मी : किस समय बात करे बंदा तुम्हारे साथ?

परसा : तू ने रवि के बाप से भी पूछा है?

सुरतो : कभी घर में भी बैठे हो तुम?

घुंघरू : कभी किसी बच्चे से प्यार की बात भी की है?

मुन्नी : जब देखो चपेड़ें मारने लग पड़ते हैं।

गौरजां : सैल्फ सैंटर्ड स्टोन!

रम्मी : हर वक़्त तीसड़ा-नेतड़ तीसड़ा-नेतड़।

परसा : **(चपेड़ मारकर)** तू भी बता! बड़ी उखाड़ी हुई तू फैशनों की। दिन-रात प्रेस गर्मा रखती है। साहनियों के छोकरे संग क्या करतूतें करती हो?

रम्मी : करतूत कैसी? मैं और राजू दोस्त हैं।

परसा : राजू ज़रूर होगा तेरा दोस्त। राजू की माँ को भी पता है तेरी दोस्ती के बारे में?

रम्मी : पता ही होगा।

परसा : पता होता तो मर्द को लेकर मेरे ऊपर धावा क्यों बोलती?

सुरतो : कैसा धावा?

परसा : दोनों पहुँचे आज हस्पताल, दगड़-दगड़ करते हुए। सौ बंदा होगा आसपास खड़ा। सी.एम.ओ. साहिब भी सुन रहे थे। राजू की माँ बोली—"लड़की संभाल अपनी। हमारे बेटे को बिगाड़ रही है। जहाँ जाती है पीछे-पीछे चला लेती है। ऊपर ऊपर से राखियाँ बाँधे। राजू ने डर के मारे हमें बताया नहीं। सीधा है, भोला भाला। अगर भला हमारे पुत्र के चाल-चलन को दाग़ लग गया? कल को ब्याह करना है हमने लड़के का, किसी शरीफ घराने में। क्या करेंगे? बिरादरी कहेगी, लड़का आवारागरद है।"

रम्मी : मैं पूछूँगी राजू से। क्यों आए उसके माँ बाप तुम्हें उलाहना देने?

परसा : और, तू बड़ी चतुर! ड्रामेबाज़! तू बता। तेरे रवि ने अपने बाप को मेरे पास क्यों भेजा?

रागनी : रवि ने भेजा? भापा जी को? इंपासिबल!

परसा : तनेजा आया एक दिन मेरे पास, शिकायत लेकर। बोला : "तुम्हारी लड़की धींगो ज़ोरी हमारे पुत्र को कुरास्ते डाल रही है। मना करो उसको।"

रागनी : यों ही झूठी बात गढ़ ली। कब आया रवि का डैडी?

परसा : और चपेड़ें खाएगी तू? मुझे झूठा बना रही है?... पिछले मंगलवार आया था। लंच के वक़्त। जा, पूछ ले जाकर। मैं ने झिजक की। तुझे नहीं बताया। अब तुम बेशरमों ने लोई उतार फेंकी है। मुझे बात नंगी करनी पड़ी।

गौरजां : हम बच्चियाँ नहीं हैं अब।

घुंघरू : अपनी मरज़ी करेंगी।

परसा : **(थप्पड़ मारकर)** मेरी छत्त के नीचे रहकर तुम मरज़ियाँ नहीं कर सकतीं। अगर तुम बच्चियाँ नहीं हो, तो उठाओ बिजली का

बिल। भुगता कर आओ।

सुरतो : वो कहाँ से भुगताएँ बिल? देखो, धड़ाधड़ पीटने लग पड़ा। जा री। लाला जी को बुला कर ला! **(सियापा करती)** हाय रब्बा! मार डाला हमें! छुड़ाओ ओए लोगो! रंडी नरसों के गुंडे ख़सम ने मेरी बेटियों को क़त्ल कर दिया! हाय रब्बा!

परसा : गला फाड़ूँ तुम्हारा?

गौरजां : क्यों मारते हो हमारी माँ को?

परसा : **(चपेड़ मारकर)** माँ तुम्हारी हैगी। बाप तुम्हारा नहीं है? तुम पाँचों तो साधुओं की जनी हो! बाप का हिस्सा बीच में है ही नहीं!

(लाला आता है, आँख पर हरी पट्टी)

लाला : क्या हुआ?

सुरतो : मार डाला हमें! इस निर्दयी ने!

लाला : ओए बेटा! तरस कर! बेटी बालिका को बुरा शब्द बोलेगा तो नरकों में वास होगा।

परसा : मैं तरस करूँ? कोई साला मेरे पर भी तरस करने वाला होगा?

लाला : क्यों, तुझे क्या हुआ?

परसा : कहाँ से निकालूँ मैं रक़में इनके बिजली के बिल चुकाने के लिए? और इन कंजरियों के हार श्रृंगारों के लिए? दोस्तों यारों के लिए?

लाला : ओए पगले! ख़ौफ खा भगवान का। बेटी पर हाथ उठाना बहमाता कभी माफ नहीं करती। न जाने कौन से पिछले जन्मों के पाप हैं जो मुझे पोते का मुँह देखना नहीं नसीब हुआ। उसकी रूह भी तड़पती होगी ऊपर। श्राद्ध करने वाला भी न दिया रब्ब ने एक।

सुरतो : हर वक़्त पीटता है। रोज़ मारता है। बेटियाँ जन्म पड़ीं अगर, इस में मेरा क्या कसूर है?

मुन्नी : हंडरड परसेंट सही कह रही है ममा। बाईऑलोजी की किताब पढ़ कर देख लो। बच्चे का सेक्स मेल जीन्ज़ डीटरमिन करते हैं। अचल से पूछ लो।

लाला : जाओ, पुत्र, तुम। रोटी खाओ।

रागनी : पीटने के सिवा और कुछ आता ही नहीं।

रम्मी : बाप को जितनी अक़्ल होनी चाहिए, उसका दसवां हिस्सा भी नहीं तुम्हारे पल्ले।

घुंघरू : अभी योगी बन रहे हैं। तीसड़े नेतड़ खोल रहे हैं।

गौरजां : कमाई थोड़ी है तो इस में हमारा क्या दोष है? बिज़नस करो।

चालाकी सीखो।

लाला : **(गुस्से से)** जावो, तुम्हें कहा। **(पाँचों जाती है)** ऐसी प्रभु की मार पड़ी इस परिवार को।—मेरी आँख भी, लगता है, बैठ जाएगी। अप्रेशन सही नहीं हुआ।—पुत्र, तू रो क्यों रहा है?

परसा : मैं ही बलि का बकरा बच गया हूँ। मैं ही बुरा हूँ सब से? सब का मैंने ही क़र्ज़ चुकाना है। सब के बिल मैं ने ही अदा करने हैं। किसी साले ने मेरे वास्ते कुछ नहीं करना।

लाला : पुत्र, मैं जो हूँ तेरे वास्ते। मेरा और कौन है?—मगर मैं भी अब बेबस हो गया हूँ। बेबे तेरी चली गई। आँखों की लौ घट गई। दुकान का काम मंदा पड़ गया। **(रोता है)**

सुरतो : रोने से क्या बनेगा? सोचो तो। एक दिन ये पाँचों हमें छोड़ जाएँगी। दो चार बरस और हैं। फिर मेरा कौन रखवाला? **(रोती है)**

लाला : बेटियाँ तो बेगाना धन होती हैं। बेटा, मेरी अब भी मान ले। दूर की सोच। जेजों वाला साधु रब्ब का रूप है। तुम और सुरतां कल ही जाओ। एक लड़का दे दे वाहे गुरु। बुढ़ापा तो अच्छा निकलेगा तुम्हारा।

सुरतो : बजवाड़े वाले फुम्मण के घर भी लड़का जन्मा है। इस उम्र में।

लाला : शर्तें लगा रहा है नंगा तो।

परसा : तुम दोनों को यही इलाज सूझता है? लड़के जमाना?—सुन लो दोनों जने। मैं ने अपना अप्रेशन करवा लिया है। अब मैं कभी बच्चा नहीं जमा सकता। जा, सुरतो, साधु के पास। कोख में डलवा ला हरामज़ादा!

(वक़्फ़ा)

लाला : अप्रेशन करवा लिया???

सुरतो : सच कहते हो तुम?

लाला : जा, तेरा—भला हो जाए!

(अँधेरा)

झाँकी 6

(लाला बिस्तर पर, मरने वाला)

लाला : बेटा!... परस रामा!

गौरजां : लाला जी, डैडी दिल्ली गए।

लाला : दिल्ली? क्यों?

सुरतो : किताबें ख़रीदने।

लाला : मुझे इस हालत में छोड़कर चला गया?

गौरजां : तीसरे नेत्र के बारे में भगवान रजनीश को मिलना है। महेश योगी को भी।

सुरतो : साइंसदान भी है कोई।

गौरजा : हाँ। सुधीर कक्कड़ प्रोफैसर है। जवाहरलाल नेहरू यूनिवर्सिटी में पढ़ाता है। उसने हिंदुस्तानी धर्मों के बारे में किताबें लिखी हैं।

लाला : परसे!... ओए, आ जा!... मैं जा रहा हूँ।

सुरतो : धीरज रखो, लाला जी। आ जाएँगे आज पाँच बजे की गाड़ी से।

गौरजां : **(रोती)** लाला जी, आप ठीक हो जाएँगे।

लाला : ठीक, मद्दो पुत्र, कहाँ होना है। मैं तेरी बेबे के पास जा रहा हूँ। मेरा मेहदा जवाब दे गया।

सुरतो : पच्चीस दिन हुए, रोटी नहीं खाई गई।

लाला : पोते के लिए रो रही थी। मुझे मरते वक़्त इकलौते पुत्र का भी मुँह देखने को नहीं मिला।

सुरतो : **(ऊँचे)** मुन्नी।

लाला : मुन्नी यहाँ नहीं बैठी?

गौरजां : 'राजा ईडिपस' नाटक पढ़ रही है। पुरषोत्तम के चबारे में बैठी।

लाला : रागनी?

सुरतो : बाज़ार गई है। आती होगी।

गौरजां : नहीं। रवि के साथ गई है ड्रामे की रिहर्सल।

लाला : रम्मी को बुला।

गौरजां : जापानी नुमाइश देखने गई है। इकवाना। फूलों की सजावट। राजू के स्कूटर पर।

लाला : ओए परसे! आ जा ओए!

सुरतो : आराम करो आप। डाक्टर ने बोलना मना किया है।

गौरजां : लाला जी, आपका चमड़े का बटुआ मैं ले लूँ?

लाला : ले ले। पकड़।

गौरजां : मैं हमेशा अपने पास रखूँगी।

लाला : मेरा खोटा भाग्य! एक पुत्र! उसका भी मुँह नहीं देख सका। परसरामा! ओए, तेरा तो एक भी नहीं। मरते वक़्त, तू किसको आवाज़ें देगा? ओए, तेरी पाँचों तो पराई हो जाएँगी।··· परसरामा। ··· ओए, तू वही अकेले का अकेला!··· ओ बेटा, आजा ओए।

(वक़्फ़ा)

गौरजां : गोली दूँ, लाला जी?

सुरतो : रुक। आँख लग गई।

गौरजां : इस बटुए के बारे में बताना मत किसी को। मैं सदा संभाल कर रखूँगी। **(पैसे गिनती है)**

सुरतो : कितने हैं?

गौरजां : तीन सौ सत्तर निकले। कुल।

सुरतो : दुकान का काम नहीं चलता था। यों ही बैठे रहते थे।

गौरजां : देख यह काग़ज़। मेरे से काग़ज़ मँगवा कर, लाला जी ने अपने हाथ से लिखा।

सुरतो : क्या?

गौरजां : गाँव भाम की पंचायत को बारात घर के लिए सवा ग्यारह सौ। तनूली की पंचायत को—

सुरतो : तेरे डैडी का ननिहाल है, तनूली।

गौरजां : सवा ग्यारह सौ। कोटफतूही की पंचायत को—

सुरतो : मेरे मायके को?

गौरजां : सवा पाँच सौ।

सुरतो : अच्छा, यह दान करने को कहते हैं लाला जी।

(परस राम आता है)

गौरजां : डैडी, भला हुआ आप टाईम पर पहुँच गए।

परसा : किताबें बड़े काम की मिल गईं। चक्कर तो पड़ा दिल्ली का, मगर तीसरा नेत्र समझ आने वाला है मुझे।

सुरतो : आग लगाओ नेतड़ों को! और किताबों को!

गौरजां : कल से आवाज़ें दे रहे हैं लाला जी।

परसा : वैरी सॉरी!·· लाला जी!

गौरजां : लाला जी! डैडी आ गए!

सुरतो : बस! उड़ गई रूह!

परसा : नब्ज़ तो है नहीं।

गौरजां : **(रोती)** हाय मेरे लाला जी! हाय मैं मर गई!

सुरतो : **(अपने को पीटती)** हाय मेरे बाबुल। मुझे यतीम बना कर मत जा! ओ मेरे रखवाले! किसके सहारे काटूँगी मैं पहाड़ जितनी ज़िंदगी!

गौरजां : लाला जी, आप आवाज़ें मार रहे थे! डैडी आ गए। एक बार उठकर देखो! डैडी पहुँच गए!

सुरतो : मैं लुट गई! लोगो, मैं लुट गई! मत जाओ, लाला जी। हमें छोड़कर न जाओ! आपके बग़ैर, मैं तबाह हो जाऊँगी। मेरी बेटियाँ तबाह हो जाएँगी। मेरा संसार सूना हो गया! लाला जी, मेरा दुनिया के अंदर कोई नहीं रह गया! ओ मेरे बाबुल! मत जा मुझे छोड़कर!

(अँधेरा)

झाँकी 7

परसा : **(समाधि में)** ओम् नमः शिवाय! ओम् नमः शिवाय!

सुरतो : बंद भी करो अब बुड़बुड़ बुड़बुड़।

परसा : बुड्ढी, तुझे कितनी बार ताड़ा है? मुझे समाधि बैठे को मत बुलाया कर।

सुरतो : समाधियों की नसवार लेनी है? काम धंधे नहीं करने?

परसा : सिर्फ तेरी वजह से, सिर्फ तेरी वजह से, मेरा तीसरा नेत्र नहीं खुल रहा। ऐसी मेनका बनकर चिमटी है तू मुझे।

सुरतो : लड़कियाँ कई देर से इंतज़ार कर रही हैं। बात करनी है हर एक ने।

परसा : सोचा था, ज़िंदगी में कोई बड़ा काम करूँगा। मगर तूने? और तेरी लड़कियों ने? फना कर दिया।

सुरतो : बड़ा काम कद्दू का? तेरे जैसे के तीसरे नेत्र नहीं खुला करते।

परसा : क्यों? मुझे ज्ञान प्राप्त क्यों नहीं होगा?

सुरतो : लुच्ची नरसें हर वक़्त घुमाये रखती हैं। और दोष मेरे सिर। मेरी बेटियों के सिर।

परसा : ओए सूअरनी! क्यों तू हर वेला गंदगी में थूथनी गाड़े रखती है?

सुरतो : नरसों के कारण ही तो अप्रेशन करवाया है। अब तो ख़तरा भी कोई नहीं। कुत्तियाँ बेशक रोज़ पींघ झूलें।

परसा : हर ख़ूबसूरत औरत तुम्हें अपनी सौत दिखती है। जा, दफा हो। भेज बलाओं को।

सुरतो : रागनी! आ जाओ। पूछ लो जो पूछना है। शिव-शिव रटता मलंग बना बैठा है। बच्चों का रत्ती भर फिक्र नहीं।

(पाँचों आती हैं)

परसा : बोलो, चुड़ैलो। आज कौन कौन सी गठड़ी लादनी है मेरी पीठ पर?

रागनी : मैं ने रवि तनेजा से ब्याह करना है।

परसा : रवि तनेजा को पता है अपने ब्याह का?

सुरतो : आदमी हो या ओखल? रवि को बग़ैर पूछे शादी कर लेगी?

परसा : रवि के बाप को पता है? माँ को पता?

रागनी : मैं ने दोनों को मना लिया।

परसा : ख़ूब! तो जाकर कर ले ब्याह। मुझे क्यों बताने आई हो?

सुरतो : मैं कहती हूँ, यह इन्सान है या जानवर? ढंग से बात करो लड़की से। मुहूर्त निकलवाओ। पैसों का बंदोबस्त करो। उधार उठाओ।

परसो : उधार उठाऊँ? बड़ी अक़्ल की सलाह दे रही हो!—सुनो, सब जनी। मेरे पास तुम्हारे ब्याहों के लिए कोई पैसा नहीं। बार-बार मैं तुम्हें वार्निंग दे चुका हूँ। उलटे रिवाजों को मानना, गली सड़ी रस्मों रीतों को चलाना, परस राम सिद्धू सन ऑफ लाला जवाहरमल सिद्धू ऑफ होशियारपुर क़तई नहीं करेगा।—हर लड़की को दो चीज़ों की ज़रूरत होती है। पहली, पढ़ाई, यानि रोटी का वसीला। दूसरी, ख़सम, यानि जीवन साथी। पढ़ाई के लिए मेरे पास पैसा है। मेरे ख़र्चे पर एम.ए. करो, पीएच.डी. करो। लेकिन मैं तुम्हें ख़सम ख़रीद कर नहीं दे सकता। दाज दहेज नहीं दे सकता। रवि तनेजा हो चाहे राजू साहनी। अचल भगत हो चाहे रबिंद्र माथुर। वो मुझे ज़िंदगी भर के लिए क़र्ज़ाई नहीं बना सकते।—तीसरा नेत्र मैं ख़ाक खोलूँगा, अगर पूरी उम्र, मैं तुम्हारी शादियों के लिए क़र्ज़े जुटाता रहूँ? उतारता रहूँ?—इस ज़िंदगी से कुछ और भी किया जा सकता है। दुनिया के लिए नई रौशनी मुहइया की जा सकती है। इन सांसों को लोक भलाई के लिए ख़र्चा जा सकता है। मैं अनपढ़ नहीं। अंधा नहीं।—कि पहले ख़र्च करके, समधियों के सामने, झूठी शान दिखाता फिरूँ। फिर, सालों साल, साहूकारों के आगे गिड़गिड़ाता रहूँ। सॉरी! नॉट परसराम, दी आई ओपनर!

सुरतो : टेप रिकॉरडर शुरू कर दिया, मामूली सी बात पर।

परसा : मामूली बात है यह क्या? ब्याहों पर मैं रक़में फूँकूँ? क्यों? अगर बेटी न होकर, रागनी मेरी दुश्मन होती, इससे बड़ी दूसरी कौन सी दुश्मनी निकाल सकती थी मेरे साथ? दहेज की गठड़ी लादती मेरे सिर? बारात का बोझा रखती मेरे सिर?—पुत्र, ब्याह करवाना है तेरे रवि तनेजा ने तो कह : "ग़लत रस्में बदलो।"

घुंघरू : हमें तो पता नहीं चलता आपकी फिलॉसोफी का। कभी रस्में

छोड़ो, कभी रस्में पकड़ो।

परसा : कौन सी रस्म पकड़ी है मैं ने?

रम्मी : लाला जी के अंतिम क्रिया कर्म पर पाठ रखाया। जलेबियाँ खिलाईं, सात सौ की भीड़ को। अस्थियाँ प्रवाह करने गंगा गए।—है न, भई?

सुरतो : बाप की गति पर हज़ारों गाल दिए। मेरी बेटियों के लिए धेला ख़र्च करके राज़ी नहीं।

परसा : ओए गधियो, वो धर्म संस्कार की रस्में मेरी नहीं थी।

घुंघरू : और किस की थीं?

परसा : मरने वाले की। उसके विश्वासों के मुताबिक होनी चाहिए थी।—मैं गंगा पंडे की बही पर लिख आया था : "इस के बाद, रेलूराम के वंश से कोई व्यक्ति अस्थियाँ लेकर गंगा नहीं पहुँचेगा।"—मेरा कोई क्रिया कर्म तुम लोग मत करना।

मुन्नी : भूती सही कह रहे हैं। लास्ट राईट्स पर मरने वाले का हक़ होता है। लाला जी का हुक्म मानकर पाठ कराना, महाभोज देना, लाज़िमी था—बेशक भूती को आप उन रस्मों रीतों पर बिलकुल यक़ीन न होता।

परसा : थैंक यू, मुन्नी।—असली तीसरी आँख तो मुन्नी की खुली है। तुम चारों तो माँ पर गई हो। अक़्ल से अँधी।

गौरजां : रागनी-रम्मी, सुनो। लाला जी ने मेरी थर्ड आई तो खोल दी थी। मुझे समझ लग गई, भूती कौन से रस्मो रिवाज मानते हैं, कौन से नहीं मानते।

रागनी-रम्मी : कौन से?

गौरजां : आख़िर भूती हैं तो पैटी शॉपकीपर के पुत्र।

रागनी-रम्मी : कैसे?

गौरजां : जिस रस्म पर रक़म ख़र्च होती है, वो रस्म, भूती कहते हैं, छोड़ दो। जिस रीत पर पैसे नहीं ख़र्च होते, वो रीत चलाए चलो।

घुंघरू : शाबाश माई गौरजां। पकड़ इनाम।

रम्मी : पाँच पैसे?

गौरजां : इनाम के पाँच पैसे भी काफी होते हैं। मैं साल भर में इसके पचास बना लूँगी।

घुंघरू : ज़रूर! आख़िर तू है तो शेख़ चिल्ली की बेटी।

रागनी : रवि बाहर खड़ा इंतज़ार कर रहा है। हाँ, सच। एक और ख़ुशी की ख़बर। मुझे और रवि को टी वी सीरियल में रोल मिल गए।

सुरतो : दोनों को?

गौरजां : तुम्हारी शादी का ख़र्च निकल आएगा?

रम्मी : स्वाह! दो-दो मिनट के रोल के लिए, कोई प्रोडियूसर पैसे नहीं देता।

रागनी : तू रम्मी-घड़म्मी जलती भुनती रह। आठ-आठ ऐपीसोड मिले हैं हम दोनों को। रोमांटिक लीड। तभी तो हम ने शादी का सोचा।

परसा : ज़िंदगी में बड़ी गठड़ी की तरफ से पहली अच्छी ख़बर मिली।— बारात का और दहेज का कोरा जवाब दे दे तनेजों को। जो लड़की अपने पैरों पर खड़ी हो, आप कमा कर खाए, वो अपने आप में, करोड़ों का दहेज होती है। मेरी एक-एक बेटी अपने में करोड़ों का दहेज है।

रम्मी : यह तो ग्रेट बात कही डैडी ने।

घुंघरू : बच्चो, ताली बजाओ। **(तालियाँ)**

रम्मी : ओ के, डैडी। मुझे एक साल का ख़र्चा दो। मैं टीचर ट्रेनिंग का कोर्स करूँगी। तन्ख़ाह बचाकर, आप ब्याह करवाऊँगी।

परसा : ग्रेट गर्ल!

गौरजां : ब्यूटी पार्लर भूल गई?

रम्मी : पक्की नौकरी लेने के बाद सोचूँगी।

घुंघरू : मैं म्यूज़िक ऑनर्ज करूँगी। फिर एम.ए., एम. फिल.।

गौरजां : मैं ने कंप्यूटर कोर्स करना है। तीस हज़ार चाहिए। फौरन!

मुन्नी : मैं ने एम.ए. फाईनैंस करना है। फिर एम.बी.ए.।

परसा : पाँच पहाड़ लाँघने! पाँच चोटियाँ छलाँगनी! ··· शूअ!!!

(सब अलोप हो जाती हैं। लाला और बेबे आते हैं)

परसा : पहली बेटी का ब्याह! और मैं अकेला! कोई मददगार नहीं। ''ऐसी वेला, री, इकलौता रुख न होवे, बहना, ऐसी वेला।'' बेबे, कितनी खुशियाँ मनाई होंगी तुमने, जब तेरे घर मैं, चार लड़कियों के बाद, लड़का जन्मा था। क्या तू ने उस क्षण यह भी सोचा था—तूने कितने बदक़िस्मत बालक को जन्म दिया है? **(रोता है)**

लाला : परस राम!

बेबे : बेटा!

लाला : शेर बन। बबर शेर।

बेबे : अकेला कैसे?

लाला : हम हर समय तेरे अंग संग रहते हैं।

परसा : लाला जी? बेबे?

लाला : रक़म का इंतज़ाम कर।

बेबे : शगुन की वेला है।

लाला : जिस दिन रागनी आई हमारे घर, अपने भाग्य साथ लाई थी।

बेबे : रम्मी तो मेरा भीम सेन है। उसको कौन हरा सकता है?

लाला : गौरजां कभी व्यापार में धोखा नहीं खा सकती।

बेबे : मुन्नी मेरी तो बड़े-बड़े विद्वानों की पीठ लगा दे।

लाला : बेटी बालिकाओं का कैसा भार? वो अपने लिए आप ही बहुत हैं।

बेबे : घुंघरू भी बड़ी तीखी है। रागनी की तरह, यह भी सितार बजाकर जल्दी पैसे कमाने लगेगी। रेडियो से। टी वी से।

लाला : पहला कन्यादान करना है। हौसला ढहा कर बैठ गया है?

परसा : दूसरी चार? किसी को कुछ चाहिए, किसी को कुछ।

बेबे : हाँ हाँ। रम्मी को नित्य नए सूट चाहिएं।

लाला : रोज़ मेरे पीछे पड़ी रहती थी। दुकान के आगे से जो भी लड़की सुंदर कपड़े पहन कर निकलती, रम्मी कहती, "चलो, लाला जी, मुनीलाल जैन की हट्टी। मैं भी इस जैसा सूट सिलवाऊँगी।"

परसा : तुम ने बिगाड़ी है मेरी बेटियाँ लाड प्यार से।

बेबे : छः छः कुलफियाँ खाया करती थीं अकेली अकेली।

लाला : मैं ने चार बेटियाँ ब्याहीं। दो दरजन भतीजियाँ ब्याहीं। मैं नहीं रोया।

परसा : दुकान ही चलाई न सारी उम्र? मेरी तरह, तीसरी आँख पर दिन-रात तो नहीं लगाया।

लाला : नहीं। तेरी यह बात सच्ची है। मैं तेरे जैसा सौदाई नहीं था। परिवार पल गया। काफी है। मैं तेरे जैसा घर-घालन नहीं था। सपनों पर धन नहीं बहाया।

बेबे : अच्छा, ज़्यादा मत बोल। भूत बनकर भी मेरे लाल का हौसला ढहाने से नहीं टला।

लाला : मैं हौसला ढहाता हूँ? या हौसला बढ़ाता हूँ?

बेबे : आप ही सब काम संवर जाते हैं। हिम्मत रख, पुत्र। एक दिन वो भी आएगा, पाँचों अपने-अपने घर सुखी बस रही होंगी।

परसा : मैं? मेरा क्या बनेगा? अंधा जन्मा था। अंधा ही मर जाऊँगा। आज मरा, दूसरे दिन कोई मेरा नाम नहीं जानेगा।

लाला : किताबों के गड्ड के गड्ड पढ़कर भी, तू बेवकूफ ही रहा। ओए, मरे हुओं को मूआ पूछता है? हमें देख तो। क्या हुआ करता था

मैं? दिन- रात दुकान का फिक्र। रिश्तेदारों का तांता लगा रहता था। समधियों की ख़ातिर ख़िदमत करना। महाभोज देने। लीखूराम वीरमपुरीये का राग करवाना, हर छमाही। किधर गई सब शानोशौक़त। मरे हुओं को भूल जा, बेटा। ज़िंदा लोगों की ख़बर सार ले। ओए परसराम, लाला जवाहर मल का पुत्र होकर, तू कठिन कामों से डरने लग पड़ा?

परसा : लाला जी, मैं कठिन कामों से डरने वाला नहीं। ग्रंथ पढ़वा लो, जितने मरजी। मरते दम तक सपना साकार करने की लगन नहीं छोड़ूँगा।

बेबे : ऐसे बोल तो, बबरों की तरह!

परसा : मगर ख़र्चा कहाँ से निकालूँ हर महीने। जिस आदमी के इर्द गिर्द सूदख़ोर मधुमक्खियों की तरह चिमटे रहें, वह काम कैसे करेगा? पैसे के आगे मैं हमेशा बेबस रहा हूँ। गृहस्थ ने मेरी योनि खा ली। **(बैठता है)**

लाला : बेटा, तू कोई भिन्न है दुनिया से? पीर पैग़ंबर नहीं उतार सके दुखों की गठड़ियाँ सिरों से। किसी को ग़रीबी खा गई, किसी को बीमारी। कोई ज़ालिमों ने जलाया, कोई घर वालों ने सताया। पुत्र, जितनी देर तक शरीर है, मुश्किलें नहीं ख़त्म होंगी। मनुष्य जन्म कहते ही इस युद्ध को हैं। उठ, कमर कस्स। अब तो, बेटा, बहुत सी बीत गई। थोड़ी रह गई। हिम्मत जुटा। हमें देख। आज हमारे सिर पर कोई गठड़ी नहीं। हम जीवित थोड़ी हैं। क्या फायदा इस जैसी भूत प्रेत योनि का? तेरी जगह मैं होऊँ अगर, दुगने हौसले से कार्य रचाऊँ। उठ, मेरा लाल। **(परसराम खड़ा होता है)** आप ही जुड़ जाएँगे पैसे। काम के आगे कोई क़र्ज़ा नहीं ठहर सकता। आ, रवि और रागनी को आशीर्वाद दें! **(परशुराम आँसू पोंछता है। तीनों असीस के लिए हाथ उठाते हैं)**

(अँधेरा)

झाँकी 8

परसा : रागनी ठीक तो है?

सुरतो : लो, वो ऐसे है जैसे अभी उठकर स्टेज पर खड़ी होना हो।

परसा : इसका मतलब है बच्चा भी तगड़ा होगा।

सुरतो : डॉक्टर कहती है, सही सलामत होंगी ज़च्चा और बच्चा।

परसा : रवि की मम्मी?

सुरतो : मम्मी डैडी दोनों बरामदे में बैठे हैं। पाठ कर रहे हैं।

परसा : पाठ? किस लिए?

सुरतो : ताकि लड़का जन्मे।

परसा : पाठों से लड़के जन्मते, तो हर पुजारी के, पाठी के, हमेशा, लड़के ही जन्मते।

सुरतो : गोली खा ली आप ने सांस की?

परसा : सांस की गोली तो खा ली। शूगर की भी, मुझे लगता है, खानी पड़ेगी।

सुरतो : लाला जी बन गए आप तो।

परसा : लाला जी को कोई सांस की कसर थी? तेरा ब्लड प्रेशर? बेबे बन गई तू तो।

सुरतो : एक बात बतानी है आप को। गुस्से तो नहीं होगे? वादा करो।

परसा : भौंक जो भौंकना है।

सुरतो : क़ौल करो पहले। डाक्टरनी को अब फिर दिखाया। कहती, है तो सही। मारना पीटना मत लड़की को। भोली है।

परसा : ओए, हुआ क्या? पहेलियाँ बुझा रही है। कौन सी लड़की? है क्या?

सुरतो : आज के दिन न कहना कुछ। रम्मी को भी तीसरा महीना है।

परसा : रम्मी प्रेगनेंट है???

सुरतो : मैं ने पूछा, बच्चा राजू का है? चुप ही रही।—बोली, मुझे स्कूल

में पक्की नौकरी मिल गई। ज़्यादा नाराज़ हुए अगर तुम, तो मैं घर छोड़कर चली जाऊँगी।—मैं ने कहा, मैं आप बताऊँगी डैडी को।—कुँआरी को बच्चा? दुनिया क्या कहेगी?

परसा : दुनिया कहेगी गधे के सींग! पहले मैं निपटूँगा उसके साथ। बुला। कहाँ है रम्मी निकम्मी?

सुरतो : देखो, मारना पीटना मत। अब बच्चियाँ थोड़ी हैं। जवान जहान हैं। क़ाबू में रखनी कठिन हैं। न जानें, सख़्ती करें। पली पलाई बेटियाँ हाथों से निकल जाएँ। हम दोनों बुड्ढा बुड्ढी अकेले रह जाएँ। हाड़ घिसटते।—माफ कर दो। शायद राजू संग परदे से ब्याह कर लिया हो।

परसा : ये तेरी जनी परदे रखने वाले दिन नहीं थी जन्मी। बुला रम्मी को यहाँ। माफ तो तभी करूँगा। पहले बात तो हो।

सुरतो : एक बात और बताओ। आपने मेरे पास झूठ क्यों बोला?

परसा : कौन सा झूठ?

सुरतो : आप तो कहते थे, अप्रेशन करा लिया। मुझे बच्चा कैसे ठहर गया?

परसा : तू भी गाभिन है?

सुरतो : डाकटरनी कहती, पक्का है।

परसा : शिव शिव शिव!

सुरतो : धीरे बोलो। रवि सुन रहा है, वो खड़ा।

परसा : किसका है बच्चा? नंगे साधु का?

सुरतो : हया करो। बच्चा आपका है।

परसा : रम्मी और तुम यही चक्कर चलाती रहती हो? कौन है मेरा सौत?

सुरतो : लाज नहीं आती ऐसे बोलते हुए? अप्रेशन करवाया होता, तो आपको फ़र्क न पड़ता? घोड़े जैसे हो, बावन बरस के होकर भी।

परसा : सचमुच परैगनेंट हो? या यों ही गालें और पेट फुला लिए?

सुरतो : आपकी क़स्म। तीसरा महीना है।

(लाला और बेबे आते हैं)

बेबे : बधाई हो।

लाला : शुक्र है महाराज का।

बेबे : पोता जन्मेगा।

लाला : अब गति हो जाएगी हमारी।

बेबे : इच्छा तो पूरी हो गई।

लाला : बेशक मरने के बाद हुई।

(रम्मी, गौरजां, मुन्नी और घुंघरू सलोनी को लेकर आती हैं)

रम्मी : बधाई हो, डैडी।

गौरजां : आप नाना बन गए।

मुन्नी : सलोनी जी, आप बहुत सुंदर हो।

घुंघरू : सलोनी नहीं। नाम रखेंगे—चिकारी।

सुरतो : चिकारी क्या होती है?

घुंघरू : सितार की सब से तीखी तार।

रम्मी : शक्ल मेरे पर गई।

गौरजां : मेरे पर है।

मुन्नी : नहीं। आँखें देखो। ऐन मेरे जैसी हैं।

घुंघरू : शट्ट अप्प, मुन्नी। चिकारी के साथ मेरी बचपन की फोटो मिलाओ। हूबहू घुंघरू लगती है।

सुरतो : रागनी ठीक ठाक है?

रम्मी : बछेड़ी की तरह कूद रही है।

गौरजां : वो उठकर आने वाली है।

सुरतो : सास उसकी, लड़की का सुन कर, बेहोश तो नहीं हो गई?

रम्मी : नहीं। दादा दादी दोनों बहुत ख़ुश हैं।

गोरजां : झाई बोली, प्रभु ने लछमी भेजी है।

मुन्नी : रवि का बाप तो, सलोनी को उठाकर, गुलाब की तरह खिल गया।

बेबे : बधाई हो। पड़नाना बन गए।

लाला : लड़का जन्मता तो अच्छा होता।

परसा : **(सलोनी को पकड़ कर, चूम कर)** सुनो सुनो सुनो! मेरा तीसरा नेत्र खुल गया! मेरा तीसरा नेत्र खुल गया!

मुन्नी : कैसे?

घुंघरू : समझाओ तो।

(रागनी आती है)

परसा : रागनी बेटा! थैंक यू! तूने मुझे मेरी सलोनी दी।—हैलो, माई दिव्य चक्षु! आई लव यू!

रागनी : शक्ल आप पर गई है। काला रंग।

सुरतो : हट री। काला किधर से है? बड़ी हो लेने दे। मेरे जैसा, गोरा रंग निकलेगा। निरी मुन्नी लगेगी।

बेबे : बेटा भी आप जैसा है। बेटियों को कभी बुलाया नहीं था। दोहती को सिर पर उठा लिया।

लाला : मूल से ब्याज ज़्यादा प्यारा होता है।

परसा : आज मेरी रिसर्च सफल हुई।

रागनी : सलोनी है आपका ज्ञान चक्षु?

परसा : हाँ जी। सुन, मुन्नी। यह इनसाईट सिर्फ तू समझ सकती है। तेरी अनपढ़ माँ और मूर्ख बहनें नहीं समझ सकतीं।

सुरतो : नाना भी बन गए। रहे वही, ओखल के ओखल।

लाला : सही कह रही है सुरतां।

बेबे : ओखल कैसा? हँसने बोलने का स्वभाव है।

परसा : आज मुझे ज़िंदगी की कई सच्चाइयाँ पता लगीं।—सलोनी, तू ने एक ही बार में सुखी ज़िंदगी जीने के कई भेद खोल दिए।

मुन्नी : व्हिच वन्ज़?

परसा : पहला। मेरा बाप, एक तरह, मेरे से बड़ा बेवकूफ था।

लाला : सुन ले लाडले की करतूतें।

बेबे : सही कह रहा है। वजह तो सुनो।

परसा : ख़ामख़ा पूरी उम्र लड़का-लड़का रट्टता रहा। देखो तो मेरी सांवली सलोनी! यह कौन से कंजर लड़के से कम है? किस बात में कम है? मेरी सोलह कला संपूर्ण सलोनी! मेरा बाप पुराने वहमों में फँसकर, लड़कों के लिए तड़पता रहा। और मेरे सिर पर पाँच बेटियाँ उठवा दीं। सुरतो की पाँच 'कोशिशें'। फर्ज़ी गतियों को और नरकों को और स्वर्गों को मैं आग लगाऊँ। मेरी सलोनी मेरी सलोनी है। यह लड़का हो चाहे लड़की।

मुन्नी : यू आर राईट। यह लाला जी की ग़लती थी।

गौरजां : नो! लाला जी को ग़लत मत समझो। असल में लाला जी ने हमें कभी महसूस नहीं होने दिया कि हम लड़कियाँ हैं।

रम्मी : दैट्स टरू। अगर हम लड़के भी होते, लाला जी हमें इससे ज़्यादा प्यार नहीं थे दे सकते।

परसा : ठीक! और यह रहा मेरे ज्ञान का दूसरा नुक्ता।—और इस पहलू से मैं लाला जी से ज़्यादा बेवकूफ हूँ।

लाला : सही बोलता है।

परसा : मैं बच्चों को हमेशा रास्ते के रोड़े समझता रहा हूँ। उठा उठा कर परे फेंकता रहा हूँ।

सुरतो : शुक्र है। सलोनी ने आपको बच्चों संग प्यार करना तो सिखाया।

परसा : तीसरा नुक़्ता सुनो। बच्चे सब बच्चे होते हैं—कोई बाप हो, कोई माँ हो। गोद लिया हुआ बच्चा, अपने जन्मे बच्चे से, ज़्यादा प्यारा

हो सकता है। बेहतर हो सकता है। अपने जमाई को आपने नहीं जन्मा पर जमाई भी आपका पुत्र हो सकता है।

सुरतो : हमारे पाँचों दामाद हमारे पुत्र ही तो होंगे।

परसा : रम्मी, थैंक यू। बाप कोई भी हो, तू हमें दूसरी दोहती या दोहता दे रही हो।

रम्मी : आपको पता लग गया? ममा, तूने क्यों बताया?

परसा : अच्छा हुआ बता दिया। हो सकता है, सलोनी के जन्म से पहले पता चलता, तो मैं तुझे पीटता मारता। बट नाउ इट्स डिफरेंट। मुझे अक़्ल आ गई। गर्भ के अंदर बच्चे को क्या ख़बर—मेरी माँ कुँआरी है या विवाहित? कुंती का कर्ण कुँआरी को जन्मा था। अर्जुन से बढ़िया योद्धा था।

रम्मी : थैंक यू, डैडी। यों मैं आपके सिर की गठड़ी नहीं बनूँगी। मैं अपना बच्चा आप पालूँगी। आई मीन, मैं और मेरे बच्चे का बाप।

गौरजां : कौन है?

घुंघरू : राजू?

रम्मी : शट्ट अप्प!

बेबे : ज़बान देखो! माँ की तरह, काटने दौड़ती हैं।

लाला : बच्चे खेलते कूदते ही प्यारे लगते हैं।

घुंघरू : मेरी भी सुन लो। मेरा कत्थक का कोर्स पूरा हो गया। हफीज़ सर कहते हैं, पहला प्रोफेशनल प्रोग्राम करना है। भूती, हाल का ख़र्चा निकालो। और इनवीटेशन कार्ड छपवाने का।

गौरजां : मैं ख़ुद छापूँगी सुबोध के कंप्यूटर पर।

मुन्नी : अचल को बोलकर, मैं स्पांसर दिलवा दूँगी।

(परसराम को खाँसी का दौरा। वक़्फ़ा। वह इनहेलर के पफ लेता है)

रम्मी : डैडी, आप आज फिर डॉक्टर के नहीं गए?

गौरजां : बुढ़ऊ, ज़िद्द छोड़ो।

मुन्नी : सीधी तरह, डॉक्टर जो कहता है, वही करो।

घुंघरू : बुड्ढी को भी तो डाँटो। यह भी दवा पीते वक़्त मुँह बनाती है।

रम्मी : अपनी सेहत का ध्यान रखो।

रागनी : हमारे पाँच सिरों पर दो गठड़ियाँ बन कर मत बैठना।

परसा : और हीयर गोज़ मेरी सलोनी का सुझाया आख़िरी नुक़्ता। सुरतो, तू भी ज्ञान प्राप्त कर ले। ज़िंदगी में लोभ नहीं चलता। उम्र के

मुताबिक, दुनियां अगली पीढ़ी को संभालनी चाहिए। हम दोनों नाना नानी बन गए हैं। अब तू लड़का जमाने की कोशिशें बंद कर दे। आज ही अबॉरशन करवा ले।

मुन्नी : व्हट्ट???

रम्मी : ममा, आप भी परेगनेंट हो???

गौरजां : ग्रेट!!! लेट्स सैलीब्रेट!!! **(नाचती है)**

घुंघरू : बच्चो, ताली बजाओ!!! **(तालियाँ)**

मुन्नी : स्टॉप इट! ईडियट्स!

रागनी : जिस सीरियल में रवि ने और मैं ने रोल किए हैं, उस में भी ऐसे ही होता है। माँ-बेटी एक ही वक़्त बच्चे जनती हैं।

घुंघरू : 'श्री पद-रेखा ग्रंथ' में?

बेबे : तुम भी बेटे से अक़्ल सीख लो। भूत भी बन गए। अभी तक भूतनियों की तरफ आँखें फाड़-फाड़ कर देखते रहते हो।

लाला : क्यों न देखूँ? देह-धारी मनुष्य थे जब, तब तो दुनियां की शरम रहती थी। अब तो हम हैं मसानों में रूहें। अब जो मरज़ी करें।

परसा : हे सलोनी, शुभ स्वागतम्!—हर बच्चे को प्यार दे सकना ही गूढ़ ज्ञान है। पाँचवाँ वेद है! शिव शंकर का तीसरा नेत्र है!

सारे : हर बच्चा कुदरत की तीसरी आँख है
हर बच्चा एक चमत्कार है
सलोनी तनेजा चमत्कार है
सुहानी गोयल चमत्कार है
सारंग माथुर चमत्कार है
युगांतर साहनी चमत्कार है
हर बच्चे को नमस्कार है!

(परदा)

—ख़त्म—

(पहला प्रारूप : मार्च, 1990)

32

बाबुल, मेरा डोला अटका

अपने शरणार्थी बाबुल को
और
दुनियां के लाखों करोड़ों
रफ्यूजियों को

नाटककार की तरफ से

कोई पचास बरस पहले की बात है। मैं लाला जी के साथ दुकान पर बैठा था। संक्रांति थी। महीने के इस एक दिन होशियारपुर के इर्द गिर्द के सब साधु भीख माँगने के लिए शहर पर धावा बोल दिया करते थे। लाला जी पाँच सात रुपए की भान का ढेर लगाकर बैठ जाया करते थे। हर साधु को एक-एक पैसा फेंक दिया करते थे।

उस एक संक्रांति को लाला जी बहुत दुखी दिख रहे थे। मेरे बहनाई की चिट्ठी आई थी। उसने न जाने कौन सी कड़वी बात लिखी थी—मेरी बहन के ख़िलाफ? या फिर, दहेज के नाम पर बार-बार रकमें ऐंठने की बात?—लाला जी सहसा बोल उठे, "साधुओं की दुनियां पूजा करती है। दान देती है। भला क्यों? ये कायर तो घर बार छोड़ कर भाग खड़े हुए। गृहस्थियों पर बोझ बन गए। असली महापुरुष तो गृहस्थी है—जो लाख कष्ट झेलकर रोटी कमाता है। बच्चे पालता है, पढ़ाता है, ब्याहता है। गृहस्थी सच्चा वीर है, भगत है। गृहस्थी की पूजा होनी चाहिए।"

"बाबुल, मेरा डोला अटका" का बीज उस दिन बोया गया था मेरे दिमाग़ में।

जब से मैं ने होश संभाला है, मुझे लगा है, बीसवीं सदी के संसार की मुख्य समस्या रही है : रफ्यूजी समस्या। लाखों लोगों का अपने देश से, घर बार से, निकाले जाना। मज़हब के नाम पर, नस्ल के नाम पर, मुल्कों के टुकड़े-टुकड़े किए जाते हैं। 1947 में करोड़ों भारतीय उजाड़े गए। उनको मजबूर किया गया कि वे हिजरत करके सैकड़ों कोस दूर पहुँचें। दोबारा घर गृहस्थी जमाएँ। नए काम धंधे ढूँढ़ें। उन ग़रीबों पर क्या बीती? उनके बाल बच्चों ने क्या-क्या सितम बरदाश्त किए? पीढ़ियों तक इन शरणार्थियों को कैसी कैसी कठिनाइयाँ झेलनी पड़ीं?

ऐसे सवालों से जूझता है "बाबुल, मेरा डोला अटका"।

1971 में जब बंगलादेश ने पाकिस्तान से आज़ादी हासिल करने की जंग लड़ी, एक करोड़ ग़रीबों को हिंदुस्तान में पनाह लेनी पड़ी। और नरक-नुमां कैंपों में बसर करना पड़ा।

आज भी, अख़बार निकालो। टी वी खोलो। हर रोज़ कहीं न कहीं लोगों को अपने घरों से खदेड़ा जा रहा है। बेदर्द आतंकवादी, ज़ालिम धर्म के अँधे, नस्लवाद के प्रचारक, बच्चों पर, बूढ़ों पर, औरतों पर, अमानुषिक बर्बरता ढा रहे हैं।

धन्य हैं सोभा राम जैसे सब्ज़ी फरोश, बेलीराम जैसे फेरी वाले। इन मेहनतकश शरणार्थियों ने हज़ारों मुसीबतों का सामना किया। और गृहस्थ धर्म को जी जान से निभाया।

इला अपार्टमेंट्स (ए 104)
बी-7, वसुंधरा ऐनक्लेव
दिल्ली-110096

चरणदास सिद्धू

निर्देशक की तरफ से

'बाबुल, मेरा डोला अटका' डॉ. चरणदास सिद्धू का बत्तीसवाँ मौलिक पूरा नाटक है। कई चर्चित नाटकों के लेखक डॉ. चरणदास सिद्धू के नए नाटक की अवधि दो घंटे है।

डॉ. सिद्धू ग़रीबों के, शोषित वर्ग के, लुटे-मारे लोगों के, नाटककार हैं। वे मज़दूरों के अन्दर, कमज़ोरों के अन्दर, छिपी हुई 'महानता' ढूँढ़ते हैं। उन्हें भूले हुए, बिसराए हुए लोगों के अन्दर के बड़प्पन की खोज है।

'बाबुल, मेरा डोला अटका' सब्ज़ी बेचने वाले सोभाराम की ज़िन्दगी—और मौत—पेश करता है। कोई पचास वर्ष पहले, सोभाराम का परिवार सियालकोट (**पाकिस्तान**) से जड़ से उखाड़ दिया गया था। कट्टर पंथियों ने, हिन्दुओं और मुसलमानों ने, हिन्दुस्तान के टुकड़े कर दिए—वे टुकड़े जो लगातार, एक दूसरे को ख़त्म करने के लिए युद्ध लड़ते रहते हैं। सोभाराम, और उसके रिश्तेदारों को सदा दोबारा शरणार्थी बनने का ख़ौफ रहता है।

हिन्दुस्तान के मज़हबी फिरके हर समय एक-दूसरे के ख़िलाफ नफरत फैलाने में मसरूफ रहते हैं। बेचारे सोभाराम और उसके परिवार को कट्टरपंथियों से आज़ादी नहीं मिल पाती।

सोभाराम को चोखी ताक़त इकट्ठी करनी पड़ती है ताकि वह अपने लम्बे चौड़े कुनबे के लिए रोज़ी-रोटी कमा सके। ग़रीबी से छुटकारा प्राप्त करने का सोभाराम के पास एक ही इलाज है—वह अपने बेटे चानण राम को कालेज में पढ़ाए। इस नाटक का असली केन्द्र-बिन्दू है पिता-पुत्र का घनिष्ठ सम्बन्ध और उन दोनों का कठिनाइयों के ख़िलाफ महायुद्ध! उनका लक्ष्य है : चानण राम की कॉलेज की डिग्री।

आख़िर में सोभाराम अपने सपनों को साकार करता हुआ दिखता है—बेशक उसकी ज़िन्दगी और उसकी नन्हीं बिटिया की आँखों की नज़र इस ग़रीबी का शिकार हो जाती हैं।

डॉ. सिद्धू का नाटक एक साधारण गृहस्थी की उस शक्ति को सलाम है जिसका कोई अन्त नहीं—वह गृहस्थी जो मिथिहास के धवल बैल की तरह, यूनानी देवता एटलस की तरह, युगों युगांतरों से, इन्सानियत को अपने कन्धों पर उठाए खड़ा है।

19-20, पाकेट जी-21,
सेक्टर-7, रोहिणी, दिल्ली-85

रवि तनेजा

पहला मंचन

'बाबुल, मेरा डोला अटका' पहली बार 8 सितंबर, 1999 को इंडिया हैबीटैट सेंटर, नई दिल्ली में प्रस्तुत किया गया। पंजाबी अकादमी दिल्ली ने माली सहायता दी। कॉलेजियेट ड्रामा सोसाइटी के कलाकार थे :

सोभा राम	:	रवि तनेजा
चानण राम	:	गौरव ग्रोवर
मांहों	:	रचना जैन
निक्की	:	सलोनी सिद्धू तनेजा
गुरो	:	योगिता अग्निहोत्री
केहरू	:	मनजीत अरोड़ा
अमरो	:	श्वेता जैन
बेली राम	:	डॉ. चरणदास सिद्धू
आचार्य जी	:	पवन जैन
शुभ्रा सोनी	:	चरणीता कौर
गोलडी गिल्ल	:	आशुपाल सिंह
संगीत	:	वीणा सिद्धू तनेजा और सलोनी सिद्धू तनेजा
गायक टोली	:	रचना जैन, श्वेता जैन, चरणीता कौर, योगिता अग्निहोत्री, नव सिंगल (**ढोलकी**)

मंच के पीछे

प्रकाश	:	उमेश कोहली, डॉ. अचल भगत
मंच	:	युगांतर तथा राजकुमार साहनी
श्रृंगार	:	सारंग तथा रबिंदर नारायण माथुर
फोटोग्राफी	:	अमित दत्त
वस्त्र	:	वीणा, नूपुर सिद्धू माथुर
वस्तुएं	:	आशा सिद्धू भगत, प्रमिला सिद्धू साहनी
निर्देशक	:	रवि तनेजा

पात्र

सोभा राम	:	सब्ज़ी बेचने वाला, उम्र 55 साल
चानण राम	:	उसका बेटा, 20
मांहों	:	उसकी घर वाली, 53
निक्की	:	उसकी बेटी, 13
गुरो	:	उसकी बड़ी बेटी, 27
केहरू	:	उसका भाई, 45
अमरो	:	उसकी भौजाई, 40
बेली राम	:	सब्ज़ी वाला, 50
आचार्य जी	:	पुजारी, 35
गोलडी गिल्ल	:	कॉलेजिएट, 20
शुभ्रा सोनी	:	कॉलेजिएट, 19
गायक टोली		

× × ×

स्थान : होशियारपुर शहर, पंजाब

समय : आजकल

× × ×

मंच : (क) कसबें का चौक। सामने सोभाराम का चबारा और रसोई। दायें : सोभा राम की पटड़ी और सब्ज़ी की छावड़ी। साथ में बेली राम की छावड़ी। रेहड़ी वाले, खोमचे वाले आदि।

(ख) कॉलेज की पार्क, बैंच।

× × ×

गवैये

गृहस्थी जैसा तपस्वी, नहीं जग के अंदर।
पूजो सच्चे कर्म को, छोड़ मसजिद मंदिर।।
    ख़ून-चूस पुजारियों, को दूर भगाओ।
    गृहस्थयों को पूजना, नया धर्म चलाओ।।
जय गृहस्थी! जय कामगार! जयकारा बोलो।
अंध-विश्वासी धर्म की, फाँसी को खोलो।।

झाँकी 1

(सवेरे चार बजे। टाईम पीस का अलार्म। सोभा राम उठता है। बत्ती जगाता है। चानण उठकर, टेबल लैंप जगाता है। किताब पढ़ता है। सोभा पगड़ी बाँध कर, बोरी उठाकर, मंडी जाने की तैयारी करता है। पैसे गिनता है)

सोभा : चानण? बेटा, तू इतने सवेरे क्यों उठता है? सो भी लिया कर। इतनी पढ़ाई भी क्या कहो। रात को भी तू देर से सोया था।

चानण : भाइया, मैं ने एक बात करनी थी।

सोभा : कौन सी बात?

चानण : मेरा इम्तिहान नज़दीक आ रहा है।

सोभा : हाँ। दिवाली निकल गई। बैसाखी के आस पास होगा इम्तिहान?

चानण : हाँ। चार महीने रह गए, कुल।

सोभा : चार महीने बहुत होते हैं। दिन-रात तो तू चिमटा रहता है किताबों को। पढ़ाई का तुझे कैसा फिक्र?

चानण : फिक्र क्यों नहीं? बी.ए. की पढ़ाई कहीं आसान होती है?

सोभा : आसान तो नहीं। पर फिर भी—बात कौन सी करनी थी? अगर

लंबी बात है तो मुझे मंडी से मुड़कर आ लेने दे। तब कर लेना।

चानण : मंडी से मुड़कर तुम्हें क्या फुरसत मिलेगी? ग्यारह बजे तक? मैं ने नौ बजे कॉलेज पहुँचना है।

सोभा : ओ, भई बेटा, यह तो सही है। सब्ज़ी की गाहकी तो सुबह-सुबह होती है। दोपहर तो मक्खियाँ मारते हुए गुज़रती है। फिर कहीं सूरज ढलते वक़्त निकलते हैं लोग, सवेरे के लिए सब्ज़ी ख़रीदने। गाहकों का गुलाम बनकर रहना पड़ता है दुकानदार को।

चानण : मुझे तीन चार महीने ज़्यादा पैसे चाहिएं।

सोभा : किस वास्ते? देसी घी तो तेरी माँ ने कल मँगवाया। दो किलो। नंदा चौर से।

चानण : घी मैं सिर पर उठाऊँगा?

सोभा : अगर घी नहीं खाएगा तो ये अंग्रेज़ियाँ कैसे काटेगा? सारा दिन परड़- परड़ ज़बान कैसे चलाएगा?

चानण : मैं यहाँ घर में रह कर नहीं पढ़ सकता।

सोभा : और तू घर छोड़कर कहाँ जाएगा? पढ़ता रह यहाँ खाट पर बैठा, जितना मरज़ी। तुझे हटाता है कोई?

चानण : तेरह चौदह साल मैं इसी खोली में बैठकर पढ़ा हूँ। मगर अब चार-पाँच महीने मैं बाहर कमरा लूँगा।

सोभा : बाहर कहाँ?

चानण : मॉडल टाऊन। या रेलवे मंडी। नहीं तो, अगर पैसे हैं, तो हास्टल में दाख़िल करा दो।

सोभा : कमरे का किराया देना पड़ेगा। फिर दो मील से तू रोटी घर में खाने आया करेगा।—सवेरे सवेरे, बेटे, उलटी क्यों सोचने लग पड़ा?

चानण : रोटी घर कैसे खाने आ सकता हूँ?

सोभा : और कहाँ से खाएगा? आप पकाएगा?

चानण : आप रोटियाँ पका कर ज़रूर फस्ट डिवीयनें ले लूँगा? वज़ीफे जीत लूँगा?

सोभा : फस्ट डिवीयनें क्या नई चीज़ हैं तेरे वास्ते? जीतता ही रहा है वज़ीफे, चौथी से लेकर।

चानण : स्कूल की पढ़ाई भूल जा। बी.ए. ऑनर्ज़ तो बड़ों-बड़ों के कील निकाल देती है।—जहाँ से मरज़ी पैसे निकालो। जो मरज़ी करो। चार पाँच महीने मैं घर से बाहर रहूँगा। रोटी होटल में खाऊँगा।

सोभा : होटल में? होटलों का गंद खा कर, भला तू स्वाह पढ़ाई करेगा?

चानण : आधी दुनिया होटलों का खाती है। दो सौ लड़का रहता है होस्टल में। पिपलांवाले की सड़क वाले होस्टल में। वो भी तो नंबर ले जाते ही हैं।

सोभा : भई चानण, घर की हालत तेरे से लुकी छिपी तो है नहीं। इतनी हिम्मत कहाँ है हमारे में?—जो तुम्हें घर से बाहर रहने का ख़र्च दे सकें? हाँ, जैसे कैसे, तुम्हें बी.ए. तक पहुँचा दिया। नौकरी करने योग्य बन, और साथ में सहारा दे। कुटुंब क़बीला संभाल। हमारे बूढ़े हाड़ भी कोई आराम की घड़ी देखें।

चानण : मुझे चार पाँच महीने का ख़र्च ज़रूर चाहिए। मेरी तरफ से जो मरज़ी करो।

सोभा : अच्छा, लंबी बात मत खेंच। मैं मंडी पहुँचूँ। देर हो गई बल्कि। और घड़ी बाद में पहुँचो, तो बचा-बचाया उठाना पड़ता है। गली-सड़ी सब्ज़ी कौन ख़रीदता है? गाहक टूट जाते हैं।

चानण : रोज़ तुझे गली सड़ी सब्ज़ी की पड़ी रहती है। फुरसत ही नहीं तेरे पास मेरी मुसीबतें सुनने के लिए। **(रोता है)**

सोभा : देखो तो! तड़के 'चंडी की वार' छेड़ बैठा।

चानण : गर्म कोट-पतलून चाहिएं मुझे। चार-पाँच जाड़े कॉलेज में एक स्वैटर से निकाले हैं। शरम आती है पूरे कॉलेज के सामने। लड़के हैं, दो-दो हज़ार का सूट पहन कर आते हैं। और मैं हूँ—स्वैटर की घिसी कोहनियाँ छिपाने पर लगा रहता हूँ।

सोभा : पढ़ाई तूने करनी है कि पैंट-कोट ने?

चानण : शरम का मारा रहे जो लड़का, हर वक़्त, वो पढ़ाई मुओं का सिर करेगा?

सोभा : तुम्हें कौन ससुरा कहता है, तू शरम किया कर? ग़रीब भी होते ही हैं इन्सान। लोगों की अमीरी देखकर, ग़रीब क्या अपनी झोंपड़ियाँ जला लें?

चानण : वाह! रेहड़ी लगा कर सब्ज़ी बेचनी है जिसने, उसे लाज शरम काहे की? इस से ज़्यादा ग़रीब मिस्कीन कोई हो सकता है भला?—पटड़ी पर बैठ कर सब्ज़ी बेचना! या फेरी लगाकर, गली-गली रेहड़ी घुमा कर, "आलू! बैंगन!" की आवाज़ें देना! सारी उम्र की यही कमाई है तेरी? कोई तरक्की की है तू ने? और चाचे ने? बेटे बेटियों का हौसला भी तुम्हें देखकर ही बनेगा। जिस लड़के का बाप रेहड़ी वाला हो, वह आप कौन सा डिप्टी कमिश्नर लग जाएगा?

सोभा : देख, क्या बहस छेड़ बैठा, उठते ही। चैन कर। आ रहा हूँ मैं मंडी से। सोचेंगे। हाँ, सच। बेली राम ने बताया, घंटाघर के पास दुकान मिल रही है एक। लगाता हूँ मैं सलाह केहर चंद से। मीट के खोखे हैं जहाँ। खोले के निकट। रास बना लें। पगड़ी भी अगर थोड़ी-बहुत देनी पड़ी, तो देंगे। तू भई रेहड़ी वाले का पुत्र मत कहलवाना। दुकान वाले का पुत्र बन जाना। मगर डिपटी कमिश्नर ज़रूर लगना।

चानण : उस दिन तेरी सब्ज़ी बेच रहा था मैं। दोपहर को, जब तू रोटी खाने ऊपर चढ़ा। शनिवार को। हमारा हिसाब का प्रोफ़ैसर आ गया, सब्ज़ी ख़रीदने। एम.के. अग्रवाल। मैं शरम का मारा पानी-पानी हो गया।

सोभा : शरमाना किस लिए, भई? अग्रवाल ससुरा सब्ज़ी नहीं खाएगा तो क्या मुर्ग़े चबाएगा?

चानण : और क्या मैं ख़ुशी से कूदता उसके सामने? सब्ज़ी तोल कर देता हुआ?—कॉलेज के अंदर कितनी इज़्ज़त करेगा वह मेरी, सब्ज़ी बेचने वाले के पुत्र की?

सोभा : तूने उस से इज़्ज़त ख़ामख़ा करवानी है? मैं ने कोई समधी बनाना है तेरे अग्गड़वाल को? अपने बेटे चानण राम बंगड़ की बारात चढ़ाकर उसकी कोठी पर जाना है?—फिजूल नहीं, ओए, ऐरे ग़ैरे के कारण, अपने आप को दुत्कारा करते।

चानण : मुझे नहीं पता। चाहे कुछ करो। चार पाँच महीने अलग कमरा लेकर रहने के लिए पैसे दो।

सोभा : न, भई। इतनी हिम्मत नहीं है हमारे में। या तो तू होटलों में खाना खाने की शान बना ले—या फिर दुकान ख़रीदने लायक रास बन लेने दे।

चानण : बूट भी नए बनवाने हैं। चपलों में ठंड लगती है। नवंबर आधा बीत गया।

सोभा : बेटा, अपने पैरों पर खड़ा होगा तो जो मरज़ी कर लेना। मैं क्या समझता नहीं तेरी ज़रूरतें? कौन-सा बाप है जो बच्चों को बढ़िया खाने पहनने के लिए नहीं देना चाहता?—पुत्र, मैं देने के क़ाबिल होता, तो भला तुझे कहना पड़ता?—मेरी सोच। उजड़ कर आए हम। घर-घाट लुटा कर। मुश्किल से जानें बचाईं। रफीजी कैंपों में रहे। पचास साल हो गए। अभी तक भी लोग हमें रफीजी कह कर दुत्कारते हैं। पनाहगीर बुलाकर चिढ़ाते हैं। और पंद्रह बरसों

का था, जब मैं यतीम हो गया। बाप मर गया। बहन पाली, ब्याही। छोटा भाई पाला, ब्याहा। बेटी ब्याही। सब्ज़ी बेच-बेच कर, गली-गली, कुनबे का ख़र्च निकाला। लेकिन रहा वही, पटड़ी पर फड़ी लगाता। या दूर-दूर रेहड़ी चलाता। पुत्र, यहाँ तक तो मैं ने परिवार को पहुँचा दिया। आगे, भई, तेरी हिम्मत है। तू पढ़ गया है। अफसर लग जाना। ग़रीबी की गंदगी से निकाल लेना हमें। बस, दाँतों के नीचे जीभ दबा ले! दो चार महीने और!

(मांहों आती है)

मांहों : निक्की! निक्की, उठ री! तू भी पढ़ ले चार अक्षर। कह रही थी, तड़के उठकर स्कूल का काम करना है।

सोभा : ओए, सो लेने दे बच्ची को। नहीं इसने पढ़कर लाहौर पहुँचना।

मांहो : गया नहीं तू?

सोभा : जा रहा हूँ। **(चक्कर आता है)** ओह तेरे की!

चानण : क्या हुआ?

सोभा : चक्कर-सा आ गया।

मांहों : सारा दिन लोगों के साथ सिर मारते हो। आवाज़ें देते हो गाहकों को। घड़ी भर फुरसत मिलती है, तो फेरी लगाने चल पड़ते हो, गली महल्ले। आराम भी करते हो कभी? चक्कर तो अपने आप आएँगे।

चानण : डॉक्टर के जा आना था। पिछले हफ्ते भी तुम कह रहे थे, पैर उखड़ता है।

सोभा : डॉक्टर गधे का खुर करेगा? गर्मी खुश्की है। सोंठ अजवायन डालकर, काढ़ा बनाना आज।

मांहों : सौंफ मुलट्ठी डालकर चाय बनाई है। घूंट पी जा।

चानण : चाय बन गई?

मांहो : लाती हूँ मैं। रुक ज़रा। तू ने ज़रूरी जाना है नित्य मंडी? छोटे को भेजा कर। सियाना शरीर हुआ जा रहा है। इतना काम होता है अब तुम से? साँझ है। बराबर का काम करे। दोपहर चढ़े उठ कर पहुँचता है। नन्हा चूज़ा बनता है। जा, चानण, आवाज़ मार। कह, तेरे भाइये को चक्कर आते हैं। जाकर, सब्ज़ी लाए मंडी से।

सोभा : अच्छा, बेटा, जा। केहर चंद को उठा। कहना, झटपट कर। देर हो गई बहुत। अच्छी-अच्छी तो चुनकर लोग ले गए होंगे।

(मांहों चाय पकड़ाती है)

चानण : पैसे पकड़ा। **(बोरी और पैसे पकड़ कर जाता है)**

मांहों : निक्की! उठी नहीं तू?

सोभा : निक्को, पुत्र, चाय पी ले।

निक्की : भापा! मेरी तो आँखें नहीं खुल रही।

मांहों : क्या हुआ, री?

सोभा : उठ। ठंडे पानी के छींटे मार। आ, मेरा शेर।

निक्की : हाय रब्बा! दर्द हो रही है बहुत।

सोभा : दिखा तो।··· ओ तेरा भला हो जाए। आँखें तो सूजी पड़ी हैं।

माँहों : दुखने लग पड़ीं?

निक्की : मैं पढ़ने कैसे जाऊँगी? अगर हिसाब का काम नहीं किया, मैडम थप्पड़ मारेगी।

सोभा : ऐसी आँखों से स्कूल जाएगी? बैठी रह आराम से, गर्म बिस्तर में। बेटा अर्ज़ी भेज देगा बंसों के हाथ।

निक्की : स्कूल मैं ज़रूर जाऊँगी।

मांहों : हिल तो सही। मुँह धो कर चाय पी। फिर बना लेना स्कीमें स्कूल की।

सोभा : धींगो ज़ोरी दुखी कर रही है नन्ही को।—आज त्रिफला लाऊँगा मैं। वो भिगो देना मिट्टी के कोरे कूज़े में। आँखों को उस पानी के छींटे देना।

निक्की : **(चलकर आती है)** हाय भापा! मुझे तो दिखता ही नहीं।

सोभा : सुख बोल! मर जानी! अमृत वेला, अँधे होने की भाषा बोलती है।

(चानण लौटता है)

चानण : चाचा नहीं मान रहा। पकड़ पैसे।

मांहों : क्या कह रहा है?

सोभा : तबीयत ख़राब होगी उसकी भी। रात को बता रहा था, नाक मुँह घुटे हुए हैं।

चानण : चाचे की तबीयत तो सही लगती है। रज़ाई कानों पर लपेट कर पड़ा है। चाची ज़रूर मुँह फुला कर बैठी है।

सोभा : उठ गई अमरो, खाट से?

मांहों : उठी को, उसे कौन सा तीज का बुख़ार चढ़ा है? कल पटर पटर बातें हाँक रही थी, सेंटर की नर्स से।

चानण : बोली, हम नहीं जाएँगे मंडी।

सोभा : मंडी नहीं गए, तो बेचेंगे क्या? खाएँगे कहाँ से?

चानण : भाइया, दिन चढ़ने पर आप ही पूछ लेना तुम। मेरा ख़्याल है,

फिर वही बुख़ार चढ़ गया लगता है दोनों को।

निक्को : अलग होने का बुख़ार?

चानण : हाँ।

मांहों : हो जाएँ फिर अलग। हमारा क्या बिगड़ता है? खरा है बल्कि। तड़के उठकर पहले ख़रीदने जाएगा। फिर रेहड़ी घुमाएगा घर-घर। अक्ल आ जाएगी केहरू मामा को। अब तक तो बड़े भाई ने, लाड़ प्यार करके, हड्डियों में पानी डाल रखा था। हो जाएँ जुदा। आए अक्ल जोरू ख़सम को।

सोभा : ओए, क्यों कलह सहेजती है, देवताओं की वेला? चित्त ख़राब होगा। वो भी क्या करें? अमरो भी अंदर से खुर गई। चौथा बच्चा गिरा है। क्या करे बेचारी? भगवान कोई दिन न दिखाए, तो आप ही चित्त कड़वा होगा।—अच्छा, मैं ही जाता हूँ मंडी। घुटने-घुटने धूप चढ़ गई। दिहाड़ी मारी जाएगी।... ओ तेरे की!

चानण : फिर चक्कर आ गया? डॉक्टर के ज़रूर जाना आज। वही कसर होगी, बुआ वाली। ब्लड प्रेशर। परिवार में है यह बीमारी हमारे।

सोभा : कैसे दिहाड़ी बनेगी आज?

मांहों : किसी तरह मंडी से सब्ज़ी आ जाती। बेच तो बेशक मैं और निक्की लेतीं। तू ऊपर खाट पर लेटा रहता।

चानण : निक्की, तू स्कूल नहीं जाएगी?

निक्की : आँखें नहीं खुल रही। दर्द है।

सोभा : कैसा दिन चढ़ा है आज। उठते ही अड़चन पड़ गई। एक इस ने फिक्र लगा दी।

मांहों : किसने?

सोभा : चानण ने।

निक्की : कैसी?

सोभा : कह रहा है, चार पाँच महीने बाहर कमरा लूँगा। होटल में रोटी खाऊँगा।—बताओ। रोज़-रोज़ का ख़र्च निकालना कठिन हो गया, दो परिवारों का। सेहत ऊपर से गिरती जा रही है।

निक्की : भैया जी, तुम होस्टल में दाख़िल होगे?

चानण : ऐसे हालात में पढ़ाई कद्दू करूँगा?—पकड़ा पैसे।

सोभा : किस वास्ते?

चानण : मैं लाता हूँ सब्ज़ी।

सोभा : तू?

मांहों : तू ले आएगा?

चानण : और चारा क्या है? **(बोरी उठाता है)**

निक्की : तुझे सब्ज़ी ख़रीदनी आती है?

सोभा : खरा। शेर पुत्र है मेरा। रिक्षा कर लेना, आने जाने का। मज़दूर से उठवा लेना बोरी।

मांहों : कालेज को देर तो नहीं हो जाएगी?

चानण : कॉलेज? सब्ज़ी बेचने वाले का पुत्र ज़रूर बी.ए. ऑनर्ज़ पास कर लेगा। रफ्यूजी का पुत्र!—इतनी तकलीफें भी, भला किसी लड़के लड़की के सिर पर आई होंगी? **(बोरी से आँसू पोंछता है)**

(अँधेरा)

झाँकी 2

गवैये : हमरा चिड़ियों का चंपा रे,
बाबुल, हम उड़ जाएँगी।
हमरी लंबी उडारी रे,
बाबुल, किस देश जाएँगी।।
तेरे महलों के बीच बीच में,
बाबुल, मेरा डोला अटका।
एक ईंट हटा दूँगा,
बेटी, घर जा अपने।।
तेरे महलों के बीच बीच में,
बाबुल, मेरी गुड़ियाँ पड़ीं।
गुड़ियाँ खेलेंगी पोतरियाँ
बेटी, घर जा अपने।।

(सोभा और बेली पटड़ी पर सब्ज़ी बेच रहे हैं। रेहड़ी पास खड़ी है)

सोभा : आओ, बहन जी! तोरी ताज़ी हैं।··· चार रुपए किलो।··· आओ, लाला जी। घिया लो। निरा मलाई!

बेली : कैसे, सोभा राम? आज अकेले ही लगे हो? केहर चंद किधर गया?

सोभा : चित्त ढीला है, बोला।

बेली : बहुटी का तो होगा चित्त ढीला। केहरू को क्या हुआ? संध्या को तो चंगा भला था।

सोभा : कुवेला हो गई आज। लड़का लाया था सब्ज़ी, मंडी से। सो वो भी बिकी नहीं।

बेली : लड़का चानण राम? कालजिएट? सब्ज़ी ख़रीद कर लाया? हई शाबाश!

सोभा : मुझे चक्कर-से आ रहे थे।—तूने? बेच ली सारी?

बेली : और क्या। तुम्हारे गाहक भी मेरी तरफ आ गए।—रेहड़ी भी खड़ी है खाली? फेरी लगाने नहीं जाना? तू या केहरू ने?

सोभा : मेरे में हिम्मत नहीं। केहरू भी नहीं उतरा।

बेली : मांहों बैठ जाती गद्दी पर घड़ी भर। निक्की तो स्कूल गई होगी। तू जा तो नई आबादी घुमा ला रेहड़ी। जैन लोग मिनटों सकिंटों में चबा जाएँगे तेरे बैंगन।

सोभा : ओ यारा, मुसीबतें साली भी इकट्ठी आती हैं।

बेली : मुसीबतें? कैसी?

सोभा : मुझे चक्कर आते हैं। बेटा बोला, शायद बापू वाली और मेरी बहन वाली बीमारी है। ब्लड प्रेशर। उधर देख ले, केहरू की पत्नी अमरो के साथ चौथी बार हो चुका है यह चानस।

बेली : ऐसे भी है। अमरो की बच्चेदानी गर्भ नहीं झेल सकती। अपने बस में नहीं है कुछ भी। कुदरत के रंग हैं।

सोभा : सवरे लड़की निक्की आँखें लेकर बैठ गई। दुखने लगी हैं। शायद कुकरे हैं। दर्द हो रही।

बेली : स्कूल नहीं गई?

सोभा : डाकटर के लेकर गई है माँ उसकी। बीस रुपए लेकर। क्या करे ग़रीब बंदा?

बेली : डाकटर ससुरे रक़में खा जाते हैं। मरीज़ आए सही क़ाबू। बीमारी चाहे पल्ले पड़े या न पड़े। कहते, पहले जेबें खाली कर दो।

सोभा : एक ससुरी लड़के की फिक्र लग गई।

बेली : चानण की? चानण भला चंगा। चानण की कैसी चिंता है तुझे? इतना होशियार पुत्र किसी किसी का होता है। भाग्यवान् है तू सोभा राम। है भी लड़का फरमांबरदार। तेरा सरमाया तो असली चानण ही है। हम जैसों को देख तो। दोनों छोकरे नहीं पढ़े। बड़ा तो चानण का जमाती था। दसवीं में दो बार फेल हो गया। हार कर, खराद पर लगाया। अगर साल छः महीने काम सीख कर, रोटी कमाने के योग्य हो सके।

सोभा : चानण लड़का तो लाखों में से एक है। पर क्या करूँ? बी.ए. की पढ़ाई है। सही कह रहा है बेटा। घर में जगह कहाँ है? एक ही कमरा है। सौ आया गया रहता है, क़बीलदारी में। कहाँ पढ़ाई करे?

बेली : हाँ, जगह की तंगी तो है। अलग कमरा हो तो छात्र एक मन हो

कर पढ़ सकता है।

सोभा : कह रहा है, चार पाँच महीने बाहर कमरा लूँगा। मॉडल टाऊन या होस्टल में। रोटी भी तंदूर पर खाऊँगा।

बेली : यह तो खरी सलाह है। डर मत तू। है तो यह ख़र्च फालतू-सा। मगर तू समझ, रास लगा रहे हो लड़के पर। इस में घाटा नहीं पड़ेगा तुझे। नंबर ज़्यादा आ जाएंगे तेरे पुत्र के। उतनी अच्छी नौकरी मिलेगी। और तन्ख़ाह ज़्यादा मिलेगी। तेरी जगह मैं होऊँ तो रत्ती ढील न करूँ। पढ़ने वाले बेटी बेटे के लिए सब कुछ करना चाहिए।

सोभा : बातें तो तू सच्ची कह रहा है। मगर, भाई, रकम इतनी कहाँ से निकालूँ? फिर सब्ज़ी की फड़ी से क्या बचाना और क्या कमाना? अगर, दो घड़ी पड़ी रह जाए, तो सूख जाती है। सड़ जाती है। पैसे भी बराबर नहीं होते। चाहता तो मैं भी यही हूँ। चानण जल्दी-जल्दी पढ़ाई पूरी करे, और मेरी हड्डियों को सुख चैन मिले।—कैसे, दुकान का पता किया तूने? घंटाघर के निकट वाली?

बेली : मित्रा, रुपया पच्चीस हज़ार माँग रही है ब्राह्मणी। बोली, लिख लिखा कर लो। उसके देवर जेठ भी कोई रुकावट नहीं डाल सकते। है हिम्मत?

सोभा : पच्चीस हज़ार? पच्चीस हज़ार तो दरख़्त का पत्ता नहीं इकट्ठा कर सकता बंदा। रुपया पच्चीस हज़ार उसको हम कहाँ से दे देंगे?

बेली : सोभा राम, थूक से पकौड़े पका रहा है तू तो। रकम नहीं ख़र्च सकता तो दुकान कैसे ख़रीदेगा? चला रेहड़ी। लगा फड़ी। श्मशान तक पहुँच जाएगा तू ऐसे ही गलियों के अंदर चक्कर खाता हुआ।

सोभा : जीते जी, दुकान तो तुझे कर के दिखाऊँगा। एक बार गद्दी पर ज़रूर बैठूँगा। हाट भी बज़ाज़ी का बनाऊँगा—बंगड़ क्लॉथ हाऊस! कपड़ा न बासी न ताज़ा। थान बेशक दो बरस दुकान के अंदर पड़ा रहे। बिगड़ता थोड़ी है कुछ। यह सपना तो पूरा करके मरूँगा। एक बार तो पुत्र अपने का उलाहना उतार दूँगा।

बेली : चानण ने काहे का उलाहना दिया तुझे?

सोभा : बेली राम, उलाहना बाप बेटे का कैसा। लज्जा महसूस करता है। बोला, शरम आती है कालेज के लड़के लड़कियों के आगे।

परफेसरों के आगे।—कि बाप आलू बैंगन बेचता है।

बेली : भाई, कर्मों का चक्कर है सारा। मजबूरी का नाम महात्मा गांधी। कौन चाहता है, दर दर की धूल चाट कर, घिया कद्दू बेचूँ। दिल से सब, धनाढ्य बनकर, बड़े हाट के अंदर, गद्दी पर सजना चाहते हैं। न क़िस्मत में हो, तो क्या करे मनुष्य?

सोभा : क़िस्मत भी बनाए बनती है, मेरे बेलिया। देखना तू एक दिन। सोभा राम सब्ज़ी वाला, सोभा राम बज़ाज़ बनकर दिखाएगा तुझे।

बेली : ज़रूर बन बज़ाज़। भगवान भली करे। तेरे दिन फिरेंगे, तो तू किसी हमारे जैसे ग़रीब का भी भला सोचेगा।

सोभा : तो फिर ब्राह्मणी से दोबारा बात चला। दुकान के बारे में। कहना, मेरा चानण बी.ए. पूरा करके नौकरी लगने वाला है। उधार कर ले। सूद लेती रहे। मगर पच्चीस हज़ार झूठ है। पाँच सात हज़ार में लिख लिखा कर दे।

बेली : पाँच सात हज़ार? मख़ौल कर रहे हो? सत्तरह हज़ार तो खारी कुएँ वाले जैन सराफ देने के लिए पीछे-पीछे घूम रहे हैं।

(आचार्य आता है)

सोभा : नमस्कार, आचार्य जी।

बेली : पाय लागूँ, पंडित जी।

आचार्य : सोभा राम, करी थी सलाह तुम सब्ज़ी वालों ने?

सोभा : सलाह?··· ओ अच्छा अच्छा! महाराज यों ही कल वक़्त नहीं मिला। केहरू के घर वाली ढीली थी। चौथा गर्भ भी गिर गया। मेरा भी चित्त खरा नहीं था। आज बैठकर निपटाएँगे मुआमला।

बेली : कौन सा मुआमला पड़ गया, आचार्य जी?

आचार्य : इसी कारण मर रही है हमारी क़ौम। तुम गीदड़ बने रहो। मुल्क हमारा सदियों से ग़ुलामी भोग रहा है। वेदों शास्त्रों के ज्ञाता हैं हम। कभी हमें मस्जिदों वाले छुरे मार जाते हैं, कभी गुरुद्वारों वाले गोलियाँ बरसा जाते हैं। कभी ईसाई हमारे लोगों को नौकरियों का लालच दे दे कर, धर्म भ्रष्ट कर जाते हैं। और अब लाखों हिंदू उलटे रास्ते चल पड़े। बुद्ध मज़हब इख़्तियार करने लगे। और तुम लोगों को शरम हया कोई नहीं। बेटियाँ बहनें तुम्हारी उठाएँगे, दूसरे मज़हबों वाले, तो ही होश आएगी तुम्हें।

सोभा : ऐसा कौन सा अनर्थ हो गया, आचार्य जी? सुख चैन से, मिल मिलाकर, टुकड़े कमा लेने दो।

बेली : महाराज, कोई उलट काम हो गया किसी तरफ, देश के अंदर? हमारे धर्म को कौन सा ख़तरा पड़ गया है? दोबारा उजड़ना पड़ेगा हमें? फिर से रफीजी बनना पड़ेगा?

आचार्य : अंधे बहरे हो गए हो तुम लोग? अख़बारें नहीं पढ़ते? रेडियो नहीं सुनते? टैलिवियन नहीं देखते? चारों तरफ आग लगी पड़ी है मुल्क को। दंगे हो रहे हैं। ग़ैर-हिंदू हिंदुस्तान के टुकड़े-टुकड़े करके, आज़ाद रियास्तें बनाना चाहते हैं। तुम कानों में रुई घुसेड़ कर बैठे हुए हो।

सोभा : यह तो आप ने सही उचरा है, आचार्य जी। मगर हम ग़रीबों के बस में है क्या? हम अपने पेट पालें, बच्चे पढ़ाएँ, या दंगे फसाद करें?

बेली : रेहड़ी वाले, खोमचे वाले किस बाग की मूली हैं? सियासतदान जानें। अमीर जानें। हमारा क्या है? पाँच सालों के बाद वोट डाल आए। हमें और पूछता कौन है?

आचार्य : तो फिर ध्यान से सुन लो। यहाँ मंदिर के इर्दगिर्द हम लगे हैं ऊँची दीवार बनाने। यहाँ से सब्ज़ी वाले, खोमचे वाले, सब उठा देंगे। किलाबंदी करनी है मंदिर की। ताकि दंगा फसाद हो जब, अंदर ईंटें रोड़े जमा कर सकें। हथियार इकट्ठा कर सकें। ग़रीब ग़ुरबी की रक्षा हो सके।—सो, भाई, अपना इंतज़ाम करो तुम किसी दूसरी जगह।

सोभा : यह ज़ुल्म मत करो, महाराज। तीस साल से हम रोज़ी रोटी कमा रहे हैं, इस बालिश्त भर जगह के सहारे। दस कुटुंब पलते हैं।

बेली : क्यों ग़रीबों को भूखे मारने लगे हो?

सोभा : रक्षा करते करते, आप तो बल्कि हमें घर से बेघर कर रहे हो। सियालकोट से उजड़कर आए थे। मुश्किल से जानें बचा कर। अब क्या तुम हमें होशियारपुर से भी उजाड़ोगे?

आचार्य : यह फैसला किया है मंदिर की पंचायत ने। गुप्त फंड इकट्ठा करना है। फिज़ूल में बकना मत किसी से।

सोभा : फंड? फंड किस वास्ते?

आचार्य : पड़ोस में दुश्मनों का महल्ला है। क्या पता, दूसरे शहरों की देखा देखी, कब हमला कर दें। घरों को आग लगा दें। पहले तैयारी करनी भली है। पंचायत ने सोचा, उगाही करें। हथियार ख़रीद कर रखें।

सोभा : बसता हुआ, रसता हुआ, मुल्क है। सरकार है। पुलिस है।

मिलटरी है। फिर हम ग़रीबों से रक़में छीन कर, तुम हथियार किस लिए ख़रीदोगे?

आचार्य : इसी कारण मर रही है हमारी क़ौम। सदियों से म्लेच्छों ने हमारी बेटियाँ, बहनें, पलीद कीं। तुम हिजड़े कुछ करने योग्य नहीं। आ रही संक्रांति तक उठाओ साज़ सामान। जगह कर दो ख़ाली। रेहड़ियाँ घुमाओ और बेचो प्याज़ गोभी। यहाँ किसी को नहीं बैठने देंगे। दुर्गा मंदिर को दुर्ग बना कर रखेंगे। **(जाता है)**

सोभा : लो, कर लो बात। बेलीराम, कहो तो मैं कपड़े की दुकान के सपने देख रहा था। यह पुजारी सब्ज़ी की फड़ी भी उठवाने लगा है। रोटी कमाने का हीला भी छीनने लगा है!

(अँधेरा)

झाँकी 3

गवैये : बुल्लेआ, इश्क़ की नई से नई बहार।

(1) जब मैं ने सबक इश्क़ का पढ़ा।
मसजिद से मेरा जीवड़ा डरा।
पूछ पूछ ठाकर द्वारे घुसा।
जहाँ बजते नाद हज़ार।
इश्क़ की नई से नई बहार।।

(2) वेद, कुरान, पढ़ पढ़ थके।
सिजदे करते घिस गए माथे।
न रब तीरथ न रब मक्के।
जिस पाया तिस नूर अंबार।
इश्क़ की नई से नई बहार।।

(3) फूँको आसन, तोड़ो लोटा।
छोड़ो तसवी कासा सोटा।
आशिक़ कहते ऊँचे स्वर में—
"छोड़ हलाल, खाओ मुरदार।"
इश्क़ की नई से नई बहार।।

(4) हीर रांझे के हो गए मेले।
हीर ढूँढ़ती जंगल बेले।
रांझण यार बग़ल में खेले।
मुझे सुध-बुद्ध रही न सार।
इश्क़ की नई से नई बहार।।

(कॉलेज की पार्क। बैंच पर बैठा चानण पढ़ रहा है)

शुभ्रा : मिस्टर बैंगर?

चानण : येस्स। सी.अर. बैंगर। इंग्लिश ऑनर्ज़, फाइनल यीयर।

शुभ्रा : शुभ्रा सोनी। ईको ऑनर्ज़।

गोलडी : गोलडी गिल्ल। गुरेंद्र सिंह गिल्ल, एम.ए. पोलिटिकल साइंस।

चानण : ग्लैड टु मीट यू। यूनियन प्रेज़ीडेंट ऐंड सेक्रेटरी?

शुभ्रा : गुड! दैट्स ईज़ियर। लेट्स कम टू दी प्वायंट स्ट्रेट ऑफ।

गोलडी : बैंगर साहिब, आपकी मदद चाहिए।

शुभ्रा : मेरा काम आप के बग़ैर नहीं बनेगा।

चानण : मैं आपकी क्या मदद कर सकता हूँ?

शुभ्रा : ए लॉट। हमारा नेता आप जैसा होशियार विद्यार्थी होना चाहिए।

चानण : मुआफ करना, मैं लीडर वीडर कुछ नहीं बन सकता। मेरी पॉलिटिक्स में कोई दिलचस्पी नहीं। ऐग्ज़ाम सिर पर आ गए हैं! मैं पूरा वक़्त पढ़ाई पर लगाना चाहता हूँ—ताकि अच्छे नंबर आएं और बढ़िया नौकरी मिल सके।

गोलडी : बैंगर साहिब, हमें बिलकुल आप जैसे सीरियस साथियों की ज़रूरत है। आवारागर्द लड़के लड़कियाँ तो बल्कि मूवमेंट को बदनाम करते हैं।

शुभ्रा : यू हैव बिन ए स्कॉलरशिप होल्डर ऑल थरू।

गोलडी : हर साल तुम फस्ट निकलने का इनाम लेते हो।

चानण : हाँ। लेकिन काम तो बताओ।

शुभ्रा : बात डिटेल में करने वाली है। मेरे घर चलते हैं। वेट हीयर, गोलडी। मैं कार इस गेट पर लाती हूँ।

चानण : सॉरी। मेरी दो इंपॉर्टेंट क्लासिज़ हैं। मैं क्लास नहीं कट कर सकता।

गोलडी : इट्स ऑल राइट, शुभ्रा। दस मिनट हैं अभी घंटी बजने में।

शुभ्रा : आपके घर आ सकते हैं हम। शाम को। व्हेयर डु यू लिव?

चानण : ऐक्चुयली, मैं हॉस्टल जॉइन करने की सोच रहा हूँ। आई टोल्ड माई डैड दिस मॉर्निंग।

शुभ्रा : हॉस्टल! दैट विल बी ग्रेट। हम आपके हॉस्टल के कमरे को अपना हैड क्वार्टर बना सकते हैं। कंटरीवाईड ऐजीटेशन के लिए यह तो स्पलैंडिड ऐडरेस होगा। है न, गोलडी?

गोलडी : ऑफ कोर्स।

चानण : मगर, जनाब, मुझे पता तो चले—तुम लोग किस ऐजीटेशन की स्कीमें बना रहे हो।

गोलडी : फ्यूचर प्राईम मिनिस्टर जी, ऐक्सप्लेन इट टु हिम।

शुभ्रा : यू नो, आई कांट बी ब्रीफ ऑन ऐन इनजसटिस लाईक दिस।

चानण : इनजसटिस? किसके साथ?

गोलडी : मुल्क के हर होशियार लड़के और लड़की के साथ।

शुभ्रा : बैंगर साहिब, हम आपके अधिकारों के लिए लड़ना चाहते हैं।

चानण : मेरे अधिकार कौन छीन रहा है? मैं ने तो हमेशा अपनी मेहनत के बल पर वज़ीफे जीते हैं। आई ओअ नथिंग टू ऐनीबडी—ऐक्सैप्ट, ऑफ कोर्स, टू माई फादर।

शुभ्रा : बिलकुल यही नारा है हमारा : जॉब्ज़ टू दा मैरिटोरियस! देखो, बैंगर साहिब। आधी सदी से अधिक बीत गई। मैरिट को निग्लैक्ट किया जा रहा है। ज़ात के नाम पर, रेस ऐंड क्रीड, लैंगुएज ऐंड प्रोविंश्यालिज़्म—मुल्क के टुकड़े-टुकड़े होने वाले हैं। मैं चाहती हूँ, सब यूनिवर्सिटीज़ में एकता की मुहिम चलाऊँ। मैरिट! सिर्फ मैरिट पर जॉब मिलने चाहिएं।

गोलडी : ओपन कंपीटीशन फॉर ऐवरी बॉय ऐंड गर्ल।

शुभ्रा : नो रैज़र्वेशन! ऐबसोल्यूटली नन्न!

गोलडी : ग़रीब हो चाहे अमीर।

शुभ्रा : हिंदू हो चाहे मुसलमान।

गोलडी : सिक्ख हो चाहे ईसाई।

शुभ्रा : कॉलेज ऐड्मिशन और नौकरी—

दोनों : सिर्फ मैरिट के बेसिज़ पर!

चानण : मैं आपके साथ पूरी तरह सहमत हूँ। मगर मुझे अफसोस है कि अगले चार पाँच महीने मैं इस ऐजीटेशन के लिए एक भी मिनट स्पेयर नहीं कर सकता। मैं पूरा समय पढ़ाई पर ख़र्च करना चाहता हूँ।

शुभ्रा : यही तो अफसोस है, बैंगर साहिब। आप जैसे जीनियस पीछे हट जाते हैं। मूवमैंट्स और लीडरशिप भुक्खड़ और ग़लत विद्यार्थियों के हाथों में आ जाती हैं। उनसे नेतागिरी ऊपर वाले गुंडे छीन लेते हैं। अच्छा मसला भी बदनाम हो कर रह जाता है। आई कांट स्पेयर यू।

गोलडी : दो नंबर कम आ जाएँगे, तो क्या जुल्म हो जाएगा? तुम्हारा, हमारे साथ मिलकर, देश प्रेम दर्शाना, ज़रूरी है। स्टेट कमेटी का ऐग्ज़ैक्टिव मैंबर बनना ज़रूरी है।

शुभ्रा : मैं ने सुना है, यू आर ए स्पलैंडिड राईटर। पूरी कॉरैसपांडैंस और पब्लिसिटी आपके ज़िम्मे।

गोलडी : आज से काम शुरू कर दो।

शुभ्रा : व्हेयर डू यू लिव?

गोलडी : बॉबी बता रही थी, दुर्गा मंदिर वाली गली में देखा है तुम्हें?

शुभ्रा : शीश महल बाज़ार?

चानण : यैस्स, बट आईम सॉरी।

शुभ्रा : सॉरी वॉरी कुछ नहीं, बैंगर साहिब। मैं तुम्हें पूरे हिंदुस्तान स्टूडैंट लीडर बनाकर दम लूँगी।

चानण : प्लीज़! मुझे अपनी पढ़ाई कर लेने दो। प्लीज़!!!

(अँधेरा)

झाँकी 4

गवैये : ग़ैन-ग़म न समझती, ख़ौफ, ख़तरा,
लूणां उठकर पकड़ लिया आन चोला।
चल, पलंग के ऊपर बैठ एक बार,
करूँ अर्ज़ मैं दोनों कर जोड़, गोला।
परी जैसी मैं स्त्री अर्ज़ करती,
तू तो मर्द नहीं कोई है लोला।
क़ादर यार शरमाती न कहे लूणां,
सेज भोग मेरी, ज़िंद जान ढोला।

अमरो : चार बच्चे खा गई मेरे। मांहों डायन, कीड़े पड़कर मरेगी तू।

केहरू : जितनी नहाई, उतना पुण्य। तुम्हारे जैसों के साथ नहीं पुगा करता सांझ। बहुत ग़ुलामी कर ली तेरी और तेरी जोरू की। हिसाब किताब करके, आधी रकम कर दे मेरे हवाले।

सोभा : रक़में कहाँ से आ गईं, भई, मेरे पास? तेरे सामने ही है। रोज़ मंडी से लाते हैं सब्ज़ी। रोज़ दोनों भाई इकट्ठे बेचते रहे हैं। रोटी का गुज़ारा मुश्किल से चला है इतने बरस। आधा मुनाफा तेरे हांथ पकड़ाता हूँ।

अमरो : बदमाश रांड। टोने करवाती है, पंडितों पुजारियों से। कोख खा गई मेरी।

मांहों : क्यों भौंकने लगी हुई है, कुतिया, कुल जहान के सामने? क्यों मिट्टी खोद रही है बसते-रसते लोगों की?

केहरू : दबा-दबा कर, जो रक़में जमां की हुई हैं, छिपा छिपा कर, भला मानस बन और निकाल कर धर दे।

सोभा : ज़ुल्म साईं का! देखो तो! धींगाधींगी बेईमान बना रहा है मुझे।

केहरू : मैं अपनी शरम का मारा बोला नहीं इतने बरस। सोचा, बड़ा भाई

है। सुनने गिनने वाला क्या कहेगा? अपने भाई भावज की चोरियाँ ज़ाहिर करता है? मगर, भाई, अब पानी गले तक आ पहुँचा है। अब नहीं सहन होता। मेरा आधा मुझे पकड़ा बच्चत का। और रेहड़ी मेरी हो गई।

अमरो : रांड, अकेली खाने की लत पड़ी है। जिस दिन का इस घर में पैर डाला है, कालो ने मुझे जादू टोने से जला डाला।

मांहों : किस ने टोने किए हैं तुझ पर?

अमरो : तू ने! और किस चुड़ैल ने करने थे?

मांहों : तुझे कौन सा कंजर कहता है? यह कुत्ता आचार्य? जिस यार को अंदर घुसा कर पड़ी रहती है? यह मत सोचना—कि मेरी आँखें नहीं हैं। ख़सम को फेरी पर भेजकर, आप यार को पलंग पर चढ़ा कर पड़ी रहती है। हराम का बीज भी फला करता है कभी?

अमरो : हाय री, मांहों कुतिया! अपने जैसी लुच्ची बना रही है मुझे? चल तो, चढ़ दुर्गा के मंदिर। खा क़सम। इस दीवाली पर गई नहीं तू बावड़ी पर? बाबा भंडारी के पास? लिया नहीं तू ने तावीज़ उस से? जो तू ने मेरे चूल्हे में दबाया था?

मांहों : देखो तो। तूफान तोल रही है। बदमाश बाह्मन का कहा मान कर।

अमरो : चल, खा क़सम पुत्र की। खा क़सम चानण की। चलाया जादू तू ने मेरी कोख पर या नहीं? मांहों बंदी, मेरी तरह, तू भी निपूती जाएगी इस जगत से।

केहरू : सवेरे पंचायत करता हूँ मैं इकट्ठी। चार सियाने बाज़ार के बिठा कर, मेरे साथ हिसाब कर दे।

सोभा : ओए केहर चंद, क्यों तेरा सिर घूम गया? हिसाब तू मेरे साथ कैसा करेगा? है क्या मेरे पल्ले? जा तो देख ले हमारे घर का कोना कोना। पकड़ ले जौन सी चाबी पकड़नी है। खोल ले हमारे टरंक संदूक। तुम्हें जहाँ रक़में दिखती हैं, उठा ले। जा, सारी ले ले। बेशक तू मुझे भी आधी मत देना।

केहरू : पाखंड मत करके बता मुझे। चौथ क्या किया था? मेरे पीछे से?

अमरो : खा गई हमें डायन। खा गई मेरे ख़सम की कमाई। बुड़क भर भर कर, मेरे चारों बच्चे निगल गई, कोख से निकाल कर।

केहरू : जब मैं गढ़ी दरवाज़े रेहड़ी ले कर गया था—धंती ने आप बताया मुझे—मेरे से चोरी तूने चानण को सौ का नोट पकड़ाया या नहीं? —कि, माँ के पास रख कर आ?—छिपा रख, माहों, सुत्थन में।

मांहों : कौन सा सौ? देखो तो, भूतना और भूतनी! झूठ का पहाड़ उठाए फिरते हैं? संध्या की बेला।

सोभा : अच्छा, वो सौ रुपया? ओए पगले, वो तो हाथ उधार पकड़ा था किष्ने हलवाई से, परसों। सेबों की पेटी नहीं बेची चार? तू आप बेच कर आया था, पहाड़ी कटड़े।

केहरू : सब कारस्तानी तेरी और तेरी जोरू की है।

(चानण आता है)

चानण : चाचा, भई बहुत हो गया। तुम ने तो मेरा जीना हराम कर रखा है। ऐसे लड़ाई झगड़े में भला कोई पढ़ सकता है?

अमरो : हाँ, हाँ, हमारे सिर पर कर शौक़ीनी। और कालेज की पढ़ाई। अकेला कमाने वाला हो तेरा बाप, तो सारी कोट पतलूने कस्स लेगा तू।

चानण : चाची, क्यों तू कलह बढ़ाए जा रही है? किसी तरह मेरी बी.ए. पूरी हो जाने दो। मैं नौकरी कर लूँगा। इन दोनों को दुकान ख़रीद कर दूँगा। ग़रीबी उठ जाएगी। अगर तुम ने मुझे पढ़ाया है, तो खरा है। मैं तुम्हारा धन्यवाद करता हूँ। मैं क़र्ज़ उतारूँगा। फिक्र मत करो।

केहरू : हमें नहीं तेरी कमाई की ज़रूरत।

अमरो : तू हमारी कमाई का हिस्सा दिलवा दे अपने जनने वाले से। रब्ब राज़ी रखे मेरे मालिक को। हम पराए की कमाई पर थूकते भी नहीं।

मांहों : जाने दे, बेटा, तू। इस वेश्या को बुलाने की कोई ज़रूरत नहीं। जो अपना समझे, वही अपना होता है। जा तू अंदर। पढ़ाई कर।

(निक्की उठ कर आती है। आँखों पर फाहा बँधा है)

सोभा : निक्को, तू क्यों उठी? अभी तो दवाई डाली थी आँखों में।

निक्की : बोल बोल कर, तुम सब ने कनपटी फाड़ डालीं। आँखों का दर्द बल्कि बढ़ गया। आराम राख आएगा?

(दरवाज़े पर खट-खट)

अमरो : भली मानस बनकर, पकड़ा दे हमारा हिस्सा। आज से सांझ ख़त्म!

मांहों : देख, बेटा, कौन है। **(चानण जाता है)**

सोभा : केहर चंदा, न झगड़ा बढ़ा। ग़रीबी अकेले नहीं काटी जाती। मिल मिला कर, कुटुंब का नंगेज ढका रहे, तो भला है। बेटा, मैं तेरा बुरा चाहने वाला नहीं हूँ। हमें क्या थोड़ा अफसोस है, तुम्हारे

बच्चे गिरने का? मैं तो बल्कि रोज़ भगवान के आगे अरदास करता हूँ: अमरो की कोख हरी कर। ख़ुशी का दिन दिखा कोई। बच्चों के बग़ैर घर कैसा?—जाओ, सो जाओ चुप करके। पहले ही तुम्हें पता है, मंदिर वाले सब्ज़ी वालों को उठाने लगे हैं। सहारा है कोई फड़ी लगाने वालों का? खोमचे रेहड़ी वालों का? कभी कमेटी ने डंडे मार कर उठा दिए। कभी दुकानदारों ने परे धकेल दिए। हर वक़्त वही उजड़ने का डर। सदा शरणार्थी के शरणार्थी।—अमरो, बिटिया, जाने दो बाँट-बँटाई। परिवार की ऐकता नहीं तोड़नी चाहिए। मेरा और कौन है तुम्हारे बग़ैर? चानण भी तुम्हारा ही बेटा है। उसकी पढ़ाई पूरी हो जाने दो। तुम्हारा भी पूरा ख़्याल रखेगा। बरस छमाही के बाद, दुकान ले लेंगे। सब्ज़ी का घटिया काम छोड़ देंगे। कपड़े का हाट चलाएंगे, दोनों भाई मिलकर।

(चानण टरंकी उठाए आता है। गुरो सोभा राम के गले लगकर रोती है)

मांहों : गुरो!

सोभा : बिटिया! तू कैसे एक दम? सुख तो है?

केहरू : सवेरे मैं आप चलकर मंडी से अपना माल लाऊँगा।

अमरो : मांहों बंदी, मैं भी वो उलटे टोने चलाऊँगी, तेरी तीन पुश्तें पछताएँगी। **(दोनों जाते हैं)**

गुरो : हाय हाय रब्बा! यह क्या हुआ आगे से? चाचा और चाची को क्या हो गया? मैं तो आप विपदा की मारी मुश्किल से पहुँची हूँ। बचा ले दुर्गा रानी।

निक्की : बहन, क्या हुआ?

सोभा : लड़की, चुप कर। बात बता।

मांहों : पुत्र, हुआ क्या?

चानण : पूरी बात सुना।

गुरो : जमाई तुम्हारा, हस्पताल में पड़ा है।

सोभा : हस्पताल?

मांहों : दिल की बीमारी?

गुरो : नहीं। रात को आए, छोकरे, दूसरे दल वाले। खोखे को आग लगे थे लगाने। इसने हटाए। छुरा मारकर दौड़ गए।

निक्की : छुरा! हाय राम!

सोभा : गहरा जख़्म है?

गुरो : यों तो बच गया है। ख़ून चढ़ा, दो बोतलें।

मांहों : खोखा जलाने क्यों आए?

गुरो : बोले, गुरुद्वारा साहिब के निकट, कटे हुए बालों वाले हिंदू का क्या काम? उठाओ। जगह खाली करो।

चानण : सारे मुल्क में यही हो रहा है। दंगे फसाद। वैर विरोध। धर्म के पीछे। ज़ात के पीछे।

गुरो : भाइया, हमारे दिन वहाँ अब मुश्किल ही कटेंगे। यह कह रहा है, अमृतसर नहीं बसेंगे। हमें यहाँ बुला लो, होशियारपुर। अपने पास। बेशक सब्ज़ी की रेहड़ी ले दे इसको भी। ख़ौफ खा गया है। हमें निकालो दुश्मनों के बीच से।

सोभा : या रब्ब! गृहस्थी की योनि भी क्या बनाई है तू ने? कोहलू में पीस-पीस कर मारता है तू गृहस्थी को!

(अँधेरा)

झाँकी 5

गवैये : बुल्लेआ, उलटे और ज़माने आए।
हम ने भेद सजन के पाये।।
अपनों के अंदर उलफत नांहीं,
क्या चाचा, क्या ताये।
बाप-बेटों में इत्तफाक न कोई,
बेटियों संग न मांयें।
सच्चों को अब मिलते धक्के,
झूठे पास बैठाये।

(तड़का। अलार्म। चानण बत्ती जगा कर पढ़ने लगता है। सोभा जागता है)

सोभा : भगवान, सरबत्त का भला करना। रिज़क़ दो। ताक़त दो। (उठता है) ओ तेरे की! इस शरीर ने भी आजकल ही साथ छोड़ना था।

चानण : क्या हुआ, भाइया?

सोभा : यों ही शरीर ससुरा, मरा-मरा कर रहा है। भला सोच, गृहस्थी का गुज़ारा होता है कोमल बनने से? नाजुक बनने से? मेरे शरीर को इतनी अक़्ल तो चाहिए।

चानण : चक्कर आ रहे हैं? वही होगा ब्लड प्रेशर। कल गया नहीं तू डॉक्टर के?

सोभा : किधर-किधर होवे बंदा? पटड़ी छोड़कर जाया जाता है? गाहक न भुगताओ चार, तो खाना कहाँ से है?

चानण : है कि नहीं सौदाइयों वाली बात। अगर इन्सान का शरीर ही न साथ दे, तो काम कैसे करेगा? गाहक राख निपटाएगा?

सोभा : मेरे लाल, तेरी सलाह तो सही है। अच्छा, ज़िंदा रहा तो आज दोपहर को देखूँगा। हकीम जगन्नाथ से पूछूँगा।

(मांहों चाय लाती है)

मांहों : पकड़। चाय पीकर जाना मंडी।

सोभा : तू ने फिर चाय बना ली? देर करानी है मुझे?

मांहों : पूरी रात तू सोया नहीं। काम सारा दिन कैसे करेगा?

सोभा : तुझे सपना आया है, नहीं सोया?

मांहों : करवटें लेता रहा। बाहर अंदर उठ-उठ कर घूमता रहा।

सोभा : हाँ, भई। फिक्रों में नींद कहाँ आती है। एक इस लड़की ने सियापा डाल दिया आकर। बता, अपने तो दो शरीरों के लिए बंदा जगह बनाए, अन्न कमाए। इसके कुटुंब का अब क्या करें?

चानण : यहाँ आ धमके अगर जीजा और बहन और इनके तीन बच्चे, सोना तो एक तरफ रहा, बैठने के लिए भी जगह बचेगी इस कमरे में?

सोभा : यही तो मैं सोच रहा हूँ। एक ससुरे केहरू ने भी अभी धोखा देना था।

मांहों : केहरू नहीं। जो करती है लुच्ची अमरो करती है।

चानण : मेरा इम्तिहान दिन बदिन नज़दीक आए जा रहा है।

सोभा : बेटा, एक तरीका सूझा है मुझे, तेरी पढ़ाई के बारे में।

चानण : क्या?

सोभा : सारी रात मैं स्कीमें गढ़ता रहा। जैसे नक़लिये कहा करते हैं, अगर मैं पढ़ा नहीं, तो पढ़े हुओं का बाप तो हूँ।

मांहों : कौन सी स्कीम गढ़ी?

सोभा : अलग कमरे की तो ज़रूरत है तुझे। बेटा, अगर भला तू बैंक से क़र्ज़ा ले ले? कहते हैं, पढ़ाई के लिए मिलता है क़र्ज़ा। नौकरी लगने पर लौटा देना।

चानण : यों ही अख़बारों की इश्तिहारबाज़ी है। सौ का तीन सौ लौटाना पड़ता है।

सोभा : अच्छा? इतना? यह तो बुरी बात है। नौकरी बाद में लगेगी। पहले ही क़र्ज़े की बेड़ियाँ पैरों में ठुक जाएँगी। नए जन्में बच्चे के पैर काटने वाली बात हो गई यह तो।—एक और सूझी है मुझे।

चानण : कौन सी?

सोभा : मैं रंगीराम को पूछूँगा। अगर उसका चबारा मिल जाए।

चानण : दरज़ियों के ऊपर वाला?

सोभा : हाँ। खारी कुएँ के पास। बोहन पट्टी वाले महँगा राम के आगे वाला।

चानण : नहीं। वहाँ नहीं लेना।

सोभा : क्यों?

चानण : कसीदे वाले और दरज़ियों के लड़के आधी रात तक शोर मचाते रहते हैं। कमरा लेना है मैंने बाज़ार से दूर। शांति हो जहाँ। यहाँ की तरह नहीं। सवेरे भी मंदिर का लाऊड स्पीकर, शाम को भी मंदिर का लाऊड स्पीकर। कान फट जाते हैं।

मांहों : शांति तुझे कहाँ मिल जाएगी, शहर के अंदर?

चानण : किताब पढ़ना सब्ज़ी बेचना नहीं। भिंडी-टिंडे, भिंडी-टिंडे, आवाज़ें भी देते जाओ, आलू बैंगन भी तोले जाओ।

सोभा : गुज़ारा मुश्किल होने की तो बातें हैं, बेटा। कठिनाई का वक़्त बिताना पड़ता है। फिर चार महीने की मुसीबत है सारी। "दम रख, ज़माना काट, भले दिन आएँगे।" रंगी राम से चबारे के बारे में बात चलाऊँगा मैं आज। घर के निकट रहेगा, रोटी तो घर में खा ही सकता है। होटल के पैसे तो बचेंगे।

(निक्की आती है, अंधों की तरह टटोलती)

निक्की : दर्द नहीं रुकती, भापा, आँखों से।

चानण : दवा डाली थी रात को?

निक्की : डाली तो थी बहन ने। कोई फर्क नहीं पड़ा।

सोभा : आ जाएगा आराम, बेटा। धीरज धर। आज फिर एक बार डॉक्टर हरबंस लाल को दिखा आना।

निक्की : मेरा स्कूल का काम कौन करेगा?

सोभा : स्कूल का भी हो जाएगा। पहले आँखें तो ठीक करा ले।

मांहों : बड़ी का क्या करना है? गुरो का?

निक्की : सारा परिवार यहाँ कैसे रहेंगे?

सोभा : सोई पड़ी है?

निक्की : चाय पी रही है रसोई में बैठी। सुड़के मार कर।

सोभा : सोचते हैं यह भी। मशवरा करते हैं कोई। मांहों, एक बार तू केहरू को दोबारा कह कर देख ले। फड़ी लगाए।

मांहों : मैं अमरो कुतिया के माथे नहीं लगती, अमृत वेला।

सोभा : नम्रता भली होती है। अगर कहीं सीधे रास्ते पर आ जाए। सांझ न गँवाए। अच्छा भला काम चल रहा था। दोनों परिवारों का गुज़ारा हो रहा था। यों ही ससुरा हौसला ढहाए जा रहा है, दुखी ज़नानी का कहना मान कर।

मांहों : चढ़ा फाँसी तू एक ही बार। ख़त्म कर टंटा ज़िंदगी भर का। सुख

से, बेटे की पढ़ाई पूरी होने वाली है। हमें नहीं ज़रूरत ऐसे सांझी की जो नित्य झगड़ा छेड़ रखे।

सोभा : अच्छा, मैं सब्ज़ी ले आऊँ। केहरू से मैं आप बात करूँगा। सहज से। दोपहर को। "जुड़ते भले, टूटते बुरे।"—गुरो को कह, सब्र कर। सोचते हैं तुम्हारा इलाज भी कोई।

चानण : कभी चाचा चाची से लड़ाई। कभी बहन, कभी बूआ। न किताब के लिए पैसे, न बैठने के लिए बालिश्त भर जगह। कोई लड़का, दो अक्षर पढ़कर, बी.ए. की डिगरी ले जाए, करामात ही होगी।

सोभा : हौसला रख, बेटा। हिम्मत वाले करामातें भी कर जाते हैं। मुसीबतों के अंदर घिरे हो कर भी हिम्मत न हारना, यह अपने आप में बड़ी करामात है। जानी चोर की तरह, अगर अक़्ल लड़ाए बंदा, तो हर मुश्किल का हल निकाल सकता है। गिरता-गिरता भी खड़ा हो जाता है। **(खड़ा होता है)**

(अँधेरा)

झाँकी 6

गवैये : पत्थर पूजे हरि मिले, तो मैं पूजूँ पहाड़।
इस से तो चक्की भली, पीस खाए संसार।।

सोभा : आओ, बहन जी। शलगम लो, मटर लो।··· लाला जी, शिमला मिर्च। लुटा दी, चार रुपए किलो। **(केहरू और अमरो चिट्ठी फेंक कर जाते हैं)** केहर चंद, रुको। चिट्ठी किसकी है?

केहरू : पढ़ा ले।

सोभा : तू ही बता दे। पढ़े कौन? बेटा तो निक्की की आँखें दिखाने गया है कृष्णा नगर।

केहरू : तेरी लाडली बहन की है। रक़में माँग रही है।

सोभा : नकोदर से?

अमरो : उछला करते थे। बोलते थे, सियालकोटिया भाई है। दुकानों का मालिक।

केहरू : देख लो, बहनोई मरा नहीं। भांग भुनती है।

सोभा : जुल्म साईं का। पूरी बात तो पता लगे। केसरो राज़ी ख़ुशी है?

अमरो : तेरी दूसरी भानजी ने भी चाँद चढ़ा दिया होगा। कहती है, झटपट ब्याह करके, घर से निकालनी है।

सोभा : राणो का ब्याह पक्का किया है? कब का?

केहरू : भात लेकर पहुँच जा, ननिहाल वाली। लोहड़ी से दो दिन पहले। रक़में दे कर आ, जो हमारे से चुरा कर रखी हैं।

अमरो : बड़ी बहन की तरह, राणो भी भागने की तैयारी में होगी। कंजरी बनने के लिए।

सोभा : केहर चंद, रूठना छोड़। उठा सब्ज़ी। फेरी लगा के आ।

केहरू : तेरे जैसे बेईमान के साथ साँझ नहीं पुगा करते।

अमरो : मांहों जैसी घुन्नी मक्कार से माता रानी बचाए।

(दोनों जाते हैं। सफर के लिए थैला पकड़े मांहों और टरंकी पकड़े गुरो आती हैं)

मांहों : क्या कह रही थी निपूती?

गुरो : चिट्ठी किसकी है?

सोभा : मुसीबत पर मुसीबत।

मांहों : क्या हुआ?

सोभा : केसरो ने राणो का ब्याह रखा है। रक़में माँग रही है।

मांहों : लो, और सुनो। हम तो पहले ही पैसे पैसे के लिए तरस रहे हैं।

सोभा : लड़के की पढ़ाई के चार महीने रहते हैं। वो भी आसानी से गुज़रते नहीं दिखते।

गुरो : इस के हस्पताल से बाहर निकलते ही, सामान उठाकर, हम पहुँचे यहाँ।

सोभा : नहीं, बिटिया। यह बात झूठी। "सखी से शूम भला जो देता तुरंत जवाब।" हमारे पास न जगह है न रक़में। केहरू पहले ही रूठा बैठा है। क़बीलादारी के शिकंजे में फँसा पड़ा हूँ मैं। बित्ता भर जगह है यह, पटड़ी पर। यहाँ से भी उखाड़ने लगे हैं मंदिर वाले। सुन, मांहों। तू आप समझाना मुलखे को। घर से, कारोबार से, उजड़ना आसान नहीं है। होशियारपुर में क्या रुपए दरख़्तों को लगते हैं? लड़की, तू आप बैठ खोखे पर, महीना भर। बड़े बेटे को साथ ले ले। दूसरे खोखे वालों के साथ सलाह मशवरा करो। गुरुद्वारा वालों की मिन्नत करो। थनेदार की मिन्नत करो। खोखा दो चार हाथ इधर-उधर खिसका लो। शहर नहीं छोड़ना, मेरा पुत्र। रफीजी नहीं बनना। (**गुरो रो रही है**) रोने का क्या काम है, भई? रोने से गृहस्थी का गुज़ारा होता है? हिम्मत रख। बलवे क्या हमेशा रहते हैं?

मांहों : ख़बर सार लेकर, मैं कल आई मुड़कर। निक्की भी रोटी पकाने के योग्य नहीं।

सोभा : अच्छा, तू यह भी निपटा कर आ। अमृतसर से सीधी बस आती है नकोदर। एक रात केसरो के पास रुक लेना। किसी तरह समझा उसको। ब्याह गेहूँ की कटाई के निकट करे। बेटे के इम्तिहान के बाद।—अच्छा, बेटा, तगड़ी बन। (**दोनों जाती हैं**)

सोभा : टमाटर दो रुपए किलो! टमाटर दो रुपए किलो! आओ, बाबू जी! सारा माल ताज़ा!

(**बेली राम आता है**)

बेली : सोभा रामा, गला मत थका। इस वक़्त कोई नहीं आएगा।

सोभा : ओ यार बेली, एक काम कर मेरा। लेकिन अगर परदा रख सके।

बेली : परदा कैसा?

सोभा : **(पोटली पकड़ाकर)** यह पकड़ पोटली। अमरो को दे दे। कहना, तू एक सियाने हकीम से लाया है।

बेली : है क्या इस में?

सोभा : उलट-काँटा। सूखा करके पीसा है मैं ने।

बेली : उलट-काँटा क्या होता है?

सोभा : कभी बाहर अंदर गया तू, जंगल में, देखना। एक बूटी होती है। धोती को या पायजामे को उसके काँटे चिमट जाते हैं।

बेली : हाँ, होती है। नन्हे नन्हे काँटे, झाड़ी को लगे। मुँह नीचे को होता है।

सोभा : उसे ही कहते हैं उलट-काँटा।

बेली : अमरो क्या करेगी इसका?

सोभा : अगर तू मेरे पर हँसे न, तो एक सपने की बात बताऊँ?

बेली : बता। मैं हँसूँगा क्यों?

सोभा : परसों चौथ मुझे अपने गाँव के बारे में सपना आया।

बेली : सरूरपुर? पाकिस्तान? सियालकोट ज़िले के बारे में?

सोभा : हाँ। मैं बचपन में पहुँच गया। बुड्ढे गेंदामल के साथ बातें कर रहा हूँ। मैं उसे पूछता हूँ : बाबा, तेरे पास गाँव की जवान बहुएँ बहुत आती हैं।—बोला : अपनी ज़रूरत के लिए आती हैं।—मैं ने पूछाः तू उनकी कौन सी ज़रूरत पूरी करता है?—कहने लगा : "बच्चेदानियों का इलाज करता हूँ। उलट-काँटा देता हूँ, पेट पर लेप करने के वास्ते।"—लो भई, फिर मैं जग गया। यह बूढ़े गेंदाराम के बारे में बात सच्ची थी। उसने कई औरतों का भला किया था।—मैं बड़ी बस्ती की तरफ गया। जंगल में से उलट-काँटा उखाड़ा, सूखाया। शायद अमरो की कोख हरी हो जाए। तजरबा करने में क्या हरज है?

बेली : हरज तो कोई नहीं। सपने सच भी हो जाते हैं। मगर तू आप ही पकड़ा दे केहरू और अमरो को।

सोभा : नहीं, मेरा वीर। मेरा नाम भूलकर न लेना। इतना सा झूठ बोल ले मेरी ख़ातिर। कहना, हकीम शर्तिया इलाज करता है सूखी कोख का। लेप करना है पेट पर चालीस दिन।

बेली : मैं कह दूँगा। मेरा क्या बिगड़ता है?

सोभा : अच्छा। थोड़ी देर इधर निगाह रखना। मैं बाहमणी को आप पूछ कर आता हूँ दुकान के बारे में। और बेटे के लिए कमरे का पता करना है, रंगीराम से। **(जाता है)**

बेली : सरसों का साग, रुपए किलो। सरसों का साग···

(चानण और निक्की आते हैं)

चानण : भाइया कहाँ गया?

बेली : रंगी राम को तेरे लिए चबारा पूछने गया है। और बोला, बाहमणी को दुकान के बारे में पूछना है।

चानण : दुकान के लिए रास कहाँ से आ गई भाइये के पास?

बेली : अगर किसी तरह बाहमणी उधार कर ले। कपड़े का काम शुरू करो। और चाचा तेरा न जुदा हो।

निक्की : हाय रब्बा! चिंगारियाँ फूट रही हैं आँखों के अंदर।

चानण : हर वक़्त, चाचा और चाची भाइये को बेईमान बुलाते हैं। बता, कितना गुस्सा आता है बंदे को, 'बेईमान का बेटा' कहलवा कर।

बेली : बेटा गृहस्थ में बड़ा कुछ झेलना पड़ता है। बक लेने दे केहरू और अमरो को जो बकते हैं। दुनिया क्या जानती नहीं? सोभा राम तो किसी के साथ एक पैसे का हेर फेर नहीं कर सकता। मंडी में पूछ ले, पूरे बाज़ार को पूछ ले। पचास साठ बरस की यारी है हमारी। मजाल क्या जो सोभा राम किसी का धेला रख ले। आप ख़सारा खा लेगा। किसी के साथ उन्नीस इक्कीस नहीं कर सकता। लेना ही होगा किसी से। देना रब्ब के बंदे ने किसी का नहीं। इस बात में है सोभा राम खरा सोना। कोरा करारा। केहरू तो भौंकता है ख़ामख़ा। दुखी ज़नानी के पीछे लग कर। तू मत गुस्सा कर, मेरा चाँद।—लो, आ गया।

(सोभा राम आता है)

निक्की : हाय, मैं मर गई।

सोभा : धीरज धर, मेरा पुत्र। क्या कहता है डॉक्टर?

चानण : अपरेशन कराना पड़ेगा।

सोभा : बुरी हुई।

बेली : मान गई बाहमणी उधार करने को?

सोभा : कहाँ, भैया। लगता है, श्मशान तक, सब्ज़ी की फड़ी नहीं छोड़ेगी मुझे। न ही रेहड़ी।

चानण : मेरी नौकरी लगने दो। मैं कपड़े की दुकान बना कर दूँगा तुम्हें और चाचे को।

सोभा : चाचे तेरे का टेढ़ा थूथना सीधा करने के यत्न कर रहा हूँ मैं।— बाहमणी कंजरी, काटने दौड़ी। बोली, हट्टी की पगड़ी तो लोग नगद भुगताया करते हैं। तू काग़ज़ लिखवा रहा है?—मैं ने कहाः तू रख सिर पर उठा कर दुकान अपनी। हमें दाता और देगा।

चानण : रंगी क्या कहता है?

सोभा : वो काम भी नहीं बनता दिखता।

बेली : वहाँ तो पहाड़िया कलीराम नहीं बैठा दिया रंगी ने?

सोभा : हाँ।

चानण : कमरा तो बड़ी बात है। टेबल तक तो जुड़ा नहीं मुझे तेरह साल।

निक्की : टाईमपीस भी इसी साल ख़रीदा है।

चानण : कलाई की घड़ी तक न ख़रीदी गई।

सोभा : पुत्र, मैं ने तेरे से कुछ छिपा कर नहीं रखा हुआ।

बेली : कोई नहीं, बेटा। ग़रीबों के बेटे-बेटियाँ क्या पढ़ते नहीं। बहुतेरे लड़के आजकल, पढ़ लिखकर, अफसर बनते हैं।

सोभा : एक और जुगत सूझी है मुझे।

चानण : क्या?

सोभा : जाड़ा तो कुल दो महीने होता है। मैं ऊपर छत्त पर सो जाया करूँगा।

निक्की : इतनी ठंड में?

बेली : न, भई। तेरी सेहत तो पहले ही ठीक नहीं।

सोभा : दो चार बांस गाड़कर, छतड़ा-सा बना लेंगे। बोरियाँ लपेट लेंगे। टाट। नहीं लगेगी सरदी। माँ तेरी रसोई में पड़ी रहती है।

निक्की : मेंह आए पर क्या करोगे, भापा?

बेली : अगर तू ने हठ पर ही चढ़ना है, तो चल, हमारा तरपाल ऊपर बिछा लेना।

सोभा : खरा। मेंह भी जाड़ों का कैसा? यों ही बूंदाबांदी होती है, दो चार दिन। सावण भादों की बरसातें थोड़ी होती हैं।

चानण : अगर, भाइया, तुझे आईडिया आ ही गया, तो अच्छा है। कोठे पर मैं पढूँगा। सिर्फ खटिया और मेज़ जितनी जगह चाहिए। दस रुपए दो। मैं बिजली की तार और बल्ब ऊपर को ले जाऊँ। आज ही शुरू। मिस्टर सी.आर. बैंगर की स्टडी तीसरी मंज़िल पर!

सोभा : चल फिर, ऐसे ही सही। दो महीने कठिनाई है। दिन के वक़्त तो धूप है। बढ़िया नंबर आ गए बी.ए. में, तो सब तकलीफें भूल

जाएगा। पकड़ पैसे।—अर्ज़ी लिख ली? डी.सी. को?

चानण : सुपरडेंट पुलिस को भी। टाईप करा लीं।

बेली : अर्ज़ी? कैसी अर्ज़ी?

सोभा : अभी बताता हूँ।—कॉलेज से लौटते वक़्त, मुलाकात का टैम लेकर आना। जो काम पूरा हो जाए, वही भला है।

(अँधेरा)

गवैये : गृस्थी जैसा तपस्वी, नहीं जग के अंदर।
पूजो सच्चे कर्म को, छोड़ मसजिद मंदिर।।

—आधी छुट्टी—

झाँकी 7

गवैये : पगले लोग झुकते साधों के आगे,
कामचोर और बुज़दिल और धंधे काले।
धवल बलद गृहस्थी, न पूजे कोई,
लाख मुसीबत झेलकर जो कुनबा पाले।।

आचार्य : तुम्हें न धर्म का ख़्याल है न क़ौम की ग़ैरत। फड़ियाँ उठाओ। मंदिर की जगह खाली करो।

सोभा : आचार्य जी, तीस पैंतीस बरस से हम इसी जगह से रोटी कमा रहे हैं। नौ दस परिवार।

बेली : और हम जाएँ कहाँ?

सोभा : आप हमारे रिज़क़ का वसीला नहीं तबाह कर सकते।

आचार्य : भलमनसाहत से, सोभाराम, तू मानता नहीं दिखता।

सोभा : भलमनसाहत इस में कैसी? बड़ा पुजारी बनता है! करे रक्षा हिंदू धर्म की! हमारे पेट पर लात मारता है।

आचार्य : ब्राह्मण देवता को अपशब्द बोलता है?

सोभा : तू किधर का देवता है, ओए? ग़रीबों को उजाड़ रहा है?

बेली : उगांही करने की स्कीमें बनाता है रोज़।

सोभा : हथियार ख़रीद कर चोरी रखने हैं? सरकार के ख़िलाफ? गरीबों को क़त्ल करने के लिए?

आचार्य : क़ाफिरों का पक्ष लेते हो तुम लोग? आज ही बुलाता हूँ पंचायत। शाखा वाले और आढ़तिये। कल लगा कर दिखाना तुम फड़ियाँ यहाँ।

सोभा : लगा ले ज़ोर, बजा ले ढोल। हमारी क्या पंचायत नहीं है?

बेली : सब्ज़ी वाले, रेहड़ी वाले, खोमचे वाले, सब इकट्ठे कर लेंगे हम।

सोभा : सीधे कर देंगे, तुझे और तेरी शाखा वालों को।

आचार्य : पछताओगे। सोभे, जो दो किलो सड़ी गली सब्ज़ी बेचता है तू, इस से भी जाएगा। माता रानी निबटेगी एक-एक भैरव से। **(जाता है)**

सोभा : माता रानी तूने अकेले ने बै करवा रखी है? अगर वो तेरी माँ है, तो हमारी भी चंडी है।

बेली : भगा दिया तूने। अच्छा किया।

सोभा : भगा के हटेंगे, कुत्ते के पूत को। दूसरा चारा क्या है? भले लोग, खाएँगे कहाँ से? यह पटड़ी नहीं छोड़ेंगे! बेशक गवर्नर तक जाना पड़े!

(शुभ्रा और गोल्डी आते हैं)

बेली : आओ, जी। गोभी तीन रुपए किलो।

सोभा : लालो लाल टमाटर! आओ, मेम साहिब! टमाटर कहता है, मुझे खा। गाल अपने जैसे दूँगा बना—लाल सूहे।

शुभ्रा : हम किसी का घर ढूँढ रहे हैं।

सोभा : किसका?

गोलडी : दुर्गा मंदिर के साथ लगती है उसकी कोठी।

बेली : कोठी? कोठियाँ यहाँ किधर से आ गईं?

सोभा : यह तो रफीजियों का महल्ला है, जी। कबूतरख़ाने।

शुभ्रा : सी.आर. बैंगर साहिब?

सोभा : बैंगर? नांह। बैंगर साहिब कोई नहीं है यहाँ।

बेली : काम क्या करते हैं? दुकान है?

गोलडी : बिज़नसमैन ही होंगे उसके फादर। मगर हमें पक्का नहीं पता।

शुभ्रा : बी.ए. ऑनर्ज़ में पढ़ता है। गवर्नमेंट कॉलेज।

सोभा : चानण को पता होगा। मेरे बेटे को। आवाज़ मारता हूँ मैं। लेकिन वो तो शायद पार्क की तरफ गया है किताब लेकर।

शुभ्रा : सी.आर. बैंगर। ऐडरस तो यही है।

बेली : मॉडल टाऊन में भी दुर्गा मंदिर है। वहाँ हैं, जी, कोठियाँ।

शुभ्रा : चल, गोलडी। गाड़ी तो है। मॉडल टाऊन का चक्कर सही।

गोलडी : कम ऑन। **(दोनों जाते हैं)**

सोभा : गाड़ी चौक में से मोड़ लेना, मेम साब। यहाँ लाए तो फँस जाएगी। गली तंग है।

बेली : ओ, हाँ भई। तेरा उलट-काँटा दे दिया मैं ने अमरो को। बोली, ज़रूर बरतूँगी। पूरे चालीस दिन।

(चानण आता है)

चानण : भाइया, मेरे बारे में पूछ रहे थे?

सोभा : नहीं। तू घर में था?

बेली : बैंगर बैंगर बोल रहे थे कोई।

चानण : सी.आर. बैंगर?

सोभा : हाँ। जमाती है काई तेरा?

चानण : जमाती कैसा? मैं आप हूँ।

सोभा : तू बैंगर-बैंगण कब से बन गया?

बेली : सी.आर. क्या हुआ?

चानण : चानण राम बंगड़ को इंग्लिश में सी.आर. बैंगर बोलते हैं।

सोभा : वो क्यों, भई? नाम का भी तरजुमा होता है एक ज़बान से दूसरी ज़बान में?

चानण : बंगड़ गोत्र अच्छा लगता है क्या?

सोभा : क्यों? बंगड़ में कीड़े पड़े हुए हैं?

चानण : चानण राम! किसी इंग्लिश पढ़े लिखे बंदे का, बड़े अफसर का, नाम सुना है, चानण राम? सो, मैं छोटा रूप लिखा करता हूँ—सी. आर.।

सोभा : सुन ले, बेली राम। पढ़े लिखों की करतूतें। इसको अपने नाम और गोत्र से भी शरम आती है अब। अफसर लग गया जिस दिन, तो ज़रूर ग़रीब रिश्तेदारों को अपना कहलवाएगा!

चानण : बंदा ग़रीब हो, पर नाम तो बच्चे का इज़्ज़त वाला रखे। चानण राम बंगड़! अच्छी फर्म वाले चपड़ासी न लगाएँ चानण राम बंगड़ नाम के कैंडीडेट को।

सोभा : क्यों, ससुरे, अमीरों वाली शुहदी बातें सीख रहा है? धनाढ्य छोकरियों-छोकरों के पाद सूँघ रहा है? अपने पीछे को दुत्कारने जुता है? क्या करने आए थे ये कारों वाले? ज़रूर तुझे कोई उलटी पट्टी पढ़ाने आए थे। इनका पिछवाड़ा सूँघेगा, तो जो नंबर आने हैं, वो भी गँवा बैठेगा।

चानण : तुम्हें ऐसी बातें क्या पता? फड़ी लगाने वाले को? पैसे निकाल। बीस रूपए।

सोभा : बीस रुपए? किस वास्ते?

चानण : चौक में होंगे दोनों। उन को कंदी पहलवान से चाय पिलवाऊँ।

सोभा : हमारे घर में चाय नहीं है क्या? जा, माँ अपनी को कह।

चानण : और शरमिंदा कर मुझे! अपने कॉलेज के लड़के-लड़कियों के सामने! बैठने के लिए कुर्सी तक तो है नहीं। मेरा बना बनाया

रौब ख़राब करा।

बेली : चानण, बेटा, यह तो सचमुच तू बुरी कर रहा है। लोगों से डर कर, अपने परिवार की निंदा नहीं करनी चाहिए।

सोभा : पकड़। पैसे तो ले जा। पिला चाय। मगर याद रखना, पुत्र। जिस बंदे के घर आने पर तुम्हें शरमिंदगी महसूस होती है, वो तेरी दोस्ती के क़ाबिल नहीं। ये खाते-पीते लोग तेरे कभी नहीं बनने लगे। मत इनके पीछे लगकर अपना झोंपड़ा जला। अभी भी बच, मेरे लाल। "देख पराई चोपड़ी, न तरसाइये जी। रूखी मिस्सी खा कर, ठंडा पानी पी।" तू चानण राम बंगड़ है। सदा चानण राम बंगड़ ही रहना। इन जैसे खाऊ-यार मत बनना। इनके फैशनों में मत फँसना। अपनी पढ़ाई बचा! ज़िंदगी बचा!

(चानण रो रहा है। आँसू पोंछकर, पैसे लौटा कर, घर को भागता है)

(अँधेरा)

झाँकी 8

गवैये : पंडित केरी पोथियाँ,
ज्यों तीतर को ज्ञान।
ओरन शगुन बतावही,
अपना फंद न जान।।

गुरो : खोखे के लिए जगह है बड़े स्कूल के निकट। कहता है, कापियाँ पैन्सिलें बेचेंगे। अपने बाप से पाँच हज़ार ले कर आ।

मांहों : लो, और सुन लो।

निक्की : थोड़े न बहुत। पाँच हज़ार!

चानण : मूसा भागा मौत से, मौत आगे खड़ी। भाइया, ढूँढ़ ले इलाज इस मुसीबत का।

गुरो : नहीं तो, तुम्हारा जमाई कहता है, हमें नकोदर भेज दो। बूआ के पास। उसके पास होगी दुकान खाली।

मांहों : "एक रोयें मांओं को, एक रोयें मौसिओं को।"

निक्को : केसरो बूआ तो आप रक़में माँग रही है राणो के ब्याह के लिए।

चानण : चोरों को मोर पड़ रहे हैं।

गुरो : मैं कहती हूँ? ज़ब्रदस्ती भेजा है मुझे, तेरे जीजा ने। बोला, ससुराल पर हक़ बनता है जमाई का।

सोभा : हक़ तो बनता है जमाई का। मगर कब तक? श्मशान तक? कितने बरस हो गए तेरे ब्याह को? कितना दिया था? ब्याह पर? मुकलावे पर? हर साल लोहड़ी पर? तीन बच्चों के जन्मने पर? इस हक़ साले देव दानव का कभी पेट भी भरेगा? क्या मैं सारी उम्र मुलखे जमाई के हक़ों की ही सोचता रहूँ? बड़ी बेटी गुरो के हक़ों के बारे में ही सोचता रहूँ? छोटी बेटी निक्की के हक़ों के बारे में न सोचूँ? देख तो। क्या उम्र है? दो अपरेशन हो चुके हैं।

दो हज़ार लग गया। अभी भी आँखें राज़ी होने की उम्मीद नहीं। क्या मैं अपने पुत्र के हक़ों के बारे में न सोचूँ? कितनी तकलीफें झेल कर पढ़ाई करता है? दिन-रात। कड़ाके की सर्दी में। कौन सा बाप चाहता है उसका पुत्र तंगी काटे? उसकी बेटी तंगी काटे? जमाई तंगी काटे?—सुन, लड़की, ध्यान से। तेरे ख़सम को ज़रूर तकलीफें होंगी। लेकिन तेरे माँ-बाप भी कोई महलों में नहीं बैठे। सोने की ध्वजा नहीं झूल रही सोभा राम सब्ज़ी वाले के। मुलखराज को कुछ तो दूसरों संग हमदर्दी होनी चाहिए। ससुराल कोई सूख रही भैंस नहीं—कि बूंद-बूंद दूध निचोड़ते जाओ? चिचड़ी बनकर, जोंक बनकर, सास ससुर का लहू चूसते जाओ? किस कंजर ने ऐसा धर्म बना दिया?—बेटी को हमेशा देते रहो? बहन को हगेशा देते रहो? सिर्फ इस कारण कि तुम्हारे घर में लड़की पैदा हो गई? पीढ़ियों तक क़र्ज़ाई हो गए तुम? सदा के लिए चुड़ैल चिमट गईं तुम्हें?—नहीं। मैं नहीं मानता ऐसे उलटे धर्म को। मेरे लिए, बेटी और पुत्र में कोई फर्क नहीं। दोनों अपने पाँव पर खड़े हों। कमाएँ और खाएँ। सियाने सही कहा करते हैं : "भरे पेट वाली बेटी को मत दो, भूखी बहू को दे दो।"—गुरां, लौट जा अमृतसर को। मुलखे से कह : हमारे पल्ले कुछ नहीं है। कठिन हो, आसान हो। अपना कमाओ, और खाओ। भिखारी मत बनो। मेरी ज़िंदगी के जंजाल मत बनो। तगड़े से तगड़े गृहस्थी की भी बरदाश्त की हद होती है।

(अँधेरा)

झाँकी 9

गवैये : घर बार को, काम काज को
जो झेल न सके।
कायर, वो बन जोगड़ा
रब्ब को सिर पर रखे।।
आत्म-निर्भर, ओ बंदे,
तू सच्चा कर्म कमा।
चिचड़, जोंकें, साधड़े,
दुश्मन मार भगा।।

अमरो : करामात कर दी, भैया जी, तेरी दवाई ने।

बेली : डाक्टरनी के पास गई थी?

केहरू : सीधे डाकटरनी के पास से आ रहे हैं। बोली, बच्चा है।

अमरो : हकीम के दर्शन करा दो हमें।

बेली : नहीं। दर्शन कराऊँगा तुम्हें बच्चे के सही सलामत जन्म लेने के बाद।

केहरू : दूर रहता है? तुम्हें उसके बारे में किसने बताया था?

बेली : रहता तो निकट ही है। सोभा·· सुनी थी मैं ने। सोचा, तुम्हारा भला हो जाए।

अमरो : माता रानी तुम्हें राज़ी रखे। तू ने हमें पार लगा दिया।

बेली : केहर चंदा, गुस्सा थूका कि नहीं? भाई के ख़िलाफ?

केहरू : हिसाब किताब सारा रहे मेरे हाथ में। कमाई भी, ख़र्च भी। तब दोबारा सांझ करूँगा।

अमरो : मांहों तो किसी की कटी उंगली पर नहीं मूतेगी। अपने अंदर डाले जाएगी सारा कुछ।

बेली : जैसे तुम कहोगे, वैसे ही करेगा। सोभे जैसे साधु संत को, केहर

चंद, तू नहीं समझ सकता। उसका अब रुका भी क्या है, तुम्हारे बग़ैर? लड़के के इम्तिहान में महीना रह गया। देखो तो। है मुक़ाबिला कोई चानण का? ठिठुरन जाड़े में तीसरी मंज़िल पर टँगा हुआ है। टाट के अंदर खाट रखे। आधी रात हो चाहे तड़का। इस लड़के की बत्ती नहीं बुझती। न इसको चढ़े की न छिपते की। कोई लड़कों वाली बात नहीं, बदमाशी नहीं। क्या कोई महात्मा बुद्ध तपस्या करेगा—जो सोभे का बेटा करता है।

अमरो : लड़का तो बुरा नही है। माँ फफे कुटनी है, भैया।

केहरू : चानण को हम कब मना करते हैं? पढ़ता जाए जितना पढ़ होता है। पुत्र भतीजा है। मगर पैसे की हेरा-फेरी हम नहीं होने देंगे।

अमरो : मेरे आदमी की कमाई क्यों खाएँ?

बेली : कोई नहीं खाता तुम्हारी कमाई। आप देख तो, ब्लड प्रेशर ने मार लिया। है कभी फड़ी छोड़कर उठा? दिन रात मेहनत करता है। जवानों से भी ज़्यादा। आगे से ग्रह ऐसे हैं। लड़की है निक्की। उसके साथ देखो सीतला माता ने क्या कहर कमाया है।

अमरो : निक्को की आँखें नहीं ठीक होंगी।

केहरू : कानी लड़की को तो रिश्ता भी मुश्किल ही मिलता है।

बेली : सारी उम्र की फाँसी गले में पड़ गई या नहीं? एक आँख की लौ बची है थोड़ी सी। केहर चंद्र, कुनबे की लड़ाइयें अमीरों का शुग़ल होती हैं। हमारे जैसे मज़दूर क्यों करें आपसी वैर विरोध? और तू? बदमाश बाह्मण के पीछे लग कर, बेईमान आढ़तियों के पीछे लगकर, रेहड़ी पटड़ी वाले भाइयों को भी उजाड़ना चाहता है? कितना पाप कमा रहा है तू अपनों संग?

(सोभा आता है, हाथ में कूज़ा। रो रहा है। आँसू पोंछता है)

केहरू : पकड़ बेटा। तू उन्नीस कर, तू इक्कीस कर। मैं साठ पार कर चुका हूँ। अँधेरा छा जाता है, घड़ी घड़ी, आँखों के आगें। लड़की का सुना जब से, कि अंधी हो जाएगी, मेरा मन वैरागी हो गया। बेटे का रह गया महीना भर पढ़ाई का। आप कमाएगा और खाएगा। मेरी ज़िंदगी का काम पूरा हुआ समझ। मैं काहे को फालतू लात बाँह मारूँ?—अमरो, बिटिया, मेरे लिए कोई फर्क नहीं, तेरे में और गुरां में। या हमारी बहन केसरो में। मैं ने, मुनिया, तुम्हारे से छिपाकर, कुछ नहीं रखा। कुछ नहीं बाँटा। बेली राम, यह गिनकर पकड़ा दे मेरे भाई भावज को। कुल साढ़े सात हज़ार हैं।

केहरू : साढ़े सात हज़ार!!! इतना! देखा, भैया?

अमरो : मैं जो कहती थी।

बेली : बड़ी रक़म संभाल कर रखी थी, सोभा राम। गहरा बंदा है तू भी।

केहरू : मेरे से चोरी यही कुछ करते रहे जोरू ख़सम।

सोभा : ओए पगले परिवार! मैं ने चोरी करनी होती, अपने सगों से तो— मुझे अब कौन मजबूर कर रहा था··· कि निकाल कर तुम्हें पकड़ा दूँ? अब भी तो मैं छिपा कर रख सकता था।—जैसे इतने बरस कौड़ी कौड़ी कूज़े में इकट्ठी करता रहा।

बेली : हाँ। यह तो सही कह रहा है सोभा राम। केहर चंदा, बात को समझ। अमरो, ध्यान दे अपने जेठ की बहादुरी पर। ईमानदारी पर।

सोभा : बेली राम, मैं बच्चा नहीं—कि जो कमाया, सो ख़र्च लिया। गृहस्थी को दुख सुख के लिए बचाना पड़ता है। देख अब, निक्की के अप्रेशन पर कितना गलाया। फिर मेरी बेटी अँधी हो रही है! **(आँसू पोंछता है, संभल कर)** भानजी का ब्याह—आगे डलवाया। गेहूँ की कटाई के बाद। ननिहाल की भात ले जानी है। विधवा बहन। हम दोनों भाई मदद न करें, तो लड़की कहाँ जाएगी? पहले ही बड़ी भानजी, पगली। उलटे रास्ते पड़ गई। भाग गई। बदमाश ले गया वरगला कर। अपना खून है। मजबूरी। क्या करे ग़रीब? सड़ती होगी लड़की किसी चकले में। जब सोचता हूँ मैं, दिल बैठ जाता है। बेटी में और भानजी में फर्क होता है कोई? **(रोता है)**

(वक़्फा)

केहरू : फिर भी, इतनी रक़म! भैया जी, उम्मीद नहीं थी मुझे, तू ने जोड़ कर रखी होगी।

सोभा : जोड़ी थी दुकान के लिए। बेली राम से पूछ। हट्टी ख़रीदनी थी। कपड़े का काम शुरू करना है।

बेली : यह स्कीम तो सोभे की सालों से चल रही है। उधर दुकानों की पगड़ियाँ बढ़ती जा रही हैं।

सोभा : जितना मैं जोड़ता रहा—दुकानों की कीमतें छः छलाँगें आगे कूदती रहीं। पर कोई बात नहीं। भगवान तेरी कमाई में बढ़ौतरी करे। केहर चंद्र, एक बार तो, मरने से पहले, तुझे कपड़े के हाट की गद्दी पर बैठाना है!—और, लड़की, तूने अब हर दस पंद्रह दिन के बाद, डॉक्टर के पास जाना है। गर्भ का पूरा ध्यान

रखना। पैसे जितने मरज़ी लगें। मेरे चानण को बराबर खड़ा होने वाला भाई दे।

(आचार्य आता है)

आचार्य : आओ, भई। ले आओ अपने बंदे।

सोभा : कहाँ?

आचार्य : मंदिर में। शाखा के सेनापति जी बैठे हैं। श्री रघुपति जी।

सोभा : हम ने उस सेनापति से करेला लेना है?

आचार्य : केहर चंद जी, आप आओ। संध्या को निक्करधारी सेना शस्त्र लेकर पहुँच रही है। दुर्गा माता ने अगर तुम्हारे में से किसी की बलि माँग ली तो मुझे दोष मत देना।

केहरू : पंडित, तुझे यह किसने कहा, अपने लोगों पर हथियार चला? मेरे भाइयों को मौत की धमकी दे?

अमरो : ये पुजारियों वाली करतूत हैं?

बेली : जा, पंडित। लड़ाई मत बढ़ा। अगर तुम लाठियाँ चलाओगे, दो चार सिर तो हम भी फाड़ेंगे।

अमरो : पहले इसकी कनपटी फाड़ना।

आचार्य : क़ेहर चंद जी, आप इन नास्तिकों संग कैसे मिल गए?

केहरू : दफा हो, ओए, माँग-खाने। उलटी पोथियाँ पढ़ा रहा था मुझे। अभी जूता खोलकर चुटिया का बाल बाल बखेर दूँगा।

आचार्य : म्लेच्छ! पवित्र चोटी के बारे में कुफर तोल रहे हो? अभी बुलाता हूँ सेनापति जी को।

अमरो : यह लुच्चा रघुपति वही है जो करमो के बेटे के साथ बदफैली करता था? शाखा पर बुला कर? निकालो बाहर कंजर को। मैं चप्पलों से जटा उतार दूँगी।

बेली : हथियार जमा करते हैं। चोरी चोरी। मज़हबी ज़हर फैलाते हैं।

केहरू : मरें दोनों तरफ ग़रीब। खोखे वाले, रेहड़ी वाले। पल्लेदार। दिहाड़ीदार।

सोभा : बेली, केहरू, शांत रहो। धीरज रखो। सरकार है अभी इस मुल्क में। पुलिस है। मिलिटरी है।

आचार्य : टके का सब्ज़ी वाला! देखो, द्रोणाचार्य बन रहा है! गांडीवधारी अर्जुन बन रहा है!

सोभा : मुझे गांडीव उठाने की ज़रूरत नहीं। पहुँच रही है पुलिस। बारह बजे।

अमरो : पुलिस?

बेली : पुलिस तू ने बुलाई है?

सोभा : हाँ, बेलिया। मैं ने तुम्हें बताया नहीं। हम अपने सिर क्यों फड़वाएँ? मैं चानण को लेकर डी.सी. की कोठी गया था। सुपरडेंट पुलिस भी बैठा था।

आचार्य : शिकायत की? अपने धर्म के ख़िलाफ़?

अमरो : अपना धर्म है, तभी तुम मोटी तोंद वाले हमें उजाड़ने के लिए कमर कस्से हुए हो?

आचार्य : पुलिस बुलाई तू ने? मंदिर की तलाशी लेने?

सोभा : जहाँ तुम ने बारूद सिक्का रखना है, तहख़ाने में। बरछे, किरपाने रखनी हैं। हम ने अर्ज़ी लिख कर डी.सी. को दी है।

अमरो : पुलिस की जीप पहुँच गई। वो देखो!

आचार्य : द्रोह कमाया तू ने प्राचीन धर्म के साथ। सोभे, बोटी बोटी नुचवाऊँगा तेरी, निक्करधारी सेना से! **(भागता है)**

केहरू : रुक ज़रा! तेरी कंजर की माँ···। कुत्ता साला।

बेली : सोभा राम, बड़ी बहादुरी की। डी.सी. तक पहुँच गया!

सोभा : बेली राम! ग़रीब बहादुरी न दिखाए, तो क्या ये तोंद वाले रोटी कमाने देंगे मज़दूरों को? हिम्मत के बग़ैर, कठिनाइयों के पहाड़ नहीं जीते जाते!

(अँधेरा)

झाँकी 10

गवैये : मज़हब समुंदर ज़हर का
क़ौमें बीच घिरीं।
कट्टर अंधे लीडरों
की फाड़ो खोपड़ी।।
सादी सीधी ख़लक को
जो घर से उजाड़े।
मारो ऐसा भेड़िया
पकड़ो कुलहाड़े।।

(कॉलज की पार्क)

शुभ्रा : लेकिन, बैंगर साहिब, आपके बग़ैर हमारी मूवमेंट फेल हो जाएगी।

गोलडी : शुभ्रा के मामा जी एम.पी. हैं। शीज़ ट्रेनिंग टू बी ए जैनुइन लीडर ऑफ दी फ्यूचर।

शुभ्रा : आप जैसे ज़हीन नवयुवकों के नेतृत्व के बिना, हमारी नेशन उन्नती नहीं कर सकती।

गोलडी : सी.आर. जी, आपको तो हमारा साथ देना ही पड़ेगा।

चानण : शुभ्रा और गोलडी, सौ की एक ही सुन लो मेरे से। मेरे पास तुम्हारी सियासत के लिए कोई वक़्त नहीं। पैसा नहीं। दिलचस्पी नहीं।

शुभ्रा : पैसे कौन माँग रहा है आपसे?

गोलडी : फंड्ज़ की हमारी मूवमेंट को कोई कमी नहीं।

शुभ्रा : मेरे डैडी दो खांड मिलों के मालिक हैं। और मैं माँ-बाप की अकेली बेटी हूँ।

गोलडी : हमारी धारीवाल में ऊनी कपड़े की मिल है। दो फार्म हैं। एक कपूरथले। दूसरा यू.पी. में, हलदवानी के निकट।

शुभ्रा : हमें आपकी जीनियस की ज़रूरत है। युयर मास्टरी ऑफ लैंगुएज।

गोलडी : फॉर अवर पब्लिसिटी मैटीरियल।

शुभ्रा : और हमारी स्पीचिज़ के लिए रीसर्च

गोलडी : फैक्ट्स एंड स्टेटिसटिक्स।

शुभ्रा : प्लीज़, मिस्टर सी.आर. बैंगर।

चानण : शुभ्रा, मेरा सही नाम बोल।

गोलडी : सी.आर. बैंगर।

शुभ्रा : व्हट ऐल्स?

चानण : मेरा सही नाम है : चानण राम बंगड़।

शुभ्रा : **(खुलकर हँसती)** चानण राम!

गोलडी : बंगड़?

शुभ्रा : बंगड़ चंगड़ क्या हुआ?

चानण : शट्ट अप्प, शुभ्रा। बंगड़ मेरी सब-कास्ट है। मेरे भाइये का गोत्र है। मैं मूर्ख! कॉलेजिएट लगा था बनने। अपने पीछे को फटकार लगा रहा था। मेरे बाप ने मेरी आँखों के आगे से अंग्रेज़ी कुक्करे उतार कर परे मारे। सुनो! तुम अमीरों के बेटे-बेटियाँ। तुम, विदेशी बोली के बलबूते पर, मेरे बाप जैसे ग़रीबों पर राज कर रहे हो। सदियों से। जाओ, दौड़ जाओ। मैं तुम्हारी लीडरी का ईंधन नहीं बनूँगा। मैं कभी लीडर बनूँगा, तो अपने लोगों का। बेज़मीन लोगों का। उजड़े उखड़े बेघर लोगों का। कमज़ोरों का। दस नाखूनों से सच्चा कर्म कमाने वाले किसी भाई लालो का।

शुभ्रा : हम भी तो यही कह रहे हैं। मैरिट को कॉलेजों में ऐजूकेशन मिले। जॉब मिलें।

चानण : मैरिट? तुम क्या जानो, मैरिट क्या होती है? ऊँचा चरित्र क्या होता है? तुम्हारे लिए मैरिट है—पैसे के सहारे अंग्रेज़ी स्कूलों में पढ़ना। लाखों ख़र्च कर, ग़रीब बच्चों से हमेशा आगे रहना। और मुल्क का धन लूट कर, अमरीका और इंग्लैंड, पैरिस और न्यूयॉर्क, ऐश उड़ाना। मेरा और तुम्हारा सिर्फ एक ही संबंध है : दुश्मनी! तुम मेरे जैसे सब्ज़ी बेचने वाले के माँ-बाप का मांस चबाने वाले दरिंदे हो। लहू चूसने वाली जोकें हो।

शुभ्रा : तेरा बाप सब्ज़ी बेचता है?

गोलडी : नो वंडर!

शुभ्रा : ज़बान देखी? फिश मार्किट वाली।

चानण : हाँ, मैडम। मेरा बाप है सोभा राम सब्ज़ी वाला। सोभा राम रेहड़ी

वाला। रफीजी सोभा राम। शरणार्थी सोभा राम। जिसको हिंदुत्व की ज़हर वाले साँपों ने उजाड़ा था। इसलाम की ज़हर वाले अजगरों ने उजाड़ा था। पचास साल पहले। धर्म के नाम पर। मज़हब के नाम पर।—मैं मदद करूँगा तो बाप सोभाराम की। चाचा बेली राम की। तुम्हारे जेसे करोड़पतियों की नहीं। मैं तुम्हारे जैसों की नेतागिरी पर धार नहीं मारता। आई विल नॉट प्रॉस्टीच्यूट माई जीनियस! नॉट फॉर यूयर फिल्थी अंबिशन्ज़! फक्क ऑफ!!!

(अँधेरा)

झाँकी 11

गवैये : (1) उड़ता भी जाइयो, रे कागा, बैठता भी जाइयो, रे,
जाइयो बाबुल के देस, रे।
(2) एक संदेशा बेटी परदेसन का
देइयो बाबुल के देस, रे।
(3) एक मत कहना मेरी माँ रानी को
रोयेगी मेरी गुड़ियाँ खोल कर।
(4) एक मत कहना मेरी बहना को
रोयेगी सखियाँ सब मेल कर।
(5) एक मत कहना मेरे बाप राजा को
रोयेगा भरी कचहरी छोड़ कर।
(6) एक बताना मेरे वीरन को,
आयेगा नीला घोड़ा बीड़ कर।
उड़ता भी जाइयो, रे कागा, बैठता भी जाइयो, रे,
जाइयो बाबुल के देस, रे।

सोभा : ताज़ी तोरी! ताज़ी तोरी! आओ, बीबी। भिंडी चार रुपए किलो। भिंडी चार रुपए किलो। आओ, लाला जी।

बेली : कैसे, सोभा राम! पड़ रहा है गाहक?

सोभा : गाहक ससुरा काहे का पड़ेगा, मेरे बेलिया। इन ठंडे डिब्बों ने हमारा बेड़ा डुबोया है।

बेली : फ्रिज्जों ने!

सोभा : हाँ। साथ में स्कूटरों और कारों ने।

बेली : कैसे?

सोभा : कारों वाले सीधे पहुँच जाते हैं मंडी। थोक में उठा लाते हैं सब्जी।

बेली : और फ्रिज्जों में भर लेते हैं। यह तेरी बात सही है। ख़राब जो

नहीं होती कई कई दिन।

सोभा : अमीरी के बिगाड़े हुए हैं लोग। ताज़ी सब्ज़ी खाने से भी गए।

बेली : हाँ, बधाई, भई, तुझे बहुत-बहुत। कमाल कर दी बेटे ने।

सोभा : भाई, तुझे भी बधाई। मेरे पुत्र की तपस्या को फल लगा।

बेली : पूरी यूनिवर्सिटी में अव्वल निकला। शेर बच्चा है चानण।

सोभा : पढ़ा कोई थोड़ा! हर वक़्त किताब हाथ में रखता था।

बेली : पूरा जाड़ा! बर्फ़ीली सरदी में! तीसरी मंज़िल पर टंगा हुआ। आफरीन है।

सोभा : अब कपड़े का हाट खुल जाएगा हमारा। केहर चंद को भेजा है मैं ने। नई मारकिट में देखे, मौक़े की दुकान। अड्डे के पास।

बेली : चानण की नौकरी बढ़िया लग जाएगी। सहारा हो गया तुम्हें।

सोभा : दिल्ली गया! वहाँ यूनिवर्सिटी ने बुलाया है।—मेहरबानी तेरे जैसे भाइयों की। ग़रीबी के बादल छट गए।—निक्को!·· निक्की!

निक्की : **(दूर से)** हाँ, भापा।

सोभा : चाचे अपने को लड्डू खिला वीरे के पास होने के।

निक्की : लाती हूँ।

बेली : तो फिर साथ छोड़ जाएगा भाइयों का? सोभा सब्ज़ी वाला से लाला सोभा राम बजाज बन जाएगा?

सोभा : तेरा साथ तो, बेलिया, अब श्मशान में जाने से ही छुटेगा। **(निक्की लड्डू पकड़े अँधों की तरह टटोलती आ रही है। माँहों साथ है)**

निक्की : चाचा, कहाँ हो तुम?

मांहों : देवर, जिस दिन मेरे बेटे की पहली तन्ख़ाह आई, खीर और हलवा खिलाएँगे तुझे।

बेली : ला, बेटा। बधाई हो तुम्हें वीरे की। मांहों भाभी, कोरे लड्डुओं से बात नहीं बनेगी। सोभा राम सूखा नहीं छूटेगा। लड़के की चाची और चाचा कहते हैं, चानण के फस्ट निकलने की बोतल पिलाएँगे। साथ में महा प्रसाद खिलाएँगे।

माँहों : आ रही लोहड़ी पर सही।

निक्को : हाँ, जी। तब तक मेरा नन्हा वीर भी आ जाएगा। मैं दोनों भाइयों की इकट्ठी लोहड़ी मनाऊँगी।

सोभा : बेली राम, गृहस्थ में जितने चिर तक बंदा फँसा हुआ है, सुख की आशा तो रखो मत। पर इस अभागिन को छोड़कर, मुझे लग रहा है, मेरे अच्छे दिन आ गए। बहन की तरफ से, बेटी की तरफ से,

भाई की तरफ से, पुत्र की तरफ से, तू समझ, मैं सुरख़रू हो गया। तेरा रब्ब भला करे, बाकी की आयु मैं दुकान की गद्दी पर बैठ कर काटूँगा। . . . ओ तेरा भला हो जाए! **(दिल पकड़ता है)**

बेली : क्या हुआ?

सोभा : छाती में दर्द हो रही है।

मांहों : हाय मैं मर गई।

निक्की : भापा जी!

बेली : जीते! डाकटर को आवाज़ मार! भाग!

सोभा : बस, भई! मैं चला! सुखी रहो।

बेली : सोभा राम!

निक्की : भापा।

बेली : भाई सोभा राम!… बस, हो गया पूरा!

मांहों : हाय मेरे हाटों वाले!

निक्की : ओ मेरे बाबुल!

मांहों : छोड़ गया महल चबारे!

निक्की : मुझे छोड़कर मत जाना!

बेली : देखो! गद्दियों पर बैठ रहा था!

मांहों : मेरे सूरमे! बेटे की इंतज़ार तो कर लेता।

निक्की : **(बाल खींचती)** हाय मेरा भापा! हाय मेरा भापा!

बेली : ओ बावली! चुप कर। भापा तेरा अब कहाँ जागेगा। वो तो सो गया लंबी नींद।

मांहों : ओ मेरे योद्धा! मुझे छोड़ चला मझधार में।

निक्की : ओ लोगो! मेरे भापे को मोड़ लाओ! ओए, मुझे भी साथ ही सिवे के अंदर जला दो! **(सियापा करती है)**

बेली : मांहों! लड़की को संभाल! दिमाग़ हिल गया सिर मुंडी का। उध ार ले जा। दिलबरी दे।

निक्की : हाय ओ मेरे बाबुल! मुझे बिछोड़ा मत डाल!

(अँधेरा)

झाँकी 12

गवैये : एक दिन सपना होंगी
गलियाँ बाबुल वाली रे।
उड़ गए भंवर फूलों के साथी,
छोड़ पत्ते छोड़ डाली रे।
जिस तन लागी, सोई तन जाने,
और बातें करन सुखाली रे।
छोड़ रे क़ाज़ी, दिल नहीं राज़ी
बातें हुई, तो होने वाली रे।
नाम हुसैना और ज़ात जुलाहा,
गाली देती ताने वाली रे।

(सोभे का क्रियाकर्म। घड़ों पर चिट्टी चादर तान कर, सोभे का शरीर बनाया हुआ है। चानण, निक्की, मांहों, गुरो, केहरू, अमरो, बेली, आचार्य, शुभ्रा, गोलडी—खड़े या बैठे)

आचार्य : ओम् शांति! शांति! शांति!—गरुड़ पुराण का भोग तो पड़ गया। चानण राम जी, अपने पिता को माथा टेको। भूलें बख़्शाओ। और उसके नमित्त दान पुण्य करो।

निक्की : **(गाती, रोती)** तेरे महलों के बीच बीच में, बाबुल, मेरा डोला अटका!

आचार्य : इस बच्ची को चुप कराओ, भई।

अमरो : बस नहीं रहा इसका, महाराज। उस दिन की कहीं चुप करी है।

केहरू : निक्को, पुत्र! जिगरा कर।

मांहों : बाबुल तुम्हें कहाँ से मिलेगा अब।

गुरो : सब्र कर, बहना। बाबुल मार गया लंबी उडारी। कभी नहीं मुड़ेगा। मत अटका उसके महलों में डोला।

बेली : हिम्मत रखो, भई, सारे। शेर दूला था सोभा राम। परिवार को

जोड़ने वाला। उसका जीना कोई नहीं जी सकता। उसकी आत्मा को दुखी मत करो। ख़ुशी ख़ुशी रूह को विदा करो।

केहरू : जैसा ख़ाली हाथ, उजड़ कर आया था, बचपन में, सियालकोट से, वैसा ही, ख़ाली हाथ, उठ चला।

निक्की : तेरे महलों के बीच बीच में, बाबुल, मेरा डोला अटका।
एक ईंट हटा दूँगा, बेटी, घर जा अपने।

चानण : नहीं, निक्को बहन। हमारा डोला अब, सारी उम्र, बाबुल के महलों में अटका रहेगा। मैं कभी भी उसके महलों को छोड़कर, नहीं जा सकूँगा। हमेशा के लिए, क़र्ज़ाई कर गया मुझे। अपने साथ पक्के बँधन बाँध गया। इतने रहम कमाए मेरे पर। इतने कष्ट झेले पुत्र को पढ़ाने के लिए। अब कभी भी पिता की याद के बंधनों से मैं मुक्त नहीं हो सकता!—पिता जी, अब मैं किसे बताऊँ? दिल्ली यूनिवर्सिटी ने मुझे बहुत बड़ा वज़ीफा दिया है। आगे पढ़ने को कहा है।—एक बार लौटकर आ जाओ, पिता जी। मैं आपके साथ पटड़ी पर बैठकर, सब्ज़ी बेचूँगा। अफसर भी लग गया जब, मैं आपके काम से शरमिंदा नहीं हूँगा। मैं मरते दम तक, आप जैसे सब्ज़ी बेचने वालों का पुत्र-भतीजा बनकर रहूँगा। मैं सदा सोभाराम बंगड़ का बेटा कहलवाऊँगा। पिता जी, मेरी प्रतिज्ञा स्वीकार करो। एक बार, कहीं से बोलकर, मुझे शाबाश कह दो। एक बार दोबारा मेरी हिम्मत बँधवा दो! **(खुलकर रोता है)**

निक्की : तेरे महलों के बीच बीच में, बाबुल, मेरा डोला अटका।

सारे : तेरे महलों के बीच बीच में, बाबुल, मेरा डोला अटका।
एक ईंट हटा दूँगा, बेटी, घर जा अपने।।

(अँधेरा)

—परदा—

(ख़त्म)

(पहला प्रालेख : दिसंबर, 1990)

□□□